Christin Lübke

Körper, Haut und Hülle

Christin Lübke

Körper, Haut und Hülle

Ausdrucksformen von Körper und Leib
in der Performancekunst –
Eine phänomenologische Einzelfallstudie
im Kunstunterricht der Sekundarstufe II

kopaed (muenchen)
www.kopaed.de

Bibliografische Information Der Deutschen Nationalbibliothek Die Deutsche Nationalbibliothek verzeichnet diese Publikation in der Deutschen Nationalbibliografie; detaillierte bibliografische Daten sind im Internet über http://dnb.ddb.de abrufbar

Christin Lübke studierte Kunst und Geschichte für das Lehramt an Gymnasien an der Technischen Universität Dresden. Nach ihrem Studium absolvierte sie das Referendariat am Marie-Curie-Gymnasium in Dresden und unterrichtete als Lehrbeauftragte an der TU Dresden. Nach ihrem Referendariat unterrichtete sie für zwei Jahre in Teilzeit an der SRH-Oberschule in Dresden und war währenddessen als wissenschaftliche Mitarbeiterin am Institut für Kunst- und Musikwissenschaft der TU Dresden im Fachbereich „Kunst und ihre Didaktik" tätig. Dort promovierte sie zum Thema der vorliegenden Publikation. Sie forscht an der Schnittstelle analoger und digitaler Materialitäten im Kunstunterricht. Seit April 2021 vertritt sie am Institut die Professur für Theorie künstlerischen Gestaltens. Außerdem leitet sie das Hochschulreferat des Fachverbands für Kunstpädagogik – BDK e.V.

ISBN 978-3-96848-052-7
eISBN 978-3-96848-652-9

Druck: docupoint, Barleben

Arnulfstraße 205, 80634 München
fon: 089.68890098 fax: 089.6891912
email: info@kopaed.de www.kopaed.de

Danksagung

Das vorliegende Buch ist eine überarbeite und in Teilen gekürzte Fassung meiner Dissertationsschrift. Die Dissertation wurde im März 2021 an der Technischen Universität Dresden angenommen. Das Buch beinhaltet nicht den zur empririschen Studie gehörigen Anhang (Protokolle Teilnehmender Erfahrung, codierte Textpassagen, Cluster u.a.). Sowohl das ungekürzte Manuskript als auch der Anhang sind als Online-Ressource in der Sächsischen Landesbibliothek – Staats- und Universitätsbibliothek Dresden (SLUB) verfügbar.

Mein besonderer Dank gilt Prof. Dr. Marie-Luise Lange für die ausgezeichnete Betreuung und die enorme Unterstützung bei der Umsetzung der gesamten Arbeit. Nicht nur ihre substanziellen inhaltlichen Impulse für die Auseinandersetzung mit dem Thema, sondern vor allem ihre aufbauenden und wertschätzenden Worte haben mich immer wieder grundlegend motiviert, das Promotionsvorhaben fertigzustellen.

Für die wertvollen Hinweise und Begutachtung der Arbeit möchte ich außerdem Prof. Dr. Petra Kathke meinen Dank ausdrücken.

Meine besondere Anerkennung gilt zudem Kerstin Chill, die mit ihrer spannungsvollen Unterrichtseinheit nicht nur grundlegend dazu beigetragen hat, dass das Thema der Doktorarbeit fruchtbar bearbeitet werden konnte, sondern die darüber hinaus meine kunstpädagogische Haltung nachhaltig geprägt hat.

Außerdem möchte ich mich bei Antje Dudek bedanken, die mich auf meinem Weg mit wertvollen Anregungen und produktiven Gesprächen immer wieder motiviert und inspiriert hat.

Des Weiteren möchte ich Hannah Drescher, Paulina Kaping und Kristina Pohlemann meinen Dank äußern, die die Arbeit im Feld engagiert und aufmerksam begleitet haben. Hannah Drescher hat darüber hinaus die Dissertationsschrift gründlich und sensibel korrigiert. Meiner Familie, allen voran meinem Mann, danke ich für ihre/seine Geduld, Ermutigungen und Zusprüche während meiner Promotion.

Christin Lübke

Freital, im Herbst 2021

Vorwort

Die Bedeutung performativen Handelns für pädagogische Prozesse sowie von Performance Art als spezieller Gestaltungsform in den künstlerischen Fächern hat nicht nur den allgemeinen Bildungsdiskurs in den letzten zwei Jahrzehnten, sondern auch die universitäre Forschung und Lehre in besonderem Maße beschäftigt. Theoretische und praktische Performanceseminare mit Studierenden am kunstpädagogischen Bereich des Instituts für Kunst- und Musikwissenschaft der TU Dresden führten nicht nur zu beeindruckenden künstlerischen Ergebnissen, sondern eröffneten die fachwissenschaftliche Suche danach, wie die persönlichkeitserweiternden, sinnlich-ästhetischen, künstlerischen und sozialen Impulse der Performancearbeit erlebnisnah an Schüler und Schülerinnen weitergegeben werden können. Überzeugt von den ganzheitlichen Potentialen der eigensinnigen, durch performatives Tun erfahrenen Lernprozesse träumten wir davon, Performance Art als eine lebendige, intermediale und außerordentlich komplexe Kunstform fest in schulischen Vermittlungskontexten zu verankern. Auf mehreren Tagungen als auch in diversen Forschungsarbeiten beschäftigten sich Dozent*innen, Studierende und Doktorand*innen, so auch die Autorin dieser Publikation, intensiv mit dem Gegenstand und der sinnlich-sinnhaften Reichweite von Performancekunst sowie mit deren genereller Vermittelbarkeit in der Schule.

Trotz schrittweiser Anerkennung von Performance Art Education als wichtigem künstlerischen Fachgegenstand wies die Akzeptanz performativer Kunstprozesse hinsichtlich ihrer konkreten Erkenntnispotentiale immer noch viele argumentative Leerstellen auf. Fragen danach, was sich an jugendlichen Körpern in performativen Aktionen zeigt, welche Bühne ästhetischer Positionierungen sich dabei konkret eröffnet und auf welche Weise performative Handlungen Bedeutungen generieren, konnten bisher oft nur holzschnittartig beantwortet werden. Um so glücklicher kann sich die Fachwelt schätzen, dass diese Forschungslücke hinsichtlich detaillierter Wahrnehmungen, differenzierter Beschreibungen und objektivierender Analysen der spezifischen Ausdrucksformen performativem In-der-Welt-Seins von Jugendlichen durch die hier publizierte Dissertation meiner ehemaligen Doktorandin Christin Lübke geschlossen wurde.

Mit ihrer explorativen Einzelfallstudie zu *Ausdrucksformen von Körper und Leib von Jugendlichen in der Performancekunst* legt die Autorin eine durch phänomenologische Beobachtungen und qualitativ-empirische Methoden abgesicherte Untersuchung vor. Als kunstpädagogische Grundlagenforschung angelegt, konkretisiert der vorliegende Text unser Wissen bezüglich konkreter sinnlicher, jugendästhetischer, performativer und semantischer Potentiale von Jugendlichen im Gymnasialschulalter. Entlang übergreifender Forschungsfragen wie der nach der Rolle und der konkreten Stilistik des performativ handelnden Körpers als künstlerischem Material in individuellen und kollektiven Gestaltungsprozessen werden ganz konkrete Antworten darauf gefunden, wie sich Körper und Leib als konstitutive Momente des ästhetischen Lernens begreifen lassen. Da die Untersuchungen nicht in den häufig ausgelagerten, projektartigen Sonderbereichen jugendlichen Lernens, sondern in der ganz „normalen" Unterrichtspraxis eines gymnasialen Regelschulbetriebs mit 45-minütigem Rhythmus angesiedelt sind, ist eine realistische Übertragbarkeitsperspektive auf den Kunstunterricht in der regulären Schule gewährleistet.

Theoretische Orientierung findet die Autorin im phänomenologisch determinierten Erfahrungs- und Wahrnehmungsbegriff, in der körperlichen und materiellen Perspektivierung von Praxistheorie sowie im komplex angelegten sozialen, kulturellen und ästhetischen Spannungsfeld von Performancetheorie. Auf Erkenntnissen von Edmund Husserl, Maurice Merleau-Ponty, Bernhard Waldenfels sowie neueren Untersuchungen von Robert Gugutzer und Philipp Kamps basierend, wird die Verankerung des Subjekts im leiblichen Verstehen und das leibgebundene, spürende Dialogisieren innerhalb personaler Interaktionen aus phänomenologischer Sicht betrachtet. Körper und Leib werden als soziale Praktiken des Tuns, Sprechens, Fühlens und Denkens behandelt, die sowohl bestehende Vorgehensweisen festigen als auch mit Routinen brechend, neue Praktiken entfalten können.

Den empirischen Untersuchungen der jugendlichen Performances liegen ua. Einsichten zur Ästhetik des Performativen der Theaterwissenschaftlerin Erika Fischer-Lichte und des Philosophen Dieter Mersch zugrunde. Darauf aufbauend wird der Beobachtung der konkreten leiblich-körperlichen Präsenz der Agierenden, der Responsivität sowie der Ereignishaftigkeit der performativen Prozesse im Forschungsgeschehen ein besonderer Stellenwert eingeräumt. Dabei werden die performativen Aktionen als transitorische, postdigital erweiterte Formen der einst auf selbstreferentiellen Körperlichkeitspostulaten beruhenden Performancekunst betrachtet, die durch Anschlusskommunikation zu künstlerischen Praxen wie Theater, Tanz, Musik, digitale Medien uam. ergänzt werden. Ausgehend von diesen theoretischen Prämissen nimmt die Autorin ganz gezielt wahr, in welchen Formen sich in der praktisch-handelnden, an Routinen gewöhnten Körperlichkeit von Jugendlichen Zustände erkennen lassen, die Gewohntes befremden und Transformationen für das Entstehen von neuen Weltzugängen entfalten.

In der Art, wie sie Methoden aus der Ethnografie und der Grounded Theory als erkenntnistheoretisches Forschungsgerüst kritisch reflektierend den eigenen Untersuchungsgegenständen anpasst und in ein spezifisches Forschungsdesign verwandelt, gelingt ihr etwas für die weitere kunstpädagogische Forschung außerordentlich Innovatives.

Mit ihrer Entscheidung für phänomenologisch fundierte, sprachlich verdichtende Vignettendeskriptionen als einer spezifischen Variante qualitativer Unterrichtsforschung stellt sich Christin Lübke der immer sehr schwierigen, zwischen Ereignishaftigkeit und subjektivem Blick oszillierenden, Eigenlogik solcher empirischeren Untersuchungen. Das Kernstück der Studie bildet die Analyse der gewonnenen Daten zu den körperlich-leiblichen und künstlerischen Ausdrucksformen der Schüler*innen im Unterrichtsgeschehen und in den Abschlussperformances. Sie erfolgt unter Einbeziehung eines von der Autorin entwickelten konzeptuellen Strukturmodells, in welchem fünf übergeordnete Analysekonzepte differenzierte Mehrfachbetrachtungen der performativen Suchbewegungen der Jugendlichen in den einzelnen Phasen ihrer Selbstpräsentationen ermöglichen. Die an konkreten Performancesequenzen nachgewiesenen Antworten auf die anfänglichen Forschungsfragen sowie die systematische Darstellung verschiedener performativer Ausdruckformen innerhalb eines verdichteten Ordnungskonstrukts weisen auf die produktiven Ressourcen des performativen Sich-Zeigens der Jugendlichen sowie die vielseitigen Verstrickungen ihrer Körper mit dieser Welt hin.

Die vorliegende Studie legt offen, wie in intermedialen Performancesituationen die unterschiedlichen sinnlich-ästhetischen Kommunikationsstränge der Jugendlichen zu Welt und zum eigenem körperlich-leiblichen Sein zusammenlaufen. Staunend werden die Leser*innen entdecken, wie einfallsreich die Heranwachsenden ihre sie umgebenden Verhältnisse reflektieren und auf welch eigensinnige, jugendästhetisch und medial vielfältige Weise sie diese Verhältnisse künstlerisch transformieren.

Welche Leser*innen wären wünschenswert für diesen Text, der in den Theoriekapiteln als auch im gesamten Deskriptions- und Analyseteil durch sprachliche Brillanz und stilistische Lebendigkeit besticht und dessen klug ausgewählte, jedem Kapitel vorangesetzte Zitate aufgrund ihrer thematischen Komplexität genussvoll in die zu erwarteten Inhalte einführen?

Wenngleich die Studie unter kunstpädagogischem Vorzeichen entstanden ist, können angrenzende, das Performative untersuchende Fachgebiete wie die Bildungs-, Kunst-, Theater- und Vermittlungswissenschaften einen hohen Gewinn für eigene systematische Zugänge zu den variierenden Ausdruckformen performativer Prozesse erzielen. Insofern sei die Lektüre des Textes sowohl Kunstlehrer*innen und solchen die es werden wollen, als auch Vermittler*innen in anderen künstlerischen Bildungsbereichen ebenso ans Herz gelegt wie lehrenden Performer*innen und Wissenschaftler*innen, die sich mit dem sich bewegenden menschlichen Körper als sinnlichem Erkenntnisinstrument auseinandersetzen.

Marie-Luise Lange

Berlin, August 2021

Inhaltsverzeichnis

1. Einleitung

1.1 Erkenntnisinteresse und Forschungsfragen

*„Die Schüler*innen beginnen anschließend, ohne zu zögern, den Blickkontakt zu ihrem Gegenüber aufzunehmen und eigene Bewegungsabläufe im Duo zu entwickeln. Einige Lernende lassen sich Zeit für die Entfernung und Annäherung im Blickkontakt, andere beginnen schnell damit, standbildhaft aufeinander zu reagieren, wie zum Beispiel Robin und Moris. Sie explorieren diverse sportlich anmutende Übungen und bewegen sich dabei ausladend durch verschiedene Raumebenen. Moris streckt den Körper und verschränkt die Arme über dem Kopf … Robin hockt sich neben ihn … Moris macht eine Brücke … Robin kriecht darunter hindurch … Moris steigt über Robin hinweg und kauert sich zusammengerollt auf den Boden. Auf die Frage eines Mitschülers, wie lange das gemacht werden solle, antwortet Moris grinsend, bis Kunst entsteht." (Auszug aus der Vignette 5.2.3.1)*

Körperlich handeln, *bis Kunst entsteht*. Was in der Aussage des Schülers Moris anklingt, soll mit der Fokussierung auf Ausdrucksformen von Körper und Leib in der Performancekunst im Zuge dieser Arbeit differenziert betrachtet werden. Der erzählende Einblick aus einer Unterrichtssequenz, in welcher sich Lernende der Jahrgangsstufe 12 mit Performancekunst zum Thema „Körper, Haut und Hülle" auseinandersetzen, eröffnet den Gegenstandsbereich der vorliegenden phänomenologisch orientierten Einzelfallstudie: sich bewegende, explorierende, aufeinander reagierende Lernende, die performativ agieren und mit Körper und Leib mehrsinnlich wahrnehmend-denkend in der Welt verankert sind. Performances verhandeln die flüchtigen, schwer greifbaren und sich in Veränderung befindenden Momente künstlerischer Gestaltung. Sie erzeugen eigensinnige Bilder, die sichtbar, spürbar und reflexiv zu Verschiebungen zwischen verschiedenen Handlungs-, Zeichen- und Sprachebenen führen, die sich einer eindeutigen Sinnzuschreibung mitunter bewusst entziehen. Vielmehr generieren sie – so die Grundannahme der vorliegenden Untersuchung – Sinnüberschüsse, die vordergründig körperlich und leiblich konturiert sind (vgl. Lange 2019, S. 16). Als Gestaltungsform wird Performancekunst im kunstpädagogischen Diskurs mittlerweile vielgestaltig thematisiert; auch in der schulbezogenen Unterrichtspraxis aller Jahrgangsstufen etabliert sie sich zunehmend mit originellen, prozessorientierten und interdisziplinären Vermittlungsformaten (vgl. Peters 2016, S. 119 f.). So löst sie bei Lehrenden und Lernenden spannungsreiche Dynamiken der Produktion, Rezeption und Reflexion aus und positioniert sich mit den Worten der Kunstpädagogin Marie-Luise Lange als anspruchsvolle ästhetische Bildungspraxis:

> *„Performance Art Education fördert Prozesse des permanenten körperlichen und sinnlichen Erfahrens, welches die Sicht auf Wirklichkeit beeinflusst und prägt, denn Körper erfinden Ideen und Handlungen in Raum und Zeit. Um das zu bewirken, müssen sie spielen, suchen, experimentieren, improvisieren, recherchieren, den Augenblick ergreifen, beginnen, verwerfen und neu beginnen, Intuitionen zu- und Festgefahrenes loslassen. Es geht um nichts weniger als um den Status des Kreativen und des Spielerisch-Forschenden im Leben sowie um den Mut, Unvorhersehbarem offen zu begegnen." (Lange 2017, S. 89)*

Die Exploration performativer Ausdrucksformen im Kunstunterricht setzt in diesem Sinne ein Verständnis des Subjekt- und Lernbegriffs voraus, welcher sich einer einseitigen kognitiven Ausrichtung bewusst entzieht. Indem Performancekunst als einmaliges, zeitlich begrenztes Ereignis auf die Veränderung von Wirklichkeit in körperlich-sinnlicher Auseinandersetzung und situativ-präsentischer Aufführungspraxis abzielt, fordert sie ein Bewusstsein für eine vielschichtige, sich überlagernde und verschränkende Kommunikation der Teilnehmenden heraus (vgl. Westphal 2008, S. 49). Die Bildungswissenschaftlerin Kristin Westphal betont deshalb für die performativen Künste im Allgemeinen:

> *„Diese Hinwendung zu den Prozessen der Aufnahme und Aneignung von Gegenständen, auf die Wahrnehmung von Selbst und Welt, bietet [...] für jegliche pädagogische Spielformen enorme Lern- bzw. Bildungsmöglichkeiten. Werden hier doch Bildungsprozesse initiiert, in denen es über die kognitiven Fähigkeiten und das kognitive Verstehen von vorgegebenen Deutungsmustern hinaus um eine entfaltete Sinnlichkeit geht, die den Zuschauer und den Akteur gleichermaßen dazu herausfordern, sich in andere einzufühlen, anderes als nur das Bekannte wahrzunehmen, sich einzulassen und Unterscheidungen zu treffen, um Urteile fällen zu können oder eine Sichtweise mit Blick auf andere zu vertreten bzw. zu revidieren." (ebd., S. 52)*

In diesen einführenden Überlegungen wird grundsätzlich deutlich, dass die vorliegende Studie ihr Erkenntnisinteresse darauf richtet, performativen Lern- und Gestaltungsprozessen auf die Spur zu kommen, die sich in der „Evidenz im Augenblick" (Meyer-Drawe 2020, S. 54) und in einer „gezielten, aber zugleich hinnehmenden Aufmerksamkeit bzw. Achtsamkeit" (Fallschessel 2016, S. 196) konstituieren. Die Forschungsarbeit wird somit grundlegend von folgender Überzeugung gerahmt: Performancekunst evoziert andere Formen des Verstehens und Lernens, die „für die Ermöglichung ästhetischer Erfahrungen sowie die Stärkung bildnerisch-ästhetischer und visueller Kompetenzen" (Peez 2012, o. S.) im Kunstunterricht als besonders reichhaltig erachtet werden. Die folgende Feststellung der Bildungswissenschaftler Christoph Wulf und Jörg Zirfas ist dementsprechend für die vorliegende Untersuchung besonders aufschlussreich:

> *„Performative Praktiken etablieren eine, so könnte man sagen, evidente Emergenz. Sie evozieren (fraglos) gültige Normen, Regeln und Unsicherheiten und können dadurch ebenso konservierend und stabilisierend wie transformativ und subversiv wirken, bedeutet doch das Vollziehen performativer Akte immer auch*

die Möglichkeit, im Vollzug selbst die Normen und Regeln außer Kraft zu setzen, sie zu ironisieren, umzucodieren, die Fraglosigkeit in Frage zu stellen." (Wulf/ Zirfas 2011, S. 208)

Prozesse der Sinnbildung und Bedeutungsgenerierung vollziehen sich vor diesem Hintergrund sowohl in der Aushandlung körperlich-materieller Ausdrucksformen als auch in leiblich spürenden und ganzheitlich aufmerkenden Erfahrungsqualitäten – Phänomene, die bereits in der eingangs zitierten Vignette[1] aus dem Unterrichtsgeschehen anklingen. Als körperhafte Wesen sind die Lernenden im performativen Handeln einerseits im Sehen, Hören und Berühren wahrnehmbar, andererseits nehmen sie als leibliche Wesen sehend, hörend, berührend und spürend wahr. Der Soziologe Nick Crossley betont, dass in dieser körper-leiblichen Dualität eine Art und Weise zum Ausdruck komme, wie wir vordergründig „füreinander existieren" (Crossley 2017, S. 327). Er konstatiert: „Die Basis unserer grundlegendsten sozialen Beziehungen ist gegenseitiges Aufeinander-Gerichtet-Sein." (ebd.) Dieses körper-leiblich geprägte Verhältnis des Subjekts zur Welt ist für vorliegenden Untersuchung konstitutiv, denn

„mit der Differenz von Leib und Körper wird es möglich, subjektive Momente des sinnlichen Erlebens beschreibbar zu machen und ästhetische Erfahrung in der Präsenz, Materialität und Widerständigkeit ihrer Gegenstände zu bestimmen" (Brinkmann 2019b, S. 6).

Diesbezüglich wurden in der kunstpädagogischen Fachliteratur in den letzten Jahren verstärkt die unbestimmten, vorreflexiven Dynamiken leiblicher Erfahrungswelten herauskristallisiert und in ihrem Bildungspotential betont (vgl. Engel/Böhme 2015 / Blohm/Mark 2015 / Breuer 2019 / Engel et al. 2020). Die grundsätzliche Prozessoffenheit und Eigensinnigkeit ästhetischer und aisthetischer Lernprozesse, die zu einem Großteil atmosphärisch und leiblich spürend bedingt werden, wurden bereits im Fachdiskurs geschärft. So grundlegend wichtig diese Zugänge auch für diese Arbeit sind, lässt sich in ihnen mitunter eine Leerstelle in der Konkretion der Ausdrucksweisen von Körper und Leib verzeichnen. An dieser Leerstelle setzt die vorliegende Untersuchung an. Sie geht davon aus, dass es für die Konzeption, Innovation und Evaluation von Performancekunstvermittlung im Kunstunterricht notwendig ist, die sichtbaren Ausdrucksformen von Körper und Leib in performativen Handlungen zu erschließen und aus der tatsächlichen Unterrichtspraxis heraus zu bestimmen. Die phänomenologisch orientierte Einzelfallstudie wird somit von einer „Fundierung unserer Wahrnehmung in körperlichen Bewegungs- und Handlungsfähigkeiten" (Fallschessel 2016, S. 179) getragen, denn „der lebendige Leib setzt Zeichen in die Welt, indem er sich durch Gesten, Akte und Sprache einen Korrespondenzraum schafft" (Orlikowski 2019, S. 126). Sie zielt deshalb im Wesentlichen

1 Vignetten sind phänomenologische Texte, die auf Protokollen teilnehmender Erfahrung basieren. Als kurze, prägnante Erzählungen veranschaulichen sie Erfahrungsmomente und eröffnen als sinnlich-ästhetische Vergegenwärtigungen Erkenntniswege im Forschungsprozess (vgl. Agostini 2019, S. 302). Die Arbeit mit Vignetten ist für die vorliegende Untersuchung äußerst relevant (siehe dazu Abschnitt 4.2.3.4).

darauf ab, die Spezifik körper-leiblichen In-der-Welt-Seins jugendlicher Lernender in der Exploration, Konzeption, Aufführung und Reflexion performativer Gestaltungen in den Blick zu nehmen und auszudifferenzieren. Folgende Forschungsfragen werden der Untersuchung deshalb zu Grunde gelegt:

1. Welche Ausdrucksformen von Körper und Leib werden in performativen Vermittlungssettings sichtbar?
2. Welche Rolle spielt der Körper als Material in künstlerisch-ästhetischen Gestaltungsprozessen?
3. Wie verhalten sich kollektive und individuelle Handlungen im Performativen zueinander?
4. Auf welche Weise generieren performative Handlungen Bedeutungen?
5. Wie lassen sich Körper und Leib im Kontext des Kunstunterrichtes als konstitutive Momente des Lernens und Gestaltens begreifen?

Die Forschungsfragen referieren indessen nicht nur auf künstlerische und kunstpädagogische Diskurse, sondern berühren darüber hinaus grundlegend auch gesellschaftliche, kulturelle und sozioökonomische Dynamiken von jugendlicher Alltagskultur und -ästhetik, in denen die Bedeutung von Körper und Leib ausgesprochen evident ist. Der Soziologe Thomas Alkemeyer stellt diesbezüglich fest:

> *„Parallel zum alltäglichen Körperkult mit seiner Daueraufmerksamkeit für ‚Problemzonen', Körpergewicht und Blutwerte hat die Körperthematik seit mindestens drei Jahrzehnten auch die Kultur- und Sozialwissenschaften erreicht; die vollmundig verkündeten wissenschaftlichen ‚Kehrtwenden' der jüngeren Vergangenheit, vom body turn über den spatial turn bis hin zum material turn, belegen dies eindrucksvoll. Offenbar hängen diese Neubewertungen mit einem Reflexiv-Werden der modernen Gesellschaft zusammen. Es scheint, als würde diese von ihren körperlich-materialen Grundlagen eingeholt, deren Verdrängung lange Zeit die conditio sine qua non ihres eigenen Selbstverständnisses war." (Alkemeyer 2011, S. 55)*

Der Körper tritt in den verschiedensten Lebensbereichen als Produkt der Gesellschaft und als Produzent von Gesellschaft in Erscheinung. Nicht nur wirkt Gesellschaft formend, diskursiv, kommunikativ und symbolisierend auf ihn ein, sondern er zeigt sich auch routiniert, inszeniert und eigensinnig als handlungsmächtige Materialität (vgl. Gugutzer 2008, S. 17 ff.). Das Verhältnis zum Körper kann dementsprechend als wichtige Facette der individuellen Identitätsbildung handelnder Subjekte betrachtet werden. Die Kunstpädagogin Christine Borck erläutert:

> *„Performativ handeln, d.h. bewusst handeln, wissen um das, was man tut und wie man es tut – eine Vorstellung davon haben, was eine Handlung konkret an dem Ort und in der Zeit bedeutet, ist nur möglich, wenn die potentiell begrenzenden bzw. impliziten Dispositive des Handelns bewusstgemacht werden. Grenzen werden durchbrochen und überschritten und formen sich neu. Identität ist der von außen oder innen verstandene Sinn einer performativen Handlung, die immer auch eine körperliche ist." (Borck 2016, S. 98)*

Für die ästhetischen Erfahrungswelten von Jugendlichen im und außerhalb des Kunstunterrichts spielen Körper und Leib in diesem Sinne eine nicht zu vernachlässigende Rolle. Zum einen werden performative Handlungen von Jugendlichen als Bühne ästhetischer Positionierungen evident, auf welcher Identität handelnd hervorgebracht wird. Zum anderen kommen Körper und Leib im intermedialen Fluss der Bilder und Informationen zum Ausdruck, sodass auch der Einfluss postdigitaler Medien auf jugendliche Erfahrungswelten in der vorliegenden Untersuchung genauer beleuchtet werden muss (vgl. Niekrenz/Witte 2011).

Diese ersten Überlegungen zum Lernen und Gestalten als körper-leibgebundene Erfahrung in der Auseinandersetzung mit Performancekunst bilden das Gedankengerüst der vorliegenden Untersuchung, welche als qualitative kunstpädagogische Grundlagenforschung angelegt wird. Die Relevanz der Untersuchung soll somit bewusst im verstehenden Nachvollzug, in der Beobachtung und Erschließung von Unterrichtspraxis im Regelschulbetrieb hergestellt werden. Um die Konzeption der phänomenologisch orientierten Studie einleitend zu begründen, wird im Folgenden das theoretische und methodologische Fundament dieses Gerüsts kurz und knapp skizziert.

1.2 Theoretische und methodologische Orientierung

> *„Ein phänomenologischer Zugang als eine Option ist mit Blick auf neuere Verfahrensweisen [...] in der Performancekunst in pädagogischen Kontexten [...] eine wichtige metatheoretische und methodologische Referenz: Responsive Leiblichkeit, Be- und Entzug, Lebenswelt, Differenz- und Fremderfahrung erweisen sich als wichtige Bezugsgrößen für die Beschreibung und Analyse neuerer Verfahrensweisen in den Künsten, die von einem offenen Kunstbegriff ausgehen und das Verhältnis des Bestimmten und Unbestimmten, Realen und Fiktiven, Möglichen und Unmöglichen aufgreifen." (Kristin Westphal 2015b, S. 42.)*

Die Auswahl der theoretischen und methodologischen Zugänge orientiert sich am Gegenstandbereich der vorliegenden Untersuchung: Als phänomenologisch orientierte Einzelfallstudie fokussiert sie sich auf eine Unterrichtseinheit zu Performancekunst im Kunstunterricht des Regelschulbetriebs an einem Dresdener Gymnasium. Körper und Leib werden an diesem Ort unumgänglich zum Gegenstand einer intersubjektiven Auseinandersetzung zwischen den Lernenden bzw. zwischen Lernenden und Lehrerin. Als Fall wurde eine Kunstunterrichtssequenz ausgewählt, in welcher sich Schüler*innen der 12. Klasse über den Verlauf von sieben Wochen mit Performancekunst auseinandersetzen. Die Lehrerin, die den Feldzugang ermöglicht, hat langjährige Erfahrung in der Vermittlung darstellender und performativer Körperarbeit. Die Studie fokussiert sich indessen konsequent auf die Ausdrucksformen der Lernenden, die im Rahmen kunstpädagogischer Forschung in dieser Intensität bislang noch nicht betrachtet wurden. Sie versteht sich somit im Wesentlichen als explorative kunstpädagogische (Grundlagen-)Forschung und zielt darauf ab, Impulse für den kunstpädagogischen Fachdiskurs zu setzen.

Bereits in der einleitenden Aussage von Kristin Westphal wird deutlich, dass ein phänomenologisch determinierter Erfahrungsbegriff vielseitige Dimensionen und reichhaltige Perspektiven für die forschungsmethodologische Grundlegung einer solchen Untersuchung zu erzeugen vermag. Körper-leibliches Lernen und Gestalten können unter diesen Prämissen als ästhetische Erfahrung und Ausdrucksform charakterisiert werden, die sich als eine Antwort auf den Anspruch der Anderen, der Dinge und der Welt einstellen. Als Grundlagentheorie eröffnet die Phänomenologie einen spezifischen Blick auf Körper und Leib im performativen Gestalten, da sie beide Dimensionen menschlichen Ausdrucks als wesentliche Basis bewusster Erfahrung und bewussten Handelns begreift (vgl. Crossley 2017, S. 332). Als Empirie rehabilitiert sie die Erste-Person-Perspektive, Responsivität, Empathie, Affizierung und Zwischenleiblichkeit im Forschungsprozess als grundlegende Parameter einer horizonterweiternden Forschungshaltung und betont somit den phänomenalen Reichtum der subjektiven Erfahrung (vgl. Eberlein 2016, S. 11). Die Bildungswissenschaftlerin Evi Agostini führt aus:

> *„Im Respondieren als einer leiblichen Auseinandersetzung mit der Welt setzen sich die Forschenden mit einer Haltung der ‚engagierten Passivität' und genuinen ‚Empfänglichkeit' für die eigene und fremde Betroffenheit und Verletzbarkeit diesen intersubjektiven Erfahrungen im Forschungsfeld aus. In diesem Moment der Passivität müssen sich die Forschenden für das fremde Andere öffnen, im Sinne einer Bereitschaft, sich überraschen zu lassen. " (Agostini 2019, S. 313 f.)*

So wird auch die Forscherin im vorliegenden Untersuchungskontext in ihren körperlichen und leiblichen Wahrnehmungen und Erfahrungen zu einem *Antworten* herausgefordert, um das Wahrgenommene und Erfahrene mit Bedeutungen zu versehen. Dieser Prozess wird unterdessen von zwei weiteren für die Arbeit wesentlichen Zugängen geprägt, da neben einer phänomenologischen Orientierung performativitäts- und praxistheoretische Impulse in die Überlegungen eingebunden werden.

Praxistheorie betrachtet vordergründig Situationen, die vom Körper getragen werden und als Praktiken emergieren. Der Soziologe Stefan Hirschauer stellt diesbezüglich fest: „Der Körper ist also nicht aprioristisch vorauszusetzen, er ist aber auch nicht bloß als Resultat von Diskursen und Praktiken zu verorten, er steckt vielmehr in den Praktiken." (Hirschauer 2015, S. 75) Für die vorliegende Untersuchung ist Praxistheorie als Forschungsansatz gerade deshalb interessant, weil sie Ausdrucksformen zu perspektivieren weiß, die sich „immer in materieller und körperlicher Ko-Aktivität mit anderen Subjekten, Dingen, Artefakten, den räumlich-materiellen sowie situationalen Rahmungen" (Klein/Göbel 2015, S.16) vollziehen.

Performativitätstheorie fokussiert sich hingegen vordergründig auf die Erzeugung von Sozialität und Kulturalität im Spannungsfeld von Durchführung und Aufführung, die sich flüchtig ereignen und den involvierten Subjekten gleichsam widerfahren (vgl. Klein/Göbel 2015, S. 27). Performativitätstheoretische Akzentuierungen offenbaren ihr Potential für den verstehenden Nachvollzug der Ausdrucksformen von Körper und Leib mit den Worten von Wulf und Zirfas deshalb wie folgt:

> *„Mit der Idee, Prozesse der Interaktion und dramaturgische Handlungsvollzüge, sowie Körperlichkeit und Materialität von Gemeinschaften und pädagogischen Prozessen in den Mittelpunkt zu rücken, ist weder der Versuch verbunden, das Besondere der spezifischen Situation nur als Ausdruck des historischen und kulturellen Allgemeinen (eines bestimmten Textes) zu verstehen, noch das Allgemeine als unabdingbare und ausschließliche Grundlage des Besonderen zu begreifen. Eine performative Sichtweise verwirft eine allgemeine und totale Methode und Lesart von Kultur zugunsten einer relativierenden, beweglichen, den Kontexten angepassten Interpretation." (Wulf/Zirfas 2011, S. 210)*

Diese drei philosophisch, soziologisch und ästhetisch ausgerichteten Theoriestränge weisen eine je eigene Genese auf, fokussieren sich auf divergierende Gegenstandsfelder und wurzeln in mehr oder weniger unterschiedlichen Begründungszusammenhängen. Nichtsdestotrotz lassen sich in der gemeinsamen Fokussierung auf Handlungs- und Erfahrungsvollzüge Schnittstellen und Überschneidungen ausmachen, die für die vorliegende Untersuchung als besonders fruchtbar erachtet werden. In dieser verkürzenden Aufführung soll zunächst lediglich deutlich werden, dass sie der Untersuchung initiativ Orientierung geben. Im weiteren Verlauf der Auseinandersetzung werden phänomenologische, praxistheoretische und performative Überlegungen vertiefend betrachtet und auf ihre Relevanz für die Entwicklung eines aufschlussreichen Forschungsdesigns und für die Beantwortung der Forschungsfragen überprüft. Denn sie rahmen die vorliegende Untersuchung nicht nur theoretisch, sondern setzen darüber hinaus Impulse, die Arbeitsschritte in der Datenerhebung, Datenaufbereitung und Datenanalyse sinnstiftend zu operationalisieren. Die Bewegungsforscherinnen Gabriele Klein und Katharina Göbel führen die kreative Vielfalt methodischer Arbeitsschritte in diesem Sinne wie folgt aus:

> *„Beobachten und dokumentieren, recherchieren, interviewen, notieren, aufzeichnen mit Sprache, Stift, Bewegung, Kamera und Video, transkribieren, modellieren, interpretieren, analysieren, verwerfen und verwerten, gruppieren und arrangieren, schreibend theoretisieren, reflektieren, präsentieren, diskutieren, veröffentlichen, in Produkte übersetzen und in Wissensfelder implementieren – dies sind nur einige Praktiken der Wissensproduktion, die für die Praxis- und Performancetheorie wie auch für die Phänomenologie [Anm. CL] [...] grundlegend sind." (Klein/Göbel 2015, S. 20 f.)*

Qualitative Unterrichtsforschung zeigt sich vor dem Hintergrund dieser vielgestaltigen Zugänge als ein äußerst kreativer und origineller Prozess, der in seiner Dynamik immer wieder am Gegenstandsbereich der vorliegenden phänomenologischen Einzelfallstudie orientiert werden muss: die Ausdrucksformen von Körper und Leib in der Performancekunst. Die bereits dargestellten Forschungsfragen fungieren in diesem Prozess als wesentliche Bezugsdimensionen theoretischer und empirischer Entscheidungsfindung.

1.3 Aufbau der Arbeit

> *„Forschen als Situation ist eine chaotisch-mannigfaltige Ganzheit, zu der Sachverhalte, Programme und zumeist auch Probleme gehören." (Robert Gugutzer 2017, S. 384)*

Um das Forschen im Sinne des Soziologen Robert Gugutzers *als Situation* darzustellen, wird im Folgenden knapp umrissen, wie der Aufbau der Arbeit strukturiert ist.

In *Kapitel 2 „Körper und Leib im diskursiven Geflecht – Eine theoretische Annäherung an Thematik und Terminologie"* werden die theoretischen Grundlagen der vorliegenden Untersuchung geklärt. Es soll deutlich werden, dass Körper und Leib in vielseitige Diskurse verwoben sind. Für die vorliegende Arbeit müssen eine Auswahl und Eingrenzung getroffen werden, die der teilnehmenden Erfahrung im Unterricht und der nachträglichen Datenaufbereitung bzw. -analyse zuträglich sind. Folgende Bezugsdiskurse werden deshalb genauer erläutert: Körper und Leib geraten zunächst unter phänomenologischer Perspektive in den Blick der Auseinandersetzung, insofern diese als Denktradition Körper-Haben und Leib-Sein präzise beschreibt und auf pädagogische Überlegungen überträgt. Darüber hinaus werden praxeologische Überlegungen bemüht, da sie einen performativen Handlungsbegriff näher zu erläutern vermögen. Abschließend wird die Ästhetik des Performativen als Grundlagentheorie befragt, da sie ereignis- und präsenzbezogene Phänomene genau zu beschreiben versucht und für eine Auseinandersetzung mit Performancekunst unumgänglich ist.

In *Kapitel 3 „Körper und Leib in kunstpädagogischen Kontexten – Eine Bestandsaufnahme"* gilt es, den Bedarf für die Untersuchung innerhalb der kunstpädagogischen Forschungslandschaft aufzuzeigen und die Relevanz des Themas zu beurteilen. Es wird danach gefragt, welche Rolle der Körper als künstlerisches Ausdrucksmittel in kunstpädagogischen Zusammenhängen spielt. Die Pädagogik des Performativen, in der Lernen als leibhaftes, präsentes Ereignis erörtert wird, ist diesbezüglich besonders aufschlussreich. In der Engführung richtet sich der Fokus des Kapitels auf Performancekunstvermittlung als kunstpädagogisches Handlungsfeld. Es soll deutlich werden, was unter Performancekunstvermittlung zu verstehen ist und welche Ansätze dazu im Fachdiskurs besprochen werden. Um die Auseinandersetzung in einen zeitgenössischen Zusammenhang einzubetten, werden die Ausführungen mit der Betrachtung leiblicher Erfahrungswelten und Ästhetiken in der Jugendkultur abgerundet. Diese geben Aufschluss darüber, wie hybrid das Feld ästhetischer Ausdrucksmöglichkeiten im schulischen Kontext ist und wie sich Performancekunstvermittlung zu diesen verhalten kann.

In *Kapitel 4 „Phänomenologische Methodenreflexion und Darlegung des Forschungsdesigns"* wird der Prozess der Erkenntnisgewinnung in der fallbezogenen qualitativen Unterrichtsforschung konzeptionell nachgezeichnet und methodologisch begründet. Die einzelnen Teilprozesse werden in den Blick genommen, indem zunächst der Phänomenologie als Erkenntnis- und Forschungsstil vor dem

Hintergrund verschiedener Bezugsdisziplinen (Erziehungswissenschaft, Kulturelle Bildung, Kunstpädagogik) besondere Aufmerksamkeit gewidmet wird. In einem weiteren Abschnitt wird das daraus entwickelte phänomenologische Forschungsdesign in seiner angewandten Pragmatik dargestellt. Die Brüche und Konfliktlinien eines solchen Forschungsprozesses sollen dabei nicht verschwiegen werden, sondern als dynamische Katalysatoren des Erkenntnisprozesses aufgezeigt werden.

In *Kapitel 5 „Datenaufbereitung – Performancekunstvermittlung zum Thema ‚Körper, Haut und Hülle' in der Sek II"* werden die erhobenen und bearbeiteten Daten aus der Fallstudie für die Leser*innen im phänomenologischen Modus der Reduktion und Deskription aufbereitet und nachvollziehbar dargestellt. Neben tabellarischen Verläufen der begleiteten Unterrichtseinheiten werden die Vignetten aus dem Unterrichtsgeschehen und die ausführlich deskribierten Abschlussperformances aufgeführt. Diese veranschaulichende Zusammenstellung ist der analytischen Variation der Daten vorgelagert, um den unterschiedlichen Vorprägungen der interessierten Lesenden in der Erstkonfrontation mit dem Material Raum zu geben. So können in der Sichtung des Materials eigene Fragen formuliert, Ersteindrücke vergegenwärtigt und Schlussfolgerungen gezogen werden.

In *Kapitel 6 „Datenanalyse – Ausdrucksformen von Körper und Leib in der Performancekunst"* werden die aus der Analyse hervorgegangenen wesentlichen Konzepte von Körper und Leib in der Performancekunst systematisiert. In diesen Konzepten bilden sich die wesentlichen Forschungsergebnisse ab, die aus der phänomenologisch orientierten Einzelfallstudie hervorgegangen sind. Sie bilden den Kern der Dissertation:

6.1 Der Körper als künstlerisches Material
6.2 Modi des Performens
6.3 Ereignis- und präsenzbezogene Phänomene in der Performance
6.4 Der Körper im intermedialen Gestaltungsprozess
6.5 Körperliche Interaktion in der Performance

Die Darstellung dieser Konzepte folgt im Einzelnen einer wiederkehrenden Logik: In einem ersten Schritt widmen sich die Ausführungen zunächst der Analyse der deskribierten Abschlussperformances. Im zweiten Kapitel wird dargelegt, wie sich die gewonnenen Erkenntnisse in den Vignetten aus dem Unterrichtsgeschehen widerspiegeln, um die Konzepte zu verdichten und in ihrer Verflochtenheit mit der Eigenlogik von Kunstunterricht zu konturieren.

In *Kapitel 7 „Schlussbetrachtung und Resümee"* werden die Ergebnisse der Untersuchung zusammengefasst und zur Beantwortung der Forschungsfragen herangezogen. Darüber hinaus werden die Ergebnisse der Analyse mit Blick auf die theoretischen Grundlagen und Bezugsdiskurse reflektiert. Das Forschungsdesign wird einer abschließenden methodologischen Begutachtung unterzogen. Außerdem wird die Reichweite der Studie für kunstpädagogische Praxisfelder kritisch beleuchtet, um Perspektiven für zeitgenössischen, innovativen Kunstunterricht und mögliche Anschlussforschungen abzuleiten. Die Ausführungen enden mit einer Reflexion der

Erkenntnisse unter postdigitalen und posthumanen Vorzeichen in einer sich rasant entwickelnden Lebenswirklichkeit von Kindern und Jugendlichen.

Die vorliegende Auseinandersetzung vertritt die These, dass „eine Orientierung an der Analyse konkreter Fälle in ihrer zeitlichen und lokalen Besonderheit" (Flick 2019, S. 37) für kunstpädagogische Praxisfelder von besonderer Bedeutung ist, um den äußerst pluralen Erscheinungsformen zeitgenössischen Kunstunterrichtes mit der notwendigen Flexibilität zu begegnen und aus der basalen Konfrontation heraus Erkenntnisse zu generieren, die für den allgemeinen Fachdiskurs anschlussfähig sind. Das unbestimmte Moment der körperlich-expressiven Interaktion zwischen den Lernenden fordert im Forschungsprozess dazu heraus, Untersuchungsinstrumente zu entwickeln, die das Besondere der Beobachtung herauskristallisieren können und einer lokalen Analyse unterziehen. Im Folgenden werden dementsprechend theoretische und erfahrungsbasierte Zugänge miteinander verwoben, um dem Gegenstand der Untersuchung *Ausdrucksformen von Körper und Leib in der Performancekunst* mehrperspektivisch und umfassend gerecht zu werden.

2. Körper und Leib im diskursiven Geflecht – Eine theoretische Annäherung an Thematik und Terminologie

> *„Der Mensch hat einen Körper, den er wie andere Objekte manipulieren und instrumentalisieren kann. Zugleich aber ist er dieser Leib, ist Leib-Subjekt.“ (Erika Fischer-Lichte 2004, S. 129)*

Eine konzeptionelle Unterscheidung zwischen gegenständlichem, zergliederbarem Körper und lebendig spürendem Leib verweist auf die Unterschiedlichkeit der Perspektiven, die bezüglich der einen menschlichen Entität eingenommen werden können. An dieser Gegenüberstellung, die eher eine gedachte als eine faktisch greifbare ist, haben sich in den letzten Jahrzehnten breitgefächerte Disziplinen in den Kultur- und Geisteswissenschaften abgearbeitet und weiterentwickelt. Speziell in der Produktion, Rezeption und Reflexion von Performancekunst avancieren Körper und Leib zum Ort der ästhetischen Erfahrung schlechthin. Eine diskursive Auseinandersetzung mit beiden Modi ist somit für die vorliegende Untersuchung unabdingbar, stehen doch Ausdrucksformen von Körper und Leib im Zentrum des Erkenntnisinteresses. Im Folgenden werden deshalb jene theoretischen und terminologischen Grundlagen von Körper und Leib erörtert, die der qualitativ empirischen Einzelfallanalyse im schulischen Kontext als begriffliches Fundament dienen. Es werden bewusst eine Auswahl und begründete Eingrenzung getroffen, die der teilnehmenden Erfahrung im Unterricht und der nachträglichen Datenaufbereitung bzw. -analyse fruchtbare Impulse setzen. Es ist Ziel der Ausführungen, die Perspektive auf den durch die Forschungsfragen gerahmten Untersuchungsgegenstand zu schärfen, aber auch für Unbekanntes und Neues zu öffnen.

Die Auswahl der erläuterten Bezugsdiskurse wird wie folgt begründet: Körper und Leib geraten zunächst unter phänomenologischer Perspektive in den Blick der Auseinandersetzung, insofern in dieser Denktradition Körperhaben und Leibsein präzise erörtert und darüber hinaus in pädagogischen Kontexten rezipiert werden (vgl. Brinkmann 2019a und 2019b). Da die Praxistheorie den Handlungsbegriff näher zu erläutern vermag und Performancekunst im Kunstunterricht sinnstiftend als soziale, körpergebundene Bildungspraxis begründen kann, werden im Anschluss praxeologische Überlegungen beleuchtet. Abschließend wird die Ästhetik des Performativen als Grundlagentheorie befragt, da sie ereignis- und präsenzbezogene Phänomene in Bezug auf Körper und Leib genau beschreibt und für eine Auseinandersetzung mit Performancekunst somit unumgänglich ist. Alle drei Perspektiven entwickeln je eigene Schwerpunktsetzungen und Positionierungen innerhalb des Körper-Leib-Diskurses. Diese sollen in einem zusammenfassenden Absatz auf ihre Schnittstellen hin befragt und somit für die vorliegende Auseinandersetzung fruchtbar gemacht werden.

2.1 Körper und Leib in der Phänomenologie

> *„Derselbe Leib, der mir als Mittel aller Wahrnehmung dient, steht mir bei der Wahrnehmung seiner selbst im Wege." (Edmund Husserl, HUA IV 1991, S. 152.)*

Edmund Husserl – Philosoph und Begründer der Phänomenologie – verdeutlicht in der eingangs zitierten Aussage die paradoxe Unvermitteltheit, die dem körpergebundenen Leib als Medium und Gegenstand der Wahrnehmung inne liegt. Der Leib lässt sich im phänomenologischen Sinne nicht standardisiert vermessen, denn „ähnlich wie die Null ist auch der Leib weder Teil der abzählbaren Dinge, noch liegt er jenseits davon, er ist weder Gegenstand der Erscheinung noch ungegenständlich, sondern vielmehr Medium aller Gegenstände." (Alloa/Depraz 2012, S. 21). Jeder Versuch, den Leib-Körper, der unseren Zugang zu den Gegenständen erzeugt, selbst zum Forschungsgegenstand zu machen, ist in theoretischer Konsequenz somit zum Scheitern verurteilt (vgl. ebd., S. 21). Nichtsdestotrotz sind Körper und Leib Gegenstand einer tatsächlichen Welterfahrung und haben sowohl in naturwissenschaftlichen als auch geisteswissenschaftlichen Disziplinen eine lange Forschungstradition.

In der Phänomenologie wird der Leib in begrifflicher Abgrenzung zum Körper als grundlegende menschliche Daseins-Kategorie betrachtet. Der Soziologe Robert Gugutzer formuliert zum Verhältnis von Körper und Leib in der Phänomenologie Folgendes:

> *„Wichtig hierbei ist, dass der zuständliche Leib dem gegenständlichen Körper übergeordnet, weil vorgängig ist. Leib ist der grundlegendere Begriff, weil er nicht ein Etwas ist, das von einem Außenblick her von einem anderen unterschieden wird, sondern weil er an dieser Unterscheidung selbst beteiligt ist." (Gugutzer 2010, S. 180)*

Diese kategorische Trennung wird in anderen Disziplinen, wie sich im weiteren Verlauf der Ausführungen zeigen wird, durchaus kritisch betrachtet und argumentativ kontrastiert. Nichtsdestotrotz hat die Körper-Leib-Dichotomie im Phänomenologischen eine lange Tradition und generiert fruchtbare Analyseperspektiven auf das vorliegende Erkenntnisinteresse.

Es zeigt sich als ein nahezu aussichtsloses Unterfangen, den verschiedenen Theoriesträngen einer phänomenologischen Betrachtung von Körper und Leib gerecht zu werden und diese in ihren Bezügen kohärent darzustellen. Deshalb wird im Folgenden eine Fokussierung auf die wenigen, aber aufschlussreichen Positionen Edmund Husserls, Maurice Merleau-Pontys und Bernhard Waldenfels' vorgenommen, um die Schlüsselbegriffe Körper und Leib zu umreißen und auf ihre Bedeutung für die vorliegende Untersuchung hin zu befragen. Diese Auswahl wurde mit dem Ziel getroffen, im Phänomenologischen vor allem die resonanten und widerständigen Momente leibgebundener Wahrnehmung zu betonen, wohlwissend, dass andere anschlussfähige Positionen wie beispielsweise die Martin Heideggers und Helmut

Plessners nicht ausreichend tiefgründig dargestellt werden können (vgl. dazu einführend Meyer-Drawe 2010b).

2.1.1 Leibsein und Körperhaben

> *„Menschen haben einen Körper und sind Körper. Das besondere liegt in der Bezugnahme beider Modi. Als Leib im phänomenologischen Sinn ist der Mensch Angelpunkt der Perspektiven, mit denen er die reale Welt und alle Gegenstände wahrnimmt. Ohne die leibliche Perspektive ließe sich nicht von Gegenständen sprechen. Die leibliche Perspektive ermöglicht und begrenzt zugleich unsere Perspektive. Als sehender oder berührender Leib ist er nicht in der Lage, selber gesehen oder berührt zu werden." (Doris Schuhmacher-Chilla 2013, o.S.)*

Die Phänomenologie konfrontiert theoretisch determinierte Leiblichkeit mit der pragmatischen Konkretion des Körpers, welcher immer auch durch politische, ästhetische, wissenschaftliche und medial vermittelte Praktiken geformt wird. Sie sieht sich als Erkenntnisweise – so der Philosoph Marc Rölli – „vor die Aufgabe gestellt, die naturalistisch uneinholbaren Erfahrungswirklichkeiten des ‚Leibseins' […] in ihrer ganzen kulturellen Bestimmtheit aufzufassen und zur Geltung zu bringen" (Rölli 2012, S. 161). In der Dupliztität beider Ausdrucksformen des eigenen Selbst zeigt sich, so die Philosophin Eva Schürmann, „ein exzentrisches Differenzverhältnis des Menschen zu sich selbst" (Schürmann 2008, S. 197), insofern sich menschliche Wahrnehmung sonderbar verstrickt, responsiv und interaktiv zwischen Körper und Leib vollziehe (vgl. ebd.). Im bewussten Betonen der Verschränkung beider Wesensformen des Menschseins positioniert sich auch die vorliegende Untersuchung dazu, dass rein intellektuelles Bewusstsein undenkbar ist und unsere leibgebundene, sinnliche Existenz die Wahrnehmung unserer Welt überhaupt erst möglich macht.

Eine Differenzierung zwischen Körper und Leib hat ihren terminologischen und inhaltlichen Ursprung in der Anthropologie des 19. Jahrhunderts und Phänomenologie des frühen 20. Jahrhunderts. Bereits Edmund Husserl trennt Leib und ‚Körperding' phänomenologisch voneinander und bindet die Wahrnehmung in ihrer raum-zeitlichen Gegebenheit an die leibliche Präsenz. Er begründet in seiner Philosophie eine Überlegung, die weitreichend rezipiert wurde und auch für den vorliegenden Untersuchungszusammenhang nicht vernachlässigt werden kann: Ein Leib ist man selbst, insofern man mit ihm wahrnimmt und sich spürt. Einen Körper hat man, insofern er dinghaft ist und einen Körper unter Körpern darstellt. Leibliches Spüren ist an eine Selbsterfahrung gebunden, die sich im Hier und Jetzt vollzieht. Das Körperliche hingegen erscheint uns immer in der Perspektive der Fremderfahrung, insofern es von außen für andere wahrnehmbar und fremden Blicken und Eingriffen ausgesetzt ist. Leib und Körper sind im phänomenologischen zwei Perspektiven, in denen dem Menschen seine Existenz erscheint (vgl. Schuhmacher-Chilla 20013, o.S.). Die Philosophen Emmanuel Alloa und Natalie Depraz erläutern in der Auseinandersetzung mit Husserl diesen Zustand menschlichen Daseins sehr treffend:

> *„Obwohl mein Körper letztlich nichts Anderes ist als ein Ding unter anderen Dingen, ist er auch durch eine Sonderstellung charakterisiert: anders als zu allen anderen Körpern verhalte ich mich zu meinem eigenen nicht wie zu einem Ding; ich erlebe meinen Körper, durchlebe ihn gleichsam und lebe somit immer schon durch ihn. […] Leiblichkeit gibt es sozusagen nur in der ersten Person. […] Ich kann meinen Leib […] nie vor mich hinstellen, ich kann ihn nicht verallgemeinern oder vergegenständlichen, da er immer mehr auf meiner Seite liegt denn mir gegenübersteht." (Alloa/Depraz 2012, S. 11 f.)*

Mit dem Phänomenologen Maurice Merleau-Ponty erfährt die husserlsche Auslegung des zweifachen Körpers eine Erweiterung, indem er sich in seinem Hauptwerk *Phänomenologie der Wahrnehmung (1974)* vertieft mit den Fragen des Zusammenhangs von Wahrnehmung, Körper, Leib, Denken und Bewusstsein auseinandersetzt. Merleau-Ponty betont, dass der empfindende Leib nicht als Sinndatenapparat verstanden werden darf, sondern vielmehr als „ein Gefüge, das selbst schon Welt ordnet, indem er sie erschließt" (Merleau-Ponty zitiert bei Knoblauch 2016, S. 50). Er spricht vom Leib als einem Mittel des *Zur Welt-Seins* und schlussfolgert, „dass das Bewusstsein keineswegs neben dem körperlichen materialen Sein steht, sondern selbst schon verkörpert, genauer: Leib ist" (ebd). Die Beschreibung des Leibes wird unter diesem Paradigma gleichsam ursprünglich, insofern sie den empiristischen und intellektualistischen Epistemen der Psychologie und Philosophie vorangeht (vgl. Schuhmacher-Chilla 2013, o. S.). Der Leib wird in phänomenologischer Perspektive somit zum Agenten unserer Weltverhältnisse und ist mit seinen sämtlichen Sinnen nicht länger eingeschränkt auf ein rezeptives, gleichsam bloß empfangendes Vermögen, sondern lebendiger Vermittler im Mittelpunkt der Welt selbst (vgl. Günzel/Windgätter 2005, S. 589).

Eine phänomenologisch geprägte Differenzierung zwischen Körper und Leib ist für die vorliegende Untersuchung von besonderem Interesse. Beobachtet man Situationen, in denen Lernende künstlerisch-performativ agieren, ist die Frage nach der Körper-Leib-Dichotomie eine unumgängliche. In einer teilnehmenden Erfahrung ist die Forscherin in der Lage, sich artikulierende Körper wahrzunehmen – Körper, die sich im Raum bewegen und mit anderen Körpern interagieren. Auf den Leib der Lernenden eröffnet sich aus der forschenden Perspektive kein direkter Zugriff, vielmehr muss er phänomenologisch analysiert werden. Der Bildungswissenschaftler Malte Brinkmann schreibt dazu:

> *„Der Leib ist weder Raum, Körper noch transzendentales Leibsubjekt, sondern das, was jede Erfahrung und Bewegung begleitet. Er ist das, was sich erfahrungsmäßig und erfahrungslogisch nicht unmittelbar und rational erschließen lasst. Der Leib ist das Medium der Erfahrung, das zuallererst eine zeitliche, räumliche und soziale Orientierung ermöglicht im Hier und Jetzt, oben und unten, rechts und links, früher und später. Der Leib stellt den medialen Umschlagspunkt dar, wobei seine eigene Medialität nicht unmittelbar wahrgenommen und erkannt werden kann." (Malte Brinkmann et. al. 2019b, S. 3)*

Für die vorliegende Untersuchung bedeutet dies, dass subjektive Momente sinnlicher Erfahrung allein über den Körper als sichtbares, transformierbares Ausdrucksfeld analysiert werden können. Leibliche Erfahrungen in der Performancekunst werden dementsprechend allein in der „Präsenz, Materialität und Widerständigkeit ihrer Gegenstände" (ebd., S. 6) beschreibbar.

2.1.2 Leibliches Verstehen: intentional, vorgängig und responsiv

> *„Nicht nur Neuronen und Synapsen im Gehirn sind beteiligt an der sprachlichen Hervorbringung von Gedanken, auch die Zunge, die Hände und ihre neuronalen Korrelate haben ihren Anteil im Verlauf des Phantasierens, Vorstellens, Denkens und Sprechens." (Arno Böhler 2013, S. 13)*

In Anlehnung an das einführende Zitat des Philosophen Arno Böhlers ist danach zu fragen, wie sich Körper und Leib zueinander verhalten, wenn ein Subjekt handelnd versteht bzw. was der Körper in seiner leiblichen Gebundenheit zu verstehen vermag. Leibhafte Wahrnehmung lässt sich jeweils nur nachträglich sprachlich fixieren, insofern der sprachliche Ausdruck immer etwas artikuliert, was sich im Bezug zugleich entzieht. Als unhintergehbare Perspektive ermöglichen und begrenzen Körper und Leib menschliches Verstehen, wie Brinkmann unter phänomenologischer Perspektive vor allem für pädagogische Kontexte feststellt: „Verstehen ist so gesehen ein affektives und leibliches Antworten, das in Emotionen, Stimmung und Atmosphäre ebenso wie in Materialität und Symbolizität pädagogischer Ordnungen fungieren kann." (Brinkmann 2017b, S. 6)

In der Phänomenologie werden Verstehensprozesse allem voran leiblich konturiert. Bereits Husserls versucht, die vorprädikative und vorobjektive Dimension der Leiberfahrung zu konturieren. Leibliche und damit zugleich sinnliche Wahrnehmung ist nach Husserl stets Wahrnehmung *von etwas* und demnach niemals leer, denn der subjektive Leib unterscheidet sich vom bloßen Körper durch seine Intentionalität. Der Germanist Philipp Kamps erläutert diese Überlegung in der Auseinandersetzung mit Husserl wie folgt:

> *„Wem ein Gegenstand bewusst wird, dem wird einerseits der Gegenstand als ein Objekt bewusst, andererseits aber wird dieses Objekt immer einem Subjekt bewusst, das erlebt und das ein Bewusstsein des Erlebnisses hat. Beide, der Gegenstand als Objekt und das an das Subjekt gebundene Bewusstsein, stehen miteinander in einer Beziehung, die Husserl als intentional (Herv. des Verf.) bezeichnet." (Kamps 2018, S. 132)*

Diese Intentionalität der leiblichen Sinne ist als eine Art Bewegung zu verstehen, durch die wir auf die Dinge abzielen, durch die sie uns in der lebhaften Erfahrung und keineswegs nur in der Vorstellung gegeben sind (vgl. Günzel/Windgätter 2005, S. 591). Husserl beschreibt den spürenden Leib somit auch als „Nullpunkt aller Orientierungen" (HUA IV 1991, S. 158) und bezeichnet ihn als ein Medium der Erfahrung, das eine mehrdimensionale Orientierung in der Welt ermöglicht (vgl. Brinkmann 2017b, S. 6).

Die leibliche Verankerung des verstehenden Subjekts wird von Maurice Merleau-Ponty und Bernhard Waldenfels in kritischer Auseinandersetzung mit den Thesen Husserls noch einmal schärfer konturiert. Beide Phänomenologen arbeiten sich an der präreflexiven und pathischen Dimension sinnlicher Erfahrung ab und begründen menschliches Vermögen, etwas zu verstehen, mit leiblich-responsivem Agieren. Dabei wird die zielgerichtete und somit aktive Seite der Husserlschen Intentionalität bewusst in Frage gestellt (vgl. Agostini 2019, S. 305). Beide Ansätze sollen im Folgenden kurz und knapp erläutert werden.

Wie bereits ausgeführt erörtert Maurice Merleau-Ponty die Leibhaftigkeit menschlicher Wahrnehmung als ursprüngliche Bedingung der Möglichkeit des Wahrnehmens schlechthin. Er bezeichnet sie als wesentliche, vorgängige Konstitutionsbedingung der menschlichen Erfahrung und nobilitiert den Leib als erkennenden Leib, der sich unseres aktiven Zugriffs immer auch entzieht. Kamps schreibt in der Auseinandersetzung mit Merleau-Ponty:

> *„Die intelligible Kraft des Leibes ist präobjektiv und präreflexiv, also jeder Analyse vorgängig, intuitiv und spontan sich ereignend. Sie bildet aber gleichermaßen eine Form der Erkenntnis, die auf der leiblichen Wahrnehmung der Welt beruht, also einer sinnlichen und sinnhaften Wahrnehmung zugleich, einer Wahrnehmung als Geist und als Leib." (Kamps 2018, S. 146)*

In diesem Sinne geht es Merleau-Ponty hauptsächlich darum – und ist deshalb für die vorliegende Untersuchung besonders aufschlussreich –, die Untrennbarkeit von leiblicher Wahrnehmung und Weltverständnis zu betonen und somit den Explikationsvarianten von Wahrnehmung, Verstehen und Reflexion in phänomenologischen Analysen zuzutragen (vgl. ebd., S. 148).

Bernhard Waldenfels erweitert diese Überlegungen, indem er die Antworttätigkeit des Leibes sukzessive ausarbeitet und die Position des verstehenden Subjekts, seiner Autonomie und Eigenhandlung als verstrickt in Widerfahrnissen, Zuvorkommnissen und Anrührungen verortet. Auch er beschreibt den Leib als ein Grundphänomen, das in jeder menschlichen Erfahrung von Welt beteiligt ist. Der Medientheoretiker Jörg Sternagel schreibt in der Auseinandersetzung mit Waldenfels: „Der Leib ist immer im Spiel, er fungiert als Umschlagstelle, auch wenn wir, wie Waldenfels betont, über ihn sprechen." (Sternagel 2012, S. 120) In diesem Zuge wird Leiblichkeit von Waldenfels als eine Erfahrens- und Erlebnisweise erörtert, die immer auf fremde Ansprüche im Modus der Responsivität reagiert, wodurch sich Spielräume des Verhaltens und Verstehens eröffnen. Sternagel charakterisiert diesen Modus wie folgt:

> *„Die Responsivität […] fokussiert die Momente des Worauf, Momente der Überraschung, des Zuvorkommens, des Sichereignens, der Konfrontation mit Unbekanntem, der Beanspruchung, der (An-)Erkennung der Autonomie des Anderen, der Thematisierung einer Fremderfahrung im Kontrast zur Selbsterfahrung." (ebd., S, 123 f.)*

Leibliches Verstehen vollzieht sich vor dem Hintergrund dieser Überlegungen als ein Zwischengeschehen, „das weder in einem Schema von Reiz und Reaktion noch mit der Auffassung von Ursache und Wirkung begriffen wird, denn die Wirkung geht der Ursache voraus und verweist auf einen Spalt des Unmöglichen, sobald sie die eigenen Möglichkeiten übersteigt" (ebd., S. 124 f.).

Dieses Zwischengeschehen gilt es vor allem in (kunst)pädagogischen Situationen zu gestalten. Besonders für die Betrachtung der Performancekunstvermittlung zeigen sich Ausführungen zum leiblichen Verstehen in ihrer phänomenologischen Konturierung von ihrer reichhaltigen Seite. Die leibliche Konfrontation mit dem Unbekannten und der Selbst- bzw. Fremderfahrung sowie die aktive Aushandlung von Momenten der Überraschung und des Zuvorkommens spielen in dieser eine wesentliche Rolle. Performancekunst stößt Verstehensprozesse an, die sich dezidiert leiblich konstituieren und über die handelnden Körper zum Ausdruck kommen. Die intentionalen, vorgängigen und responsiven Aspekte leiblichen Verstehens sollen in der vorliegenden Untersuchung an die Beobachtung körperlicher Ausdrucksformen gebunden und in ihrer Komplexität nachvollzogen werden.

2.1.3 Kopräsente Leiblichkeit

> *„In der Mehrzahl sozialer Begegnungen […] kommt es in Form des Gesprächs, des Austauschs von Blicken, Berührungen, Bewegungen oder allein aufgrund der leiblichen Anwesenheit anderer zu wechselseitiger Einleibung, wie flüchtig sie auch sein mag. Leibliche Interaktionen sind keinesfalls ein Sonderfall von Sozialität, sie sind die Regel." (Robert Gugutzer 2010, S. 170)*

Die Überlegungen zum Wechselspiel von Körper und Leib sollen im Folgenden konkreter auf einen wesentlichen Aspekt bezogen werden, der in Unterrichtssituationen im Allgemeinen und in der Performancekunstvermittlung im Speziellen von wesentlicher Bedeutung ist: die Ausdrucksformen von Körper und Leib in der gemeinsamen (zumeist nonverbalen) Begegnung und Interaktion der Lernenden. Die Thematisierung leiblicher Interaktion ist im Performativen für den intersubjektiven Nachvollzug körperlicher Handlungen nicht zu vernachlässigen.

Die leibliche Auseinandersetzung mit Wahrgenommenem in der Interaktion findet laut der Phänomenologin Hilge Landweer immer dann statt, „wenn etwas in der Wahrnehmung auf uns eindringt oder anderweitig unsere Aufmerksamkeit auf sich zieht" (Landweer 2016, S. 153). Sie schreibt:

> *„Das Phänomen der leiblichen Interaktion ist nicht auf den Kontakt von Personen beschränkt, vielmehr kann dieser Begriff auf die leibliche Verbindung von einem empfindungsfähigen Subjekt mit seinem gegenständlichen Gegenüber bezeichnen. […] In Prozessen dieser Art bilden sich aus den leiblichen Richtungen der an der Interaktion beteiligten spontan übergreifende quasi-leibliche Einheiten, die wie der Leib selbst strukturiert sind." (ebd., S. 154 f.)*

Mit diesen Überlegungen nimmt sie Bezug auf die Auseinandersetzungen des Phänomenologen Hermann Schmitz zur dialogischen Struktur des Leibes. Schmitz arbeitet in seiner Schrift *Leib und Gefühl* (1992) heraus, dass es durch verschiedene

Ausdrucksformen körperlichen Kontakts, wie es etwa durch den Blick oder auch die Aufnahme eines vorgegebenen Rhythmus möglich sei, auf körperliche Äußerungen anderer in Resonanz zu reagieren. Ein stets sich vollziehender innerleiblicher Dialog werde in der Begegnung mehrerer Menschen zu einem zwischenleiblichen Dialog, der auf der räumlich-strukturierten Ähnlichkeit ihrer Leiber beruhe. Schmitz nennt diese Prozesse Einleibung bzw. leibliche Kommunikation, insofern sie eine Art nonverbalen Kommunikation zwischen mindestens zwei Akteuren betreffen, wobei nur ein Akteur notwendigerweise ein lebendiges Wesen sein müsse. Interaktiv komme der Leib zuallererst als ein spürender, situationaler Leib zum Ausdruck, der von einem Gegenüber in gewisser Weise gefangen genommen werde. In solch resonanten Situationen, in denen sich Akteure begegnen und welche eine suggestive Kraft ausüben, entstehe ad hoc ein übergreifender Leib (vgl. Landweer 2016, S. 153). Gugutzer führt diese Überlegungen in der Auseinandersetzung mit Hermann Schmitz aus, indem er konstatiert:

> *„Kennzeichnend für diesen übergreifenden Leib ist, dass er die Differenz von Wahrnehmungsobjekt und Wahrnehmungssubjekt zeitweise aufhebt. Typische Metaphern, die zur Verbalisierung solcher leiblichen Erfahrungen in der einseitigen Einleibung (etwa in der Wahrnehmung einer Landschaft oder von Musik, im Sport oder beim Tanz) genutzt werden, sind Verschmelzung oder flow." (Gugutzer 2008, S. 328)*

Diese spezifische Form leibgebundener Interaktion wird phänomenologisch als spürende Verständigung erörtert. Die Interaktionspartner orientieren ihr Handeln an dem, was sie von sich selbst und von den anderen leiblich wahrnehmen. Leibliche Kommunikation findet statt, wenn ein Akteur den leiblichen Sinn eines anderen Akteurs (vor-)reflexiv wahrnimmt und sein Handeln danach ausrichtet. In dieser leiblichen Begegnung eröffnet sich ein Raum für *echte* Interaktion. Gugutzer schreibt dazu:

> *„Den meisten sozialen Begegnungen liegt diese Form nonverbaler Kommunikation zu Grunde. Ein gemeinsamer, übergreifender Leib umhüllt typischerweise das wechselseitig aufeinander bezogene Handeln sozialer Akteure. Zugespitzt gesagt: Erst wenn die gegenseitige Bezugnahme sozialer Akteure leiblicher Art und nicht nur […] über Sinn vermittelt und an Normen orientiert ist, lässt sich […] von echter Interaktion sprechen." (Gugutzer 2010, S. 170)*

Für die vorliegende Untersuchung sind phänomenologische Überlegungen zur leiblichen Interaktion besonders von Interesse, da sie den Horizont der Betrachtung künstlerisch-performativer Ausdrucksweisen im Unterricht über symbolisch vermittelte, rational geplante und normativ kontrollierte Interaktionen hinaus erweitern. Sie öffnen den Raum für die Beschreibung und Analyse der Ausdrucksformen von Körper und Leib, welche im Performativen als affektive, atmosphärische und unbestimmte Momente der Interaktion in Erscheinung treten. Es liegt im Erkenntnisinteresse dieser Untersuchung, Momenten der wechselseitigen Einleibung in der Interaktion der Lernenden nachzuspüren.

2.2 Körper und Leib in der Praxistheorie

> *„Im Vordergrund der Differenz von Diskursen und Praktiken steht nicht das Zeichensystem (verbal/visuell), sondern der materielle Träger der Kommunikation […]. Menschliches Verhalten ist eben jene Form kultureller Selbstrepräsentation, die sich durch Körper artikuliert – und nicht durch Texte und Bilder." (Stefan Hirschauer 2016, S. 58)*

Wie sich in dem einführenden Zitat des Soziologen Stefan Hirschauer bereits andeutet, nimmt eine praxeologische Thematisierung des Körpers „ein wenig Distanz" (Hirschauer 2015, S. 75) zu der phänomenologischen Rahmung desselben ein, die vor allem dem sinnlich wahrnehmenden Leib in Abgrenzung zum materiellen Körper besondere Aufmerksamkeit schenkt. In der Praxistheorie gerät der Körper hingegen auf dezentrierte Art und Weise in den Fokus der Auseinandersetzungen, indem er in Situationen und Praktiken betrachtet wird, aus denen heraus er sich überhaupt erst zu zeigen vermag. Dies bedeutet nicht, dass einer phänomenologisch geprägten wechselseitigen Verschränkung von Körper und Leib in praxistheoretischer Perspektive keinerlei Bedeutung beigemessen wird. Das Verhältnis beider Ausdrucksformen menschlichen Daseins wird jedoch anders akzentuiert, um „die vielfältigen Anpassungen des Körpers, der Wahrnehmung und des Verhaltens an die soziotechnischen Skripte […], die in seiner materiellen Struktur liegen" (Hirschauer 2015, S. 79) zu betrachten.

Die Praxistheorie als interdisziplinäre, soziologische Analyseperspektive und Forschungshaltung findet im Feld der Sozial- und Kulturwissenschaften zunehmend großen Anklang. Die vielseitigen Verflechtungen dieser Theoriebewegung im US-amerikanischen, britischen und deutschen Raum sollen in der vorliegenden Untersuchung nicht tiefergehend dargelegt werden (vgl. dazu Hillebrandt 2009 / Stadelbacher 2010 / Schmidt 2017). Vielmehr geht es im Folgenden darum, gegenwärtige praxistheoretische Theorieimpulse zu erläutern, die den Körper in seiner materiellen Präsenz in sozialen Praktiken verhandeln. Die Aussagen folgen vor dem Hintergrund der aufgeworfenen Forschungsfragen dem Ziel, aufschlussreiche begriffliche Perspektiven für die Arbeit aufzuzeigen.

Praxistheorie im Allgemeinen interessiert sich für das Lösen alltäglicher Handlungsprobleme und für das präzise Verstehen des Sozialen überhaupt. Sie bettet menschliche Handlungen in sozial zirkulierende und inkorporierte Wissensordnungen ein. Praxistheoretische Überlegungen fragen nach dem Spielraum der Handlungsmöglichkeiten von Akteuren innerhalb bestimmter kultureller Ordnungen, von denen ihre Sinnstiftung abhängig ist. Der Begriff Praxis geht auf die Überlegungen Pierre Bourdieus zurück, der ihn in seiner *Theorie der Praxis* (1976) etabliert, um zwischen subjektivistischen (Existentialismus, Phänomenologie) und objektivistischen Theorien (Strukturalismus) zu vermitteln. Der Soziologe Hilmar Schäfer stellt in der Auseinandersetzung mit Bourdieu fest:

> *„Als theoretisches Scharnier führt er das Konzept des Habitus ein, dessen sozial angeeignete Wahrnehmungs-, Denk- und Handlungsschemata gleichermaßen strukturiert sind und strukturierend wirken: Sie bilden sich kollektiv heraus und werden daher mit anderen geteilt und sie vereinheitlichen das Handeln einer sozialen Gruppe bzw. Klasse, ohne es vollständig zu determinieren. Auf diese Weise lässt sich erklären, dass das Soziale geordnet und regelmäßig ist, ohne dass die Akteure bewusst Regeln folgen würden." (Schäfer 2016, S. 11)*

Praxistheorie zeigt sich auf Grundlage dieser Überlegungen als *flache* Ontologie, in der Gesellschaft und soziales Handeln nicht als dem Individuum gegenüberstehende Totalitäten betrachtet werden, sondern als Praktiken des Tuns, Sprechens, Fühlens und Denkens in Gemeinschaft. Schäfer konstatiert:

> *„Praktiken bestehen bereits, bevor der/die Einzelne handelt, und ermöglichen dieses Handeln ebenso wie sie es strukturieren und einschränken. Sie werden nicht nur von uns ausgeführt, sie existieren auch um uns herum und historisch vor uns. Sie zirkulieren unabhängig von einzelnen Subjekten und sind dennoch davon abhängig, von ihnen aus- und aufgeführt zu werden." (ebd., S. 12)*

Das Soziale wird in diesem Kontext weder allein auf rational und individualistisch handelnde Akteure zurückgeführt noch auf determinierende Strukturen und Diskurse. Stattdessen wird die materielle und körperliche Vermittlung allen Handelns und Denkens betont, welche Sinn und Verstehen als praktisches Wissen und Können in Praktiken integriert, die sich in interkorporalen Beziehungen und Routinen entfaltet. Der Soziologe Thomas Alkemeyer argumentiert in diesem Sinne:

> *„In diesem Horizont geraten die Materialität als Gegenpart zum Mentalen, der Körper als Pendant zum Geist, die Tätigkeit als Korrelat zur Kontemplation und die Performativität als Eigendynamik sozialer Ordnungsbildung im Unterschied zur Vorstellung von Praxis als einer bloßen Umsetzung von Intentionen, Motiven und Wissen in den Fokus." (Alkemeyer 2018, S. 61)*

Für die vorliegende Untersuchung sind praxeologische Überlegungen vor allem deshalb aufschlussreich, weil sie zwischenmenschliche Begegnung und Interaktion, Handlung und Performanz über die Materialität des Körpers zu rahmen vermögen. Die im Phänomenologischen bereits ausgeführte präreflexive spürend-leibliche Wahrnehmung der Welt erhält somit eine Kontrastierung, indem vor allem die Ausdrucksformen des materiellen Körpers in den Fokus gerückt werden. Für die Performancekunstvermittlung ist diese Perspektive vor allem dann besonders fruchtbar, wenn der körperlich handelnde Umgang mit anderen Körpern, Objekten, Dingen und Sachen in der künstlerisch-performativen Auseinandersetzung im Vordergrund steht. Deshalb werden im Weiteren drei Aspekte des Körperlichen in praxistheoretischer Lesart genauer ausgeführt. Zum einen wird danach gefragt, wie Körper und Körperlichkeit praxeologisch konstituiert werden. Zum anderen geht es darum, die Termini körperliches Handeln und Interagieren, die in der vorliegenden Untersuchung bereits in den Forschungsfragen angelegt sind und Kulminationspunkte im performativen Handeln darstellen, unter praxeologischen Prämissen präziser zu erläutern. Abschließend zielen die Ausführungen darauf ab, Performancekunst und Unterricht als spezifische Praxen zu beschreiben, die den Körper in seiner Materialität besonders herausfordern.

2.2.1 Praktiken und ihre Körper

> *„Praxistheorien rücken die expressiven, sinnhaften, gekonnten Körperbewegungen praktisch befähigter Teilnehmer*innen in den Mittelpunkt. Sie richten ihr analytisches Interesse auf die praktikspezifischen Kompetenz- und Aktivitätsmodi sozialisierter Körper, deren Verstehen und Können sowie die auf die im Zusammenspiel von Körpern beobachtbaren Koordinations-, Orientierungs- und Abstimmungsfähigkeiten." (Robert Schmidt 2017, S. 339)*

Im einführenden Zitat des Soziologen Robert Schmidt klingt bereits an, dass praxistheoretische Überlegungen den Körper in seiner materiellen Erscheinungsform als sehr deutungsoffenes Phänomen betonen, dessen Hervorbringung immer an praktisches Wissen gebunden und in körperlichen Routinen verankert ist. Praxistheorie ist dezidiert materialistisch ausgerichtet, grenzt sich von abstrakten, nicht zu beobachtenden Setzungen ab und fokussiert die Beteiligung von Körpern und Körperbewegungen an praktischen Vollzügen (vgl. ebd., S. 338). Die handelnden Subjekte werden unter diesen Prämissen „als körperlich befähigte und agierende Teilnehmer*innen konzipiert und soziale Praktiken werden als ein Zusammenspiel von geübten Körpern, gegenständlichen Artefakten, natürlichen Dingen sowie soziomateriellen und technischen Infrastrukturen entschlüsselt" (ebd). Mentale Zustände und Affekte werden deshalb keinesfalls ausgeblendet, jedoch wird davon ausgegangen, dass sich diese praktisch in Bewegungen, Haltungen, Gesten und im körperlichen Verhalten manifestieren und in der Interaktion von anderen Subjekten in graduellen Abstufungen beobachtet, registriert und ratifiziert werden können (vgl. ebd., S. 339). Alkemeyer rahmt das Verhältnis zwischen Subjektivität und Körperlichkeit dementsprechend wie folgt:

> *„Indem Praxistheorie das Subjekt als ein grundsätzlich materiell bedingtes, verkörpertes Wesen begreift, weitet sich die Befremdung der alltäglichen Spontansoziologie, alles Denken, Fühlen und Tun habe seinen Ursprung in souveränen, unabhängigen Akteuren, auf den Körper aus und begreift auch diesen nicht länger als eine vor jeder Praxis gegebene Einheit, sondern interessiert sich für seine Verfertigung und Entstehung in Praktiken." (Alkemeyer 2018, S. 64)*

Der Körper wird in diesem Zuge zweierlei umrissen. Er tritt zum einen als organisches, stofflich-materielles Substrat in Erscheinung. Er ist heterogenes *Rohmaterial* einer jeden Praktik, der als ungeformtes Möglichkeitsspektrum ein „diffuses Bündel von einfachen Dispositionen im Sinne aller möglichen, noch ungestalteten Anlagen und Aktionspotentiale wie Affekte, Empfindungen, Bewegungsmöglichkeiten und Fertigkeiten" (ebd., S. 65) darstellt. Erst in der Teilnahme an sozialen Praktiken entwickelt sich dieser Körper in eine durch historische, kulturelle und soziale Kontexte veränderte Form. Somit zeigt sich der Körper zum anderen als „Körper-im-Vollzug" (ebd.), sprich als eine Aktualisierung und Materialisierung des *Rohmaterials*. In diesem Prozess stabilisiert sich der Körper als

> *„ein in Praktiken wiedererkennbarer Körper, indem er sich wiederholt mit den Anforderungen des involvierenden Verflechtungsgeschehens auseinandersetzt und so komplexe Dispositionen ausformt, die es ihm erlauben, sich routiniert auf im Vollzug sich ergebende, wechselnde Situationen einzustellen" (ebd.).*

Die Automatisierung und Stabilisierung handelnder Vollzugskörper umfasst eine spezifische Aufmerksamkeit, einen Spürsinn, aber auch implizites und explizites Wissen über die jeweilige Praktik (vgl. ebd., S. 66).

Trotz dieser paradigmatischen Setzung sind sich auch Praxistheoretiker*innen darüber im Klaren, dass der materielle Körper nicht allein als Automatismus und dinghafter Rohstoff verhandelt werden kann, dem eine stetige Anpassung und Iteration inne liegt. Vielmehr lässt er sich auch im Praxeologischen als einen „berührbaren, d.h. der Welt nicht nur aktiv begegnenden, sondern immer auch passiv ausgesetzten, zu reflexiv-spürender Selbstorganisation [...] befähigten, lebendigen Organismus" (ebd., S. 67) charakterisieren. Die Praxistheorie ist sich an dieser Stelle der leibphänomenologischen Impulse bewusst, möchte jedoch klarer betonen, dass die Zweiteilung in Körper und Leib nicht als wesenhafte Trennung gedacht werden kann. Stattdessen wird vom *gelebten Körper* gesprochen, der im Sinne einer Materialität zu verstehen ist, die sich in ihren Welt- und Anderen-Bezügen selbst zu erleben vermag (ebd., S. 67). Alkemeyer konstatiert in kritischer Abgrenzung zur phänomenologischen Fassung des Leibes:

> *„Statt den Leib [...] zu einer Residualkategorie für das begrifflose Andere der Gesellschaft oder der Kultur zu hypostasieren, wären seine Wahrnehmungen, seine Affekte und Gefühle in einer soziologischen Perspektive selbst als historische, soziale und damit von Machtwirkungen durchzogene Phänomene zu erklären." (ebd., S. 69)*

Bereits Bourdieu hat diese Akzentuierung „des gelebten Körpers als Subjekt der Praxis" (ebd., S. 75) im Sozialen herausgearbeitet, indem er mit dem sog. *Praktischen Sinn* (Bourdieu 1987) auf ein leiblich konstituiertes Konzept verweist, das als Routine und Intuition situationsangemessenes Handeln in sozialen Ordnungen anleitet und diese somit herstellt und verfestigt (vgl. Weihrich 2017, S. 35). Er beschreibt praktisch-körperliche Könnens- und Wissensformen als inkorporierten sozialen Sinn, im Zuge dessen der Körper verstehend in die Welt eingreift und sie im Eingreifen versteht. Der Soziologe Michael Meuser erläutert in der Auseinandersetzung mit der Theorie Bourdieus:

> *„Der Körper bildet, in Gestalt des Habitus, Dispositionen aus, die von den Strukturen des sozialen Raums geprägt und auf diese Weise hin orientiert sind. Indem der Körper auf diese Weise sozial geformt wird, findet ein Lernen durch den Körper statt. Er ist ein gelehriger Körper, welcher der Welt im aktiven Eingreifen Sinn verleiht." (Meuser 2015, S. 101)*

Bourdieu charakterisiert den Körper als sinnhaft strukturierten Agens und Basiseinheit der Praxistheorie, der in seinen zum Ausdruck drängenden Bewegungen, Haltungen und Handlungen in der Interaktion mit anderen Körpern soziale Ordnungen evoziert. Die Einübung und Wiederholung körperlicher Routinen spielen dabei ebenso eine Rolle wie die Auswirkungen der sozialen Kontextbedingungen, welche nicht unabhängig von gesellschaftlichen Ordnungsstrukturen betrachtet werden können.

In der zeitgenössischen Lesart der Theorien Bourdieus wird dezidiert betont, dass der Körper als Agens nicht nur in der Lage ist, bestehende Praktiken zu festigen, sondern gleichfalls neue Praktiken zu etablieren (vgl. ebd., S. 105 ff.). Alkemeyer attestiert den menschlichen Körpern eine gewisse Schwerfälligkeit und Widerständigkeit ihrer sozialisierten Materialität, sodass diese keineswegs nur Vollzugsorgane von Routinen seien, die Praktiken im Zusammenspiel mit Infrastrukturen, Dingen und technischen Artefakten am Laufen halten. Vielmehr wirken sie immer auch eigensinnig und sind in der Lage, Reflexion und Veränderung, Entautomatisierung und Erneuerung anzustoßen (vgl. Alkemeyer 2018, S. 74). Er fasst den Körper als Subjekt der Praxis sinnstiftend zusammen, indem er schreibt:

> *„Subjekt der Praxis ist der gelebte Körper mithin in einem doppelten Sinn: als ein Organ, das zuallererst durch seine Verwicklung in historische Formen gesellschaftlicher Praxis als ein komplexes Bündel aus Erfahrungen und Dispositionen entsteht, und als eine erlebende sowie wirkende Kraft, die sich […] in Praktiken aktualisiert und ausformt, dem immer auch das Potential innewohnt, Strukturen und Routinen zu reflektieren, zu verändern, zu durchkreuzen oder zu überschreiten." (ebd., S. 75)*

Die Ausführungen haben bis zu diesem Punkt gezeigt, dass der Körper in der Praxistheorie als gelebter, materiell in der Welt verankerter Vollzugskörper konstituiert wird. Er ist in soziologischer Perspektive nicht aprioristisch vorauszusetzen, sondern *in* Praktiken zu verorten, in die jeweils verschiedene Entitäten involviert sind (vgl. Hirschauer 2015, S. 75). Stefan Hirschauer fasst für den Körperdiskurs in der Praxistheorie wie folgt zusammen:

> *„Ein wesentlicher theoriestrategischer Vorzug in der Rede von Praktiken besteht darin, einerseits nicht nur auf eine Beschränkung auf Menschen, sondern überhaupt jede Vergegenständlichung (Änderung CL) von ‚Aktanten' zu vermeiden, sie aber auch andererseits als unvermeidlich eingeschlossen in den Vollzug sozialer Phänomene zu betrachten: Personen, Artefakte und Körper mögen Umwelt sozialer Systeme sein, sozialen Praktiken sind sie inhärent. Denn Praktiken verknüpfen, was die Kommunikation ontologisch differenziert." (ebd., S. 87)*

In diesem Sinne erweist sich vor allem der Begriff des Körpers als konstitutives Moment einer jeden Praxis, insofern sich an ihm und mit ihm Bewegungen, Gestiken und Gebärden materialisieren, die eine Praxis jeweils hervorbringen (vgl. Bedorf 2015, S. 130).

2.2.2 Körperliche Handlung und Interaktion in praxistheoretischer Perspektive

> *„Die Anerkennung der Kontextualität und Relationalität des Handelns ist ein wesentliches Charakteristikum des Praxisbegriffs. Sinn ergibt eine Praxis für uns wie für andere Teilnehmer/innen nur, weil ein Verhältnis besteht zwischen dem Aspekt ihres Vorkommens, ihrer Verteilung und ihrer Erfahrbarkeit und dem Aspekt ihrer Aneignung, Ausführung und Erfahrung. Wir können mit einer Praxis niemals vollständig allein sein." (Hilmar Schäfer 2016, S. 13)*

Wie handelt der Körper? Wie lässt er sich als Agens oder auch Partizipant einer Interaktion konzipieren? Die Orientierung von Praktiken am Körperlichen steht primär für eine spezifische Art, Handlungen und Interaktionen zu konzipieren, indem sie deren körperlich tätige Seite sowie eine von den Akteuren dezentrierte Verteilheit von Tätigkeiten hervorhebt (vgl. Hirschauer 2017, S. 91). Da die Termini Handlung und Interaktion bereits in den Forschungsfragen der vorliegenden Untersuchung angelegt sind und somit dem qualitativen Forschungsprozess als wesentliche Beobachtungskategorien vorangestellt werden, dienen die folgenden Ausführungen dazu, beide Begriffe zu schärfen. Praxistheoretische Ansätze offerieren in diesem Punkt reichhaltige, differenzierte Überlegungen, die vor allem das Eingebettet-Sein von Handlungen und Interaktionen in sozialen Situationen berücksichtigen. Beide Dispositionen körperlichen Ausdrucks können somit kaum getrennt voneinander umrissen werden, sie existieren vielmehr in wechselseitiger Bezugnahme.

Handlungen werden in praxistheoretischer Perspektive in Kontrastierung intentionalistischer und rationalistischer Ansätzen von ihrer materiellen Seite her betrachtet. Hirschauer gibt dieser Abgrenzung Ausdruck, indem er schreibt: „Praktisches Handeln ist nicht das Ausführen individueller Pläne und Entscheidungen, sondern eine körperlich vollzogene Koaktivität in Wechselwirkung mit anderen Entitäten." (ebd.) In dieser definitorischen Bindung von Handlungen an Koaktivität offenbart sich eine Öffnung des Handlungsbegriffes für Artefakte als Partizipanten des Handelns und somit für eine von der Praxistheorie postulierten Dezentrierung des Subjekts. Handlungen grenzen sich von basalem menschlichem Verhalten durch den Grad der jeweiligen Bewusstseinsbeteiligung, Initiative, Impulsivität und affektiven Engagiertheit ab. Hirschauer zeigt diesbezüglich auf:

> *„Der [...] Weg vom Verhalten zum praktischen Handeln führt nicht über einen vorgängigen geistigen Handlungsentwurf, sondern über eine mitlaufende körperliche Selbststeuerung, mit der sich Handelnde hervorbringen. Diese beruht darauf, dass wir wahrnehmen, was wir tun und aufgrund dessen in Handlungsvollzüge laufend eingreifen können. [...] Zum Handeln braucht es Feedback-Schleifen und Gelingenskriterien. In Interaktionen mit Anderen wird dieses Feedback noch verstärkt, entweder durch ihre Beobachtungen und sprachlichen Hinweise in expliziten Lernsituationen oder indem sie bzw. wir uns im Alltag kontinuierlich ihre Augen leihen, um unser eigenes Verhalten zu kontrollieren und zu modifizieren." (ebd., S. 92)*

Unter praxistheoretischen Prämissen werden dieses Eingreifen und Modifizieren jedoch bewusst nicht rationalistisch und aktivistisch idealisiert. Vielmehr wird betont, dass die tätigen Involvierungen von Menschen durch unterschiedliche Aktivitätsniveaus gekennzeichnet sind, insofern handelnde Subjekte viele Dinge nur anstoßen oder geschehen lassen: etwas explizit tun, etwas routiniert vollziehen, etwas beiläufig mitvollziehen, etwas geschehen machen, etwas geschehen lassen, etwas unbeachtet liegen lassen oder sich gar selbst überlassen (vgl. Hirschauer 2016, S. 49 f.). Diese bei Weitem unvollständige Aufzählung macht deutlich, dass handelnde Subjekte nicht als unternehmerisch und durchweg proaktiv bezeichnet werden können. Vielmehr liegt die systematische Bedeutung dieser Rahmung nach Hirschauer darin,

> *„dass ein Handelnder sich nicht einfach nur gegebenen Bedingungen und dem kontingenten Tun der Anderen gegenüber sieht; sein eigenes Tun fädelt sich vielmehr ein in schon laufende eigendynamische Geschehnisse: Interaktionen, Diskurse, körperliche und physikalische Ereignisse, mit denen er mitläuft oder auf die er sich einlässt. […] Wenn menschliche Handelnde viele Dinge nur anstoßen oder geschehen lassen, kann man entspannter danach fragen, wie vorstrukturierte situative Gelegenheiten (inklusive ihrer materiellen Settings) umgekehrt Menschen handeln lassen". (ebd., S. 50)*

Die Aufmerksamkeit verschiebt sich unter diesen Vorannahmen von rational abgewogenen, individuell motivierten Aufforderungen denkender Subjekte und den verbalen Aufforderungen Anderer hin zu situativen Umständen, die uns Handlungen nahelegen (vgl. ebd., S. 51).

Handlungen werden jeweils von einer Person ausgeführt, Praktiken hingegen von Teilnehmenden in der *Interaktion* getragen. Praktiken werden also immer koaktiv vollzogen, wobei in dieser Koaktivität sowohl Menschen und als auch Artefakte involviert sind. Interaktion in praxistheoretischer Perspektive schließt den Gebrauch von Dingen ein, indem ihnen eine gewisse, wenn auch schwach ausgeprägte Aktivität zugesprochen wird. Handlungen in Interaktion werden in der Praxistheorie demzufolge als verteiltes Handeln und in diesem Sinne situierte Koaktivität dimensioniert. Der bewusste Einsatz von Bewegungen, Gesten, Fingern, Augen und Kleidungsstücken als materielle Ausdrucksformen des Körperlichen und des unmittelbaren Zugangs zur Welt formen die Interaktion als ein koaktives Handeln anwesender Akteure. In dieser Koaktivität entstehen mehr oder weniger sinnhafte soziale Beziehungen, in welchen die Körper als Kommunikationsmedien fungieren. In der individuellen Interaktion kommt es zur Ausformung spezifischer, sozial determinierter Praktiken, die in ihrer Reichweite über die individuelle Begegnung mit einem menschlichen oder dinghaften Gegenüber hinausweisen (vgl. ebd., S. 62).

Handlungen produzieren und repräsentieren somit Interaktionsordnungen, die in Form von Körperbewegungen wahrnehmbar sind und mikrosoziologisch beschrieben werden können. Dem Körper wird in diesem Zuge eine Subjektposition zugestanden, – so betont es der Soziologe Thomas Bedorf – „lassen sich doch zwar Praktiken ohne Dinge, nicht aber ohne Körper denken" (Bedorf 2015, S. 130). Der Körperbegriff ist für eine Theorie der Praxis dementsprechend unverzichtbar, „sind es doch hier nicht mehr die Individuen und Subjekte, die am Ursprung von Handlungen stehen, zu denen sie sich zunächst (bewusst, aber körperlos) entschlossen haben, sondern *skilled bodies*, die Praktiken vollziehen, inszenieren und fortschreiben" (ebd.).

2.2.3 Performancekunst im Unterricht als körpergebundene Bildungspraxis

> *„Wenn Praktiken Formen des Handelns sind, entsprechen ihnen Formen des Selbst. Man schlüpft in sie hinein und kommt – mehr noch als beim Einnehmen von Rollen – verändert aus ihnen heraus." (Stefan Hirschauer 2016, S. 62 f.)*

Wurden vorab zunächst die praxeologischen Theoriegrundzüge erläutert, die den Körper als materiellen und gelebten Träger einer jeden sozialen Praxis konstituieren, wird im Folgenden der spezifische Gegenstand der vorliegenden Untersuchung praxistheoretisch befragt. Performancekunst im Kunstunterricht zeigt sich – so die vorangestellte These – im Zuge dessen als eine künstlerische und soziale Bildungspraxis, die den Körper in seiner Materialität besonders herausfordert und verändert.

Performances als Formen sozialer Interaktion sind seit Jahrtausenden wesentlicher Bestandteil der Gewohnheiten, Rituale und Praktiken von Kulturen und integrales Element unserer alltagskulturellen Erfahrungen. In den 70er Jahren verschob sich die Lesart von der kulturanthropologischen Sicht auf Cultural Performances hin zu einem kultursoziologischen Blickwinkel, im Zuge dessen praxeologische Theorieansätze begründet wurden. Das soziale Feld menschlichen Handelns geriet darüber hinaus auch in der Kunst zunehmend ins Blickfeld, wobei sich der Fragehorizont vor allem in den performativen Künsten auf den praktischen Vollzug künstlerischer Handlungen und der damit verbundenen Erschütterung traditioneller Rezeptionsmuster verlagerte (vgl. Klein/Sting 2005, S. 7). Wie im nachfolgenden Kapitel noch einmal grundlegender herauskristallisiert wird, kann Performancekunst übergreifend als ein Genre beschrieben werden, in dem etwas handelnd, in einer Aktion dargestellt wird. In Abgrenzung zum klassischen Theater, in welchem die Illusion eines Geschehens erzeugt wird, werden in der Performancekunst reale Ereignisse als Kunst präsentiert (siehe dazu Kapitel 3, Abschnitt 3.3).

Unter philosophischen und ästhetiktheoretischen Vorzeichen konturiert die Philosophin Eva Schürmann den Praxisbegriff wie folgt:

> *„Philosophisch bezeichnet man mit Praxis im Allgemeinen eine Vernetzungsstruktur interdependenter Handlungszusammenhänge. Handelnde, Sprechende und Wahrnehmende sind demzufolge Teile eines Geflechts von Rahmenbedingungen, die nicht nach Art eindeutig prädizierbarer Objekte vorliegen, sondern die durch die Lebensformen einer Kultur und Epoche, durch den Sprachgebrauch einer Interessengemeinschaft und durch soziale Normen und Standards einer Gesellschaft geprägt werden. Die Praxis stellt ein Beziehungsgewebe zwischenmenschlicher Aktivitäten, ihrer Bedingungen und Strukturvoraussetzungen dar, deren wesentliches Charakteristikum darin besteht, dass Sinn gemeinsam, d.h. intersubjektiv*

> *und interaktiv, kooperativ und konfligierend, in einer sozial geteilten Welt ausgehandelt und hervorgebracht wird."* (Schürmann 2008, S. 64)

Aus dieser Fassung von Praxis geht hervor, dass sie auf der Begegnung von Individuen beruht. Wird Performancekunst in Anlehnung an diese Aussagen als Praxis bezeichnet, lässt sie sich als eine in Lebensformen eingebundene Ausdrucksform betrachten, die mannigfaltig, immer aber in Kopräsenz gestaltet wird. Praxen werden im Handeln generiert und lassen sich als charakteristische Ausdrucksweisen bezeichnen, sich zur Welt zu verhalten. In Anlehnung an Bourdieu betont Schürmann somit die performative Seite von Praxen, in denen Handlungen das erzeugen, was sie vollziehen, indem sie sich vollziehen. Strukturen, Objekte und Akteur*innen werden in diesem Prozess nicht verabsolutiert, sondern in unabdingbare Relationen zueinander gesetzt, die immer wieder neu ausgehandelt werden. Performancekunst als historisch gewachsene, zeitgenössisch etablierte und äußerst vielgestaltige Kunstform ist in dieser Begegnung das strukturelle Feld, innerhalb dessen die Teilnehmenden agieren. Als künstlerische Praxis folgt sie keiner anonymen Prozesslogik, sondern wird von handelnden Akteur*innen mitgestaltet, „d.h. von Wahrnehmenden, deren Perspektiven sich ebenso in kollektiven Stereotypen wie in individuellen Abweichungen bemerkbar machen" (ebd., S. 63).

Performances sind eher durch ihren Modus als durch ihre Form bestimmbar. Sie stellen Gemeinschaften des Augenblicks her, intensivieren die Face-to-Face-Kommunikation und provozieren ein oszillierendes Verhältnis zwischen Handelnden und Rezipierenden. Gabriele Klein und Wolfgang Sting determinieren diese Kunstform dementsprechend im Sinne praxeologischer Ansätze:

> *„Performance ist […] nicht nur eine Bezeichnung für eine spezifische theatrale Praxis, sondern meint eine ästhetische Praxis, die sich intermedial zwischen Theater und Tanz, Musik, Film und Bildender Kunst konstituiert und sich hier als eine sehr wandelbare und innovative künstlerische Form zeigt. […] Der Performance als szenischer Kunst geht es nicht um ein ‚So-tun-als-ob'. Sie ist eine Kunstpraxis, die nicht-linear und disharmonisch, nicht-repräsentierend und interpretierend agiert. Die Priorisierung des dialogischen Austausches, des kollektiven Arbeitens und des partizipatorischen Engagements macht die Performance zu einem dialogischen Medium, zu einer demokratisierten szenischen Kunstpraxis, die sich als eine kritische Instanz gegenüber gesellschaftlichen Verhältnissen begründet, aber auch als eine reflexive Form innerhalb der szenischen Kunst etabliert."* (Klein/Sting 2005, S. 13 f.)

Dementsprechend kann Performancekunst in der vorliegenden Untersuchung als Körperpraxis bezeichnet werden, über die ein gewohnheitsmäßiges, aber auch situiertes Antworten auf einen konkreten Handlungsanspruch zum Ausdruck kommt. Die Materialität des eigenen Körpers, das Handeln mit Objekten, die performative Begegnung mit einem oder mehreren Ko-Akteur*innen und letzten Endes auch die jeweilige Rahmung des Performancebegriffes spielen für das Hervorbringen der spezifischen Körperpraxis eine wesentliche Rolle.

Wie in dem eröffnenden Zitat von Stefan Hirschauer angedeutet wird, impliziert der Praxisbegriff, dass die handelnden Akteur*innen im Vollzug der Praxis immer auch eine Veränderung erfahren, womit ein wesentlicher Kern der vorliegenden Untersuchung berührt wird: die Veränderung des Körpers im Kunstunterricht durch performative Praxis. Alkemeyer arbeitet die Bedeutung des *praktizierenden Körpers* zunächst für Unterrichtskontexte im Allgemeinen heraus:

> *„Der Körper erscheint […] nicht länger nur als ein passives Objekt disziplinierender Einwirkungen, sondern auch als ein Display […], auf dem sich die Praktiken des Unterrichts ablesen lassen, mithin als ein Medium, das in diesen Praktiken wie in einem Trainingsprozess die intelligible Form eines Lehrer/innen- und Schüler/innenkörpers annimmt, als ein Agens des Unterrichtsgeschehens, dem eine eigene […] Zurechnungsfähigkeit zugeschrieben werden kann, oder als eine eigensinnige, sich in ihrer Formung, Zurichtung und Einpassung immer auch widersetzenden Größe. Der Körper ist in diesen Ansätzen somit weder das Instrument eines unabhängigen Geistes bzw. Organ eines rational handelnden Subjekts, noch ein beklagenswertes Opfer sinnfeindlicher Zurichtungen, sondern eine in Praktiken sich verwickelnde, wirkende und darin selbst zu einer kompetenten Mitspielerin sich ausbildende Entität. Unter diesem Blickwinkel nehmen nicht Individuen mit ihrem Körper am Bildungsgeschehen teil, vielmehr werden sie als Körper von diesem Geschehen engagiert; sie erlangen in dem Maße Subjektstatus, wie ihr Auftreten und Verhalten, wie ihre Bewegungen, Haltungen und Gesten eine jeweils angemessene akzeptierte soziale Form gewinnen.“ (Alkemeyer 2015, S. 17 f.)*

Diese Überlegungen greifen für die Betrachtung von Performancekunst als Bildungspraxis im Speziellen auf tiefgreifende Art und Weise. Performancekunstvermittlung im Unterrichtskontext versteht sich im Kontrast zu einer auf Rationalität und Effizienz ausgelegten Schulkultur als eine Praktik, die vor allem existentielle Momente der Fremdheit, Widerständigkeit und Unvorhersehbarkeit im Bildungsprozess thematisiert (vgl. Peters/Inthoff 2015, S. 146). Die leibgebundene Kopräsenz der anwesenden Lernenden wird fokussiert und als konstitutive Bedingung für die performative Auseinandersetzung etabliert. In der durch Wahrnehmungsübungen und Handlungsexperimente initiierte künstlerische Gestaltung werden Denkweisen und Ideen vielmehr praktiziert, als dass Wissen vermittelt wird. Es entstehen spezifische Räume des Austauschs und der Interaktion (vgl. Lange 2013a, S. 16). Die Materialität und Formung des Körpers als Handlungsträger spielt in der Performancekunst als Bildungspraxis eine wesentliche Rolle. Unter praxistheoretischen Prämissen können vor allem seine produktiven Leistungen im Kunstunterricht akzentuiert werden, insofern sich diese hauptsächlich im praktischen Vollzug des Lernens zeigen.

Als Explorations- und Ausdrucksform im Kunstunterricht materialisiert sich Performancekunstvermittlung in der körperlichen Begegnung zwischen Individuen, aber vor allem auch in der Interaktion zwischen Individuen und Dingen bzw. Artefakten des Sozialen, die in der Performance zum Handlungsgegenstand gemacht werden. Diese begleitenden Entitäten können als „materielle Partizipanden des Tuns“ (Hirschauer 2015, S. 74) betrachtet und als miteinander verwobene Aspekte der performativen Praxis erschlossen werden. In praxistheoretischer Perspektive lässt sich dementsprechend ganz zielgerichtet und offen danach fragen, welche spezifischen Beiträge Performancekunst als Bildungspraxis von ihren unterschiedlichen Partizipanden gewinnt, aber auch verlangt. Welche besonderen Haltungen und Fertigkeiten des Körpers, welche Passungen und Tauglichkeiten von Dingen, welche Ideen und Motive von gestaltenden Subjekten oder auch welche Art und Weise der Wissensmobilisierung von Vermittler*innen liegen der performativen Auseinandersetzung im Kunstunterricht zu Grunde (vgl. ebd., S. 89). Hirschschauer stellt diesbezüglich fest:

> *„Dabei unterscheiden sich sowohl die Beiträge der Partizipanden – etwa die verlässliche Repitivität von Artefakten und die biegsame Materialität körperlicher Routinen – als auch die Anschlussstellen im Zeitverlauf: Praktiken rekrutieren etwa Personen über Sozialisationswege, Artefakte über individuelle Entwicklung und Fertigung, Körper über Training und Übung – freilich mit einer allgemeinen Anforderung: to become practiced." (Hirschauer 2015, S. 89)*

Performancekunst als Bildungspraxis soll in diesem Sinne als prozesshafte, zeitliche Veränderung des Sozialen begriffen werden, innerhalb derer sich Lernende gestalterisch zur der sie umgebenden Welt verhalten. Als Praxis organisiert, kalibriert und justiert sie sich in dieser Veränderung selbst und trägt damit zur performativen Selbst-Bildung des handelnden Subjekts bei, das – so betont es Alkemeyer – „in relationalen Prozessen, in denen eine Praktik sich entfaltet, dazu befähigt wird, sich zu seinen eigenen Konstitutionsbedingungen zu verhalten" (Alkemeyer 2018, S. 72). Eine praxistheoretische Beschreibung von Performancekunst als Bildungspraxis schärft somit den Blick für die „durch materielle und als solche stets bedeutungsgeladenen Umstände einer Praktik bedingte reflexive Selbstzuwendung eines entsprechend eingestellten gelebten Körpers" (ebd.). In der praktisch-handelnden, an Routinen, Automatismen und Stabilisierung geformten Körperlichkeit, vollzieht sich im performativen Gestalten eine Transformation, die dem Eigensinn des Körpers Raum gibt und Impulse für das Entstehen von Neuem setzt. In der Performancekunst, deren fremdartige, widerständige und unvorhersehbare Momente im schulischen Kontext in der vorliegenden Untersuchung betrachtet werden, eröffnen sich „in den Schwellenzuständen einer performativen Befremdung des Gewohnten [...] Möglichkeiten eines anderen Handelns und somit einer Veränderung des Selbst" (ebd., S. 73).

2.3 Körper und Leib in der Ästhetik des Performativen

> *„Die performative Ästhetik inauguriert eine andere Erlebnisform. Es ist eine Weise des sinnlichen Erlebens, dessen Organ der Körper ist, nicht so sehr des Denkens, wieviel immer auch dabei gedacht, gedeutet oder erahnt werden mag." (Dieter Mersch 2000, S. 81)*

Da sich die vorliegende Untersuchung mit den Ausdrucksformen von Körper und Leib in der Performancekunst auseinandersetzt, wie sie im Kontext des Kunstunterrichtes produziert, rezipiert und reflektiert werden, ist eine Auseinandersetzung mit performativer Theoriebildung unumgänglich. Seit den 60er Jahren werden im Feld der Sozial- und Kulturwissenschaften Phänomene und Dynamiken der Aufführung, Theatralisierung, Körperinszenierung, Ritualisierung und Verkörperung untersucht – Leib und Körper zeigen sich als Dreh- und Angelpunkte des Diskurses. Der Philosoph Gunter Gebauer konstatiert bezüglich der performativen Verstrickung des Körpers im Sozialen:

> *„Als Formender und Geformter wird sein Verhalten nicht von mentalen, also inneren Instanzen bewirkt; es stellt sich vielmehr in performativen Prozessen her: Der Körper wird selbst regelhaft gemacht – die ersten Regeln sind nicht die von außen gegebenen Sprach- und Handlungsregeln, sondern die in eigener Tätigkeit unter den Bedingungen seines sozialen Milieus gebildeten Regularitäten, die beginnend mit den ersten Monaten aus dem biologischen einen sozialen Körper machen.“ (Gebauer 2017, S. 87)*

Der Körper tritt in performativer Perspektive einerseits als materiell existierender Akteur in Erscheinung, andererseits agiert er als leiblich wahrnehmender, individuell spürender Mitspieler. Er ist an allen sozialen Situationen formend beteiligt, wird gleichzeitig von diesen immerwährend geformt.

Vor dem Hintergrund des vorliegenden Erkenntnisinteresses können die vielverzweigten, interdisziplinären Theoriestränge im Begriffsfeld von Performativität, Performanz und Performance nicht vollumfänglich aufgearbeitet werden (siehe dazu Wirth 2002 / Gebauer 2017). Als Ausgangspunkt der Ausführungen wird stattdessen die Fassung von Performativität angebracht, die von der Theaterwissenschaftlerin Erika Fischer-Lichte dargestellt und dezidiert im Ästhetischen verortet wird:

> *„Performativität ist eine spezifische Art der Raumwahrnehmung, ein besonderes Körperempfinden, eine bestimmte Form von Zeiterlebnis sowie eine neue Wertigkeit von Materialien und Gegenständen. Es konstituiert und manifestiert sich hier eine bestimmte Weise des leiblichen In-der-Welt-Seins, das schöpferische Prozesse der Gestaltung und Umgestaltung fokussiert, in denen es die Performanz ist, über die man zur Referenz gelangt. D. h. die Generierung von Bedeutungen erfolgt in Abhängigkeit von den Veränderungen, die durch wirklichkeitskonstituierende Handlungen – Sich-Bewegen, Sprechen, Wahrnehmen – hervorgebracht werden.“ (Fischer-Lichte 2001, S. 289)*

Performative Akte zeichnen sich demnach durch die körperliche Präsenz von Personen im Hier und Jetzt aus. Die welterzeugende Kraft körperlicher Handlungen in Situationen der Aufführung, in der sich Akteur*innen in Korrelation zu gesellschaftlichen, politischen, ästhetischen und geschlechtlichen Codes inszenieren, wird systematisch aufgearbeitet (vgl. Gebauer 2017, S. 88).

Performative Erkenntnisinteressen lenken ihre Aufmerksamkeit auf Tätigkeiten des Produzierens, Herstellens, Machens, auf Austauschprozesse und Veränderungen, durch die kulturelle und soziale Ereignisse genuin hervorgebracht werden. Unter ihren Prämissen lassen sich Aufführungs-, Darstellungs- und Inszenierungsaspekte der von Menschen gestalteten Welt eingehend beschreiben und kritisch befragen. Die weiteren Ausführungen widmen sich deshalb kategorisch der Konstituierung von Körper und Leib in der Ästhetik des Performativen, sprich einem Theoriestrang, der das komplexe Zusammenspiel von Planung und Emergenz in Performanceaufführungen als spezifische Exponenten ästhetischer Prozesse expliziert und dabei der spezifischen Körperlichkeit von Aufführungen Rechnung trägt (siehe dazu die Ausführungen des Sonderforschungsbereichs 447 „Kulturen des Performativen"). Die Ästhetik des Performativen hat sich darüber hinaus partiell in tiefgründiger Auseinandersetzung mit Performancekunst als zeitgenössische Kunstform und Aufführungspraxis begründet. Der Philosoph und Medientheoretiker Dieter Mersch stellt bezüglich des Zusammenhangs von Performativität und Performancekunst fest:

> *„Die Grundlage von Kunst bildet jetzt der Akt, die Handlung: Einfache Vorgänge, die sich durch Verben notieren lassen, die wiederum Ereignisse beschreiben. Nichts anderes bedeutet Performativität. Das Performative betrifft den Vollzug, seine Zeitlichkeit, das Ereignis der Setzung. Als Möglichkeit von Kunst wird es in der Folge zu unterschiedlichen Aktionsarten und Experimenten diversifizieren, die zum Teil noch die avantgardistische Destruktionsarbeit fortsetzen, zum Teil aber bereits in direkte »performative Projekte« übergehen – Projekte, die sich allein im Prozess, im Vollbringen einer Wirkung oder eines Ereignisses erschöpfen. Sie nehmen gigantische Ausmaße an oder gleichen in ihrer Schlichtheit japanischen Haikus." (Mersch 2002, S. 217)*

Im Folgenden soll es in Anknüpfung an diese erste Setzung zunächst darum gehen, die Akzentuierung von Körper- und Leiblichkeit in der Ästhetik des Performativen genauer zu erläutern. Dabei geraten zum einen präsentische und zum anderen ereignishafte Phänomene von Körper und Leib in den Fokus der Auseinandersetzung. Abschließend wird nach der Charakterisierung und Differenzierung von körperlichen Handlungsmodi gefragt, da die Unterscheidung von selbstreferentiellen und darstellenden körperlichen Ausdrucksformen im Performativitätsdiskurs immer wieder expliziert, jedoch auch kritisch diskutiert wird. Die Ausführungen zielen darauf ab, die Beobachtung körperlich-performativer Handlungen von Lernenden im Performancekunstunterricht im Modus der präsentischen Aufführung und als Ereignis im Hier und Jetzt zu schärfen und die Begriffe, die der Deskription und Analyse der Beobachtungen zu Grunde gelegt werden, zu präzisieren.

2.3.1 Präsenz erzeugen im Körperzeigen und Leiberfahren

> *„Eine Ästhetik des Performativen ist in diesem Sinne eine Ästhetik der Präsenz, nicht der Präsenz-Effekte, eine Ästhetik des Erscheinens, nicht eine Ästhetik des Scheins." (Erika Fischer-Lichte 2004, S. 175)*

Körper und Leib werden in der Ästhetik des Performativen als Ort der Erfahrung aufgefasst und evozieren als Ausdrucksformen von Performancekunst eine spezifisch affizierende Weise sinnlichen Erlebens. Sie treten sowohl in der Produktion als auch in der Rezeption als Materialität sichtbar und als Immaterialität spürbar in Erscheinung. Präsenz als bewusst wahrgenommene Gegenwärtigkeit wird somit als Parameter in die Theoriedebatte eingeführt, um die Spezifik des Erlebens und Gestaltens von Performancekunst zu greifen. Dieter Mersch stellt diesbezüglich fest:

> *„Solche Ereignisse bedürfen des unmittelbaren körperlichen Einsatzes. Sie rücken einem auf den Leib, müssen am eigenen Leib gespürt oder durchgestanden werden. Der Körper wird zum theatralischen Ort, zum Mittel der Inszenierung, zum Instrument einer Erfahrung. Der ästhetische Prozess hat am Körperlichen statt: Er findet darin seine Stätte, seine Unausweichlichkeit. Performativität und leibliche Präsenz gehören deshalb zusammen, sei es indem etwas aktiv mit dem eigenen Körper getan werden muss oder passiv geschieht, z.B. durch Austragung von Gesten, Gebärden, Bewegungen oder durch Einübung in Riten, symbolische Handlungen oder Entscheidungen, die ebenso zur Sensibilisierung und Selbstauseinandersetzung zwingen wie zur Konfrontation mit Raum und Zeit, dem Fremden oder den eigenen Grenzen, die die leibliche Identität einzureißen drohen. Buchstäblich gehen solche Erfahrungen unter die eigene Haut." (Mersch 2000, S. 81)*

Körper- und Leiblichkeit schreiben sich dementsprechend in einen künstlerischen Ausdruck ein und treten im Modus der Präsenz in Erscheinung, welcher auf das Engagement und die Involvierung des eigenen Körpers innerhalb ästhetischer und aisthetischer Prozesse abzielt. Präsenz kann in diesem Sinne nicht als reine Anwesenheit oder Ausstrahlung verstanden werden, sondern als ein qualitatives Moment, durch welches sich wahrnehmbare Gegenwart einstellt. In der Einheit von räumlichem und zeitlichem Zugegensein handelnder Körper ist Präsenz durch eine jederzeit mögliche, aber nicht reflexiv-durchdrungene Verfügbarkeit gekennzeichnet. Sie tritt in Aufführungssituation als Verkörperung oder *embodied mind* in Erscheinung, womit betont wird, dass das leibliche In-der-Welt-Sein des Menschen überhaupt die Bedingung für Symbolbildungen und kulturelle Einschreibungen ist (vgl. Fischer-Lichte 2004, S. 153 ff.)

Die Ästhetik des Performativen zielt in der Konsequenz dieser Überlegungen nicht lediglich darauf ab, Handlungen in der Kunst zu thematisieren, sondern vielmehr, Kunst als Handlung, als Prozess und als Ereignis über präsente Körperlichkeit zu konstituieren, die im Augenblick des Geschehens zum Ausdruck drängen und zur Teilnahme herausfordern. Performativität evoziert somit Responsivität, wozu Mersch ausführt:

> *„Wie immer ich mich auch verhalten mag, wem ich im einzelnen Ausdruck zu verleihen suche oder was jeweils zu tun oder nicht zu tun bereit bin: Immer gebe ich mich selbst preis. [...] Die Selbstpräsentation reicht bis in die subtilsten Körperregungen, die Weise, wie ich am Geschehen partizipiere oder mich ausschließe, die Zagheit oder Vorsichtigkeit meiner Handlungen, ihre erschreckende Heftigkeit oder Zudringlichkeit usw. Anders ausgedrückt: Die Leiblichkeit hinterlässt im performativen Vollzug ihre eigene Spur. Es verweist auf die Spur des Sich-zeigens." (Mersch 2000, S. 81 f.)*

Die Wahrnehmung dieses materiellen Körpers wird dementsprechend „in Richtung des eigenen Körpers erlebt" (Mersch 2001, S. 280), womit auch in der Ästhetik des Performativen herausgehoben wird, dass eine genuine Leiborientierung jedem Weltzugang inhärent ist. Über körperliche Präsenz vollzieht sich in dieser Lesart ein „Angriff auf die Sinne, ihre Aussetzung ins Unbekannte" (ebd.), die eine leibliche Irritation oder Veränderung bedingen, „um immer wieder neu sehen, hören und erleben zu lernen" (ebd.).

Für die vorliegende Untersuchung bedeutet dies, dass im Kontext des Kunstunterrichts, in welchem Performancekunst thematisiert wird, differenzsensibel danach gefragt werden soll, wie Körper und Leib bewusst gestaltete Gegenwärtigkeit zum Ausdruck bringen können. Es soll wahrgenommen und ausgedeutet werden, welche Handlungen, Bewegungen, Interaktionen und Gestaltungsintentionen in der performativen Exploration und Aufführung dazu führen, Präsenz zu erzeugen und diese als qualitatives Moment der künstlerischen Auseinandersetzung zu konstituieren.

2.3.2 Ereignishaftigkeit körperlicher Handlungen

> *„Performativität meint zunächst Akt, Vollzug, Setzung. Setzungen gründen nicht vorrangig in Handlungen, sondern in Ereignissen. Handlungen sind durchweg intentional bestimmt; sie werden mit Zielen, Plänen und Motiven verbunden. Dagegen geschehen Ereignisse nichtintentional." (Dieter Mersch 2002, S. 9)*

Das einführende Zitat weist darauf hin, dass die Ästhetik des Performativen als eine Ereignisästhetik begründet werden kann, die weniger in den Prozessen der Inszenierung und Darstellung wurzelt, als vielmehr in Geschehnissen, die den am künstlerischen Prozess beteiligten Akteur*innen widerfahren (vgl. ebd.). Für die vorliegende Untersuchung ist die Betrachtung ereignishafter Momente in der Performance vor allem deshalb besonders aufschlussreich, weil in ihnen die Verschränkung von Körper und Leib im künstlerisch-performativen Handeln besonders anschaulich dargestellt werden kann.

In Abgrenzung zum klassischen Theater, in welchem die inszenierte Illusion eines Geschehens erzeugt wird, werden in der klassischen Performancekunst reale Ereignisse als Kunst präsentiert. Der Körper tritt als wirklichkeitskonstituierender Agens in Erscheinung, der in seinen Handlungen und in seiner leiblichen Gegenwärtigkeit die Performance als unmittelbares, immer auch unvorhersehbares Ereignis erzeugt. Die Performance als Ereignis wird jenseits von dinghafter Gegenständlichkeit hervorgebracht, sie entzieht sich vielmehr definierbaren Werksetzungen und verortet sich in der Mitte zwischen Situationen, Szenen und Praktiken des Zeigens und des Sich-zeigen-lassens. Mersch spricht in diesem Zusammenhang vom *„Schock der Gegenwart"* (Mersch 2002, S. 228), in welchem sich die Unmittelbarkeit des Geschehens abzeichnet:

> *„Es [das Ereignis, Anm. d. Verf.] sprengt die Erwartungen, es läßt sich nicht konzeptuieren. Als Spiel eröffnet es den Zu-Fall, […] als praktische Intervention impliziert es den Eingriff, der Konsequenzen zeitigt, die prinzipiell nicht vorhersehbar*

> *sind; als Szene schlägt es in Fesseln und löst Wirkungen aus, die auf einem anderen Schauplatz geschehen als die Inszenierung des Dramas selbst. Es wirkt, wie Susan Sontag schreibt, ‚durch die Schaffung eines asymmetrischen Netzes von Überraschungen ohne Klimax und Endpunkt'. Mit anderen Worten: Das Ereignis, wiewohl ein Gemachtes, ist doch kein Machbares. Geplant, ist es gleichwohl nichts Planbares; konstruiert, ist es dennoch nichts Konstruierbares. Es schafft sich, vollbringt sich.“ (ebd., S. 342)*

Der Fokus richtet sich im Ereignishaften vor allem auf aisthetische Vorgänge, die sowohl in der Produktion als auch in der Rezeption von Performancekunst im Vollzug der körperlichen Handlung irritiert werden. Handlungsvollzüge, die sich auf leibliche Präsenz stützen und im Prozess des Zeigens hervorgebracht werden, konfrontieren die Akteur*innen mit der Unmittelbarkeit einer unersetzbaren Gegenwart, die für den Augenblick sensibilisiert, „der bewegt und anrührt, ohne durch ein Medium oder die Sprache präformiert oder zugerichtet zu sein“ (Mersch 2000, S. 81). Der Theaterwissenschaftler Denis Leifeld beschreibt diesen Wahrnehmungsvorgang wie folgt:

> *„Wahrnehmen, das durch seinen flüchtigen Charakter per se ereignishaft ist, steigert sich im performativen Handeln [Einschub CL] zu einer intensivierten Form des Gewahrwerdens, das geradezu seinen ereignishaft flüchtigen Charakter bewusst werden lässt wie auch die zweite Bedeutungsfacette des Ereignisses – den einschneidenden Bruch bestehender Ordnungen.“ (Leifeld 2014, S. 102)*

Das Ereignishafte zeigt sich in den Ausdrucksformen von Körper und Leib somit als artikulierte, unwiederholbare Gegenwart, es „bildet nichts ab, verweist auf nichts und macht zuweilen auch sprachlos“ (Mersch 2000, S. 83). Ereignisse zeigen sich jeweils in der Doppelstruktur des Körperzeigens und Leiberfahrens, insofern sie in der künstlerischen Produktion und Rezeption zwischen einem signifikanten Etwaszeigen und einem vielsinnlich wahrgenommenen Sich-zeigen-lassens changieren.

Performancekunst wird dementsprechend in der vorliegenden Untersuchung als eine künstlerische Ausdrucksform betrachtet, die sich aus einer „einmaligen, unwiederholbaren, meist nur bedingt beeinfluss- und kontrollierbaren Konstellation *konstituiert* [Änd. CL], aus der heraus etwas geschieht, das sich nur so dieses eine Mal ereignen kann“ (Fischer-Lichte 2010, S. 57). In der Performancekunst als Bildungspraxis besetzt das Ereignishafte die Stelle, an der „die eigentümliche Magie entsteht, die der leiblichen Gegenwart zukommt: die Faszination, die entsteht, wenn wir durch den Anderen, seine physische Gegenwart, seine Stimme und die Gravität seiner Bewegungen affiziert werden“ (Mersch 2000, S. 87). Im schulischen Kunstunterricht offenbaren diese Überlegungen ihr grenzüberschreitendes, aber auch besonders schwieriges Moment in der Vermittlungspraxis, insofern Körper und Leib als Gegenstände des Unterrichtes nur bedingt sprachlich zu fassen und bewertbar zu systematisieren sind. Vielmehr werden Lernende in der künstlerisch-performativen Körperpraxis und Leibwahrnehmung dazu angestoßen, dem Ereignishaften zu begegnen bzw. es im Handeln gleichsam erscheinen zu lassen.

2.3.3 Körpergebundene Emergenz von Bedeutung »betwixt and between«

> *„Wie auch immer, ästhetische Wahrnehmung vollzieht sich hier als ein Oszillieren zwischen Fokussierung auf den phänomenalen Leib und auf den semiotischen Körper des [...] Performers. Sie versetzt in diesem Sinne den Wahrnehmenden in einen Zustand des »Zwischen«, des »betwixt and between«." (Erika Fischer-Lichte 2004, S. 151)*

Mit dem eröffnenden Zitat von Erika Fischer-Lichte wird deutlich, dass performative Aufführungssituationen mit dem tatsächlichen Vollzug körperlicher Handlungen im Hier und Jetzt von einer spezifischen Materialität gekennzeichnet sind, über welche Bedeutung in unterschiedlichen Modi generiert wird. Wie bereits in Kapitel zwei ausgeführt, werden das Primat des Körperlichen und dessen Implikationen von Flüchtigkeit, Präsenz und Emergenz, die der Performancebegriff im Deutschen zumeist trägt, im gegenwärtigen Performativitätsdiskurs kritisch betrachtet, insofern die Nähe und Abgrenzung desselben zum Begriff der Theatralität re- und dekonstruiert werden (vgl. Aehlig 2019). Um dem Prozess der Bedeutungsgenerierung im Performativen auf die Spur zu kommen, lassen sich durch die theoretische Unterscheidung von selbstreferentiellen und theatralen Handlungen in der Ästhetik des Performativen nichtsdestotrotz vorab differenzierte Betrachtungen körper- und leibgebundener Ausdrucksformen ausführen. Die Erörterungen zielen dementsprechend darauf ab, wesentliche theoretische Grundlagen für die Forschungsfrage 4 „Auf welche Weise generieren körperliche Handlungen Bedeutungen?" zu erörtern.

In Anlehnung an die Ausführung Erika Fischer-Lichtes zur Ästhetik des Performativen, die vor allem die oszillierende Wahrnehmung körperlicher Handlungsvollzüge in der Performance durch die Rezipierenden beschreibt (vgl. Fischer-Lichte 2004, S. 240 ff.), wird im Folgenden der Fokus auf die künstlerisch-performativ Handelnden gelegt, die mit Körper und Leib im Zentrum der vorliegenden Untersuchung stehen. Diesbezüglich ist zunächst festzustellen, dass körperliche Handlungen im Zeigen auf die Ausformung ihrer sichtbar in Erscheinung tretenden Materialität und Zeichenhaftigkeit hin modelliert werden können. Handlungen, die im Kontext von Performancekunst exploriert, konzipiert und aufgeführt werden, desemantisieren den Körper graduell, wenn sie ihn einerseits als selbstreferentielle, in seinem phänomenalen Sein wahrzunehmende eigenständige Materialität betonen. Fischer-Lichte schreibt dazu:

> *„Die Materialität fungiert nicht als ein Signifikant, dem dies oder jenes Signifikat zugeordnet werden kann. Vielmehr ist die Materialität zugleich als das Signifikat zu begreifen, das mit der Materialität für das [...] Subjekt, das sie als solche wahrnimmt, immer schon gegeben ist. Die Materialität des Dings nimmt [...] in der Wahrnehmung des Subjekts die Bedeutung seiner Materialität an, das heißt seines phänomenalen Seins. Das Objekt, das als etwas wahrgenommen wird, bedeutet das, als was es wahrgenommen wird." (ebd., S. 245)*

Übertragen auf die materielle Gegenständlichkeit des Körpers, der im performativen Vollzug seiner Handlungen als Material gezeigt wird, heißt das, dass er zunächst das bedeutet, als was er gezeigt wird. Diese Handlungsdisposition lässt sich – so die Vorannahme der vorliegenden Untersuchung – in der Performancekunst durch betonte körperliche Artikulationen erzeugen, die sich gegenüber der eigenen körperlichen Materialität bewusst zeigt. Die Emergenz von Bedeutungen über körperliche Handlungen lässt sich dementsprechend als ein spezifischer Prozess beschreiben, in dem Bedeutungen im Akt und als Akt körperlicher Handlungen erzeugt werden (vgl. ebd.).

In selbstreferentiellen, faktischen Handlungen offenbart sich dennoch ein signifizierender Möglichkeitsraum, der über die Materialität des handelnden Körpers immer auch hinausweist. Fischer-Lichte betont:

> *„Zum anderen sind es gerade die isolierten, in ihrer Materialität wahrgenommenen emergenten Phänomene, die im wahrnehmenden bzw. handelnden [kursiv, CL] Subjekt eine Fülle von Assoziationen, Vorstellungen, Gedanken, Erinnerungen, Gefühlen hervorzurufen vermögen und ihm Möglichkeiten eröffnen, sich zu anderen Phänomenen in Beziehung zu setzen. Sie werden [...] als Signifikanten wahrgenommen, die sich auf die unterschiedlichsten Phänomene beziehen, in unterschiedlichste Kontexte versetzen und mit den unterschiedlichsten Signifikanten verbinden lassen, was eine ungeheure Pluralisierung von Bedeutungsmöglichkeiten zur Folge hat." (ebd., S.243)*

Selbstreferentielle, Körperlichkeit betonende Handlungen generieren Bedeutungen somit in der Gleichzeitigkeit des bewussten Zeigens und Entziehens. Sprich, als faktische Handlungsvollzüge evozieren sie eine subjektive Wahrnehmung, deren Aufmerksamkeit zwischen der Fokussierung des phänomenalen Körpers und der Besetzung der bedeutungsoffenen Leerstellen durch Assoziationen, Gedanken, Empfindungen und Eindrücke changiert.

Als Gegenpol zu selbstreferentiellen Handlungsdispositionen emergieren Bedeutungen im Performativen andererseits in der Eindeutigkeit signifizierender körperlicher Handlungen. Bewegung, Gestik und Mimik können in der Performancekunst unverkennbar als Bedeutung zum Ausdruck kommen. Materialität, Signifikant und Signifikat treten dabei deutlich auseinander, wobei das Signifikat im Sinne einer nachvollziehbaren Intention oberste Priorität in der Handlungsausführung aufweist. Die referentiellen, darstellerischen Handlungen rekurrieren somit auf Repräsentation und intersubjektive Lesbarkeit. Fischer-Lichte konstatiert:

> *„Die Bedeutungen, die so erzeugt werden, erzeugen in ihrer Gesamtheit die Figur bzw. die fiktive Welt, die symbolische Ordnung. Der Wahrnehmungsprozess bzw. der Handlungsprozess [kursiv, CL] wird offensichtlich von der Zielsetzung gesteuert, eine Figur etc. entstehen zu lassen. Wahrgenommene Elemente, die nicht als Zeichen für die Figur gelten können, bleiben bei der weiteren Erzeugung von Bedeutung unberücksichtigt. [...] Der Prozess wird in diesem Sinne zielgerichtet vollzogen und erscheint insofern zumindest bis zu einem gewissen Grad vorhersehbar." (ebd., S. 260)*

Ohne die Ordnung der materiellen Präsenz und die Ordnung der symbolischen Repräsentation dichotomisch gegeneinander ausspielen zu wollen, zeigt sich in dieser begrifflichen Differenzierung die Bandbreite möglicher Ausdrucksformen von Körper und Leib im performativen Handeln. Die an sie gebundene Bedeutungsgenerierung erzeugt in der Auseinandersetzung mit Performancekunst eine „perzeptive Multistabilität, die das Umspringen der Wahrnehmung von einer Ordnung in die andere bewirkt" (ebd.) und somit den bereits eingangs angeführten Zustand des „betwixt and between" (ebd., S. 151) hervorruft.

Abschließend kann an dieser Stelle betont werden, dass handelnde Bedeutungsgenerierung in der Performancekunst oszillierend provoziert wird. Vor allem im Kontext des Kunstunterrichtes – so die These der vorliegenden Untersuchung – fangen die Handelnden an, sich im Handeln selbst wahrzunehmen und die eigenen Handlungen fokussiert zu modellieren, um über den Körper zu erzählen, Fragen aufzuwerfen, zu zeigen, zu verhüllen, zu spielen und zu imaginieren. Für die vorliegende Untersuchung sind diese Überlegungen besonders aufschlussreich, bieten sie doch einen Ansatzpunkt, um die Ausdrucksformen von Körper und Leib, die die Lernenden zu entwickeln im Stande sind, im „betwixt and between" möglichst differenziert wahrzunehmen und zu beschreiben.

2.4 Leibphänomenologie, verkörperte Soziologe und Ästhetik des Performativen – Schnittstellen und Schlussfolgerungen

> *„In den Schwellenzuständen einer performativen Befremdung des Gewohnten eröffnen sich Möglichkeiten eines anderen Handelns und somit einer Veränderung des Selbst." (Thomas Alkemeyer 2018, S. 73)*

Die vorangestellten Ausführungen haben verschiedene theoretische Zuführungen zum Verständnis der Ausdrucksformen von Körper und Leib aufgefächert. In diesem Zuge ist eröffnend deutlich geworden, dass der Leib als ein Mittel des *Zur Welt-Seins* im Zentrum phänomenologischer Analysen steht und einer materiell zum Ausdruck kommenden Körperlichkeit gleichsam voran geht. Die Phänomenologie nimmt somit eine anthropologische Sicht auf menschliches Handeln ein und stellt die vielsinnliche Wahrnehmungsfähigkeit eines jeden Subjekts in den Fokus ihres Erkenntnisinteresses. Weitergehend hat sich gezeigt, dass praxistheoretische Überlegungen eine phänomenologische Sichtweise kontrastieren, indem sie hauptsächlich den Körper als emergierende Materialität verhandeln, welche in soziale Praktiken verstrickt ist. Das Subjekt als gelebter Vollzugskörper wird über diesen Zugang dezentralisiert und relational zu anderen materiellen Entitäten verhandelt. Abschließend konnte herausgearbeitet werden, dass die Ästhetik des Performativen Körper und Leib als miteinander verwobene Phänomene präsenter und ereignishafter Aufführungsdynamiken in künstlerisch-ästhetischen Kontexten thematisiert. Körper und Leib werden hier als Ort der Erfahrung aufgefasst und evozieren als Ausdrucksformen von Performancekunst eine spezifisch affizierende Weise sinnlichen Erlebens. Sie treten sowohl in der Produktion als auch in der Rezeption materiell und immateriell in Erscheinung.

Die drei aufgeführten philosophisch, soziologisch und ästhetisch ausgerichteten Theoriestränge weisen eine je eigene Genese auf, fokussieren sich auf divergierende Gegenstandsfelder und wurzeln in mehr oder weniger unterschiedlichen Begründungszusammenhängen. Das Ziel der parallelen Betrachtungen der drei Theoriestränge liegt für die vorliegende Untersuchung nicht darin, sie gegeneinander abzuwägen oder gar über grundlegende Differenzen der Ansätze hinwegzugehen. Vielmehr sind die Ausführungen in diesem Kapitel als Suche nach Schnittstellen, Konturierungen und sinnstiftenden Rahmungen zu verstehen, um das diskursive Geflecht von Körper und Leib vor dem Hintergrund der aufgestellten Forschungsfragen zu umreißen. Gegensätzliche Akzentuierungen werden in diesem Sinne als gewinnbringend für die Konzeption des qualitativ empirischen Forschungsdesigns erachtet. Somit sollen an dieser Stelle die Schnittstellen und Trennlinien der Körper-Leib-Diskurse von Phänomenologie, Praxistheorie und Ästhetik des Performativen noch einmal zusammenfassend erörtert werden, um Schlussfolgerungen für die vorliegende Untersuchung abzuleiten.

Alle drei Theoriestränge sind in ihrer Fokussierung innerhalb kultureller Wenden zu verorten, die als *performative turn*, *body turn* und *practice turn* in den Kultur-, Geistes- und Bildungswissenschaften wirken (vgl. Schatzki 2005 / Bachmann-Medick 2006 / Gugutzer (Hg.) 2006 / Volbers 2014). Körper und Leib spielen in den spezifischen Neukonstituierungen der jeweiligen Erkenntnisinteressen eine nicht zu vernachlässigende Rolle, insofern diese vor dem Hintergrund historischer, sozialer und symbolischer Praxen untersucht werden. Eine Verschränkung von Körper und Leib zeigt sich darin immer auch als eine Verschränkung des Wissens über den Körper und der erlebten Gegebenheit des eigenen Leibes (vgl. Lindemann 2017, S. 65). Der Philosophietheoretiker Emmanuel Alloa führt dazu aus:

> *„Gleichwohl fällt der Leib als gelebter Körper nicht unterschiedslos mit dem physisch erlebten Körper in eins; nicht nur stellt er einen Überschuss über das Körperding dar, er leistet zugleich einer vollständigen Reduktion auf ein transparentes Bewusstsein Widerstand. […] Zwischen der Gefahr der Verdinglichung des Körpers und derjenigen seiner Diskursivierung mag die Rück- und überhaupt die Hinwendung zur Leiblichkeit (und damit zur Leib-Körper-Differenz) in dieser Diskussion dazu dienen, viele der aktuelle diskutierten Phänomene neu und anders theoretisch (und vielleicht sogar praktisch) zu situieren.“ (Alloa/Depraz 2012, S. 2 f.)*

Phänomenologie, Praxistheorie und Ästhetik des Performativen beeinflussen sich in dieser Betrachtung durchweg gegenseitig – sei es in begründender Abgrenzung oder in affirmativen Anleihen (vgl. Bedorf 2015, S. 138 / Lindemann 2015, S. 62 f.). Die Bildungsforscherin Evi Agostini zeigt zunächst auf, an welchen Schnittstellen Phänomenologie und Praxistheorie aufeinandertreffen (vgl. Agostini/Peterlini/Schratz

2019, S. 200 ff.). Diese Schnittstellen lassen sich ebenso fruchtbar mit dem Performativen vernetzen:

(1) Phänomenologische, praxeologische und performative Betrachtungen überschneiden sich vor allem in der Fokussierung auf Leib und Körper *im praktischen Vollzug*. Agostini argumentiert diesbezüglich: „Vollzüge werden dabei als eine Kategorie des Dazwischen und des Zusammenspiels etabliert sowie in räumlich und zeitlich konkret unbestimmbaren, materiell-situierten und miteinander verknüpften Kontexten untersucht. Die Aufmerksamkeit richtet sich auf den in solchem Vollzug generierten und in ihm sich manifestierenden Sinn." (ebd., S. 200)

(2) Darüber hinaus geraten vor allem *Handlungen* in den Fokus des Fragehorizontes. So werden Sichtweisen, Motive und Absichten der Individuen nachrangig behandelt. Stattdessen werden körperliche Handlungen in komplexen Situationen verortet, die das Individuum zum responsiven Agieren in Bezug auf situative Ansprüche herausfordern. Agostini konstatiert: „Die Handelnden werden als leiblich befähigte und körperlich agierende Teilnehmende verstanden." (ebd., S. 201)

(3) *Sinnstiftung und Bedeutungsgenerierung* werden in allen drei theoretischen Zuführungen durch tatsächliches Agieren im Hier und Jetzt und in der Interaktion mit anderen Akteur*innen bzw. Artefakten konstituiert. Tradierte Dichotomien zwischen Subjekt und Objekt, Körper und Geist, Individualität und Kollektivität, Theorie und Praxis werden in diesem Zuge unterlaufen und auf gegenseitige Verstrickungen hin befragt (vgl. ebd.).

(4) Sowohl phänomenologische als auch praxeologische und performative Zugänge etablieren eine spezifische *Empirie*, die die Erste-Person-Perspektive und Formen exemplarischer Deskription im Forschungsprozess als unumgängliche Bezugsgrößen markieren. So schreibt Agostini: „Gefragt wird [...] danach, wie sich Sinn in leiblichen Handlungen und körperlichem Verhalten als *knowing how*, d. h. als praktisches Können manifestiert und *zugeschrieben* wird." (ebd., S. 201 f.) Texte und Sprachakte werden im Empirischen somit nachrangig betrachtet. Vielmehr richtet sich der Fokus der Betrachtungen auf den nichtsprachlichen Bereich, sprich „stumme, leibkörperliche Vollzüge und bildhafte Performanzen" (ebd., S. 202) konturieren die gegenstandsbezogenen Erkenntnisinteressen.

Anhand dieser vier Schwerpunktsetzungen wird deutlich, dass phänomenologische, praxistheoretische und performative Diskurse auf ähnliche Erkenntnisinteressen abzielen und Impulse zu setzen vermögen, die Verschränkung von Körper und Leib in ihrer „vermittelten Unmittelbarkeit" (vgl. Lindemann 2017, S. 62) vielseitig zu befragen.

Die Betrachtung aller drei Theoriestränge hat außerdem aufgezeigt, dass eine soziale Beziehung nicht erst dann vorliegt, „wenn ein bewusstseins- und sprachfähiger Akteur sein Handeln mit einem subjektiven Sinn versieht und auf einen anderen menschlichen Akteur hin ausrichtet" (Gugutzer 2015, S. 120). Vielmehr wird diese Beziehung zur Welt über Körper und Leib uranfänglich konstituiert – darüber besteht sowohl in phänomenologischen als auch in praxistheoretischen und ästhetisch-performativen Diskursen kongruente Klarheit. Die Art und Weise, wie sich ein handelnder Akteur bzw. eine handelnde Akteurin körperlich und leiblich in Beziehung setzt und somit Welt erfährt, wird jedoch unterschiedlich akzentuiert. Allen drei Theoriesträngen liegt diesbezüglich ein je unterschiedliches Subjektverständnis zu Grunde. Betont die Phänomenologie und in enger Korrelation dazu auch die Ästhetik des Performativen ein starkes Subjekt, dessen individuelle Perspektive und leibliche Wahrnehmung unumgängliche Zentren jedes körperlich-handelnden Weltzugangs darstellen, ist die Praxistheorie darum bemüht, das Subjekt immer in Relation zu anderen lebendigen oder dinghaften Aktanten der Lebenswelt zu begreifen. Der sinnlich-wahrnehmende bzw. responsive Leib und der sich materiell formende Vollzugskörper werden dementsprechend unterschiedlich gewichtet. Diese Subjektakzentuierung spiegelt sich in den Forschungsfragen der vorliegenden Untersuchung wider, insofern die Ausdrucksformen von Körper und Leib in performativen Vermittlungssettings zum einen auf die individuell zum Ausdruck kommende Gestaltung der gelebten Vollzugskörper befragt werden (Forschungsfrage 1). Der subjektiven sinnlichen Wahrnehmung der Lernenden wird dabei besondere Aufmerksamkeit gewidmet. Zum anderen lassen die Forschungsfragen anklingen, dass ein einseitiger subjektorientierte Ansatz seine Grenzen hat, insofern die performativen Handlungen vordergründig von außen an der expressiven Oberfläche im Kontext institutioneller Rahmungen beobachtet werden können. Die Materialität des Körpers in Relation zu anderen agierenden Körpern bzw. zu Dingen und Sachen rückt somit in dieser Betrachtungsweise in den Fragehorizont (Forschungsfragen 2 und 3). Des Weiteren wird explizit nach den Momenten der Sinnstiftung und Bedeutungsgenerierung im praktischen Handlungsvollzug gefragt, die individuell und kollektiv erzeugt werden (Forschungsfrage 4).

Der anvisierte Forschungsgegenstand soll in seiner Eigenlogik dabei nicht in den Hintergrund treten. Performancekunst als Bildungspraxis im Kontext des schulischen Unterrichts ist aus kunstpädagogischer Perspektive – so die These der vorliegenden Untersuchung – besonders geeignet, um Ausdrucksformen von Körper und Leib in ihrer Verstrickung zu thematisieren. Dieter Mersch stellt fest: „Als Kunst artikuliert *Performancekunst* [kursiv, CL] Prozesse und Ereignisräume, die begangen und erkundet, die erlebt und – im Wortsinne von Aisthetis – *aufgenommen* und beantwortet werden müssen." (Mersch 2005, S. 37) Ein phänomenologisch informierter, performativ geprägter und soziologisch konturierter Körper-Leib-Begriff kann dazu beitragen, einen tieferen Einblick in die Zusammenhänge der ästhetischen Expressivität lernender Körper zu erlangen. Wie im eröffnenden Zitat des Praxeologen Thomas Alkemeyer angeklungen ist, sind es gerade die Schwellenzustände einer performativen Befremdung des Gewohnten, die in der künstlerischen Gestaltung körperlicher Handlungen das Potential entfalten, sich selbst-bildend zu verändern (Forschungsfrage 5).

3. Körper und Leib in kunstpädagogischen Kontexten – Eine Bestandsaufnahme

> *„Wenn aber Bildung ohne den Körper nicht zu denken ist, werden Konzepte einer kulturellen Bildung bedeutsam, die sich zur Aufgabe machen, Veränderungen eingefleischter Verhaltens- und Denkstile zu initiieren und so zur Einnahme reflexiver Haltungen beizutragen." (Thomas Alkemeyer 2011, S. 68)*

Was kann dieser eröffnende Kommentar zur Relevanz des Körpers in der kulturellen Bildung des Soziologen Thomas Alkemeyer für die Kunstpädagogik, respektive den Kunstunterricht bedeuten? Welchen Stellenwert haben Körper und Leib als Fundamente des Wahrnehmens und Handelns in performativen Praktiken, Feldern und Diskursen? Wie viel Körper braucht die Kunstpädagogik in Anbetracht der Allgegenwärtigkeit des Körpers in den Alltagsästhetiken Jugendlicher – noch oder nichtsdestotrotz? Um diese Fragen zu klären, wird im vorliegenden Kapitel untersucht, welche Rolle Körper und Leib als Ausdrucks- und Erfahrungsträger in kunstpädagogischen Zusammenhängen spielen. Die Ausführungen zielen darauf ab, das Thema der vorliegenden Untersuchung *Ausdrucksformen von Körper und Leib in der Performancekunst im Kunstunterricht* möglichst mehrperspektivisch zu umreißen und herauszukristallisieren, zu welchen Punkten die Untersuchung einen Beitrag leisten kann.

Zunächst gilt es deshalb, die Körper- und Leiblichkeit schulischer Bildung im Allgemeinen zu beleuchten (3.1). Daran anknüpfend werden die Betrachtungen auf das Gegenstandsfeld der vorliegenden empirischen Untersuchung enggeführt, indem die Pädagogik des Performativen als Praktik des handelnden Repräsentierens (3.2) und Performancekunst im Unterricht als kunstpädagogischen Vermittlungsansatz im Speziellen eingehender betrachtet werden (3.3). Abschließend werden körper- und leibliche Erfahrungswelten in jugendkulturellen Kontexten dargestellt, um das Erkenntnisinteresse der vorliegenden Untersuchung in aktuelle gesellschaftliche Entwicklungen und Zusammenhänge einzubetten (3.4). Jugendästhetische Positionierungen (3.4.1) geraten ebenso in den Blick wie postdigitale Bildkulturen (3.4.2). Es soll deutlich werden, wie komplex das Feld körperlicher Ausdrucksmöglichkeiten im schulischen Kontext für Lernende ist und wie sich Performancekunstvermittlung zu diesen verhalten kann. In allen Abschnitten gilt es, den aktuellen Forschungsstand zu umreißen und Diskursfelder zu benennen, innerhalb derer Körper und Leib im schulischen Kontext explizit verhandelt werden.

Es sei darauf hingewiesen, dass es sich um pre-konfigurierende Setzungen handelt, die der eigentlichen Analyse vorgelagert werden, um das Forschungssujet in seiner künstlerischen, pädagogischen und didaktischen Eigenlogik abzustecken. Ziel der in Kapitel fünf und sechs dargelegten phänomenologisch orientierten Einzelfallstudie soll es dann nicht sein, diese Voranahmen *in* der Schulpraxis zu überprüfen, sondern vielmehr diese *mit* der Schulpraxis zu kontrastieren und auszudifferenzieren.

3.1 Körper- und Leiblichkeit schulischer Bildung

> *„Mit dem Körper sind Kinder, Jugendliche und Pädagog*innen in besonderer Weise verbunden. Der Körper ist in Bewegung, im Blick und im Anspruch der Anderen sowie in den Antworten darauf. Er verkörpert sich in Relation zu Anderen und Anderem." (Malte Brinkmann 2019a, S. 1)*

In der einführenden Aussage des Bildungswissenschaftlers Malte Brinkmann klingt bereits an, dass Körper- und Leiblichkeit in schulischen Kontexten als grundlegende Parameter und in pädagogischen Situationen als komplexe Ausdrucksträger fungieren. Im Kontext der mittlerweile situierten Diskurse um Körper und Leib in den Geistes- und Sozialwissenschaften (siehe Kapitel 2) werden beide Phänomene auch in den Erziehungs- und Bildungswissenschaften zunehmend tiefgründiger theoretisch erörtert, qualitativ empirisch erforscht und zur Diskussion gestellt (vgl. Langer 2008, S. 9 f.). Es lassen sich hier zunächst zwei Hauptströmungen aufzeigen, im Zuge derer sowohl leib- als auch körperdiskursive Perspektiven in der Bildungs- und Erziehungspraxis aufgegriffen werden:

(1) Zum einen fokussieren sich phänomenologisch orientierte Forschungszweige in den Erziehungs- und Bildungswissenschaften auf leibliche Wahrnehmung und sinnliche Erfahrungen des Lernens im schulischen Kontext. Der Leib wird als Medium der Erfahrung untersucht und auf seine grundsätzliche Relevanz für das Lernen befragt (vgl. Schultheis 1998 / Westphal/ Liebert 2009 / Meyer-Drawe 2012 / Brinkmann 2019a und 2019b). Die Theoriestränge begründen sich aus einer fundierten Reflexion der Anthropologie und Phänomenologie des 20. Jahrhunderts. In der Anerkennung eines vortheoretischen Fundaments, das das Situiert-Sein des Menschen und eine damit einhergehende ursprüngliche Intentionalität des wahrnehmenden Leibes konstituiert, geraten vor allem die Sinne, Gefühle und die Erlebnisfähigkeit der lernenden Subjekte in das Erkenntnisinteresse der Auseinandersetzungen (vgl. Schultheis 1998, S. 49). Auch in der kunstpädagogischen Forschungslandschaft werden diese Überlegungen aufgegriffen und mit Blick auf ästhetische und aisthetische Gegenstandsbereiche rezipiert. Dabei werden vor allem die Beschaffenheit, Ausprägung und Dynamik ästhetischer Erfahrungen thematisiert und für das Gelingen kultureller bzw. ästhetischer Bildung ergründet (vgl. Selle 1988 / Sabisch 2007 / Rittelmeyer 2012 / Hallmann 2017 / Engels u.a 2020).

(2) Zum anderen wird in der soziologisch geprägten Erziehungs- und Bildungswissenschaft die Körperlichkeit des Lernens thematisiert. Der materielle Körper wird als Agens einer jeden sozialen Interaktion betrachtet. Dabei geraten vor allem Strategien des körperlichen Übens, Trainierens und Disziplinierens als bildende Subjektivierungsstrategien im institutionellen Raum in den Fokus. Alkemeyer schreibt dazu:

> *„Lernen setzt in dieser köperbezogenen [kursiv, CL] Perspektive die praktische Auseinandersetzung mit der Welt voraus. Sein Auslöser sind Erfahrungen der Diskrepanz zwischen bereits erworbenen Fähigkeiten und aktuellen Anforderungen; es erwächst aus den Irritationen der sozialen Praxis: Gelernt werden muss, wenn sich ein Akteur in einer Situation (wieder-)findet, die mittels eingefleischter Routinen allein nicht zu bewältigen ist, sondern neue, unter Umständen improvisierte Akte erfordert, um ein weiteres ‚Mitspielen' zu gewährleisten. Lernen ist dann eine Praxis der Entdeckung und Transformation bereits erworbener Dispositionen und eines vorhandenen Könnens." (Alkemeyer 2011, S. 59 f.)*

In dieser Perspektive wird der Körper zum Medium des Lernens und schulischer Unterricht zur Veranstaltung der Körper, innerhalb derer bestimmte Konventionalisierungsanforderungen am Körperlichen ausgehandelt werden (vgl. Bilstein/Klein 2001 / Langer 2008 / Hirschauer 2008 / Alkemeyer 2011, 2015). Dieses pädagogische Nachdenken über die körperlich-materialen Bedingungen sozialer Praxis trifft auch in der Kunstpädagogik auf Resonanz, insofern der Körper sowohl als künstlerisches Material als auch als form- und gestaltbarer Ausdrucksträger vor allem in Korrelation zu performativen und theaterpädagogischen Praxen dargestellt wird (vgl. Schuhmacher-Chilla 2000 / Peters 2005 / Westphal 2008 / Kathke 2017).

Beide Perspektivierungen von Körper und Leib eint sowohl in den Erziehungs- und Bildungswissenschaften im Allgemeinen als auch in der Kunstpädagogik im Speziellen, dass sie auf einer zumeist kritischen gesellschaftstheoretischen Bestandsaufnahme basieren. Es wird dezidiert Kritik an einer Dissoziation von Körper und Geist und einem damit einhergehenden verengten Rationalitätsbegriff geübt, welcher sich in der Bildungslandschaft unhinterfragt verstetigt hat (vgl. Schultheis 1998, S, 22). In dieser Blickverschiebung offenbart sich reines, immaterielles Wissen, das in ebenso reinen körperlosen Prozessen zu vermitteln wäre, als Illusion. Vielmehr vollzieht sich unterrichtsbezogenes Lernen und Denken mit den Worten Alkemeyers:

> *„[...] wenn Umgebung und Akteure in praktische Wechselbeziehungen eintreten, wenn sie sich gegenseitig abfragen und herausfordern, wenn also der Habitus des Akteurs die Angebote und Appelle der Lernumgebung zu ‚erkennen' vermag und Resonanzen zwischen der einverleibten subjektiven Geschichte und der in der Umgebung objektivierten Geschichte entstehen." (Alkemeyer 2011, S. 66)*

Der Fokus auf die Wechselwirkung körperlicher Materialität und leiblicher Wahrnehmung kontrastiert somit eine auf Sprache und Schriftlichkeit fixierte schulische Bildung. Lerngegenstände und Unterrichtssituationen lassen sich sowohl über explizierte Körpertechniken, Praxis – und Bewegungsstile evozieren als auch über die Verbalisierung und Notation von Gedanken und Prozessen. Lernen zeigt sich in diesem Zuge nicht als messbare, dauerhafte Verhaltensänderung, sondern vielmehr als eine körper- und leibgebundene Tätigkeit, die im praktischen Vollzug emergiert. Als Erfahrung rüttelt sie am Selbst-, Welt- und Fremdverständnis der Subjekte, sodass

Gewohnheiten des Denken und Wahrnehmens aus den Fugen geraten (vgl. Meyer-Drawe 2010a, S. 12).

Sowohl die Phänomenologie des Leibes als auch die Soziologie des Körpers setzen – so lässt sich zusammenfassend feststellen – auf Grundlage ihres jeweiligen theoretischen Fundaments fruchtbare Impulse, um schulische Wahrnehmungs-, Verstehens- und Lernprozesse zu sichten und in ihrem Nachvollzug gegenwartsrelevant zu verschieben (vgl. Hirschauer 2008, S. 85 f.). Ob als Grundausstattung jeden Zugangs zur Welt oder als Träger von Praktiken: Körper und Leib werden unter pädagogischen Prämissen als Raum des Möglichen betrachtet, in welchem in der physischen und geistigen Konfrontation der Akteur*innen die Geschichte des eigenen Leibes und des eigenen Körpers neu zu begreifen ist. Für die vorliegende Untersuchung bedeutet dies, dass „die Präsenz des Leib-Körpers als zentrale und bewusste Erfahrensdimension" (Brandstätter 2013/2012, S. 2) dezidiert in den Blick genommen werden soll.

3.2 (Kunst)Unterricht unter performativen Vorzeichen

> *„In performativen Konstellationen wird die Fokussierung auf die Zeichenprozesse abgelöst durch die Fokussierung auf die konkrete Materialität von räumlichen, zeitlichen Bedingungen und Gegenständen, auf Körperlichkeit und Wahrnehmungsprozesse – auf das konkrete, singuläre Ereignis." (Christoph Wulf und Jörg Zirfas 2011, S. 209)*

Die Pädagogik des Performativen setzt im vorliegenden Untersuchungszusammenhang fruchtbare theoretische Impulse, die eine qualitativ empirische Grundlagenforschung im Kunstpädagogischen mit Performanceschwerpunkt rechtfertigen und bereichern. Mit der Fokussierung auf *Ausdrucksformen von Körper und Leib in der Performancekunst* geraten körperliche Handlungen und leibliche Wahrnehmungsstrukturen mehrperspektivisch in den Blick, insofern sie unter performativen Prämissen als grundlegende Konstituenten von Kunstunterricht anerkannt werden, darüber hinaus gleichzeitig in der intersubjektiven Aushandlung als Unterrichtsgegenstand fungieren. Für die Bildungs- und Erziehungswissenschaft im Allgemeinen und die Kunstpädagogik als Fachbereich im Speziellen bedeutet dies mit den Worten der Bildungswissenschaftler Christoph Wulf und Jörg Zirfas:

> *„Pädagogische Performativität akzentuiert die Interaktivität der Handlungen, den körperlich-mimetischen Nachvollzug, das In-Szene-Setzen und Rahmen pädagogischer Prozesse, liminale Situationen, in denen sich Übergänge vollziehen und die Zeitlichkeit resp. die Ereignishaftigkeit der Vollzüge. In der pädagogischen Performativität geht es weniger darum, was eine (pädagogische) Handlung bedeutet und von welchen Intentionen, Hoffnungen und Befürchtungen sie begleitet ist, noch darum, was eine Handlung eigentlich ist, als vielmehr darum, was sie zeigt,*

> *wie sie sich vollzieht, wie sie in die Wirklichkeit eingreift und diese verändert und welche Spuren und Konsequenzen sie hinterlässt." (Wulf/Zirfas 2007, S. 31)*

Pädagogische Wirklichkeit wird in diesem Zuge weniger im Sinne eines semantischen Prozesses verstanden, der gelesen und intersubjektiv gedeutet werden muss. Vielmehr offenbart sich diese auf der Ebene der tatsächlich stattfindenden Aufführung, ihrer körperlichen Inszenierung und einer kreativen und produktiven Wirklichkeitsgestaltung im Unterricht (vgl. ebd., S. 8). Körper- und Leiblichkeit bilden gleichsam das Fundament dieser Ebene.

Diese seit zwei Dekaden vollzogene Neuorientierung hin zu aisthetischen und ästhetischen Dimensionen von Bildung und Erziehung im schulischen Unterricht referiert auf eine Wende in den Kulturwissenschaften, die vor allem von der phänomenologischen Denktradition geprägt wurde und eine Begegnung mit der Welt entwirft, in der Körper, Leib und Dinge eng miteinander verstrickt sind (vgl. Nohl/Wulf 2013, S. 3). Über phänomenologische Referenzen hinaus, bezieht sich das Nachdenken über performative Prozesse in der Erziehungswirklichkeit vor allem (1) auf die performative Sprechakttheorie von John Austin, (2) auf das von Noam Chomsky ausgearbeitete Paradigma der Performanz sprachlicher Vollzugshandlungen, (3) auf die kultur- und theatertheoretischen Analysen zu Performancekunst, (4) auf die von Judith Butler angestoßene Diskussion um die körperliche Aufführung von Geschlecht und nicht zuletzt (5) auf die Publikationen des Sonderforschungsbereichs *Kulturen des Performativen*, der in den 2000er Jahren diesbezüglich interdisziplinäre Grundlagenforschung in den Kulturwissenschaften betrieben hat (vgl. Zirfas/Klepacki 2013, S. 46). Diesen Referenzen tiefgründig nachzuspüren kann nicht Ziel der vorliegenden Untersuchung sein (vgl. dazu Wirth 2002 / Wulf 2005 / Hempfer/Volbers 2011 / Volbers 2014 / Fischer-Lichte 2015). Vielmehr soll übergreifend aufgezeigt werden, dass sich in diesen Referenzen zielgerichtetes Interesse an einem phänomenal sichtbaren und spürbaren Geschehen abzeichnet, das die Perspektiven des Kunstunterrichts nachhaltig verschiebt. Die Bildungswissenschaftler Jörg Zirfas und Leopold Klepacki schreiben diesbezüglich:

> *„Mit der Idee, Prozesse und Interaktionen und dramaturgische Sprach- und Handlungsvollzüge sowie Körperlichkeit und Materialität in den Mittelpunkt zu rücken, fokussiert der Blickwinkel des Performativen auf Oberflächen, Zitierungen, Rahmungen, Szenerien, Vollzügen, Ereignissen, mimetischen Zirkulationsformen, Iterabilitäten, Präsentations- und Inszenierungspraktiken und Darstellungssituationen." (Zirfas/Klepacki 2013, S. 45)*

Für die vorliegende Untersuchung ist das Nachdenken über Performativität in pädagosgischen Kontexten vor allem in drei Punkten besonders relevant:

(1) Kunstunterricht, der den handelnden Körper und spürenden Leib in den Mittelpunkt seiner produktiven, rezeptiven und reflexiven Gestaltungsprozesse stellt, lässt sich im Zuge dieser Auseinandersetzung als eine Bühne betrachten, auf der sich die anwesenden Beteiligten über körperliche Handlungen gestaltend inszenieren (vgl. Wulf 2005, S. 8). Dieser perfor-

mativen Komponente der Genese sozialen und pädagogischen Sinns wird speziell in der Performancekunst nicht nur Rechnung getragen, sondern sie wird zum Unterrichtsgegenstand sui generis gemacht.

(2) Innerhalb des Kunstunterrichts als pädagogische Aufführungspraxis werden Performances als künstlerische Aufführungspraxis körperlich handelnd inszeniert, in situ und in Co-Präsenz ausgelotet. Das Performative avanciert in diesem Zuge zu einer allumfassenden Leitperspektive, zumal verbalsprachliche Äußerungen der Lernenden sekundär fokussiert werden.

(3) Im Zuge der wissenschaftlichen Ausdifferenzierung einer Pädagogik des Performativen werden qualitativ empirische Forschungsmethoden etabliert, die die pädagogische Praxis in ihrer körper- und leiblichen Bindung ernst zu nehmen wissen. Im Kunstunterricht können somit handelnde, sich verändernde Körper in den Blick genommen werden, die über inkorporierte Stile, ritualisierte Geschehnisse und liminale Phasen zum Ausdruck kommen. Sie werden in ihrer Verstrickung mit räumlichen, zeitlichen und dinglichen Strukturelementen beobachtet, festgehalten und ausgewertet (vgl. Wulf/Zirfas 2011, S. 212).

Übergreifend kann festgestellt werden, dass Kunstunterricht über die Fokussierung auf performative Elemente ein anspruchsvoller, prozessorientierter Bildungsbegriff zu Grunde gelegt wird. In diesem werden Körper und Leib als konstitutive Momente des Lernens theoretisch fundiert und als nicht zu vernachlässigende Dimensionen der sich im Bildungsprozess verändernden individuellen Selbst- und Weltbezüge gestärkt (vgl. Wurf/Zirfas 2011, S. 203).

3.3 Performancekunst als Kunstform im Kunstunterricht

Mit den Worten der Kunstpädagogin Marie-Luise Lange wird Performancekunst in der vorliegenden Untersuchung grundlegend wie folgt verstanden:

> *„Performance Art, stilistisch wie Happening und Fluxus zur Aktionskunst gehörend, ist […] ein prozessästhetisches Ereignis, bei dem die Handlung der in Echt-Zeit-Räumen agierenden Künstler zum Werk wird. Sie agiert an den Schnittstellen zwischen Körper, Bewegung, Raum, Zeit, Material und unterschiedlichen Medien. Ihr Charakteristikum liegt in der Präsenz des handelnden Künstlers unter Affizierung der Anwesenden sowie der Faktizität des Handelns, in dem sich über Intentionales hinausgehend, etwas zeigt. Ihr Ziel liegt in der Entwicklung agierter Bilder […] und intermedialer Atmosphären." (Lange 2018, S. 16)*

In Anschluss an diese zunächst unkommentierte, für die Arbeit jedoch sehr wichtige Setzung soll im Folgenden in einem ersten Abschnitt danach gefragt werden, wodurch Performancekunst als Kunstform in Erscheinung tritt (siehe 3.3.1). Die Argumentation richtet vor dem Hintergrund einer kaum zu greifenden Komplexität auf Rahmung und punktuelle Eingrenzung. In diesem Sinne soll auf das Aufführen und Besprechen konkreter Werkbeispiele verzichtet werden. In einem zweiten Abschnitt wird danach gefragt, in welchen Spielarten Performancekunst Eingang in die Kunstpädagogik, respektive den Kunstunterricht findet (siehe 3.3.2). Im Großen und Ganzen soll der Wesenskern künstlerisch-performativer Körperarbeit umrissen und in Bezug auf seine Relevanz für den schulischen Kunstunterricht dargestellt werden.

3.3.1 Performancekunst als Kunstform – ein kurzer Überblick

> *„Die Performance gilt als Unruhestifterin auf der Bühne der Kunst, da sie unaufhörlich – und manchmal erfolglos – die fest verankerten Hierarchien zu durchbrechen und langsam und geduldig (oder manchmal auch mit Zwang) die gewohnten Kategorien zu erweitern versucht." (Maud Hagelstein 2015, S. 79)*

Performancekunst tritt seit nunmehr mehreren Jahrzehnten als vielseitige künstlerische Praxis in Erscheinung. Allein die Begriffspluralität, die sich an der Bezeichnung von Performancekunst zeigt, veranschaulicht das weite Feld, zu der sich die vorliegende qualitative Forschung positionieren möchte: *Performance Art* (vgl. Goldberg 2011), *Kunst ohne Werk* (vgl. Bianchi 2000), *Aktionskunst* (vgl. Jappe 1993), *Performanceaufführungen* (vgl. Fischer-Lichte 2008) oder auch *Body Art* (vgl. O'Reilly 2012). Bereits das eröffnende Zitat von der Bildwissenschaftlerin Maud Hagelstein lässt anklingen, dass Performancekunst in ihrer mittlerweile kunsthistorisch aufgearbeiteten Genese (vgl. Jappe 1993 / Goldberg 2011) immer wieder über ihr Potential beschrieben wird, tradierte ästhetische Kategorien aufzubrechen und künstlerische Ausdrucksformen zu etablieren, die die Grenze zwischen Kunst und Nicht-Kunst oszillierend herausfordern (vgl. Hagelstein 2015, S. 81). Im Sprechen über Performancekunst wird vordergründig auf einen klassischen Performancebegriff referiert, der sich als spezifische Form körperbezogener, künstlerischer Präsenz im Zuge einer Erweiterung des Kunstbegriffes in der Postmoderne herauskristallisierte. Der Kunsttheoretiker Heinz Schütz schreibt dazu:

> *„Statt, wie in der Kunst lange Zeit üblich, Artefakte wie Bilder und Skulpturen her- und auszustellen, treten in der Performance an die Stelle materialer Gegenstände handelnde und (gewöhnlich) anwesende Künstler*innen. Kunst nähert sich damit den transitorischen Künsten Theater, Tanz, Konzert […]." (Schütz 2019, S. 50)*

Dieser Performancebegriff zeigt sich in den 60er und 70er Jahren zunächst in den künstlerischen Formen des Happenings und Fluxus und entwickelt sich spätestens in den 80er Jahren zu Aufführungen, die explizit als Performances angekündigt und besprochen werden. Diese Performances, wie sie von Marina Abramovic und Ulay aufgeführt wurden und welche in Bezug auf die Genese der Kunstform regelrecht symbolhaft rezipiert werden, grenzen sich in den 70er und 80er Jahren dezidiert vom tradierten Bühnentheater ab und betonen eine faktische Präsenz selbstreferentieller Körperlichkeit. Die klassische Performance insistiert somit auf dem Realen fernab von der schauspielerischen Verkörperung fiktiver Rollen, Dramaturgie und Narration, Dialog und So-tun-als-ob. Sie strebt in ihrem puristischen Postulat demonstrativ, wenn nicht sogar provokativ nach Flüchtigkeit und Liveness. Schütz konstatiert diesbezüglich: „Darin bildet sich ein spezifisches Verständnis von antirepräsentativer Authentizität ab: die Einheit von Kunst, Person und Handlung eingebettet in den Fluss der Zeit.“ (ebd.) Dieses etablierte Verständnis von klassischer Performancekunst wird fundamental von Ausdrucksformen selbstreferentieller Körperlichkeit und wahrnehmender Leiblichkeit getragen. Als anwesendes, verletzliches, mit der Welt verstricktes, mitunter auch nacktes und schmerzertragendes Medium wird der Leib-Körper in der klassischen Performance selbst zur Idee, während er zuvor allein als Übermittler von Ideen fungierte. Schütz hebt hervor:

> *„In der klassischen Performance kulminiert die Fokussierung auf den Körper in der Selbstverletzung und mitunter in der das eigene Leben riskierenden Selbstgefährdung. Der Körper wird dabei in einem selbstreflexiven Akt verdinglicht, er wird auch zum Schauplatz von Wunden, Schmerz und Gewalt, was Performer*innen bisweilen in die Nähe eines mehr oder weniger spirituellen Kunstmärtyrertums rückt.“ (ebd., S. 53)*

Dieser Fokussierung von Anwesenheit und des Sich-körperlich-Aussetzens werden in jüngeren Performancetendenzen Ausdrucksformen entgegengesetzt, die den etablierten Performancebegriff unter postdigitalen Vorzeichen erneut erweitern. Performative Ausdrucksformen, die das Theatrale, die Inszenierung, die Ritualisierung, die Konstitution von Gemeinschaften präsent oder in virtuellen Sphären berücksichtigen, erhalten Einzug in den internationalen Kunstbetrieb. Sie eignen sich Performancekunst ironisch, nicht selten selbstkritisch und assoziativ an (vgl. ebd., S. 55 f.).

Diese Entwicklungstendenzen nähren sich nicht allein aus der Bildenden Kunst bzw. den Dynamiken des Kunstbetriebes, sondern haben in den letzten Jahrzehnten wesentliche Impulse aus der Verhandlung und Konstituierung des Performativen in den Sozial- und Geisteswissenschaften erhalten. Wurden die für die vorliegende Arbeit relevanten Theoriebezüge der Ausdrucksweisen von Körper und Leib in der Performancekunst bereits im vorherigen Kapitel eingehender betrachtet, seien nichtsdestotrotz an dieser Stelle noch einmal einige ausgewählte theoretische Bezugsfelder von zeitgenössischer Performancekunst erwähnt: Allem voran erfährt Performancekunst eine Kontextualisierung durch Theorien des Performativen, die mit dem *performative turn* in den Kulturwissenschaften Einzug gehalten haben (vgl. Hempfer/Volbers 2011 / Bachmann-Mehdick 2014). Darüber hinaus spielen die Tanz- und Theaterwissenschaften eine wesentliche Rolle in der Ausdifferenzierung und formal-ästhetischen Progression der performativen Künste (vgl. Lehmann [3]2005 / Klein 2005 / Fischer-Lichte 2008). Des Weiteren erhält die Performancekunst wesentliche Impulse aus der ästhetischen Rezeptions-, Erfahrungs- und Wahrnehmungstheorie. Das Unbestimmte, das Fremde und das Andere als Paradigmen performativer Handlungsvollzüge werden in diesem Zuge vielseitig bemüht (vgl. Waldenfels 2002 / Mersch 2002 / Westphal 2013). In der (Körper-)Soziologie und den Sozialwissenschaften rekurrieren vor allem handlungstheoretische und praxeologische Überlegungen auf das Performative und betonen die Körpergebundenheit jeglicher Sozialität (Hirschauer 2008 / Gugutzer 2017).

Unter dem Aspekt des Performativen wird der Kunstbetrieb somit neu kartografiert, sodass Tanz, Theater, Objektkunst und Installation, ebenso wie Konzerte und Lesungen handelnd befragt werden können (vgl. Schütz 2019, S. 65). Hagelstein diagnostiziert in Referenz auf den Philosophen Jaques Rancière diesbezüglich zwei Stoßrichtungen, im Zuge derer Performancekunst aktuell Position bezieht:

> *„Zusammenfassend lässt sich sagen, dass die Performancekunst (kursiv, CL) aufgrund der Radikalität ihres (kursiv, CL) Projekts auf zwei Bewegungen zusteuert, die gemäß Rancière die Gegenwart kennzeichnen: (1) das Eliminieren der Besonderheiten der Künste zugunsten einer sehr viel größeren sinnlichen Erfahrung, die allen Künsten gemein ist, indem der experimentelle Charakter der künstlerischen Praxis gewahrt bleibt, indem es dem Zuschauer ermöglicht wird, sich selbst ein Bild über die zwangsläufig nicht linearen und zufälligen Prozesse zu machen, die zum Werk führen, indem die Idee während ihres Entstehens gezeigt und das Risiko eingegangen wird, dass sie vielleicht gar nicht entsteht; (2) das Aufheben der Grenze, die die Kunst von der alltäglichen Erfahrung trennt, indem die Auffassung akzeptiert wird, dass die Kunst immer der neue Kampf ist, bei dem vorläufig das Territorium der Dinge abgesteckt wird, die als Kunst gelten dürfen.“ (Hagelstein 2015, S. 82)*

Dieses dichte Netz an Anschlussdisziplinen, korrespondierenden Fragestellungen, Erwartungshaltungen und Ausdrucksformen, die an dieser Stelle nur fragmentarisch und punktuell benannt werden können, machen deutlich, dass zeitgenössische Performancekunst unabdinglich plural produziert, rezipiert und reflektiert werden muss, wenn sie nicht hinter ihr klassisches Fundament zurückfallen möchte. Zeitgenössische Kunstpädagogik, die Kunst als ihren genuinen Gegenstand ernst nimmt, kommt nicht umhin, diesen Tendenzen Rechnung zu tragen und unter fachspezifischen und fachdidaktischen Fragestellungen zu beleuchten. Wie sich dies in der Kunstpädagogik abzeichnet, soll im Folgenden evaluiert werden.

3.3.2 Performancekunst als künstlerische Vermittlungspraxis

> *„Es geht in einer performativen Perspektive eher um ein Fragen mit, ein Vermuten dass, kurz um ein Verständnis davon, dass sich Erkennen auch anders vollzieht als im Herstellen von zeitlicher, räumlicher und medialer Distanz und Übersetzen in Sprache. Das ist noch weit davon entfernt, entsprechend anerkannt zu werden.“ (Susanne Schittler 2015, S. 151)*

Auch im kunstpädagogischen Diskurs tritt die Auseinandersetzung mit Performancekunst unter verschiedenen begrifflichen Zugängen in Erscheinung. In den Formulierungen *performative Formate* (vgl. Westphal 2014c) und *performative Verfahren vermitteln* (vgl. Peters 2018), *Performance Art Education* (vgl. Dudek/Newid 2017) oder auch *Aktionskunst lehren und lernen* (Lange et al. 2006) zeichnen sich im Künstlerischen Strategien ab, die eine körperlich-handelnde Gestaltung durch Lernende implizieren. Die Bildungswissenschaftlerin Kristin Westphal stellt für die kulturelle Bildung zunächst im Allgemeinen fest:

> *„So ist in den letzten Jahren eine Vielzahl an […] Modellen […] entstanden, […] denen […] professionelle Theater-, Tanz- und Performancemacher_innen mit Kindern und Jugendlichen in verschiedenen Kontexten neuere Verfahrensweisen erprobt haben, die über traditionelle Formen und Formate hinausweisen und sich lösen von der Trennung einer Werk-, Produktions- und Rezeptionsästhetik." (Westphal 2015b, S. 41)*

Dabei kann zumeist unterschieden werden, ob sich die Ansätze in unmittelbarer Nähe zur Tanz- und Theaterpädagogik positionieren und somit auf eine inszenierende Aufführungspraxis im Allgemeinen abzielen oder ob sie als spezifische Ausdrucksformen Bildender Kunst betrachtet werden möchten. Alle Ansätze eint, dass sie sich einer experimentellen Frage-, Handlungs- und Denkform verschreiben, in der – so formuliert es die Kunstpädagogin Maria Peters – „durch wahrnehmbare Aktionen Vorstellungen erzeugt werden, die über Alltagsbeobachtungen und ein funktionsorientiertes Verständnis von Welt hinaus gehen" (Peters 2018, S. 68). Die vielfältigen Vermittlungsformate werden im kunstpädagogischen Fachdiskurs mittels einer Vielzahl an Praxisbeispielen aus Workshops (vgl. Leese 2020), Festivals (vgl. Rust 2015), Symposien und Lehrerfortbildungen (vgl. Lange 2019), universitären Seminaren (vgl. Peters 2005), (außer)schulischen Projekten (vgl. Dudek/Newid 2017) und schulischen Unterrichtssequenzen (vgl. Partusch 2013) besprochen. Über diese exemplarischen Veranschaulichungen hinaus werden im kunstpädagogischen Fachdiskurs vor allem Interpretationen und Kommentierungen ausgearbeitet, die Performancekunst *als etwas* auslegen: Performancekunst *als Versammlung und Teilhabe* (Burri et. al. 2014), *als Begegnung* und *körperlicher Dialog* (Schittler 2015), *als Forschung und Recherchepraxis* (Haas 2017), *als Medium der Erkenntnisgenerierung* (Mark 2017), *als Erfindung* (Hagelstein 2015), *als Schnittstelle* (Seitz 2015), *als Selbstermächtigung* (Westphal/Liebert 2014c) oder auch *als ortsspezifische Kunstpraxis* (Lange 2013 a und b / Stern 2015).

In kunstpädagogischen Vermittlungssituationen, darin sind sich alle Autor*innen indessen einig, eröffnen sich in der performativen Auseinandersetzung Möglichkeitsräume, die tradierte kunst- und bildorientierte Vermittlungsstrategien kontrastieren, indem sie den Prozess, das Experiment und das Spiel mit Körper und Leib betonen. Die Kunstpädagoginnen Maria Peters und Maike Aden beschreiben die Basis und Konsequenzen performativer Vermittlungsansätze wie folgt:

> *„Wenn die Rahmung performativer Handlungen auf der Basis von Spielanweisungen geschieht, die einer Versuchsanordnung gleichen, sind mit der Produktivität performativer Verfahren Prozesse des Spielens und Experimentierens verbunden. Im Spiel kann das herrschende Verhältnis von regelhafter Rahmung und undurchschaubarem Geschehen in eine spannungsvolle Beziehung geraten. In der Inszenierung des pädagogischen Geschehens findet ein freies Zusammenspiel von Rahmenfaktoren statt, das als solches nicht mehr von seinen Regeln und Bedingungen ableitbar ist. Dazu gehört auch, dass sich die anfänglich gesetzte Rahmung im Verlaufe des Prozesses verändert und in Frage stellt." (Peters/Aden 2011, S. 19)*

Sowohl die praxisorientierten Zugänge als auch die kommentierenden Auslegungen von Performancekunst im Sinne ästhetischer Bildungspraxis führen im Kunstpädagogischen zu einer zunehmend stringenten Didaktisierung des Feldes, sodass die Methoden und Tools performativen Arbeitens konsistent dargelegt werden. Dem Körper als gestaltbarer Form und bewegtem Handlungsträger wird dabei ein besonderer Stellenwert beigemessen. So schreibt der Performancelehrer BBB Johannes Deimling:

> *„Der formale Körper ist eine Grundvoraussetzung für das […] Arbeiten. Der Fokus in den Übungen, Experimenten und Aufgaben zielt dann darauf, WIE etwas gemacht wird. WAS gemacht wird, tritt dabei in den Hintergrund. Das WIE zielt auf die Wirkung, das WAS auf die Idee. Doch zunächst ist das WIE wichtiger, denn hier lassen sich auf formaler Ebene die Möglichkeiten der künstlerischen Handlungen ablesen und Unterschiede feststellen. Nun betritt man das offene Kunstfeld, in dem künstlerische Tools wie Komposition, Abstraktion, Reduktion, Wiederholung, Balance, Perspektive, Ästhetik, etc. sich frei entfalten können." (Deimling 2019, S. 33)*

In der Performancekunstvermittlung wird dem Körper somit enorm viel Raum gegeben, insofern über diesen als spezifisches künstlerisches Material faktische, selbstreferentielle Präsenz erzeugt werden kann. Wulf und Zirfas beschreiben diese performativen Körperakte wie folgt:

> *„Denn performative Akte sind selbstreferentiell, selbstidentifizierend und selbstexemplikativ: Sie deuten in einem bestimmten Sinne nicht über sich hinaus, sondern auf sich hin, sie vollziehen das, was sie bedeuten und ihre Bedeutung liegt in ihrem Vollzug. Indem sie vollzogen werden, stellen sie Wirklichkeit her […] Dadurch haben sie die Kraft, konventionelle Differenzierungen zu bestätigen wie sie zu dementieren, sie können eindeutige wie oszillierende Verhältnisse schaffen und Differenzen zwischen Signifikaten und Signifikanten, Subjekten und Objekten, Akteuren und Zuschauern konservieren oder aufheben." (Wulf/Zirfas 2011, S. 209)*

Im performativen Vollzug wird der formal, materiell agierende Körper in leiblicher Gebundenheit offenbar, sodass auch die spürenden, räumlichen, atmosphärischen und interaktiven Dimensionen desselben in Erscheinung treten – ein Umstand, dem vor allem im Kunstpädagogischen enorme Wirkungskraft zugeschrieben wird. Körperliche Handlungen und leibliche Erfahrungen konstituieren sich in der Performancekunstvermittlung über ein Veränderungen auslösendes Spannungsverhältnis (vgl. Schittler 2015, S. 152).

Im Zuge der Verhandlung des Körpers als künstlerisch gestaltbares Material und des Leibes als komplexes Wahrnehmungsinstrument werden weitere Aspekte didaktischen Handelns virulent: So zeichnet sich eine dezidierte Achtsamkeit gegenüber den flüchtigen, ereignishaften und unbestimmten Momenten des performativen Arbeitens ab. Darüber hinaus wird einer performativ zu etablierenden, präsenten körperlichen Haltung besondere Aufmerksamkeit geschenkt. Auch spielen eine spezifische Material- und Raumexploration und die Stimulation von Partizipation und Interaktion im Spiel, in der Übung und in der Aufführung eine wesentliche Rolle in der Aushandlung von Performancekunst. Das Imaginieren lebendiger Bilder zielt auf das Verstehen und Anwenden künstlerischer Gestaltungsmittel, die auch in anderen Kunstformen von grundlegender Bedeutung sind (vgl. Lange 2013b, S. 7 f. / Blohm 2015, S. 70 f.). Diese punktuelle und bei weitem unvollständige Aufzählung wichtiger Performancetools soll verdeutlichen, wie herausfordernd und komplex die performative Körperarbeit im Kunstunterricht sein kann. Die vielseitig im Fachdiskurs publizierten Vermittlungsbeispiele zeugen jedoch davon, dass dieser Herausforderung begegnet wird. Dies zeigt sich spätestens dann, wenn im Kontext der curricularen Fachentwicklung darüber diskutiert wird, wie kompetenzorientierte Standards in Bezug auf performative Prozesse in der Kunstpädagogik erweitert und geschärft werden können (vgl. dazu Peters/Aden 2011 / vgl. Seumel 2015).

Die praxisorientierte Vielstimmigkeit und Pluralität in der Auseinandersetzung mit Performancekunst in der kulturellen Bildung und speziell im schulischen Kunstunterricht wird, wie bereits das eröffnende Zitat der Kunstpädagogin Susanne Schittler verdeutlicht hat, getragen von einem anspruchsvollen und herausfordernden Bildungsverständnis, das die einzelnen, auch divergierenden Positionen miteinander vereint. Performancekunst lenkt – so das Postulat – die Aufmerksamkeit auf die Ressourcen von Körper und Leib, indem sie distanzlos in die Lebenswirklichkeit der beteiligten Subjekte hineinwirkt, die Sinnfragen des Daseins berührt und die tagtägliche Erfahrung von Widersprüchlichkeiten verhandelt (vgl. Mark 2015, S. 111). So stellt Marie-Luise Lange fest:

> *„Auch wenn mein Gedankenkonstrukt größenwahnsinnig klingt, sehe ich mich in einer Reihe mit zahlreichen Künstlern, Philosophen, Kulturwissenschaftlern und Netzaktivisten, welche die Faktizität wie auch die Dringlichkeit selbstbewussten und antiinstitutionellen selbstermächtigten Intervenierens in die Gesellschaft hinein konstatieren. Um sich selbst zu ermächtigen, eine Stimme und auch eine Sprachform zu finden, muss man von sich behaupten können, kompetent zu sein und etwas sagen zu können. Das bedeutet, in der heutigen Digitalgesellschaft muss man gleichzeitig bei sich aber auch in der informativen zerstreuten Welt der globalen Datenflüsse zu Hause sein. Ein Paradoxon an und für sich! und deshalb ein Spannungsbogen, den auszuhalten ein kontinuierlicher Balance- und Entscheidungsakt ist. Spielerische Improvisation und künstlerische Performance lehren den Agierenden sich selbst mit seinen unsichtbaren und unbewussten Seiten zu entdecken. […] Dadurch werden Räume eröffnet, um Dinge zu tun, von deren Existenz die AkteurInnen ohne improvisatorisch-performatives Handeln kaum etwas ahnten, die als individuelles Potential der Selbsterkenntnis und der handelnden Selbstermächtigung in jedem Subjekt schlummern.“ (Lange 2015, S. 172)*

Es zeigt sich, dass von den Autor*innen vor allem die widerständigen Momente kunstpädagogischer Vermittlungspraxis herauskristallisiert werden, in denen es um ein gestaltbares Sich-aufs-Spiel-Setzen und Prozess-Erfahren geht. Die bereits eingangs zitierte Kunstpädagogin Susanne Schittler resümiert dementsprechend:

> *„Vielleicht entwickelt sich so imaginäres oder illusionistisches Denken, zumindest entstehen neue Handlungsoptionen in variablen Konstellationen, in denen sich Zuschauende und Akteur*innen miteinander verorten: Dabei geht es im Spiel, wie in der Erkenntnis, neben dem Spaße immer auch um Differenz, um Reibung, den Widerstand, also das, was sich einer Handhabbarkeit entzieht.“ (Schittler 2015, S. 150 f.)*

Im Großen und Ganzen ist bis zu diesem Punkt deutlich geworden, dass Performancekunst in der Kunstpädagogik zunehmend etabliert ist und als genuiner Bestandteil einer Professionalisierung zukünftiger und aktiver Kunstpädagog*innen aufgefasst werden kann (vgl. Peters 2018, S. 71 f.). Der Performancebegriff, der die vielseitigen Vermittlungsansätze und -strategien trägt, strebt dezidiert nicht nach Abgrenzung und Ausschluss, ist weder scharf konturiert noch in seiner inhaltlichen Ausrichtung unantastbar. Die an dieser Stelle vorgenommene Setzung und Bestandaufnahme fungiert deshalb zunächst als Ausgangspunkt jeglicher Theorierecherche, Datenerhebung und Datenanalyse. Im Zuge der Analyse der qualitativen Studie wird sich indessen fallbezogen zeigen, wie Performancekunst als spezifische Ausdrucksform von Körper und Leib mit den Lernenden verhandelt wird. Da offenbar geworden ist, dass die lernenden Subjekte in den referenzierten Untersuchungen zumeist in außerschulischen Workshops, schulischen Projektformaten und universitären Seminarzusammenhängen in den Fokus geraten, möchte die vorliegende Untersuchung einen Beitrag zur unterrichtsbezogenen Grundlagenforschung leisten und richtet sich dementsprechend explizit auf den Regelunterricht, der jeweils in 45- oder 90-minütiger Taktung stattfindet.

3.4 Körper und Leib in jugendlichen Erfahrungswelten

> *„Klar ist dein Körper deine Sache, andererseits ist er aber auch hochpolitisch: Die Werbung propagiert Schönheitsideale, die manche in die Magersucht treiben, andere zum Schönheitschirurgen. In der Medizin wird Gentechnologie eingesetzt, die an den Grundlagen des Menschseins rührt, und wer ungesund lebt, muss sich die Frage gefallen lassen, warum alle für die Folgen aufkommen sollen. Nicht zuletzt durch das Sammeln von biometrischen Daten wird der Körper zur Verhandlungsmasse von Konzernen. Für dieses Heft brauchst du ein Körperteil besonders: dein Gehirn.“ (Fluter Vorschau auf das Heft zum Thema „Körper“ 2018)*

In der einleitenden Referenz aus dem Vierteljahresheft „Fluter“ der Bundeszentrale für politische Bildung, das sich mit zeitaktuellen Themen an Jugendliche wendet, wird das komplexe Feld gesellschaftlicher, biologischer, soziologischer und ästhetischer Diskurse offenbar, zu dem sie sich körper- und leiblich verhalten (müssen). Da sich die vorliegende Untersuchung auf künstlerisch-performative Ausdrucksformen richtet, die Jugendliche der Sekundarstufe II im schulischen Kunstunterricht gestalten, ist es unabdingbar, jugendliche Erfahrungswelten unter körpersoziologischen, körperästhetischen und körpermedialen Aspekten zu betrachten; denn – so betonen die Soziolog*innen Yvonne Niekrenz und Matthias Wittte – „Jugend findet körperlich statt und dokumentiert sich dort, wo Jugendliche sich ausdrücken – und dies tun sie immer mit dem Körper" (Niekrenz/Witte 2011, S. 11). Körper und Leib geraten in diesen Auseinandersetzungen unter verschiedenen Schwerpunkten in den Fokus: bewegte, konflikthafte, gestaltete, entgrenzte und begrenzte Jugendkörper werden mit Blick auf Bezugskategorien wie Konsum, Geschmack, Mode, Geschlecht, Medien, Kommunikation, Gestaltung und Spiel ausdifferenziert und qualitativ beforscht (vgl. Hübner/Funk 2003 / Niekrenz/Witte 2011 / Bütow/Kahl/Stach 2013 / Schinkel/Herrmann 2017).

Performancekunst im schulischen Unterricht kann vor diesem Hintergrund als eine Strategie begriffen werden, mittels derer jugendästhetische Ausdrucksweisen körperlich handelnd erfahren, erprobt und gestaltet werden. Um Körper und Leib in jugendlichen Erfahrungswelten genauer für die vorliegende Untersuchung zu schärfen, werden im Folgenden zwei Schwerpunkte eingehender ausgeführt: Zum einen wird der jugendliche Körper als Bühne ästhetischer Positionierungen nachgezeichnet, auf welcher Identität handelnd hervorgebracht wird. Zum anderen werden Körper und Leib im intermedialen Flow der Bilder und Informationen betrachtet, um die Bedeutung postdigitaler Medien für den Blick auf den individuellen Körper herauszukristallisieren.

3.4.1 Körper und Leib als Ausdruck jugendästhetischer Positionierungen

> *„Der Körper ist Bühne zur Darstellung von Identität. Selbstpräsentation und Selbstinszenierung sind bei der Suche nach Identität zentrale Strategien, ergeben sich sich hier wichtige Rückmeldungen im Hinblick auf die Stimmigkeit der Körperkommunikation." (Yvonne Niekrenz und Matthias D. Witte 2011, S. 9)*

Erwachsenwerden ist für Jugendliche ein aufreibender Prozess, in welchem sie einen Gestaltwandel vollziehen, der auf mehreren Ebenen gleichzeitig passiert. Unter bio-psycho-sozialer Perspektive ist davon auszugehen, dass Jugendliche körperliche Veränderungen sensibel wahrnehmen und verarbeiten. Mit den Worten des Pädagogen Rolf Göppel geschieht dies vor allem in sozialen Performanz- und Austauschbewegungen:

> *„[…] das heißt in Situationen des sich Zeigen-wollens und sich Zeigen-müssens, in Situationen des Vergleichens, Bewertens, Bewunderns, Lästerns, Taxiert-werdens, Beschämt-werdens, Stolz-seins etc., welche [kursiv, CL] in hohem Maße auch von den je aktuell kulturell geprägten Normalitätsvorstellungen und Schönheitsidealen beeinflusst werden [kursiv, CL]". (Göppel 2011, S. 29)*

Vor dem Hintergrund der vorliegenden Untersuchung ist es besonders aufschlussreich, dass die Sprache, mit der die ästhetischen Besonderheiten von Jugendlichen wissenschaftlich gefasst werden, einem Ausdrucksrepertoire nahe ist, das in der Ästhetik des Performativen etabliert ist. Begriffe wie *körperliche Inszenierungen, Aufführungen und Präsentationen, Grenzerfahrung und Grenzüberschreitung,* die in der einschlägigen Literatur in Bezug auf Jugendkultur immer wieder angewandt werden (vgl. dazu King 2011 / Stauber 2011 / Borck 2016 / Kleiner 2017), zeugen davon, dass Jugendlich-Sein eine Performance pe se darzustellen scheint. Adoleszente Körperlichkeit ist somit ein performativ gestalteter Prozess, der sich als ein Produkt von Normen und Bedeutungen einerseits und eines materiell vorhandenen Körpers anderseits vollzieht. Der sich verändernde Körper und der die Veränderungen wahrnehmende Leib sind in diesem Prozess eng miteinander verstrickt, insofern in ihrem Zusammenspiel sowohl Selbstdistanzierung als auch Selbstempfindung zum Ausdruck kommen. Adoleszente Identitätsbildung zeigt sich dementsprechend als große Integrationsherausforderung von Körper und Leib auf Seiten der handelnden Subjekte. Was das für jugendästhetische Positionierungen bedeutet, führen Niekrenz und Witte vertiefend aus:

> *„Jugendliche manipulieren aktiv ihren Körper, nutzen ihn als Gestaltungsfläche und Erlebnisraum. Der adoleszente Körper wird zum expressiven Gestalter von Interaktion mit sich selbst und mit anderen. Er inszeniert Zugehörigkeit und Abgrenzung – etwa in Form von jugendkulturellen Performances, die komplexen semantischen Codes folgen. Er inszeniert aber auch die Ablösung von der Kindheit und den Gewinn von Selbstständigkeit und Autonomie gegenüber den Eltern. Gleichzeitig wird mit der massiven geschlechtsspezifischen Körperveränderung die Auseinandersetzung mit der eigenen Geschlechtlichkeit angestoßen und die Identifikation mit dem Mann- oder Frau-Sein gefordert. Die demonstrative Inszenierung von Männlichkeit und Weiblichkeit wird virulent und erprobt. Oft werden dabei Grenzen gesprengt, um diese überhaupt als solche erkennen zu können." (Niekrenz/Witte 2011, S. 9)*

Der Körper wird unter diesen Prämissen zum Träger von Identität. In der soziologischen Jugendforschung wird er als unhintergehbare Dimension der Subjektwerdung befragt. Der Forschungsfokus hat sich dabei von einem problemorientierten Fokus auf Jugend (z.B. Selbstverletzung, Aggression, Suchtverhalten) hin zu einem Fragehorizont verschoben, der das subjektiv sinnvolle Verhalten von Jugendlichen analysiert, sodass selbstbestimmte, individuelle Handlungen und fremdbestimmte soziale Praktiken differenzsensibel ins Verhältnis zueinander gesetzt werden (vgl. Stauber 2011, S. 223). Die Soziologin Katharina Liebsch stellt diesbezüglich fest:

> *„Das Erleben, das Erfahren und der Umgang mit dem Körper ist gleichermaßen von der Möglichkeit und Fähigkeit zur Distanz und zur Reflexion zum gegebenen Körper bestimmt, wie auch von der Expressivität, Resonanz und Unmittelbarkeit der Körperlichkeit selbst." (vgl. Liebsch 2011, S. 115)*

Vor allem im Bereich der ästhetischen und genderbezogenen Alltagspraxen im Jugendalter wurden in der letzten Dekade Erkenntnisse generiert, die das Verständnis von Jugendkultur nachhaltig beeinflussen und auch die vorliegende Untersuchung berühren, da sie auf die produktiv gestaltenden Aspekte jugendlicher Erfahrungswelten abzielen. Die Erziehungswissenschaftlerin Bettina Kleiner schreibt dazu:

> *„Modische Inszenierungen sind wie auch Geschlecht nie nur selbstreferentiell, weil sie sich immer schon auf Vorhandenes beziehen und doch zugleich im Zitat Neues schaffen. Nachahmung und das Entstehen von Neuem und Unbestimmten sind im performativen Handeln verbunden; hinsichtlich der zeitlichen Dimension performativer Akte bedeutet das, dass in ihnen immer zugleich Vergangenes anklingt und Gegenwärtiges sowie Zukünftiges entworfen wird." (Kleiner 2017, S. 195)*

Das adoleszente Spiel mit Maskeraden, Farben, Kleidung und Selbstentwürfen, die in modischen und kosmetischen Praxen zum Ausdruck kommen, ist ein Zeichen dafür, dass sich Jugendliche ihre Körper eigenwillig und bedeutungsplural aneignen (vgl. dazu Schmincke 2011 / Bamman 2011 / Hoffrath 2017). Diese Praktiken werden in den einschlägigen Studien weniger als Schönheits- und Attraktivierungsstrategien verstanden, sondern vielmehr als unkonventionelle „Körpertechniken der Positionierung innerhalb einer intersektionalen Ordnung" (Hoffrath 2017, S. 130) dargestellt. Der adoleszente Körper wird zum Gegenstand der eigenen Betrachtung gemacht und bringt die Fremdheit, die jedes Subjekt sich selbst gegenüber erkennt, zum Ausdruck. Auch die *ästhetischen Umdeutungspraktiken lesbischer, schwuler, bisexueller und Trans-Jugendlicher* werden empirisch als eigensinnige Inszenierungen rekonstruiert (vgl. dazu Stauber 2011 / Kleiner 2017). (Ver-)Kleidungen zeigen sich im Sinne Judith Butlers Gendertheorie dabei als Anlass zur Auseinandersetzung mit Geschlechternormen sowie Welt- und Selbstverhältnissen in der Schule. Auch hier kommen Strategien von „VerUneindeutigungen" (Kleiner 2017, S. 195) zum Tragen, die als eigensinnige ästhetische Inszenierungen in dominante Sichtbarkeitsordnungen eingreifen und somit subjektive Zuschreibungsdynamiken aufzubrechen vermögen.

Diese Trennungen und Neuanpassungen verlaufen für die Heranwachsenden keinesfalls konfliktfrei, insofern die unabänderliche Konfrontation mit dem eigenen Körper Widerstand, Angst und Verdrängung hervorrufen kann. Die Korrespondenz des sich verändernden Körpers mit einer sich entwickelnden Differenzierungs- und Abstrahierungskompetenz bezüglich der eigenen Gefühle und Empfindungen erzeugt eine Lücke zwischen Materie und Geist (vgl. King 2011, S. 85), die im (Kunst) Pädagogischen nicht ignoriert werden kann. Die Erziehungswissenschaftlerin Vera King stellt dementsprechend fest:

> *„Es entwickelt sich eine ausgeprägte Spannung zwischen Sein und Schein, zwischen Wissen und Nichtwissen, Allmachtsfantasie und Entwertung, zwischen homosexuellen und heterosexuellen Identifizierungen, zwischen Verschmelzungswünschen und narzisstischem Rückzug, unersättlicher Gier und strenger Askese, die unvermittelt alternieren und dissoziiert werden können. […] Die Varianten des Hin- und Herschwankens sind daher als adoleszenstypische Bewältigungsformen zu verstehen, als spielerische, jedoch mitunter auch unproduktiv fixierte Versuche, die dem adoleszenten Ich mitunter als überwältigend erscheinen […]." (ebd.)*

Für den vorliegenden Untersuchungszusammenhang wird diese Perspektive vor allem dann relevant, wenn die kunstpädagogische Arbeit darauf abzielt, Spielräume von Identität und Sozialität offen zu halten und wenn sie sich der Vervielfältigung von Deutungsangeboten verschreibt. Der Blick öffnet sich dann für die Vielfalt der Formate, die Jugendliche im Selbstausdruck und in der Überprüfung der Eigenwirkung zu produzieren vermögen. Performancekunstvermittlung weiß an genau diesen Umbrüchen anzusetzen, insofern sie den Versuchen Raum gibt, „die Abhängigkeit, für die der Körper steht, zu bewältigen" (vgl. ebd., S. 86) und die eigene Autonomie durch das Durchspielen von mehr oder weniger fest vorstrukturieren Aufführungen – um das eröffnende Zitat abschließend aufzugreifen – *auf der Bühne des Körpers* zu erproben. Dementsprechend zeugen die zu generierenden Erkenntnisse immer auch davon, wie sich die Jugendlichen im Handeln *als Jugendliche* zeigen bzw. welche Veränderungen performative Gestaltungen *am Körper* stattfinden lassen.

3.4.2 Körper und Leib im postdigitalen Flow der Bilder und Informationen

> *„Im ersten Drittel des 21. Jahrhunderts können viele als ‚digital natives' Aufgewachsene ihr ‚in-der-Welt-Sein' schon nicht mehr in digitale oder analoge ‚Seinsweisen' aufteilen, sie leben, so eine neue Beschreibung, in post-digitalen Zeiten, in denen die Materialität der Digitalisierung sämtliche Lebensbereiche rahmt und organisiert. Die Nutzung von Medien ist omnipräsent, der Alltag scheint kaum noch ohne Einsatz digitaler Medien, insbesondere nicht mehr ohne Smartphones – mittlerweile oft beschrieben als zusätzliches Körperteil – zu bewältigen." (Birgit Althans 2019, S. 327)*

Fragestellungen und Sujets, die sich an Jugendkultur und körpergebundene Ästhetiken richten, vollziehen sich jeweils auf Grundlage einer aufmerksamen Gegenwartsdiagnose und unterliegen dementsprechend dem Wandel der Zeit. Die Feststellung, dass Jugendliche vordergründig im virtuellen Raum verweilen, ist keine neue. Immer wieder wurde und wird – wie im eröffnenden Zitat von der Pädagogin Birgit Althans – konstatiert, dass Kultur-, Geistes- und Bildungswissenschaften im 21. Jahrhundert nicht umhinkommen, Postdigitalität, Medienpluralismus und Crossmedialität in ihre Überlegungen einzubeziehen (vgl. Hoffmann 2011, S. 197). Mit diesen drei Zugängen wird auf eine Vielzahl komplexer und asynchroner Prozesse im Digitalen verwiesen, die gegenwärtig zu qualitativen und quantitativen Verschiebungen materiell-kultureller Bedingungen, gesellschaftlicher Strukturen, wie auch individueller Handlungs- und Wahrnehmungsweisen führen (vgl. Klein 2019, S. 2). In ihnen zeichnet sich – so die Kunstpädagogin Kristin Klein – „eine Notwendigkeit ab, innerhalb von Strukturen monopolisierter Plattformen, von Aufmerksamkeitslenkung, flächendeckender Datenerfassung und unüberschaubarer, bedeutungserzeugender Aussagenkomplexe zu agieren" (ebd.). Auf der Oberfläche der Smartphones als „tragbare Meta-Medien-Maschinen" und „als portable Versionen einer nunmehr omnipräsenten Universalmaschine" (Gunkel 2018, S. 18) wird vermeintliche Anwendungsoffenheit suggeriert und eine endlose Anzahl von Funktionen in der Produktion, Rezeption und Reflexion von Bildern angeboten. Die Kunstpädagogin Katja Gunkel konstatiert für die Bedeutung des mobilen Endgerätes in diesem Sinne:

> *„Seine weltweite Ubiquität und transnationale, -kulturelle wie soziale Relevanz scheint überdeutlich und legt den Schluss nahe, dass es sich bei dem Smartphone um ein, wenn nicht gar das zentrale Objekt gegenwärtiger Dingkultur handelt. Mit seinen multiplen semantischen Codierungen gehört es fraglos zu den bedeutendsten Artefakten im Sachinventar von Individuen. Es gibt aktuell wohl keinen anderen Alltagsgegenstand, der Ich-Funktionen in Form von Kommunikation und Repräsentation derartig kondensiert." (ebd., S. 19)*

Mit dem Wissen um das Smartphone in der Hand eines jeden adoleszenten Subjekts ergeben sich spannungsvolle Fragestellungen bezüglich der Ausdrucksformen von Körper und Leib, die in der Erforschung von Performancekunst im Kunstunterricht nicht lediglich als Begleiterscheinungen erachtet werden können: Was bedeutet die mediale und räumliche Ausweitung für die leibliche Verankerung des Ichs? In welches Verhältnis treten Rezeption, Reflexion und Produktion vor dem Hintergrund einer körperlichen Erweiterung durch digitale Medien? Was bedeuten postdigitale Phänomene für das feine Gewebe zwischen Ich und Welt, für den Halt der Identität an der Materie oder auch Resonanzerfahrungen (vgl. Bosch 2017, S. 115 f.). Diesen jugendrelevanten Fragestellungen wird sich nicht nur in der Soziologie und Pädagogik (vgl. dazu Hoffmann 2011 / Borck 2016 / Jörissen 2017 / Bosch 2017 / Althans 2019), sondern dezidiert auch in der Kunstpädagogik theorie- und praxisreflexiv gewidmet (vgl. dazu Lange 2013a / Maset/Hallmann 2017 / Peez/Camuka 2017 / Gunkel 2018 / Schütze 2020 / Meyer et al. 2020). Die Verbreitung internetfähiger Mobilgeräte beschleunigt und verstetigt eine Mobilisierung und Dominanz der Bilder, die als Kommunikatoren infolgedessen eine neue Qualität für das Alltagshandeln adoleszenter Subjekte erhalten. Um zu umreißen, wie Bild und Körper innerhalb dieser Dynamiken miteinander in Beziehung treten, sollen zunächst die Dimensionen einer „Veralltäglichung interpersonaler Bildkommunikation" (Reißmann 2017, S. 255) dargestellt werden. Digitale Bilder, vor allem auf Social Media Plattformen, konstituieren sich als (quasi-)materielle Umgebungen und Umwelten nicht nur als Flächen, sondern vielmehr als sinnliche Wahrnehmungs- und Erlebnisräume, die eine vermittelte physische Präsenzerfahrung erzeugen können. Sie sensibilisieren dafür, Rollen und Perspektiven zu übernehmen, insofern sie Zugang zu Welten eröffnen, die andere (re-)präsentieren. In der bildlichen Kommunikation wird geteilte Anwesenheit erlebt, da das gleiche Bild immer auch schon von anderen gesehen worden sein muss. Über interpersonale bildhafte Kommunikation erfährt die nichtsprachliche Objektivation von Erfahrung eine Aufwertung, da Vorstellungen, Emotionen und Lebensgefühle, Lebensräume und soziale Räume, Lebenswelten und kulturelle Verortungen zur Anschauung gebracht werden. Ohne aufwendige Übersetzungsleistung wird aus dem Hier und Jetzt heraus berichtet. Darüber hinaus erhöht die dezentrale Struktur vielfach vernetzter, mobiler Endgeräte die Konnektivität und technische Erreichbarkeit der an direkter Kommunikation beteiligten Individuen, wodurch ein Zustand multilokaler Präsenz erzeugt wird. Die Partizipation an wahrnehmungsnahen Bildern aus der Gruppe oder Community kann in geradezu existentieller Weise mit Wohlbefinden oder auch einem Gefühl von Unsicherheit verstrickt sein, wenn über diese Kommunikationsformen lebensweltliches Eingebundensein assoziiert wird. Mit der Veralltäglichung von Bildkommunikation geht eine motivische und ästhetische Standardisierung einher, sodass Bildbedeutungen redundant stabilisiert werden. Der Prozess zeitgenössischer Bildsozialisation lässt sich deshalb durch eine Individualisierung bildlicher Artikulation charakterisieren, die sich in der Auswahl und des Stils der gezeigten Bilder offenbart. Kommunikation, die über Bilddialoge konstituiert wird, bedingt eine Variation und Bildvielfalt in der Bildgestaltung, da diese immer Bezug auf Vor- und Ausgangsbilder nimmt. Die Plastizität und Gestaltbarkeit des Mediums erzeugen Bildketten, die sowohl von Wiedererkennbarkeit und Gemeinsamkeiten als auch von Befremdung und Überraschungsmomenten leben (vgl. ebd. 2017, S. 255 ff.).

Aus allen aufgeführten Dimensionen geht hervor, dass Bilder und ihre kommunikative Adressierung auf den adoleszenten Körper-Leib abzielen und nur über die sinnlich wahrnehmende, spürende und reflexive Verarbeitung Bedeutung zu entwickeln vermögen. Digitale Bilder werden körperlich hervorgebracht und nehmen zunehmend präsentische Funktionen im Leben junger Heranwachsender ein. Digitale Bildpräsenz referiert als körper- und leibgebundenes Phänomen in diesem Sinne auch auf die bereits im vorherigen Kapitel erörterte Theorie responsiver Leiblichkeit, die von Bernhard Waldenfels konturiert wird (siehe Abschnitt 2.1.2):

> *„Eine responsive Leiblichkeit macht sinnliche Gebungen verständlich, einer Verwicklung mit der appellierenden Welt, die ihre Bedeutung nicht länger nur als Ideal hat: Ein Ding, von dem Anrufe und Winke ausgehen, hört auf, ein bloßes Ding zu sein, das in der Welt, in meiner Welt vorkommt. Wir nähern uns der Möglichkeit eines achtungsvollen und antwortenden Hinsehens, das nicht bei sich selbst beginnt." (Waldenfels [2]2007, S. 216)*

Über die responsive Akzentuierung von Körper und Leib wird es möglich, digitale Bildpraxen als Körperpraxen und als Resultat einer vielsinnlichen leiblichen Wahrnehmung zu diskutieren (vgl. Althans 2019, S. 340).

Man mag sich unterschiedlich zu dieser Bestandsaufnahme positionieren; sie in der Betrachtung der Ausdrucksformen von Körper und Leib in der Performancekunst, die sich selbst auch als bildgebende Praxis versteht (vgl. Lange 2013b, S. 5), zu übergehen, scheint gegenwärtig kaum sinnstiftend. Denn Jugendliche sind zu einem großen Anteil von visuellen Daten umgeben, die Körperdarstellungen vielmehr bildästhetisch postulieren, als sie zu verhandeln. Der Umgang mit digitalen mobilen Bildformaten und der Zustand des vermeintlichen Ausgesetzt-Seins einer Bilderflut gegenüber führen dementsprechend oftmals zu der Aussage, dass Jugendliche Unsicherheiten in Bezug auf den eigenen Körper gerade deshalb entwickeln würden, weil sie mit einer Vielzahl an schönen, perfekten, ästhetisch ansprechenden und sexuell affizierenden visuellen Darstellungen von Körpern konfrontiert werden. Die kausalen Zusammenhänge müssen indes differenzierter nachvollzogen werden, wie die Mediensoziologin Dagmar Hoffmann hervorhebt:

„Medien präsentieren dabei Möglichkeiten und Grenzen von Körperinszenierungen und Körperpraktiken. Sie knüpfen dabei an gesellschaftliche Wirklichkeiten an, repräsentieren diese aber nicht unbedingt. Gleichwohl darf angenommen werden, dass bei Jugendlichen der Eindruck entstehen kann, dass mediale Darstellungen von Körpern und Körperlichkeiten Auskunft darüber geben, was in der Gesellschaft auf Akzeptanz stößt." (Hoffmann 2011, S. 196)

Für Jugendliche stellen postdigitale Lebenswelten in diesem Sinne eine besondere Herausforderung dar, insofern sie dem medialen Angebot gewissermaßen ‚ausgeliefert' sind und davon auszugehen ist, dass die rezipierten Bilder und hypertextuellen Informationen Eindruck hinterlassen. Nichtsdestotrotz gehen sie aktiv und selbstbestimmt mit Medien um, gehen gleichsam auf sie zu, um ihren kommunikativen Bedürfnissen zu entsprechen. Die Bildungswissenschaftler*innen Sebastian Schinkel und Ina Herrmann betonen für ästhetische Positionierungen junger Heranwachsender deshalb:

„Weit entfernt davon, lediglich ‚Opfer' einer bunten, mitunter auch schrillen Waren- und Medienwelt zu sein, experimentieren sie [die Jugendlichen, CL] mit dem Vorhandenen und Verfügbaren wie auch mit Bildern und Fantasien des Fernen und Unverfügbaren. Sie schaffen dabei ihre ‚eigenen', mehr oder weniger ‚alterstypischen' ästhetischen Ausdrucksweisen zwischen Vorgegebenen und Eigensinn, Markt-konformität und Kreativität, Konventionalität und ihrer Überschreitung – nicht zuletzt auch durch vermeintlich oppositionelle Stile." (Schinkel/Herrmann 2017, S. 11)

Ob zur Unterhaltung, aus Neugier, zur Kompensation von analogen Alltagserfahrungen, zur Orientierung und sozialen Integration sowie dem Ausleben der individuellen Kreativität – digitale (Bild-)Medien gelten neben Familie, Schule und Peers als eine wesentliche Sozialisationsinstanz. Sie fordern dazu heraus, sich permanent selbst im Spiegel anderer Lebensentwürfe zu sehen und sich dementsprechend Widersprüchen auszusetzen (vgl. ebd., S. 221).

So kann die Auseinandersetzung und Konfrontation mit pluralen Bildmedien – so die Schlussfolgerung für die vorliegende Untersuchung – nicht nur als fremdbestimmte Überwältigung, sondern in der performativen Körperarbeit auch als unumgängliche, aktivierende Anforderung verstanden werden, die Entwicklung und Vergewisserung der eigenen Körperlichkeit zu bewältigen. Körper und Leib sind in diesen Prozessen primäre Kommunikatoren, denn ohne den Körper-Leib lässt sich die Welt nicht erfahren. Performative Körperarbeit knüpft an dem crossmedial geprägten Umgang mit Wissen, Raum- und Zeitstrukturen im Dialog mit Subjekten und Objekten an. Als zeitgenössische ästhetische Praxis zielt Performancekunst im Kunstunterricht dezidiert nicht auf Geschlossenheit suggerierende Ordnungsprinzipien, sondern zeichnet sich durch Multiperspektivität und Dissoziation sowie durch transmediale Spielformen aus, die die gewohnten Gegenüberstellungen von Realität, Imagination, Authentizität und Rollenspiel unterlaufen.

4. Phänomenologische Methodenreflexion und Darlegung des Forschungsdesigns

> *„Mit der Differenz von Leib und Körper wird es möglich, subjektive Momente des sinnlichen Erlebens beschreibbar zu machen und ästhetische Erfahrung in der Präsenz, Materialität und Widerständigkeit ihrer Gegenstände zu bestimmen." (Malte Brinkmann 2019b, S. 6)*

Performancekunst als Thema im Kunstunterricht fordert dazu heraus, Körper und Leib als künstlerische Gestaltungsformen aktiv zu explorieren und im Handeln zu reflektieren. Beide Phänomene werden im Zuge dessen unumgänglich zum Gegenstand einer intersubjektiven Auseinandersetzung. Der Entwicklung eines angemessenen und sensiblen Forschungsdesigns, das der bereits in Kapitel zwei dargelegten Unverfügbarkeit von Körper und Leib im Forschungsprozess Rechnung trägt, ist somit eine wesentliche Grundvoraussetzung für die Beantwortung der entwickelten Forschungsfragen. Diese werden hier erneut aufgeführt, um ihre grundlegende Bedeutung für die methodologische Rahmung der vorliegenden Arbeit zu betonen:

1. Welche Ausdrucksformen von Körper und Leib werden in performativen Vermittlungssettings sichtbar?
2. Welche Rolle spielt der Körper als Material in künstlerisch-ästhetischen Gestaltungsprozessen?
3. Wie verhalten sich kollektive und individuelle Handlungen im Performativen zueinander?
4. Auf welche Weise generieren performative Handlungen Bedeutungen?
5. Wie lassen sich Körper und Leib im Kontext des Kunstunterrichtes als konstitutive Momente des Lernens und Gestaltens begreifen?

Die Fragestellungen sind im gesamten Forschungsprozess perspektivleitend und zeigen sich in den verschiedenen Phasen als unumgängliche Bezugsgrößen für alle wesentlichen theoretischen und methodologischen Entscheidungen: in der Auswahl von Grundlagentheorien, in der Konzeption des Forschungsdesigns, während der Erschließung des zu untersuchenden Feldes, in der Analyse der erhobenen Daten und der Systematisierung der gewonnenen Erkenntnisse (vgl. Flick 2019, S. 9).

Die Phänomenologie als Wahrnehmungstheorie hat sich in vielerlei Facetten an der Relevanz des Körpers und des Leibes für Erkenntnis- und Selbstdeutungsprozesse des Menschen abgearbeitet. Mit einer kategorialen Betrachtung von Körper und Leib wird eine sinnliche Wahrnehmung als Fundament von Erkenntnis begründet, denn – so betont es der Theaterpädagoge Phillip Kamps – „die Phänomenologie betont die Bedeutung der Wahrnehmung in zweierlei Hinsicht: hinsichtlich möglicher Aussagen über das eigene Bewusstsein und hinsichtlich möglicher Aussagen über das Wesen des wahrgenommenen Phänomens" (Kamps 2018, S. 124). In diesem Sinne setzt sie als erkenntnistheoretische Denktradition fruchtbare Impulse für die reflexive Akzentuierung qualitativ-empirischer Forschungsansätze. Die Ausführungen in diesem Kapitel dienen daran anknüpfend dazu, den Prozess der Erkenntnisgewinnung der Forschungsarbeit nachzuzeichnen und methodologisch zu begründen. Da sich die vorliegende Untersuchung als qualitative Einzelfallstudie mit spezifisch phänomenologischer Ausrichtung versteht, wird danach gefragt, welche Potentiale und Grenzen für die Erforschung eines kunstpädagogischen Praxisfeldes durch diese Rahmung erzeugt werden. Obgleich dieser Prozess nachfolgend geradlinig und schrittförmig dargestellt wird, sei betont, dass sich gegenstandsbegründete und phänomenologisch orientierte Theoriebildung in der Praxis vor allem in zirkulären Teilprozessen vollzieht, die eine dynamische Eigenlogik entwickeln (vgl. Flick 2019, S. 125 f.).

Die Ausführungen werden wie folgt strukturiert: In einem ersten Abschnitt (4.1) werden die in der Arbeit nachvollzogenen empirischen Zugänge und Methoden theoretisch erörtert, wobei zunächst der Phänomenologie als Erkenntnis- und Forschungsstil besondere Aufmerksamkeit gewidmet wird. Die Ausführungen werden dann zunehmend auf den kunstpädagogischen Forschungsgegenstand hin enggeführt. In einem weiteren Abschnitt (4.2) wird das daraus entwickelte phänomenologische Forschungsdesign, welches sich auf performative Ausdrucksformen von Körper und Leib im Kontext des Kunstunterrichtes in einer 12. Klasse bezieht, in seiner angewandten Pragmatik dargelegt und begründet. Die Brüche und Konfliktlinien eines solchen Forschungsprozesses sollen dabei nicht aus dem Blick geraten, sondern als dynamische Katalysatoren des Erkenntnisprozesses aufgezeigt werden.

4.1 Forschungsmethodologische Grundlegung

4.1.1 Qualitative Forschung – eine Grundsatzentscheidung

> *„Wie Gebäude, die auf menschliche Bedürfnisse abgestimmt sein sollten, werden unsere wissenschaftlichen und gesellschaftlichen Verfahren in den kommenden Jahren nur dann das Nötige leisten, wenn wir überflüssige oder übermäßige Stabilität vermeiden und sie auf eine Weise im Fluss halten, dass sie gegenüber unvorhergesehenen – ja unvorhersehbaren – Situationen und Funktionen anpassungsfähig sind.“ (Stephen Toulmin 1994, S. 297)*

Die künstlerisch-performative Arbeit mit dem Körper im Kontext des Kunstunterrichtes kann par excellence als eine unvorhersehbare Situation im Sinne des amerikanischen Philosophen Stephen Toulmins aufgefasst werden. Eine phänomengerechte Erforschung verlangt in diesem Sinne eine besonders wachsame und flexible Methodenreflexion. Das unbestimmte Moment der körperlich-expressiven Interaktion fordert im Forschungsprozess dazu heraus, Untersuchungsinstrumente zu entwickeln, die das Besondere der Beobachtung herauskristallisieren können und einer lokalen Analyse unterziehen. Deshalb hat sich die vorliegende Untersuchung der Logik qualitativer Forschung verschrieben, da sie an praktischen Problemstellungen ihres kunstpädagogischen Gegenstandbereiches ansetzt und ihre Ergebnisse wiederum auf die kunstpädagogische Praxis bezieht (vgl. Schuhmann 2018, S. 136). Die Untersuchung wird nachfolgend zunächst in ihren Wesenszügen als nicht-standardisierter Forschungsansatz kurz und knapp beleuchtet, um den methodologischen Rahmen global abzustecken. Uwe Flick, Professor für qualitative Sozial- und Bildungsforschung, definiert qualitative Forschung wie folgt:

> *„Qualitative Forschung hat den Anspruch, Lebenswelten von innen heraus aus der Sicht der handelnden Menschen zu beschreiben. Damit will sie zu einem besseren Verständnis sozialer Wirklichkeit(en) beitragen und auf Abläufe, Deutungsmuster und Strukturmerkmale aufmerksam machen." (Flick 2008, S. 14)*

Forschungsansätze, die sich qualitativ ausrichten, beginnen mit der Neugier in Bezug auf konkrete Phänomene und Beobachtungen. Diese Neugier zeigt sich als eine wesentliche forschungseröffnende Grundhaltung, um sozialen Prozessen in ihrer Diversität und Pluralität auf die Spur zu kommen (vgl. Przyborski/Wohlrab-Sahr 2014, S. 107). Qualitative Forschungsansätze sind darum bemüht, die Komplexität menschlicher Ausdrucksweisen präzise zu beschreiben und aus den empirischen Untersuchungen heraus Theorien zu entwickeln, die mit begrenzter Reichweite im jeweiligen Fachkontext anschlussfähig erörtert werden können. Die getroffenen Aussagen werden dabei subjekt- und situationsspezifisch begründet (vgl. Flick 2019, S. 23 ff.). Die Bezeichnung *qualitative Forschung* zeigt sich vor dem Hintergrund einer bis dato sehr ausdifferenzierten Methodentheorie als eine begriffliche Klammer für unterschiedliche Forschungsansätze, die in ihrer Grundlagentheorie, ihrem Gegenstandsverständnis und methodologischem Fokus changieren (vgl. Flick 2008, S. 18). Trotz dieser fruchtbaren Pluralität lassen sich nach Flick globale *Kennzeichen qualitativer Forschung* zusammenfassen, die auch der vorliegenden Untersuchung zu Grunde liegen sollen (vgl. ebd., S. 26 ff.):

(1) Die *Gegenstandangemessenheit von Methoden und Theorien* zielt darauf ab, Methoden so offen zu gestalten, dass sie der Komplexität im untersuchten Gegenstand gerecht werden können. Der zu untersuchende Gegenstand bleibt maßgebliche Referenz für die Auswahl und Entwicklung geeigneter Methoden und nicht umgekehrt. Die Eigenlogik des zu untersuchenden Feldes bestimmt das forschende Handeln im Feld und kann in keiner künstlichen Laborsituation reproduziert werden. Die Bestimmung der Gültigkeit der Untersuchung folgt in diesem Sinne keinen abstrakten Kriterien, sondern wird wiederum in Bezug auf den Forschungsgegenstand vorgenommen.

(2) Qualitative Forschung macht die *Perspektiven auf den Forschungsgegenstand in seiner Vielschichtigkeit* sichtbar. Zusammenhänge werden dabei immer im konkreten Kontext des Falls beschrieben und aus ihm heraus erklärt.

(3) Mit der *Reflexivität der Forscher*innen und der Forschung* erkennen qualitative Forschungsansätze an, dass die Subjektivität von Untersuchten und Untersucher*innen als genuiner Bestandteil des Forschungsprozesses an-

gesehen werden muss. Forscher*innen sehen sich veranlasst, die eigenen Handlungen und Beobachtungen im Feld, individuelle Eindrücke, Irritationen und Gefühle zu reflektieren und in die Genese der Erkenntnisse begründet einfließen zu lassen.

(4) Qualitative Forschung ist gekennzeichnet durch ein *Spektrum der Ansätze und Methoden*. Dies bedeutet, dass dem Forschungsprozess kein einheitliches theoretisches und methodisches Verständnis zu Grunde gelegt werden kann. Vielmehr speist sich ein qualitativer Zugang aus einer sensiblen Methodendiskussion und theoretischen Einbettung.

Qualitative Forschungsmethoden grenzen sich somit dezidiert von positivistischen Positionen ab, „für die die Einbeziehung der Subjektperspektive gleichbedeutend mit einem Regelverstoß gegen die Gütekriterien der Objektivität in den Wissenschaften darstellt" (Hill 2014, S. 8). Sie unterlaufen ein Wissenschaftsverständnis, dessen Ziel darin besteht, Gesetzmäßigkeiten mit genereller Gültigkeit zu formulieren. Der Fokus verschiebt sich von der Generalisierung und allumfassender Reichweite hin zum fallbezogenen und fallvergleichenden Verstehen von Sinnzusammenhängen. Qualitatives Forschungsverständnis hat seinen Ursprung in einer Kritik an quantifizierenden Methoden und Forschungsstrategien, wodurch streckenweise eine paradigmatische, erkenntnistheoretisch und philosophisch begründete Trennung vollzogen wurde, die zu einer verfochtenen Überordnung quantitativer Forschung über qualitative Forschung und umgekehrt führte? (vgl. ebd.).

Im Zuge dieser Abgrenzung und seit längerem auch wieder Annäherung konnten qualitative Forschungsansätze methodologische Besonderheiten etablieren, die mehr zirkuläre Elemente aufweisen als die in der Regel linearchronologisch aufgebauten quantitativen Forschungsdesigns. Die einzelnen Prozessschritte wie die Re-Formulierung der Fragestellungen, die Erhebung und Auswertung der Daten bis hin zur Generalisierung und Theoriebildung greifen ineinander (vgl. Przyborski/ Wohlrab-Sahr 2014, S. 106).

Diese situationalen Herangehensweisen verlaufen nicht konfliktfrei und werden innerhalb der betreffenden Disziplinen immer wieder kritisch befragt. So sind qualitative Forschungen (ebenso wie quantitative) von einer impliziten Normativität vollzogen. Malte Brinkmann, Vertreter einer phänomenologisch orientierten Erziehungswissenschaft, stellt fest:

> *„Die Beobachtungsperspektive des empirischen Forschers präformiert das Feld, die Auswahl des zu untersuchenden Materials sowie die Perspektive darauf. Die Selektivität und Normativität des forschenden Blicks bestimmt das, was gesehen und erfasst werden soll." (Brinkmann 2015a, S. 529)*

Diese Problematik qualitativer Forschung nährt die umstrittene Frage danach, „wie aus der Emergenz der Daten und aus dem Vergleich der Fälle zu einer Theorie zu gelangen sei, die das Besondere der Fälle übersteigt, zumindest mit einer begrenzten Reichweite" (ebd.). Qualitative Forschung kann diese Einwände nicht schlussendlich auflösen, ihnen lediglich produktiv und methodenreflexiv begegnen. Der eingangs zitierte amerikanische Philosoph Stephen Toulmin erkennt diesbezüglich in seiner Auseinandersetzung mit unerkannten Aufgaben der Moderne bereits 1994, dass eine Rückkehr zum Besonderen in den Forschungsthemen erforderlich sei, sprich „sich nicht ausschließlich auf abstrakte und universale Fragen zu konzentrieren, sondern auch wieder besondere, konkrete Probleme zu behandeln, die nicht allgemein, sondern in bestimmten Arten von Situationen entstehen" (Toulmin 1994, S. 301).

Die vorliegende Auseinandersetzung vertritt die These, dass „eine Orientierung an der Analyse konkreter Fälle in ihrer zeitlichen und lokalen Besonderheit" (Flick 2019, S. 37) auch für kunstpädagogische Praxisfelder von besonderer Bedeutung ist, um den äußerst pluralen Erscheinungsformen zeitgenössischen Kunstunterrichtes mit der notwendigen Flexibilität zu begegnen und auf Grundlage des basalen Rückbezugs für die allgemeine Fachdiskussion anschlussfähig zu machen. Im weiten Feld qualitativer Forschung gilt es dementsprechend zunächst, eine methodologische Positionierung und metatheoretische Verortung vorzunehmen, um forschungspragmatisch sinnstiftende Zugänge zu diesem Feld entwickeln zu können (vgl. Przyborski/Wohlrab-Sahr 2014, S. 110). Die nachfolgenden Ausführungen konzentrieren sich in diesem Sinne zunächst auf die Phänomenologie als globale Grundlagentheorie und deren Bedeutung für die Unterrichtsforschung. Im Anschluss daran geraten kulturelle Bildung und Kunstpädagogik als forschungsnahe Bezugsdisziplinen in den Blick der Ausführungen.

4.1.2 Phänomenologie als erkenntnistheoretischer Zugang und methodologisch begründete Operation

> *„Da Erleben, Erfahren, Handeln im phänomenologisch strengen Sinne eine primordiale, ausschließlich dem erlebenden, erfahrenden, handelnden Subjekt selber ‚wirklich' zugängliche Sphäre ist, sind sogenannte objektive Faktizitäten auch nur als subjektive Bewusstseinsgegegebenheiten überhaupt empirisch (evident) fassbar." (Ronald Hitzler 2007, S. 86)*

Wie im eröffnenden Zitat des Soziologen Ronald Hitzlers anklingt, macht die Phänomenologie als philosophisch-erkenntnistheoretische Richtung die Erste-Person-Perspektive in ihrem Denken zum Dreh- und Angelpunkt der sinnlichen Wahrnehmung, respektive eines jeden Erkenntnisinteresses. Phänomenologie als philosophisch-erkenntnistheoretische Richtung stellt somit das Phänomen der Erfahrung in den Mittelpunkt ihrer theoretischen und empirischen Analysen. Brinkmann schreibt dazu:

> *„Mit dem Primat der Erfahrung wird der Tatsache Rechnung getragen, dass Phänomene der Lebenswelt historisch und systematisch früher auftreten als ihre wissenschaftliche Konzeptionalisierung und Methodisierung und dass sie deshalb nicht durch ihre wissenschaftlichen Konstrukte ersetzt werden können, es sei denn man riskiert den Verlust ihres Sinnes und ihrer Bedeutung für den Menschen überhaupt." (Brinkmann 2011, S. 62)*

Die Grundeinsicht, dass der Sachverhalt, über den gesprochen wird, nicht von der Zugangsart, wie darüber gesprochen wird, zu trennen ist, stellt eine Grundeinsicht phänomenologischen Denkens und Forschens dar. Forschungsthema und Operation, Sache und Methode sind demzufolge zu verschränken, um die Sache selbst, sprich das zu untersuchende Phänomen in seiner Eigenlogik und in seiner Erscheinungsweise erfassen zu können (vgl. Brinkmann 2015b, S. 34).

Phänomenologie zeigt sich somit zum einen als spezifische Forschungshaltung, die sich der Analyse verstehender Wahrnehmung mit besonderer Aufmerksamkeit widmet, zum anderen jedoch auch als eine auf Erkenntnis gerichtete Operation, die in einer phänomenologischen Methodologie ihren Ausdruck findet. Diese theoretisch-empirische Dopplung phänomenologischer Forschung soll im Folgenden konkretisiert werden, um die Anschlusspunkte für die vorliegende Untersuchung herauszuarbeiten.

4.1.2.1 Wahrnehmen und Erkennen in der Phänomenologie

> *„Phänomenologie lässt sich als eine philosophische Analyse der verschiedenen Erscheinungsformen der Gegenstände begreifen und im Anschluss daran als eine reflexive Untersuchung der Verstehensstrukturen, die es den Gegenständen ermöglichen, sich als das zu zeigen, was sie sind." (Dan Zahavi 2007, S. 13)*

Die Welt, wie sie uns erscheint – in unserer Wahrnehmung, im praktischen Umgang oder in der wissenschaftlichen Analyse – ist unter phänomenologischer Prämisse die einzig wirkliche Welt und wird nur als solche zum Gegenstand eines jeden Forschungsinteresses (vgl. ebd., S. 15). Die der Welt inne liegenden Phänomene müssen sich dem/der Wahrnehmenden jedoch zuallererst zeigen, um im Wahrnehmen *als etwas* wahrgenommen zu werden. Brinkmann betont dazu: „Die phänomenologische Methodologie expliziert und reflektiert diesen Vorgang, indem sie die Aktivität des Zeigens (*von etwas*) mit der Passivität der Wahrnehmung (*als etwas*) verbindet." (Brinkmann 2015b, S. 34).

Bereits Edmund Husserl hat in seiner Analyse der Intentionalität von Wahrnehmung die Konstitutionsleistung des Selbst in Bezug zur Welt, sprich *etwas als etwas* wahrzunehmen, als phänomenologische Grundannahme etabliert. Er beschreibt Erfahrungen als Bewusstseinsakte, als intentionale Sinnbildungen, die im Gerichtetsein *auf etwas* wiederum auf *etwas* – der/das Andere, das Ding, die Welt – stoßen, was in der Intention nicht aufgeht und sie übersteigt (vgl. Brinkmann 2015b, S. 35). Das heißt, dass sich die Welt nicht *an sich* zeigt, sondern mit den Strukturen unseres Bewusstseins von ihr. In der Wahrnehmung des Anderen sieht man die Welt mit anderen Augen und die Welt wird anders unter diesen Blicken (vgl. Westphal/Zirfas 2014, S. 57). Diese *signifikative Differenz* ermöglicht es der phänomenologischen Denktradition, den Akt der Wahrnehmung differenziert zu beschreiben, wahrnehmende Erfahrung theoretisch zu fassen und in methodologische Betrachtungen zu überführen. Brinkmann schreibt dazu:

> *„Mit der Differenz im Etwas-als-etwas-Wahrnehmen kann nicht nur das Wie der Wahrnehmung in der Analyse der Intentionalität, es können auch in einer auf Erkenntnis bezogenen Operation Vorurteile, Vormeinungen und -schemata im Wahrnehmen sowie die Bedingungen und Legitimationsstrategien einer besonderen Reflexion unterzogen werden.“ (Brinkmann 2015b, S. 36)*

Obwohl nahezu alle späteren Phänomenolog*innen auf je unterschiedlich begründete Weise von Husserls ursprünglichen Gedankengebäude Abstand genommen haben, bleiben die von ihm etablierten Themen wesentliche Bezugsgrößen phänomenologischer Auseinandersetzung: die Betonung der Erste-Person-Perspektive, das Bestehen auf die Bedeutung methodologischer Reflexion, seine Forderung, zu den Sachen selbst zurückzukehren und schließlich die auf Lebenswelt gerichtete phänomenologische Analyse.

Als eine wesentliche Erweiterung sei erneut die Theorie responsiver Leiblichkeit benannt, mit der Bernhard Waldenfels die Überlegungen Husserls ausdifferenziert (siehe dazu Abschnitt 2.1.2). Für die vorliegende Untersuchung ist dieser phänomenologische Theoriestrang insofern besonders bedeutsam, als dass Waldenfels Responsivität von der Leiblichkeit ausgehend betrachtet. Er setzt dem auf bedeutungsverleihenden, intellektuell geprägten Bewusstseinsakten beruhenden Erfahrungsbegriff Husserls einen nicht-intentionalen und dezidiert leiblich dimensionierten, nicht allein auf das denkende Subjekt zentrierten Erfahrungsbegriff entgegen. Evi Agostoni, phänomenologisch forschende Erziehungswissenschaftlerin, betont in der Auseinandersetzung mit leiblicher Responsivität: „Geht man von diesem Grundgedanken aus, so tritt in jeder Erfahrung Fremdes auf, welches in Form eines Anspruchs Unruhe stiftet und damit neue Erfahrungen überhaupt erst möglich macht.“ (Agostini 2016, S. 34) Subjektiver Sinn offenbart sich in dieser Lesart als verkörperter und gleichsam gebrochener Sinn, der auf unterschiedliche Art und Weise in der leiblichen Begegnung mit dem Anderen, dem Fremden in Erscheinung tritt: im Gespräch, in der Mimik und Gestik einer Situation, im Etwas-Zeigen und Nicht-Zeigen oder im Verbergen (vgl. Brinkmann 2015b, S. 49 f.). Brinkmann schlussfolgert für die Wahrnehmungs- und Erkenntnisformen phänomenologischer Forschung deshalb:

> *„Mit dem Modell der Responsivität lässt sich die Verkörperung als Ausdruck einer tätigen, exzentrischen Stellungnahme sozial und kommunikativ rahmen und […] empirisch operationalisieren. Leibliche und sprachliche Kommunikation ist so weder Ausdruck des Bewusstseins eines autonomen Subjekts noch Fall zeichentheoretischer Kommunikationsregeln, sondern von der Materialität des Antwortens und vom verkörperten Ausdruck her zu verstehen. Damit werden der Situativität und Performativität sozialer Interaktion Rechnung getragen.“ (ebd., S. 50)*

Eine phänomenologische Betrachtungsweise wird für den vorliegenden Untersuchungszusammenhang als besonders fruchtbar erachtet. Künstlerisch-performative Erfahrungsprozesse werden somit *als etwas* im Wechselspiel zwischen Eigenem und Fremden, Aktion und Reaktionen, Affizierung und Responsivität differenzsensibel nachvollzogen. Die Phänomenologie konturiert Wahrnehmungs- und Erkenntnisweisen, die Körper und Leib nicht nur von außen beobachten, sondern grundlegend begreifen.

4.1.2.2 Zur Sache selbst: Phänomenologische Reduktion, Deskription und Variation

> *„Vielmehr gilt es [...] im Zuge einer differenzsensiblen Deskription in eine reduktive Bewegung zu gelangen, sodass Forschende in einem ‚Antwortgeschehen' (Waldenfels) unter Einbezug der Problematik der Signifizierung auf das antworten, was sich zeigt, und das beschreiben, was sich zeigen lässt." (Malte Brinkmann 2015b, S. 46)*

Über phänomenologische Herangehensweisen sollen die sich im Forschungsprozess zeigenden Phänomene sichtbar gemacht werden. Phänomene sind das, „was von sich selbst her erscheint – das, was sich manifestiert, was sich offenbart" (Zahavi 2007, S. 13). Die Oberflächlichkeit der Phänomene wird zum Programm, insofern sie als das Erscheinende im phänomenologischen Sinn nicht auf etwas Verborgenes, Substanzielles, Wesenhaftes oder Latentes verweisen, sondern die Präsenz der Oberfläche selbst der Ort ist, an dem sich etwas zeigt. Eine phänomenologische Forschungshaltung versucht, die unterschiedlichen epistemologischen Ordnungen zwischen dem Sichtbaren und dem Sagbaren sowie zwischen leiblichen und symbolischen Ausdrucksformen theoretisch auseinanderzuhalten, wodurch einem jedem Forschungsprozess die drei folgenden Operationen zu Grunde gelegt werden:

(1) *Reduktion* ist die Bezeichnung für eine im Forschungsprozess betriebene Reflexion, „die uns von unseren natürlichen Dogmatismen befreit und uns unseren eigenen konstitutiven (kognitiven und sinngebenden) Anteil zu Bewusstsein bringt" (Zahavi 2007, S. 23). Es gilt, sich die Gegebenheiten des Forschungsgegenstandes bewusst zu machen, um die Gerichtetheit der eigenen Aufmerksamkeit zu thematisieren, der Verstrickung von Vorverständnissen gewahr zu werden und dadurch gleichsam in Distanz zu ihnen zu gehen, um sich der Wahrnehmung des Phänomens öffnen zu können (vgl. Agostini 2016, S. 38). Dies geschieht, indem die Objektivierung der subjektiv vorgeprägten Erfahrung in Form von Schemata, Begriffen und Modellen der Wissenschaft kritisch in den Blick genommen wird. Diese werden im Zuge der Reduktion eingeklammert und neu dimensioniert. Der Forschungsprozess beginnt somit mit der Frage nach der Herkunft und der Analyse der lebensweltlichen und wissenschaftlichen Zugänge zum Forschungsgegenstand (vgl. Brinkmann 2011, S. 71 / Fink 2004, S. 87 ff.). Infolgedessen werden Wahrnehmungsinhalte und unwillkürliche subjektive Interpretationen erfasst und die „habitualisierten Selbstverständlichkeiten in gleichsam archäologischer Arbeit Schicht für Schicht abgetragen" (Brinkmann 2015a, S. 533). Die Reduktion zielt nicht darauf ab, eine vermeintliche Neutralität herzustellen, „sondern sich etwas zeigen zu lassen, was sich von der Sache her zeigt." (Brinkmann 2015b, S. 38)

(2) *Deskription* beschreibt eine Praxis des Sehen-Lassens, in der das Wahrnehmen zunächst in den Zusammenhang mit dem Wahrgenommenen gestellt wird (vgl. Brinkmann, 2015b, S. 39). Im Forschungsprozess geht es im Zuge der Deskription hauptsächlich darum, nur das festzuhalten, was sich selbst zeigt, mag es auch noch so dürftig sein. Deutungen hingegen werden zunächst vermieden. Alle auf theoretischem Wissen beruhenden Votannahmen in Bezug auf den wahrgenommenen Gegenstand sollen in diesem Schritt möglichst nicht mehr berücksichtigt werden, da sie sekundäre Zugänge zur Welt darstellen und im Zuge der Reduktion eingeklammert wurden (vgl. Kamps 2018, S. 176). Die phänomenologische Deskription versteht sich als eine entwerfende Operation und im Unterschied zur hermeneutischen Interpretation als eine *naive* Beschreibung einer Sache, einer Handlung oder eines Zusammenhangs ohne interpretative Verfahren (vgl. Brinkmann 2014, S. 215.).

(3) *Variation* zielt darauf ab, auf Grundlage der Reduktion und Deskription Erkenntnisse zu erzeugen und Sinn zu pluralisieren (vgl. Brinkmann 2015b, S. 39). Dieses „phantasievolle Umfingieren" (Husserl 1999, S. 416) bewirkt eine Überkreuzung von real Wahrgenommenem und geistig Variiertem, von empirisch Gegebenem und imaginativ Abstrahiertem, wodurch ausgehend von einer überraschenden und deshalb deskribierten Erfahrung neue theoretische Hinsichten generiert werden können. Die Operation der Variation erlaubt es, invariante Merkmale, Schemata und Typen durch Vergleich zu ermitteln und auszudeuten (vgl. ebd). Brinkmann schreibt dazu: „Mit der Variation anderer Sichtweisen kann schließlich eine Verfremdung und Befremdung des eigenen Blicks folgen. Befremdungen können nicht ausschließlich aufgrund einer subjektiven Tätigkeit, sondern nur im Angesicht der und durch die Öffnung für die Sache, Welt und den Anderen entstehen." (Brinkmann 2015b, S. 40) Theoretische und subjektive Perspektiven auf das deskribierte Material werden somit in der Variation miteinander vernetzt.

Zusammenfassend lässt sich aufzeigen, dass phänomenologisch begründende Operationen darauf abzielen, eine skeptische Distanz zu wissenschaftlichen, alltagskulturellen und lebensweltlichen Deutungsmustern herzustellen. Das *Wie* der Wahrnehmung und das *Wie* der Beschreibung werden einer eigenen Reflexion unterzogen, um subjektive und wissenschaftliche Interpretationen einzuklammern. Phänomenologische Forschung vermag das Phänomen in seiner leibhaften Selbstgegebenheit deskriptiv zu veranschaulichen und in der Variation der Perspektiven auf das Phänomen Schemata und Typen zu erarbeiten, die zwischen Begriff und Anschauung, Theorie und Empirie vermitteln. In der Einheit aller drei Operationen hält sie die Vielfalt, in der Kongruenz die Differenz und damit die Ambiguität von Sinn offen. Es entstehen empirisch gehaltvolle Theorien mit begrenzter Reichweite (vgl. Brinkmann 2014, S. 218).

In der vorliegenden Untersuchung werden Reduktion, Deskription und Variation als Verfahren auf zweierlei Art und Weise berücksichtigt. Zum einen orientiert sich das Forschungsdesign explizit an einer phänomenologischen Analyse, die u. a. von Philipp Mayring als Verfahren qualitativer Sozialforschung systematisierend ausdifferenziert und konkretisiert wird (vgl. Mayring 2016, S. 107). Die einzelnen Arbeitsschritte werden in der vorliegenden Untersuchung beachtet, jedoch – wie unter Abschnitt 3.2 detaillierter dargelegt – explizit auf den Forschungsgegenstand der Ausdrucksformen von Körper und Leib in performativen Vermittlungssettings bezogen und dementsprechend abgewandelt und justiert. Zum anderen spiegelt sich in ihnen die grundlegende Struktur des vorliegenden Manuskripts wider. In Kapitel 2 und 3 erfolgte bereits eine grundlegende Annäherung an Thematik und Terminologie der Ausdrucksformen von Körper und Leib. Theoretische Vorannahmen und wissenschaftliche Bezugsdiskurse werden erörtert und somit gleichsam reduktiv eingeklammert. In Kapitel 5 erfolgt eine umfassende Deskription der Daten, die in der teilnehmenden Erfahrung einer Performance-Unterrichtseinheit zum Thema „Körper, Haut und Hülle" in einer 12. Klasse erhoben wurden. Den Lesenden der vorliegenden Untersuchung wird in der Lektüre verschiedener Deskriptionsformen (tabellarische Unterrichtsverläufe / exemplarische Deskription von Performanceaufführungen / Vignetten aus dem Unterrichtsgeschehen) der Möglichkeitsraum eröffnet, dem Material aus dem eigenen Erfahrungshorizont heraus zu begegnen und sich ein individuelles Bild vom Untersuchungsgegenstand zu machen. In Kapitel 6 werden im Modus der Variation verschiedene Hinsichten auf das deskribierte Material entworfen, um kunstpädagogische Perspektiven auf das Forschungsthema zu begründen.

4.1.2.3 Phänomenologie in methodologischer Korrespondenz mit Ethnografie und Grounded Theory

> *„Theoriebildung ist ein intensiver und herausfordernder Prozess. Es ist jedoch eine aufregende Anstrengung, in der man durch unbekannte Gewässer navigiert, um zu einem neuen Verständnis der Welt zu gelangen." (Juliet Corbin 2010, S. 74)*

An dieser Stelle sei eine kurze Bemerkung zur Überschneidung phänomenologischer Positionen zur Ethnografie und Grounded Theory angebracht. Beide Forschungsprogramme wurden in der Konzeption des Forschungsdesigns in Betracht gezogen und haben sich als partielle Impulsgeber für die gedankliche und pragmatische Ausrichtung einzelner Untersuchungs- und Analyseinstrumente erwiesen. Die vorliegende Untersuchung positioniert sich somit in Nähe zu diesen, ohne die Phänomenologie als Grundlagentheorie aus den Augen zu verlieren.

Eine ethnografische Forschungshaltung, durch welche soziale Wirklichkeiten im Vollzug untersucht werden und der eigene Blick systematisch befremdet wird (vgl. Knoblauch 2014, S. 603), gibt dem vorliegenden Forschungsprojekt Orientierung. Ethnografie als qualitativer Forschungsstrang wird vom Soziologen Ronald Hitzler zunächst wie folgt beschrieben:

> *„Ethnografie meint ein Forschungsprogramm, das darauf abzielt, andere Lebensweisen, Lebensformen und Lebensstile sozusagen ‚von innen' her zu verstehen,*

> *d.h. fremde Welten auf ihren Eigensinn zu erkunden. Insofern ‚Welten' als Korrelate des Erlebens von Sinnzusammenhängen zu begreifen sind, ist damit folglich ein Programm anzuzeigen, das empirisch stark deskriptiv orientiert ist – nämlich eben an den Erfahrungen, die Menschen machen." (Hitzler 2010, S. 49)*

Ethnografische Forschung zeichnet sich durch einen investigativen, explorativen, deskriptiven und interpretativen Duktus aus und bedient sich triangulierend des gesamten Methoden-Arsenals empirischer Sozialforschung (vgl. ebd., S. 50 f.). Sie kombiniert eine Vielzahl möglicher Datenerhebungs- und Analyseverfahren, wobei diese Pluralität der Zugänge in einem dauerhaften Feldaufenthalt zentriert wird, der sich in Form einer teilnehmenden Beobachtung vollzieht (vgl. Hirschauer 2001, S. 431). Für die vorliegende Untersuchung ist der ethnografische Blick zum einen von besonderem Interesse, da die Komplexität der Beobachtungsvorgänge in Feldaufenthalten in der einschlägigen Literatur vielseitig reflektiert werden (vgl. de Boer/ Reh 2012 als Überblick). Zum anderen erfährt die Herausforderung des unumgänglichen Versprachlichungsvorgangs bei der Aufzeichnung und Interpretation der erhobenen Daten in der Ethnografie besondere Aufmerksamkeit. Der Soziologe Stefan Hirschauer beschreibt diesen Konflikt, der auch in der Beobachtung performativer Ausdrucksdynamiken eine wesentliche Rolle spielt, pointiert:

> *„Eine beängstigende Freiheit! Das primäre Bezugsproblem ethnografischen Schreibens zwingt dazu, eine beschämend private Sache, wie persönliche Sinneswahrnehmungen es sind, in die öffentliche Angelegenheit wissenschaftlicher Kommunikation überführen zu müssen." (Hirschauer 2001, S. 437)*

Das reflexive Grundproblem aller ethnografischen Forscher*innen besteht dementsprechend darin, „für sich selbst und für andere durchsichtig zu machen, wie er/sie das versteht, was er/sie zu verstehen glaubt, und wie er/sie das weiß, was er/sie zu wissen meint" (Hitzler 2010, S. 51). Die Ethnografie hat pragmatische methodische Zugänge entwickelt, diesen Herausforderungen im Forschungsprozess zu begegnen, insofern den ausgearbeiteten Feldprotokollen als „Kopie eines sozialen Originals" (Hirschauer 2001, S. 433) ein hoher Stellenwert beigemessen wird, um die primär im Feld vorgefundenen Sinnstrukturen zu konservieren.

Ähnliche *Überlegungen* lassen sich für die Grounded Theory als Bezugsmethodologie tätigen. Als qualitativer Forschungsstil, der problemlösendes Forschungshandeln und die dabei hervorgebrachten gegenstandsbezogenen Theorien reflexiv miteinander vernetzt, hat die Grounded Theory *für die Konzeption des vorliegenden Forschungsdesigns wesentliche Impulse gesetzt. Die Soziologin Juliet Corbin stellt fest: „Die Grounded Theory gründet auf der Prämisse, dass das Leben komplex ist und es zur Verantwortung der Forschenden gehört, so viel als möglich von dieser Komplexität zu erfassen." (Corbin 2010, S. 70). Sie zielt darauf ab, gegenstandbezogene Theorien mit praktischem Erklärungspotential zu entwickeln, „die auch für die Akteure im untersuchten Handlungsfeld rezipierbar sind und zu einem verbesserten Verständnis ihrer Praxis beitragen" (Strübing 2014, S. 36). Als offene und explorative Methodologie eröffnet die Grounded Theory im Forschungsprozess Perspektiven, das erworbene Datenmaterial zu benennen und konzeptuell zu* codieren, um die dadurch entstehenden Konzepte in innovative und plausible Erklärungen lebendiger Erfahrung zu überführen (vgl. ebd., S. 71). Die Grounded Theory strebt nach abduktiver Theoriebildung und fordert die nach ihren Grundsätzen Forschenden heraus, im Prozess kreativ zu agieren. Dazu werden konkrete Techniken und Prozeduren für die Datensammlung und -analyse angeboten, die als Mittel gebraucht werden können, „um eine Theorie zu entdecken, die Variation und Prozesshaftigkeit umfasst" (ebd., S. 72). Es sind genau diese Mittel, wie die komparative Analyse und Basistypen des Kodierens, die in der vorliegenden Untersuchung zu Anwendung kommen und im Abschnitt 4.2 gegenstandbezogen dargelegt werden.

Zusammenfassend lässt sich an dieser Stelle noch einmal hervorheben, dass die Ethnografie und Grounded Theory als forschungsmethodologische und erkenntnistheoretisch begründete Arbeitsweisen neben der Phänomenologie für die Konzeption des Forschungsdesigns als grundlegende Impuls- und Gestaltungsgeber fungieren. Ganz im Sinne der Grundsätze qualitativer Forschung soll es somit nicht darum gehen, die Trennlinien der einzelnen methodologischen Positionen gegeneinander abzuwägen, sondern in der Zuspitzung des fragegeleiteten Erkenntnisinteresses miteinander zu kombinieren und in der Forschungspraxis zu konturieren (vgl. Przyborski/Wohlrab-Sahr 2014).

4.1.3 Phänomenologie in den Bildungswissenschaften

> *„Im Lernen als Umlernen werden wir von etwas getroffen, auf das wir dann als etwas antworten. Dieses Etwas kommt immer nur in Deutungen und Strebungen vor. Deshalb beginnt dieses Lernen im eigentlichen Sinne nicht bei sich selbst. Es teilt das Schicksal jeder Erfahrung, die uns trifft, ohne dass wir sie genau genommen bezeugen können." (Käte Meyer-Drawe 2010a, S. 6)*

Eine phänomenologische Erkenntnisweise hat vor allem in pädagogischen und erziehungswissenschaftlichen Forschungen eine lange Tradition (vgl. Brinkmann 2017a) und erfährt in den letzten Jahren mit der Fokussierung auf Leib, Leiblichkeit und Embodiment eine erneute Dynamisierung (vgl. Brinkmann 2019a und 2019b). Das (schulische) Lernen unter phänomenologischer Perspektive wird grundlegend als Erfahrung betrachtet, theoretisch gefasst und qualitativ empirisch erforscht. In Anschlüssen an die maßgeblich von dem Pädagogen Günther Buck entwickelte *Theorie des Erfahrungslernens* (1989) haben sich in der Pädagogik forschungsrelevante Paradigmenwechsel vollzogen, die den Blick vom Ergebnis hin zum Prozess des Lernens, vom wissenschaftlichen hin zum lebensweltlichen Wissen und Erfahren, von der kognitiven Repräsentation hin zum praktischen und leiblichen Handlungsvollzug wenden (vgl. Brinkmann 2014, S. 200). Diese Blickwechsel sind vor allem deshalb besonders bereichernd, weil sie die bereits ausgeführten phänomenologischen Operationen Reduktion, Deskription und Variation in der Beobachtung und Analyse situativer Unterrichtssettings problemorientiert perspektivieren: Lernvollzüge treten als leiblich-gelebte Erfahrung in Erscheinung.

Da die vorliegende Untersuchung grundlegend davon ausgeht, dass künstlerisch-performative Ausdrucksweisen Lernprozesse durch Körperarbeit und Leibwahrnehmung initiieren, ist die Theorie des Erfahrungslernens von besonderem Interesse. Im Folgenden wird diese deshalb genauer beleuchtet und vor dem Hintergrund jener Forschungsgebiete betrachtet, welche für die vorliegende Untersuchung besonders relevant sind: qualitativ-empirische Bildungsforschung, Kulturelle Bildung und Kunstpädagogik.

4.1.3.1 Lernen als leib- und körpergebundene Erfahrung im Kontext pädagogischer Forschung

> *„Lernen ist eine Weise des Ich denke etwas, wobei das Ich nicht eine abstrakte Instanz meint, sondern das gelebte Ich, das in vielerlei Hinsicht in Anspruch genommen ist und das sich zu verantworten hat. […] Im Lernen bezieht der Mensch Stellung." (Käte Meyer-Drawe 2012, S. 26)*

Phänomenologische Erziehungswissenschaft problematisiert Lernen, wie bereits im eröffnenden Zitat der Bildungsforscherin Käte Meyer-Drawe deutlich wird, als Erfahrung auf vielfältige Weise: Erstens versucht sie, die vielschichtigen Prozesse zu erhellen, die sinnlich-leiblich und sprachlich vermittelt, institutionell, historisch und sozial dimensioniert sind und somit in konkreten Situationen des menschlichen Miteinanders zum Ausdruck kommen. Zweitens fragt sie danach, in welchen Zusammenhängen sich Erfahrungen als Erfahrungen zeigen und wie sie darin ihren jeweiligen Sinn artikulieren. Dabei geraten die Perspektiven der Erfahrenden selbst in den Fokus, wenn sie Erfahrungen machen oder darüber hinaus nachträglich artikulieren. Drittens zielt sie darauf ab, mit kritischem Blick gängigen kognitionswissenschaftlichen Auffassungen von Erfahrungen entgegenzuwirken, indem sie selbst einen empirisch gehaltvollen Erfahrungsbegriff zu begründen versucht (vgl. Brinkmann 2011, S. 61.). Die Rekonstruktion von körper- und leibgebundenen Lernerfahrungen vermag weder „objektiv" zu sein, noch können das gewonnene Material und die erhobenen Daten aus beobachtetem Unterricht als „roh" und „unschuldig" angesehen werden. Sie ergeben sich vielmehr aus einem langen Prozess „des In-den-Blick-Nehmens der Perspektivierung, Entscheidung und Aushandlung" (ebd., S. 61 f.).

Lernen als Körperleib-gebundene Erfahrung lässt sich phänomenologisch mit den Worten Meyer-Drawes als ein „Lernen von etwas durch jemand Bestimmtes oder durch etwas Bestimmtes" (Meyer-Drawe 2012, S. 18) auffassen. Der Prozess, in welchem den Bildungssubjekten der vertraute Boden entzogen wird und bestehende Annahmen in Bezug auf eine Sache, die Welt oder das eigene Selbst irritiert werden, unterliegt nicht der Initiative eines autonom lernenden Subjekts. Vielmehr wird die Aufmerksamkeit der Lernenden im Respondieren von etwas Anderem vereinnahmt (vgl. Meyer-Drawe 2010a, S. 6), „was einen Moment der Passivität voraussetzt, in dem sich der Lernende für das Andere frei machen muss, um es überhaupt wahrnehmen zu können" (Eckart/Schratz 2017, S. 328). Meyer-Drawe schreibt:

> *„Die Paradoxie des Lernens, wonach Lernen bereits Wissen voraussetzt, entfaltet eine provokative Kraft, weil sie die Möglichkeit des Wissenserwerbs als offene Suche nach Tugend in Frage stellt. Daher lässt sich Lernen nicht als Übergang vom Nichtwissen zum Wissen verständlich machen, sondern es hat die Konfrontation alternativer Wissensformen zur Vorbedingung." (Meyer-Drawe 2010a, S. 19)*

Die pädagogische Lerntheorie fasst das Verhältnis von Lernen und Erfahren in Anlehnung an Husserl in seiner Intentionalität, Horizonthaftigkeit und Negativität (vgl. Brinkmann 2015a, S. 535 f.):

(1) Erfahrung im Lernen ist grundlegend durch die bereits umrissene *Intentionalität* gekennzeichnet. Als ein auf etwas gerichteter Akt der Wahrnehmung vermag sich Erfahrung sowohl aktiv als auch passiv einzustellen. Dem passiven Teil der Erfahrung widmet die phänomenologisch orientierte Lerntheorie besondere Aufmerksamkeit, insofern sich in ihr ein Geöffnetsein für die Anderen und das Andere, für Mitmenschen und Dinge widerspiegelt (Brinkmann 2015a, S. 535). Nicht-Sprachliches, Vor-Sprachliches und Vor-Reflexives geraten in diesem Zuge vor allem in leibphänomenologischer Perspektive (vgl. Merleau-Ponty 1974) in den Fokus der vorliegenden Untersuchung.

(2) Jede Erfahrung ist in den Horizont früherer Erfahrungen als ein Vorwissen und Vorkönnen eingebettet. Mit der *Horizonthaftigkeit* wird auf den Wiederholungscharakter von Erfahrungen referiert, da Erfahrungen auf ständige Bestätigung angewiesen sind. Erst auf dieser Basis kann im Wiederlernen, Hinzulernen und Umlernen etwas Neues gelernt werden. Die Horizonthaftigkeit der Erfahrung konstituiert sich somit in einer Ambivalenz zwischen Gewohnheit und Offenheit, Beständigkeit und Überschreitung, Ordnungserhaltung und Ordnungsneubildung (vgl. Brinkmann 2015a, S. 536).

(3) Durch die Intentionalität von Erfahrung ist dem Lernprozess die Möglichkeit einer negativen Erfahrung – sichtbar in Form von Nicht-Können, Nicht-Wissen, Verfehlen, Vergessen, Nicht-Verstehen, Missverstehen, Scheitern und Störung – implizit, insofern eine gesetzte Antizipation enttäuscht bzw. nicht erfüllt werden kann (vgl. Brinkmann 2015b, S. 45). In dieser *Negativität* der Erfahrung wird die Erfahrung gleichsam auf sich selbst zurückgeworfen, da das lernende Subjekt nicht nur eine Erfahrung über etwas macht, sondern auch eine über sich selbst, wodurch wiederum Umstrukturierungen, Umwendungen und Transformationen ausgelöst werden können (vgl. Brinkmann 2015a, S. 537). Brinkmann hebt in Anlehnung an Käte Meyer-Drawe hervor: „Es kommt nicht zu einer Löschung oder Überschreibung, sondern alte Erfahrung wird mit einem neuen Index versehen." (Brinkmann 2015b, S. 45)

Für die vorliegende Untersuchung offeriert die Theorie pädagogischer Erfahrung zum einen theoretische Impulse, die den Gegenstandsbereich und die mit ihm verwobenen Phänomene körperlich-leiblicher Veränderungen durch performatives künstlerisches Arbeiten rahmen. Sie ermöglichen es, die körper- und leiblichen Ausdrucksweisen der Lernenden, die in der Exploration, Gestaltung und Aufführung von Performancekunst generiert werden, wahrzunehmen und zu verstehen. Zum anderen etabliert sich über diesen Erfahrungsbegriff eine spezifische Forschungshaltung, die den im wissenschaftlichen Prozess getroffenen Entscheidungen und Konturierungen zu Grunde liegt. In diesem Prozess schlagen sich die Erfahrungen der Lernenden ebenso wieder wie die Erfahrungen der Forscherin.

4.1.3.2 Phänomenologisch fundierte Vignettenforschung im Regelunterricht

> *„Die qualitative Forschung beobachtet Unterricht eher in Distanz zu [...] Optimierungs- und Steuerungserwartungen. Sie interessiert sich angesichts der Bedeutung von Nichtwissen und Ungewissheit im Verhältnis von Forschung und sozialer Wirklichkeit für Schwierigkeiten, Herausforderungen, Ambivalenzen, Krisen und Widersprüchen im pädagogischen Alltag sowie darüber hinaus für grundlegende Strukturelemente von Unterricht als ‚Praxis'." (Proske/Rabenstein 2018, S. 12)*

Um Ausdrucksformen von Körper und Leib im Performativen als Lernerfahrungen im Kunstunterricht beobachten und beschreiben zu können, lassen sich in der Theorie pädagogischer Erfahrung verschiedene Forschungsdisziplinen verorten, an die die vorliegende Untersuchung anknüpfen. Ethnografische Unterrichtsforschung (Langer 2008 / Schulz 2010 / Breidenstein/Meier/Zaborowski 2012 / Heil 2012 / Pille 2013) sei ebenso benannt, wie die phänomenologisch orientierte Vignettenforschung (u.a. Schratz/Schwarz/ Westfall-Greiter 2012 / Baur/Peterlini 2016 / Agostini 2016). Da die vorliegende Untersuchung vor allem mit der phänomenologisch orientierten Vignettenforschung eng verknüpft ist, soll diese in ihrer Ausrichtung genauer erläutert werden. Zunächst gilt es jedoch, den Unterrichtsbegriff knapp zu umreißen, welcher der vorliegenden Untersuchung zu Grunde gelegt wird.

Die Eigenlogik des schulischen Unterrichts stellt eine wesentliche Herausforderung in der Konzeption eines stimmigen Forschungsdesigns dar. Unterricht, im Besonderen der Kunstunterricht, kann kaum homogen und vereinheitlichend beschrieben werden, insofern er zahlreichen Einflüssen ausgesetzt ist. Landesbezogene Akzentuierungen wie curriculare Vorgaben, Aus- und Fortbildungssysteme und vor allem die unterschiedlichen Schulformen und Schulstufen führen zu differenzierten Unterrichtsformen und -ausrichtungen (vgl. Brenne 2013, S. 1). Unterricht wird von den Bildungswissenschaftler*innen Matthias Proske und Kerstin Rabenstein als eine historisch gewordene Form bezeichnet, die durch folgende fünf Merkmale zu charakterisieren ist, welche an dieser Stelle der Präzision des Ausdrucks halber direkt zitiert werden (Proske/Rabenstein 2018, S. 8, *Hervorhebungen durch dies.*):

(1) Unterricht ist ein Ereignis der geplanten und methodisierten Weitergabe von Wissen in der Form des (klassen)-öffentlichen Gesprächs unter Anwesenden, für das spezifische Konstellationen der Nutzung von Sprache, Körperlichkeit, Medien und Dingen ebenso konstitutiv sind wie eine bestimmte zeitliche und räumliche Organisation der Interaktion.

(2) An diesem Ereignis sind Lehrerinnen und Lehrer sowie Schülerinnen und Schüler als Personen in unterschiedlich institutionell vermittelten Positionen, Rollen, Funktionen beteiligt, die wiederum auf Macht- und Generationsverhältnisse sowie Systemerwartungen verweisen.
(3) Unterricht findet in Klassen bzw. Lerngruppen statt, deren Gruppierungsprinzipien sich jedoch temporär und dauerhaft unterscheiden können.
(4) Unterricht konstituiert sich im Rahmen einer außerhalb von Unterricht verhandelten und institutionalisierten Form der Organisation von (Schul-) Wissen, die u.a. am Kanon der Fächer, der Fixierung von Lehrplänen und der Produktion von Schulmedien ablesbar wird.
(5) Unterricht ist grundlegend mit der Feststellung und Graduierung von Leistungen verbunden.

Aus diesen Merkmalen geht hervor, dass Forschung und Beobachtung im Unterrichtskontext von einer Vielzahl an Begleitfaktoren und impliziten Dynamiken beeinflusst werden, die für eine gegenstandsbezogene Forschungspraxis nicht vollumfänglich berücksichtig werden können. Für die vorliegende Untersuchung lässt sich anhand der Merkmale jedoch ein spezifischer Fokus auf die Beobachtung von Kunstunterricht konturieren. Er gerät dann vor allem als Ereignis in den Fokus der Betrachtungen, welcher in seiner performancebezogenen Ausrichtung wiederum dezidiert Ereignisse als körper- und leibbetonender Ausdrucksformen erzeugt und aushandelt. Diese Ereignishaftigkeit wird sowohl sprachlich als auch körperlich, medial und dinghaft in den Blick genommen, wobei zeitliche und räumliche Dimensionen in den performativen Aushandlungen bewusst betrachtet werden. Kunstunterricht wird in der vorliegenden Untersuchung dementsprechend nicht vor dem Horizont normativer Leistungserwartungen und kompetenzorientierter Professionsforschung verortet, sondern vielmehr als strukturierter und strukturierender Interaktionsraum gedacht, der dezidiert *in situ* unter qualitativer und sinnverstehender Perspektive befragt wird (vgl. Proske/Rabenstein 2018, S. 8 f.). Konstitutive Elemente, die von *außerhalb* an den Unterricht herangetragen werden und die die bewertete Leistungsfeststellung der Lernenden betreffen, werden in der vorliegenden Untersuchung ausgeklammert, um die Beobachtungen auf die ereignishafte Verhandlung von Körper und Leib im Performancekunstunterricht zu fokussieren. Qualitativ orientierte Unterrichtsforschung positioniert sich somit – wie bereits im eröffnenden Zitat anklingt – auf der „sozialen Seite des Unterrichts, wenn sie Interaktionen, Praktiken oder Kommunikation in Bezug auf die Darstellung und Thematisierung von *körperbezogenem* [Einschub, CL] Wissen sowie die Sichtbarmachung von Bedeutungszuweisungen rekonstruiert" (ebd., S. 9).

Die *phänomenologisch fundierte Vignettenforschung* als spezifische Ausformung qualitativer Unterrichtsforschung stellt sich in diesem Zusammenhang als wesentlicher Impulsgeberin für die vorliegende Untersuchung dar. Sie setzt direkt an der bereits umrissenen Theorie pädagogischer Erfahrung an und entwickelt eine Forschungspraxis, „die sich durch ein responsives Verhalten der Forschenden zum Forschungsfeld selbst (zur Welt) auszeichnet" (Agostini u.a. 2017, S. 323). Agostini führt diesbezüglich aus:

> *„Phänomenologisch fundierte Vignettenforschung nimmt im [kursiv, CL] Spannungsfeld zwischen dem Allgemeinen und dem Partikulären beides in den Blick: die theoretische Fundierung in einem pädagogischen Verständnis von Lernen und die Empirie eines konsequent erfahrungsbezogenen Ansatzes in der Erforschung von Schule und Unterricht." (ebd. S. 344)*

Die phänomenologische Vignettenforschung fokussiert Szenarien, die die Forschenden im Feld teilnehmend-erfahrend wahrnehmen und im Anschluss sprachlich verdichten. Die daraus resultierenden Vignetten[1] als kurze prägnante Erfahrungen vermögen die schulischen Erfahrungsmomente zu erfassen und die affizierenden Momente der erlebten Situation neu erfahrbar zu machen (vgl. Agostini u.a. 2017, S. 338). Vignettenforschung betrachtet Unterricht in lehr- und lernseitiger Verflochtenheit, um das zu erforschen, was im Unterricht als subjektives Ereignis für jeden Einzelnen und jede Einzelne geschieht (vgl. ebd., S. 326). Die Bildungsforschenden Evelyn Eckart und Michael Schratz schreiben dazu:

> *„Unterricht lernseits betrachtet bedingt, dass Bildung sich erst in der Auseinandersetzung mit Welt ereignet. Wer im Modus des Lernens lehrt, sucht den bildenden Wert im Vollzug des Lernens zu erkennen und verantwortungsvoll zu handeln. Die Inter-Subjektivität, das Verstrickt-Sein in und mit der Welt ist konstituierend für eine lernseitige Unterrichtstheorie, die sich bildungstheoretisch in jenen Positionen verortet, welche die Widerständigkeit pädagogischer Prozesse betonen. […] Lehren im Modus des Lernens betrachtet meint, taktvoll und responsiv handeln und in Beziehung zur Sache und zueinander sein." (Agostini u.a. 2017, S. 327 f.)*

Zusammenfassend kann an dieser Stelle somit betont werden, dass die Vignettenforschung als spezifische Ausformung qualitativer Unterrichtsforschung für die Forschungsarbeit sowohl erkenntnistheoretische als auch forschungspragmatische Impulse gesetzt hat, welche die vorliegende Untersuchung spezifisch phänomenologisch verorten und dimensionieren.

4.1.4 Performancekunst im Kunstunterricht phänomenologisch erforschen

> *„Die Grundsituation der ästhetischen Erfahrung ist die Erfahrung eines Anderen, auf die das Subjekt eine Antwort finden muss." (Kristin Westphal und Jörg Zirfas 2014, S. 66)*

Phänomenologische Zugänge in der Pädagogik erhellen – wie bereits dargelegt – einen sinnlich-leiblichen Erfahrungsbegriff und seine erkenntnistheoretischen Effekte. Die Grundannahmen phänomenologischer Forschung stehen in begrifflicher und inhaltlicher Nähe zu künstlerisch-performativen Erfahrungsprozessen, die sich mitunter direkt aus phänomenologischen Theoriesträngen begründen (vgl. Waldenfels 2002 und 2010). In Bezug auf Lern- und Forschungsprozesse im Kunstunterricht fungiert *Erfahrung als ästhetische Erfahrung* somit als methodologische Basiskate-

1 Da das Verfassen von Vignetten aus dem Unterrichtsgeschehen ebenso wie deren Lektüre für die vorliegende Untersuchung im konkreten Forschungsdesign eine substanzielle Bedeutung haben, wird auf deren methodische Formung unter Abschnitt 4.2.3 noch einmal vertiefend eingegangen.

gorie. Sie tritt im Spannungsfeld zwischen Kunsterfahrungen und Alltagserfahrungen sowohl im rezeptiven als auch im produktiven Umgang mit materiellen und immateriellen Anlässen in Erscheinung. Ästhetische Erfahrungen ereignen sich als unmittelbare Gegenwart und stellen einen Weltbezug eigener Art dar. Synästhesie und Leiblichkeit bilden den Ausgangspunkt einer jeden ästhetischen Erfahrung, insofern künstlerische Ausdrucks- und Rezeptionsformen die Sinne über Leib und Körper vielfältig herausfordern. Körper und Leib in ihrer Verschränkung vermögen im Künstlerischen eine „ungeteilte Aufmerksamkeit ästhetischer Wahrnehmung" (Mersch 2002, S. 282) zu erzeugen, die als leibliche Präsenz zum Ausdruck kommt. Ästhetische Erfahrungen weisen sich in ihrer Struktur durch Eigenzeitlichkeit und Eigenräumlichkeit aus. In der „Sensibilität des Augenblicks" (ebd., S. 279) sind ästhetische Erfahrungen in der Lage, statische Zeit-Raum-Gefüge zu unterbrechen und zu transformieren. Sie zeugen von einer punktuellen Selbstvergessenheit bis zu einer langanhaltenden Zeitvergessenheit im Sinne von Flow-Erfahrungen (vgl. Liebau/Jebe, S. 6. Ästhetische Erfahrungen äußern sich in der Begegnung mit dem Rätselhaften der Gegenstände und lösen ein damit verbundenes Staunen und Fragen, eine innere Spannung und Gestimmtheit aus. Dieser Rätselcharakter und die durch ihn erzeugte Verstehenszumutung können dazu führen, „die Geltungsprüfung von persönlichen Ansichten, die Infragestellung der generationalen erzieherischen Ordnung, die kritische Beschäftigung mit dem Sein und dem Sollen oder auch die Problematisierung von Werten und Normen in ihrer Selbstverständlichkeit" (Fuchs 2011, S. 390) in Frage zu stellen (vgl. Brandstätter 2013, S. 4).

Diese punktuelle Skizzierung der Spezifik ästhetischer Erfahrung strebt nicht nach Vollständigkeit oder gar Allgemeingültigkeit. Sie dient vielmehr dazu, die Anknüpfungspunkte zwischen einer pädagogischen und ästhetischen Lesart des Erfahrungsbegriffes zu verdeutlichen, um zu begründen, warum ästhetische Lernerfahrungen in der Performancekunstvermittlung als besonders relevant erachtet werden. Die Bildungswissenschaftlerin Kristin Westphal stellt diesbezüglich treffend fest:

> *„Ein phänomenologischer Zugang ist mit Blick auf neuere Verfahrensweisen in der Theater- und besonders Performancekunst in pädagogischen Kontexten von daher eine wichtige metatheoretische und methodologische Referenz, insofern eine responsive Leiblichkeit, Be- und Entzug, Lebenswelt, Differenz- und Fremderfahrung etc. wichtige Bezugsgrößen für die Beschreibung und Analyse neuerer Verfahrensweisen und Rezeptions- bzw. Produktionsweisen in den Künsten bedeuten, die von einem weiten Kunstbegriff ausgehen. Er erlaubt einen Anschluss in der Frage, wie Erfahrungen als ein offener unabschließbarer Prozess auch in künstlerischen Ereignissen organisiert und strukturiert sind." (Westphal 2014a, S. 8)*

Wie bereits dargelegt, entwickelt sich Performancekunstvermittlung im Kunstunterricht zu einer genuin didaktisch begründeten, methodisierten und vielseitig vernetzen kulturellen Praxis (siehe dazu Abschnitt 3.3). Sie positioniert sich vor dem Hintergrund einer auf Rationalität und Effizienz ausgelegten Schulkultur als ein Vermittlungsansatz, der vor allem existentielle Momente der Fremdheit, Widerständigkeit und Unvorhersehbarkeit im Bildungsprozess berührt (vgl. Peters/Inthoff 2015, S. 146). Brinkmann schreibt dazu:

> *„Sieht man Erfahrungen als Prozess mit Ereignischarakter, dann kommen die widerständigen Momente, jene des Schmerzes, des Leidens, des Unerwarteten und Überraschenden, der Hilflosigkeit und des Ausgesetztseins in den Blick, wenn im Widerfahrnis beispielsweise die Erfahrung der Verfügung des Subjekts entzogen wird oder wenn es unerwartet Neuem ausgesetzt wird, das nicht in die Routinen und Schemata passt." (Brinkmann 2011, S. 67)*

Die leibgebundene Kopräsenz der anwesenden Lehrenden und Lernenden wird fokussiert und erlangt konstitutive Bedingung für das Gelingen von Kunstunterricht. Die Erforschung von Performancekunst als kunstpädagogische Bildungspraxis und „als ein emanzipatorisches, auf Sinnes- und Leibwahrnehmung beruhendes, Pluralität denkendes und Transversalität durch verschiedene Fachgebiete entwickelndes Konzept" (Lange 2013a, S. 16) erfordert ein sensibles Forschungsdesign, da Körper und Leib der Lernenden zum Gegenstand der künstlerischen Aushandlung werden. Das heißt, Lernende, die in der performativen Körperarbeit Erfahrungen machen, erfahren sich immer selbst leiblich. Als Produkte schreiben sich Erfahrungen in den Leib ein und „bewirken Sedimentierungen und Habitualisierungen als Handlungs- und Wahrnehmungsdispositionen" (ebd.), um somit gleichzeitig zukünftiges und spontanes Handeln zu ermöglichen und einzuschränken. Performancekunstvermittlung setzt an die durch (ästhetische) Erfahrungen generierten „Körperschemata" (Merleau-Ponty 1974) an und versucht diese im künstlerischen Ausdruck durch körperliche Handlungen zu verschieben.

Die vorliegende Untersuchung geht davon aus, dass Erfahrungen in der performativen Körperarbeit über eine Veränderung und Gestaltung der verkörperten Ausdrucksweisen in Erscheinung treten und sich die damit einhergehende leibliche Gestimmtheit an den körperlichen Veränderungen abbildet. In einem körperlicherfahrenden Aushandlungsprozess geht es somit um „die Konstitutionsleistung des Selbst in Bezug zur Welt, *etwas als etwas* zu erfahren, wahrzunehmen, zu fühlen und zu denken" (Brinkmann 2011, S. 67) Es gilt dementsprechend, diese Konstitutionsleistung phänomenologisch in den Blick zu nehmen und über die bereits erläuterten Operationen Reduktion, Deskription und Variation nachzuvollziehen.

Zusammenfassend lässt sich deshalb konstatieren, dass die phänomenologisch orientierte Analyse als eine Untersuchung angelegt wird, die auf den Nachvollzug der Genese intentionaler körperbetonender Sinnbildungen aktiv-gestaltender Bildungssubjekte und der damit verbundenen situativen Sinngebungen – ausgehend vom Anderen, vom Ding, von der Welt – in der Performancekunstvermittlung abzielt.

4.2 Phänomenologisch orientierte Einzelfallstudie – Darstellung und Begründung des Forschungsdesigns

„Wer phänomenologisch arbeiten möchte, steht also vor der Aufgabe, selbst eine Struktur ins Material zu bringen (oder präziser: die Struktur aus dem Material herauszuarbeiten), insbesondere bei der Formulierung von Strukturmerkmalen und deren Zusammenführung zu einer Gesamtaussage." (Fabian Hofmann 2015, S. 13)

Die Ausführungen haben bis zu diesem Punkt verdeutlicht, dass die Phänomenologie als Grundlagendisziplin fruchtbare Impulse setzt, um Beobachtungen und Wahrnehmungen im Forschungsfeld als Erfahrung zu perspektivieren, die anhand der Operationen Reduktion, Deskription und Variation reflektiert werden können. Im Folgenden werden die den Forschungsprozess begleitenden Arbeitsschritte konkretisiert und begründet. In Anlehnung an die einleitende Aussage des Kunstpädagogen Fabian Hofmann soll nachvollziehbar aufgezeigt werden, wie Struktur ins Material gebracht wurde, um den beobachteten Phänomenen körper- und leibbezogener Ausdrucksformen in der Performancekunstvermittlung auf die Spur zu kommen.

4.2.1 Einzelfallstudien in der qualitativen Forschung

„Praktisches Leitmotiv für die Durchführung einer Fallstudie sollte es daher sein, in Erhebung, Auswertung und Interpretation stets den vielfältigen Facetten des Falls zu folgen, ihn in seiner Komplexität möglichst umfassend darzustellen und dabei ein Forschungsdesign anzustreben, das die hierfür nützlichen Verfahrensstrategien vereint." (Linda Hering und Robert J. Schmidt 2014, S. 529 f.)

Was sind Einzelfallstudien? Welche Erkenntnisinteressen lassen sich in einer solchen abbilden. Nach dem US-amerikanischen Sozialwissenschaftler Robert K. Yin handelt es sich in der qualitativen Forschung bei der Einzelfallstudie „um eine umfassende Forschungsstrategie, bei der eine abgrenzbare Einheit – ein Fall – in ihren Binnenstrukturen und Umweltverhältnissen umfassend verstanden werden soll" (Yin 2014, S. 16). Im Gegensatz zu standardisierten Verfahren, die Validität und Reliabilität vor allem durch die synthetische Betrachtung einer großen Menge an Fällen herzustellen versucht, zielt die Einzelfallstudie darauf ab, innerhalb eines bewusst gewählten Falls Einblick in eine Vielzahl an Faktoren zu erhalten, um typische Vorgänge aufzufinden und herauszuarbeiten (vgl. Lamnek 1995, S. 7). Die Durchführung von Einzelfallstudien wird in der qualitativen Forschung unterschiedlich begründet, wobei zwei allgemeine Erkenntnisinteressen für die vorliegende Untersuchung als besonders relevant erachtet werden:

(1) Zum einen ist es über eine Einzelfallstudie realisierbar, neue, unbeschriebene Phänomene in allen Facetten möglichst erschöpfend zu beschreiben und so einer Fachdebatte zugänglich zu machen. Das Neue und Interes-

sante am Fall sollte deshalb innerhalb der Bezugsdisziplinen vorab dargelegt werden (vgl. Hering/Schmidt 2014, S. 620).

(2) Zum anderen können Einzelfallstudien Erkenntnisse generieren, die auf bestehende Theorien mit verschiedener Reichweite Bezug nehmen. Der Forschungsgegenstand ist dann auch für einen theoretischen Diskurs von Interesse, weil er diesem einen neuen Aspekt hinzuzufügen weiß oder bestehende Vorstellungen in Frage stellt. Der Fall wird somit zu Konzepten über ein lokales Handlungsfeld oder gar zu tragenden Begrifflichkeiten globalerer Reichweite in Beziehung gesetzt (vgl. ebd.).

Beide Begründungsstrategien erscheinen für die Beantwortung der Forschungsfragen (siehe oben) ertragreich. Einerseits geht es darum, unter phänomenologischen Prämissen zum Kern der Sachverhalte vorzudringen und im Modus „zwischen Naivität und Skepsis, zwischen Beispielgeben und Beispielverstehen, zwischen Deskription und Reflexion" (Agostini 2016, S. 33) im Feld zu forschen. Die *Forschungsfragen 1 bis 3* zielen darauf ab, ein Tiefenverständnis der sich verändernden Körper von Schüler*innen zu erlangen, wie sie in der Auseinandersetzung mit Performancekunst erzeugt werden. Die *Forschungsfragen 4 und 5* zielen darüber hinaus darauf ab, explizit den schulischen Kunstunterricht in den Blick zu nehmen und performative Gestaltungsprozesse in diesem zu beobachten. In der Vorannahme, dass lernseitige körperliche Ausdrucksformen im Kunstunterricht äußerst komplex und vielseitig in Erscheinung treten und sich im Zuge performancevermittelnder Ansätze über die Dauer der Zeit zu entwickeln vermögen, fokussiert sich die vorliegende Untersuchung darauf, einen spezifischen Fall zu betrachten und ihn akribisch zu erfassen. Diese Vorgehensweise versteht sich als kunstpädagogische Grundlagenforschung, die danach strebt, konkretes Kunstunterrichtsgeschehen in seiner spezifischen Falldynamik sichtbar zu machen und seiner Eigenlogik darzustellen. Andererseits positioniert sich die Fallstudie in Bezug zu bestehenden Theorien, indem sie vor allem grundlegende Körper- und Performativitätsdiskurse aufgreift. Dabei ist es Ziel der Fallstudie, neue Facetten der Diskurse zu erhellen, die in konkreten Vermittlungssituationen Wirkung erzeugen, um Körper und Leib im Kontext des Kunstunterrichtes als konstitutive Momente des Lernens und Verstehens begreifbar zu machen.

Die qualitative Fallstudie zeigt sich somit als Basisdesign (vgl. Flick 2005, S. 253) für die vorliegende Untersuchung. Sie wird phänomenologisch konturiert, insofern die Phänomenologie „ihre Erkenntnisse über die Welt und das soziale Handeln aus der Analyse von aussagekräftigen Beispielen, die auch als Fälle oder Einzelfälle bezeichnet werden können" (Schmidt-Wetzel 2016, S. 147), erzeugt. Die Konzeption des Forschungsdesigns als phänomenologische Einzelfallstudie verfolgt somit grundlegend das Ziel, „empirisch gehaltvolle Theorien mit begrenzter Reichweite" (Brinkmann 2015b, S. 41) zu generieren und sie im Feld kunstpädagogisch orientierter Körper- und Performativitätsdiskurse anschlussfähig zu verhandeln.

4.2.1.1 Fallbestimmung und Feldzugang

> *„Es wäre verfehlt, beim ‚Weg ins Feld' an eine fixe Grenze zu denken, nach deren Überschreitung sich das Innere des Feldes dem forschenden Blick offen und ungeschützt darbietet." (Stephan Wolff 2008, S. 334)*

Mit der Fallbestimmung werden die ersten Schritte „ins Feld" getan. Der Soziologe Stephan Wolff weist darauf hin, dass dieser Prozess ein verwobener ist, da qualitative Forschungsfelder als natürliche soziale Handlungsfelder zu charakterisieren sind, innerhalb derer verschiedene Interessen und Aktivitäten aufeinandertreffen (vgl. ebd., S. 335). Vor dem Hintergrund dieser Überlegung soll im Folgenden die Auswahl des spezifischen Falls begründet und in seiner Feldcharakteristik dargelegt werden. Die Schule als Beobachtungsfeld ist dabei grundlegend als komplexes Geflecht zu verstehen, das sowohl nach außen als auch nach innen wirkt. Die Pädagog*innen Gertrud Beck und Gerold Scholz schreiben dazu:

> *„Jede einzelne Schule ist in ein Gewebe eingesponnen [...] und zwar nach außen und nach innen. Von außen her gesehen ist es für die einzelne Schule wichtig, welche Vorstellungen in der Gesellschaft existieren, zu der die Schule gehört. Dann hat es für die einzelne Schule eine Bedeutung, in welchem Bundesland sie angesiedelt ist, und noch genauer, in welcher Stadt oder welchem Stadtteil. Ebenso wichtig ist die Frage, zu welcher Schulform die Schule gehört: Grundschule, Gesamtschule, Gymnasium etc. Innerhalb einer Schule gibt es auch viele Beteiligte, die miteinander kommunizieren und damit ihr Zusammenwirken anhand von Routinen, Deutungs- und Handlungsmustern entwickeln" (Beck/Scholz 2012, S. 86)*

Die Fallbestimmung und der damit verbundene Feldzugang erweisen sich somit für die Konzeption des Forschungsdesigns als sensible Parameter, die einer besonderen Reflexion unterzogen werden müssen. In der qualitativen Forschung gibt es indes keine standardisierten Wege, diesen Prozess zu vollziehen.

In der vorliegenden Untersuchung wird der Fall grundsätzlich danach ausgewählt und beurteilt, ob er die entwickelten Forschungsfragen zu beantworten vermag. Werden die Forschungsfragen als Minimalanforderungen gelesen, ergeben sich spezifische Kriterien, die der Fall zu erfüllen hat:

(1) Es soll sich um ein performatives Vermittlungssetting handeln, in welchem Lernende aktiv körperlich agieren (Forschungsfrage 1).
(2) Der Körper wird als Material in künstlerisch-ästhetischen Gestaltungsprozessen exploriert (Forschungsfrage 2).
(3) Die Lernenden agieren sowohl individuell als auch kollektiv (Forschungsfrage 3).
(4) Den performativen Handlungen der Lernenden werden Bedeutungen zugeschrieben (Forschungsfrage 4).
(5) Die beforschte Situation findet im schulischen Kunstunterricht statt (Forschungsfrage 5).

Ausgehend von diesen Kriterien gilt es, einen Zugang zur Schule als Beobachtungsfeld zu erlangen. Forschungsinitiierend geht es zunächst darum, sich in gegenseitigem Vertrauen Zugang zu einer Unterrichtssituation zu verschaffen, die für die angestrebte Beobachtung als ertragreich erachtet wird. Dabei gilt es, das eigene Vorhaben zu kommunizieren, die Beweggründe für die eigene Forschung transparent zu machen und Akzeptanz zu erzeugen. Die von der Forscherin formulierten Kriterien stoßen in dieser Interaktion auf Reibung, aber auch auf Konkretisierung, was im qualitativen Forschungsprozess dazu führt, die eigenen Fragestellungen zu schärfen und Überlegungen zum Forschungsdesign zu konturieren. Denn, mit den Worten von Beck und Scholz: „Ganz gleich, ob man geholt wird, oder von selbst initiativ wird, man muss etwas vorweisen können, womit die eigene Forschung einen Sinn für die Erforschten macht." (Beck/Scholz 2012, S. 92)

Da die Untersuchung darauf abzielt, ein Tiefenverständnis körper- und leibbezogener Phänomene in der performativen Auseinandersetzung zu entwickeln, ist es wichtig, die Lernenden über einen längeren Zeitraum zu begleiten und in der Entwicklung verschiedenster Ausdrucksformen zu beobachten. Als Fall wurde eine Kunstunterrichtssequenz ausgewählt, in welcher sich Schüler*innen der 12. Klasse an einem städtischen Gymnasium in Dresden über den Verlauf von sieben Wochen mit Performancekunst auseinandersetzen[2]. Die Lehrerin Kerstin Chill[3], die den Feldzugang ermöglicht, hat langjährige Erfahrung in der Vermittlung darstellender und performativer Körperarbeit. Diese Professionalisierung ist für den gewählten Fall insofern von Bedeutung, als dass die teilnehmende Beobachtung darauf abzielt, die lernseitige Ausprägung sich verändernder Körper im Performativen in den Blick zu nehmen. Mit der Absicherung einer versierten, erfahrenen Vermittlerin, können lehrseitige Handlungen partiell ausgeklammert werden. Das bedeutet nicht, dass diesen keine Bedeutung für die Ausprägung der körperlichen Ausdrucksweisen der Schüler*innen beigemessen wird. Jedoch wird mit den Forschungsfragen dezidiert der Blick auf die handelnden Körper der Lernenden fokussiert. Dieser gestaltet sich als ein Kommunikationsprozess, der in der vorliegenden Untersuchung auf mehreren Ebenen stattfindet. Der genuine Feldzugang, der „Durchgang durch das Eintrittstor", (ebd.) wird somit zunächst über einen direkten Kontakt zur unterrichtenden Lehrerin hergestellt. Darüber hinaus wird dieser auch mit der Schulleiterin des betreffenden Gymnasiums und den Eltern der z.T. noch minderjährigen Schüler*innen abgesichert.

Für die vorliegende Einzelfallstudie ist zu betonen, dass die Auswahl des Falls gleichzeitig die Grenzen der Aussagekraft des Falls markiert. Die phänomenologische Analyse des Beobachteten in dem ausgewählten Kurs erlaubt es, den Status quo der zu untersuchenden Phänomene darzustellen. Ein Vergleich mit ähnlichen Phänomenen außerhalb dieses Falls ist nicht möglich. Die Untersuchung ist retros-

2 Alle Aussagen, die sich auf den beobachteten Unterricht beziehen, werden der Einheitlichkeit zur Datenaufbereitung halber im Präsenz geschildert.

3 Kerstin Chill wird als unterrichtende Lehrerin in der vorliegenden Untersuchung durchgehend namentlich genannt. Dies geschieht mit ihrem Einverständnis. Alle anderen Untersuchungsteilnehmer*innen werden anonymisiert.

pektiv ausgerichtet, sprich, die Erkenntnisse beziehen sich allein auf das im Fall Vorgefundene. Verallgemeinernde, prospektive Aussagen in Bezug auf Performancekunstvermittlung im schulischen Kontext – der sowohl an allen Schulformen und in allen Klassenstufen verschiedenartig vollzogen wird – lassen sich somit nur bedingt tätigen. Dennoch bietet die phänomenologische Analyse, so Fabian Hofmann, „die Möglichkeit, ein Phänomen besser zu verstehen, seine Strukturen und Zusammenhänge nachzuvollziehen und deswegen künftiges Handeln zu verändern" (Hofmann 2015, S. 13). In diesem Sinne zielt die Untersuchung darauf ab, variantenreiche Sichtweisen zu generieren, die von künstlerisch und performativ Lehrenden produktiv auf die eigene Praxis bezogen werden können.

*4.2.1.2 Untersuchungsrahmen und Untersuchungsteilnehmer*innen*

> *„Das Bildungssubjekt handelt und antwortet aus dem Geschehen, aus der Begegnung mit dem Anderen und den Dingen heraus." (Kristin Westphal 2008, S. 50)*

Der Unterricht findet im Zeitraum vom 23.01.2018 bis zum 27.03.2018 an einem städtischen Gymnasium in Dresden statt. Die Schüler*innen der 12. Klasse werden im Unterrichtsfach Kunst in Grundkursen unterrichtet, die wöchentlich 90-minütig stattfinden. Der Kurs bei Kerstin Chill wird von 15 Schülerinnen und 7 Schülern im Alter von 17 bis 18 Jahren besucht. Die Schüler*innen befinden sich kurz vor den Abiturprüfungen. Die Performancekunsteinheit ist der letzte Themenbereich, der im Kunstunterricht verhandelt wird. Im Sächsischen Lehrplan ist Performancekunst unter dem dritten Lernbereich „Gestalten des Prozesses" mit folgenden Schwerpunkten aufgeführt: Kennen der Formstruktur prozesshafter Kunst / Bildnerisches Problemlösen in Auseinandersetzung mit Fläche, Körper, Raum und Zeit / Anwenden von Fotografie, Film, Videografie bei der Entwicklung temporärer Werke. (vgl. Sächsischer Lehrplan Kunst 2019, S. 25) Die Schüler*innen fertigen ein Portfolio an, in welchem sie ihren Prozess dokumentieren. Außerdem schreiben sie eine Klausur mit fachpraktischem Anteil. Die Unterrichtseinheit endet mit Performanceaufführungen im Kurs, die von der Lehrerin mit einer Kursnote bewertet werden.

Für die Erhebung der Daten wird der Unterricht wöchentlich hospitiert. Die Forscherin und eine studentische Hilfskraft sind im Unterricht anwesend. Sie hält ihre Beobachtungen in Feldprotokollen fest, die studentische Hilfskraft richtet jeweils zwei Kameras im Unterrichtsgeschehen aus. Der Unterricht findet hauptsächlich in der sogenannten Probebühne statt, ein großzügiger Raum, der abgedunkelt werden kann und in zwei durch eine Stufe getrennte Ebenen gegliedert ist. Da die Schüler*innen den Raum in Erarbeitungsphasen verlassen, um in Gruppen zu arbeiten, entstehen vielgestaltige Handlungsräume, die nicht alle gleichzeitig beobachtet und dokumentiert werden können. Die Performancepräsentationen finden gebündelt durchweg auf dem erhöhten Podest in der Probebühne statt.

Die Rahmenbedingungen der Untersuchung werden seitens der Forscherin nicht beeinflusst. Sowohl die Planungen der Lehrerin als auch die schulpraktischen Gegebenheiten (Unterbrechung durch Ferien, abwesende Schüler*innen, Ausfall von

Unterricht) werden akzeptiert, beobachtet und dokumentiert. Im Anschluss an den Unterricht werden lediglich kurze Gespräche mit der unterrichtenden Lehrerin geführt, die jedoch keiner forschungsnahen Zielstellung folgen.

4.2.1.3 Ethische Betrachtungen

> *„Jedoch haben alle Aspekte des Forschungsprozesses, von der Entscheidung für ein Thema über die Festlegung eines Samples und die Durchführung der Forschung hin zu der Verbreitung der Erkenntnisse, ethische Implikationen." (Ruth-Northway 2002, S. 3)*

Aus den bereits vorangestellten Ausführungen ist deutlich geworden, dass qualitative Forschung offen geplant und an das Geschehen im Feld angepasst wird. Methoden sind dabei weniger kanonisiert als in der qualitativen Forschung (vgl. Flick 2019, S. 68). Die Offenheit der Forschung qualitativer Ansätze führt häufig dazu, dass sich ethische Fragen erst im Prozess herausstellen und situativ verhandelt werden müssen. Die Forschungsinteressen müssen dabei gegen die Interessen der Forschungsteilnehmer*innen abgewogen werden. Somit wird Forschungsethik häufig eine Frage der Reflexion und Sensibilität für die Grenzen und Privatsphäre im Feld. Diesen Herausforderungen wird in der vorliegenden Untersuchung in verschiedenen Arbeitsschritten begegnet: Die Kontaktaufnahme, organisatorische Absprachen, das Einholen der Zustimmungserklärungen der Schüler*innen bzw. der Erziehungsberechtigten und ein respektvoller Umgang mit den erhobenen Daten haben ethischen Forschungsansprüchen Stand zu halten. Dabei dienen die im Ethikcodex der Deutschen Gesellschaft für Erziehungswissenschaften und deren Richtlinien der Rechte für Probandinnen und Probanden unter Paragraf 4 als wesentliche Bezugsgrößen für die getroffenen Entscheidungen (vgl. Ethikkodex der DGfE, S. 3). Die Wahrung der Persönlichkeitsrechte der in der wissenschaftlichen Untersuchung einbezogenen Personen wird respektiert, die Einwilligung der teilnehmenden Schüler*innen wird eingeholt, sie werden vorab über die Ziele und Methoden des Forschungsvorhabens informiert und die Informationen der beobachteten Personen vertraulich behandelt (vgl. ebd.).

Darüber hinaus wird es in der vorliegenden Untersuchung als wesentlich erachtet, dem schulischen Umfeld und der wahrgenommenen Schulkultur wertschätzend zu begegnen, wobei die Grundlegung einer responsiven Forschungshaltung die Handlungen und die Kommunikation im Feld bestimmt. Ein offener, taktvoller Umgang mit Personen und Situationen erweist sich als wichtige Voraussetzung für die wechselseitige Teilhabe im Forschungsprozess (vgl. Agostini 2016, S. 82). Performative Körperarbeit sollte dabei im Beobachtungsprozess besonders sensibel behandelt werden, da die Lernenden immer auch etwas von sich preisgeben und etwas aufs Spiel setzen. Die teilnehmenden Schüler*innen werden diesbezüglich grundlegend dazu angeregt, bei Fragen, Unsicherheiten und Zweifeln mit der Forscherin in Kontakt zu treten.

4.2.2 Formen der Aufzeichnung

„Die Ethnographin beobachtet das Unterrichtsgeschehen mit dem einzigen Interesse der Beschreibung, mit dem Ziel einer möglichst präzisen, übersichtlichen und verallgemeinerungsfähigen Beschreibung." (Georg Breidenstein 2012, S. 31)

In Anlehnung an die Aussage des Unterrichtsforschers Georg Breidensteins geht es im Feldaufenthalt darum, im Unterrichtsgeschehen als Forscherin eine Beobachtungsrolle zu etablieren, die sich als möglichst unauffällig und unaufdringlich charakterisieren lässt, um die Intensität der Beobachtungen und Langfristigkeit der Teilnahme zu gewährleisten. Er schreibt: „Auf manche Merkmale der beobachteten sozialen Praxis wird man schnell aufmerksam, aber viele Details entdeckt man erst nach einiger Zeit, auch Entwicklungen und Variationen erschließen sich oft erst aus der kontinuierlichen Beobachtung" (ebd., 32). Wie sich dieser Prozess in Bezug auf die vorliegende Untersuchung konkret ausdifferenziert hat, soll im Folgenden vertiefend dargestellt werden. Dabei werden zum einen die einzelnen Instrumente der Datenerhebung erläutert und zum anderen die phänomenologischen Prämissen des jeweiligen Zugangs herauskristallisiert.

4.2.2.1 Teilnehmend beobachten und erfahren

„Wahrnehmen ist Tuchfühlung-Halten mit der Welt, eher ein Erfahrungen sammeln, als Erfahrungen haben. Es beinhaltet Aufmerksamkeit – auf, nicht bloßes Bewusstwerden – von. Es mag das Aufmerken auf etwas in der Umwelt oder etwas im Beobachter oder beides zugleich sein, doch gibt es kein leeres Bewusstwerden, unabhängig von dem, dessen Beobachten und aufmerksames Wahrnehmen man gewahr wird. (...). Wahrnehmen ist ein psychosomatischer Akt, weder des Geistes noch des Körpers, sondern eines lebenden Betrachters" (James J. Gibson 1982, S. 258)

Der Wahrnehmungspsychologe James J. Gibson betont in diesem einstimmenden Zitat die aktive Seite menschlicher Wahrnehmung. Für Beobachtungen und Erfahrungen *in situ* sind in Anlehnung an diese Überlegungen forschungsmethodologisch folgende Prämissen anzuerkennen: Beobachtung ist ein perspektivischer Prozess leiblich anwesender Forschenden und konstituiert sich durch Situationalität, Kontextualität und Relationalität (vgl. Reh 2012a, S. 22). Unterricht beobachten bedeutet in diesem Sinne immer, eine Perspektive einzunehmen, jedoch anderes dafür nicht in den Blick nehmen zu können. Für das Beforschen von Unterrichtssituationen unter qualitativen Vorzeichen ist vor allem, so hebt es die Bildungsforscherin Sabine Reh hervor, die Potentialität dieser Reflexion über Beobachtung als aufmerksame Wahrnehmung fruchtbar zu machen. Sie schreibt:

„Wie kann sich dem Beobachter oder der Beobachterin Neues zeigen – auch wenn dieses letztlich unverfügbar bleibt? Offenheit für das Neue, für Anderes oder Differentes, die Möglichkeit aufzumerken auf dieses, muss unterstützt werden, indem die Beobachterin versucht, während des Beobachtens, im Feld mit allen Sinnen zu beobachten und auf das eigene Wahrnehmen, also auf sich selbst

aufmerksam, anwesend zu sein und schließlich dieses Aufmerken im Notat einer Analyse zugänglich zu machen." (ebd.)

Beobachtung und Wahrnehmung werden in der Phänomenologie grundlegend durch Leiblichkeit, Perspektivität und Präsenz determiniert (vgl. ebd., S. 20). So wendet sich bereits Merleau-Ponty der Bedeutung des Leibes für die Wahrnehmung zu und konstatiert: „Dieses Subjekt, das einen bestimmten Standpunkt einnimmt, ist mein Leib als Feld der Wahrnehmung und des Handelns, insofern meine Bewegungen eine bestimmte Reichweite haben und als mein Bereich die Gesamtheit der mir vertrauten Gegenstände umschreiben." (Merleau-Ponty 2003, S. 33) In Anlehnung daran hebt auch Waldenfels die Bedeutung der leibgebundenen Sinne und Sinnlichkeit für den Prozess der Wahrnehmung hervor, der stets kontextuell, situational und in konkreten Zusammenhängen zu verankern sei und somit nicht als zu überwindende, subjektiv gefärbte Vorstufe der Erkenntnis aufzufassen sei. Vielmehr gehe es darum, die sinnliche Wahrnehmung zu rehabilitieren und ihre schöpferischen Seiten im (Forschungs-)Prozess fruchtbar zu machen (vgl. Waldenfels 2000, S. 107).

Teilnehmende Beobachtung in qualitativer Forschung kennzeichnet die persönliche Teilnahme der Forscherin an der Praxis derjenigen, über deren Handeln und Denken sie Daten und Erkenntnisse erzeugen möchte (vgl. Lüders 2010b, S. 151). In der vorliegenden Untersuchung betrifft das die Lernenden im Kontext des schulischen Kunstunterrichtes, die sich produktiv, rezeptiv und reflexiv mit Performancekunst auseinandersetzen. Im Kontrast zu alltags- und rollengebundenen Beobachtungen ist die teilnehmende Beobachtung als wissenschaftliche Beobachtungsform weniger willkürlich, sondern wird im Verlauf des Forschungsprozesses an Fragestellungen ausgerichtet, um systematisch geplant und durchgeführt zu werden (vgl. Thierbach/ Petschick 2014, S. 165). Das heißt, dass die für die Untersuchung relevanten Daten in situ und zum Zeitpunkt des Geschehens erhoben werden. Eine teilnehmende Beobachtung zielt immer auf die Beschreibung und mediale Dokumentation des Beobachteten ab. Somit ist diese zumeist eng in ein mehrschichtiges Forschungsdesign eingebettet (vgl. ebd.), das im Laufe der Beobachtung in einem „Prozess zunehmender Konkretisierung und Konzentration auf die Fragestellung" (Flick 2019, S. 288) hin verdichtet wird.

In der phänomenologischen Methodendiskussion wird die teilnehmende Beobachtung als verstehender Ansatz in qualitativer Forschung durch den der teilnehmenden Erfahrung ergänzt bzw. stellenweise bewusst kontrastiert. Beide Ansätze ähneln sich in Bezug auf das Eintauchen der Forschenden in das zu untersuchende Feld, in der kritischen Distanzierung von gewohnten Grundannahmen, der Achtung der Fremdheit der Lernenden und einer Diffusion der strikten Trennung zwischen Datenerhebung und Datenanalyse (vgl. Agostini 2016, S. 52 f.). Mit dem Feldzugang über teilnehmende Erfahrung werden in der phänomenologisch orientierten Erziehungswissenschaft jedoch die leiblich-situierten Dynamiken lernender Erfahrungen noch einmal geschärft in den Fokus gerückt. Während teilnehmende Beobachtung mit distanziertem Blick eine künstliche Fremdheit zum Beobachteten impliziert, betont teilnehmende Erfahrung die „vorreflexive *Verstricktheit* mit dem Gegenstand des Interesses und beschreibt sich selbst damit als mit-erfahrend" (ebd., S, 54). Der phänomenologisch geprägte Erfahrungsbegriff wird somit für das Etablieren einer Forschungshaltung im Feld produktiv gemacht, insofern Erfahrung als Mit-Erfahrung gefasst wird, die sich feldsensibel vollzieht. Evi Agostini schreibt dazu:

> *„Dieser Mitvollzug der Erfahrung, welcher sich zuallererst in einer Fremderfahrung zeigt und in der Möglichkeit des Selbstentzugs im Fremdbezug, im „Doppel" von Leib-sein und Körper-haben wurzelt, weist aufgrund des widerfahrenden Ereignischarakters der Erfahrung – wodurch die eigenen Handlungsabsichten durchkreuzt werden und das immer ein Ansprechen von etwas für jemanden ist – aus phänomenologischer Sicht weniger zurück auf eine Art Selbstbeobachtung und Selbstbefremdung, sondern vielmehr auf eine Verfremdung des eigenen Blicks. So wird in der Phänomenologie vom fremdartigen Anderen ausgegangen, und nicht, wie in einem ethnografischen Verständnis üblich, von einer willentlichen, subjektiven Tätigkeit, die selbst initiiert werden kann." (ebd.)*

Für die vorliegende Untersuchung wird diese Ausdifferenzierung vor allem deshalb als sinnstiftend erachtet, weil teilnehmende Erfahrung die subjektiven, leiblichen, pathetischen und widerständigen Momente forschender Erfahrung als produktiv erachtet. In einem Unterrichtssetting, in welchem durch den Unterrichtsgegenstand der Performancekunst geteilte Momente gelebter Erfahrung bewusst generiert werden, eröffnet diese Konturierung den Raum für eine Wahrnehmung spürbarer Verschiebungen im Unterrichtsgeschehen. Stimmungen und Gestimmtheiten in pädagogischen Kontexten stehen unter phänomenologischen Prämissen im Zusammenhang mit Bewegungen und erschließen sich als nicht-zeichenhafte Äußerungen (vgl. Rödel 2019, S. 39). Diese atmosphärischen Verdichtungen, welche über die performative Körperarbeit erzeugt werden, sind für die Beschreibung der Ausdrucksformen von Körper und Leib in der Performancekunstvermittlung unabdingbar. Evi Agostini konstatiert:

> *„Die eigene Person der Forschenden wird […] sehr stark einbezogen, sie lassen als leibliche Beteiligte die Atmosphäre sowie die Gestimmtheit der Situation unmittelbar auf sich übergreifen, wobei die pathetische Struktur sinnlicher Wahrnehmung darin besteht, dass sie etwas affiziert, stimuliert, anzieht oder abstößt." (ebd., S. 49)*

Teilnehmende Beobachtung und teilnehmende Erfahrung sollen an dieser Stelle weniger absolut gegeneinander positioniert werden, sondern vielmehr in Ergänzung zueinander angewandt werden. Die Datenerhebung mittels teilnehmender Beobachtung und Erfahrung verfolgt somit das Ziel, der komplexen Unterrichtssituation mit „gleichschwebender Aufmerksamkeit" (ebd., S. 53) zu begegnen und einen möglichst facettenreichen Eindruck der Ausdrucksformen von Körper und Leib zu erhalten. Aufmerksames Beobachten zeigt sich vor diesem Hintergrund nicht nur als ein Prozess, in welchem sich die Forscherin als fragend und fokussierend erlebt, sondern vor allem auch als responsiv wahrnehmend. Für das Beforschen von Unterrichtssituationen bedeutet dies, möglichst auf schnelle Bestimmungen eines

Geschehens im Klassenraum zu verzichten und zuallererst offen wahrzunehmen, was einem im Feld begegnet (vgl. Reh 2012b, S. 118).

4.2.2.2 Protokolle teilnehmender Erfahrung

> *„Während das Aufschreiben die kurzfristige Erinnerung intensiviert, korrigiert das aufgeschriebene ‚Material' [Einschub CL] die langfristige Erinnerung. Die Verschriftlichung steigert insofern die ‚Widerstandsfähigkeit' von Erfahrungen gegenüber späteren theoretischen Interpretationen." (Stefan Hirschauer 2001, S. 441)*

Das Beobachtete *in situ* zu verschriftlichen, ist eine Herausforderung, die eine Vielzahl an zu bedenkenden Begleiterscheinungen auslöst. Das Entwickeln geeigneter Schreibformate, das spontane Finden aussagekräftiger Begrifflichkeiten, das Sicherstellen einer retrospektiven Nachvollziehbarkeit und die präzise Wiedergabe von Handlungszusammenhängen, die sich in schneller Abfolge im Unterricht zeigen, beeinflussen den ihnen nachgelagerten Analyseprozess und können deshalb nicht nachlässig behandelt werden (vgl. Breidenstein 2012, S. 32).

Für die vorliegende Untersuchung werden die Beobachtungsprotokolle in einem Logbuch stichpunktartig festgehalten und bereits im Prozess mit symbolhaften Kürzeln (Kreis = noch mal ins Video schauen, Welle = spürbare, atmosphärische Verschiebung, Dreieck = Theorieanmutung, Lupe = methodologisch reflektieren) und hervorhebenden Visualisierungen (Ausrufezeichen, Pfeile, Unterstreichungen) versehen, um die Notate so dicht wie möglich an der teilnehmenden Erfahrung auszurichten. Mit dem Wissen, das die Verbalisierungen der Lernenden von der Audiofunktion der verwendeten Kameras im Raum festgehalten werden, können die Aufzeichnungen der Beobachtungen auf materielle Settings, wortlose Alltagspraktiken, stumme Arbeitsvollzüge und bildhafte Performativität (vgl. Hirschauer 2001, S. 437) fokussiert werden.

Die Form der Verschriftlichung stellt im Forschungsprozess einen ersten Schritt der Distanznahme zum Beobachteten dar, da man das Protokoll im Anschluss beliebig oft, genau und langsam lesen kann. Die Beobachtungen werden in „Daten" transformiert und können anschließend gewissermaßen in Zeitlupe betrachtet werden (Breidenstein 2012, S. 32). Georg Breidenstein schreibt dazu: „Beobachtungsprotokolle kann man kodieren, zerschneiden, neu arrangieren, man kann sie den verschiedensten Prozeduren qualitativer Datenanalyse unterwerfen und sich dadurch in ein neues, distanziertes und ‚fremdes' Verhältnis zu dem vertrauten Geschehen setzen." (ebd., S. 33) Dieser Prozess verändert und konturiert sich im Verlauf der beobachteten Unterrichtssequenz, insofern die eigenen Beobachtungen durch die Protokolle prospektiv zunehmend geschärft werden. Sabine Reh beschreibt diese Dynamik wie folgt:

> *„Während man zu Beginn – wenn man die ersten Male zum Beobachten in den Klassenraum geht – häufig versucht, alles zu notieren, was man sieht, wird der Beobachter oder die Beobachterin im Laufe der Zeit nur mehr das fest halten, was er oder sie selbst im gegebenen Rahmen und unter bestimmten Fragestellungen*

für ‚Schlüssel-Beobachtungen' hält oder was derjenige selbst erfahrungsgemäß später benötigen wird, um sich wieder an das zu erinnern, was gesehen wurde." (Reh 2012b, S. 121 f.)

Der Prozess ist somit weniger als ein Einfrieren des Beobachteten zu charakterisieren, als vielmehr eine prozesshafte „Verdickung" (Hirschauer 2011, S. 441) derselben. Die Qualität der eigenen Protokolle kann von Woche zu Woche evaluiert und in Abgleich mit den außerdem erhobenen Videodaten angepasst werden. Als analytische Vorstufe des wissenschaftlichen Variierens und Verstehens ermöglicht gerade die schreibende Annäherung an das Phänomen eine reflexive Distanzierung (vgl. ebd.).

4.2.2.3 Videoaufnahmen

„Mit der Videografie können leibliche und materielle Dimensionen besser erfasst und darin das Implizite, das heißt das Nicht-Sagbare, aber Zeigbare thematisiert werden." (Malte Brinkmann und Severin Sales Rödel 2016, S. 2)

In Ergänzung und Kontrastierung der Protokolle teilnehmender Erfahrung werden für die vorliegende Untersuchung Videos angefertigt, die das Unterrichtsgeschehen aus jeweils zwei unterschiedlichen Perspektiven in den Blick nehmen. Da sich videografische Daten in ihrer Zielstellung und Qualität grundlegend von Notaten im Feld unterscheiden, wird im Folgenden herausgearbeitet, wie der Einsatz dieser Erhebungsmethode für das Forschungsdesign begründet und vor dem Hintergrund phänomenologischer Prämissen fruchtbar gemacht werden kann.

Videografie zeigt sich zuallererst als ein Beobachtungsverfahren, so Sabine Reh, „mit Hilfe dessen detaillierte und beliebig oft reproduzierbare Aufzeichnungen des sprachlichen und körperlichen Geschehens möglich sind, um es anhand der Videoaufnahmen beschreiben zu können" (Reh 2012c, S. 157). Da es das Anliegen der vorliegenden Untersuchung ist, Ausdrucksformen von Körper und Leib in ihrer Materialität und in der Interaktion unter den Lernenden so präzise wie möglich zu beschreiben, gilt es, Daten zu erheben, die einen hohen Detaillierungsgrad aufweisen können, um „die Schnelligkeit und Dynamik einzelner Handlungsabläufe und die Simultanität, d.h. die Figuration einer Situation, aufzuzeichnen" (ebd.). Vor allem die Aufzeichnung von Gruppenübungen, performativen Explorationen in Kleingruppen und abschließenden Performancepräsentationen wird als wertvolle Ergänzung der handschriftlichen Protokolle erachtet. Gerade für das Verfassen der Feldnotizen hat das Videografieren in situ eine gleichsam entlastende Funktion, da sich die Forscherin während der teilnehmende Beobachtung der Möglichkeit einer nachträglichen, auch verlangsamten Sichtung des Materials aus anderer Perspektive sicher sein kann. Darüber hinaus bietet die Videografie aufgrund ihrer Multimodalität die Option, die Tonspur einer gesonderten Reflexion unterziehen zu können, die über den Bildausschnitt hinaus die verbalen Äußerungen der Lernenden aufzeichnet. Insofern kann die Kombination von handschriftlichen Protokollen teilnehmender Erfahrung mit videografischen Daten als „fokussierte Feldforschung" (vgl.

Tuma/Schnettler 2014, S. 896) betrachtet werden, die eine anschließende minutiöse Materialanalyse erlaubt.

Phänomenologisch betrachtet, werden Videoaufnahmen in der Forschung vor allem als Erfahrungen im Sehen von Bildern fruchtbar gemacht. Die Oberflächlichkeit, Materialität und Präsenz der bewegten Bilder werden in den Blick genommen, um ihre eigens erzeugte Wirklichkeit zu deskribieren und in der Deutung zu variieren. Malte Brinkmann und Severin Sales Rödel schreiben dazu:

> *„Videos werden insofern nicht nur in ihrer eigenen Wirklichkeit als etwas betrachtet, sondern sind darüber hinaus als technisierte Form der Wirklichkeitserzeugung in den Blick zu bringen. Gleichwohl sind auch in ihnen Erfahrungen im Sehen und Erfahrungen des Sehens möglich." (Brinkmann/Rödel 2016, S. 11)*

Bewegte Bilder wecken demnach Gefühle und Aufmerksamkeiten als spezifische Formen leiblich-lebensweltlichen Verstehens. Sie affizieren die Forscherin und lösen in diesem symbolischen Überschuss ein Antwortgeschehen aus, dessen Mehrdeutigkeit es unter phänomenologischen Prämissen zu untersuchen gilt. Das objektive und semiotische Verstehen zeigt ihre unhintergehbare Bezüglichkeit in einer elementaren Resonanz und Responsivität der Forscherin auf das videografierte Material (vgl. ebd., S. 13). In dieser Grundannahme offenbart sich in der Videografie die phänomenologische Haltung – „eine Haltung und ein Stil der Welt und den Anderen gegenüber, die sich darin übt, die jeweils andere Erfahrungsweise als andere gelten zu lassen und zugleich diese Geltungsansprüche überprüft" (ebd., S. 14). In diesem Sinne können die Videoaufnahmen nicht als reine Ergänzung zu den Feldnotizen betrachtet werden, sondern haben eine eigene Qualität, die für die vorliegende Untersuchung fruchtbar gemacht werden kann. Im Modus des Auffallens und Auffällig-Werdens geben die Videoaufnahmen Aufschluss bezüglich der (nicht-)expliziten Körperhaltungen und Bewegungsabläufe oder auch der (nicht-)akzentuierten Gesten, die für die Ausdrucksformen von Körper und Leib in der Performancekunst als wesentlich erachtet werden (vgl. Rödel 2019, S. 39, 48).

In Kontrast zu den dargestellten Potentialen der Videografie muss sowohl die Performativität des Verfahrens als auch die Multimodalität der erzeugten Daten (vgl. Brinkmann/Rödel 2016, S. 2) einer kritischen Reflexion unterzogen werden, da sich bestimmte Grenzen und Problemfelder in der Handhabung von Videos im Forschungsprozess aufzeigen lassen. Da die Videoaufnahmen durch studentische Hilfskräfte durchgeführt werden, multiplizieren sich die Perspektiven auf das Unterrichtsgeschehen. Obwohl die Aufzeichnungen einen hohen Detaillierungsgrad aufweisen und die Feldnotizen der Forscherin ergänzen, bleiben die Videoaufnahmen äußerst selektiv, insofern wird in ihrer Ausschnitthaftigkeit immer auch deutlich, welche Ereignisse und Geschehnisse gerade *nicht* festgehalten wurden. Sabine Reh hebt diesbezüglich hervor:

> *„Die Videografie – und in der technischen Medialisierung, in der Technisierung des Wahrnehmungsvorganges wird dieses verdeckt – ist zudem eine Aufnahme aus bestimmter Perspektive, deren Selektivität es zu reflektieren gilt und die keine*

unabhängig von der Perspektive der Forschenden bestehende ‚objektive' soziale Wirklichkeit oder eine wie auch immer geartete Totalität des Geschehens erfasst. Keinesfalls kann man voraussetzungslos und unproblematisch von authentischem und ‚ganzheitlichem' Datenmaterial sprechen." (Reh 2012, S. 157 f.)

Darüber hinaus erhöhen die Videoaufnahmen den Umfang der erhobenen Daten enorm. Das Datenkonvolut in seiner Komplexität kann kaum einer allumfassenden systematischen Auswertung unterzogen werden, sodass in der Auswertung fruchtbare Ansätze exploriert werden müssen, die der Beantwortung der Forschungsfragen dienlich sind und das Forschungsprojekt in seiner inhaltlichen Ausrichtung nicht aus dem Fokus geraten lassen (vgl. ebd.). Weiterhin sei darauf verwiesen, dass die Kamera im Feld Veränderungen hervorruft, da sich die im Feld Beteiligten ihrer Anwesenheit bewusst sind und mitunter direkt auf sie reagieren.

Diese Problematiken können nicht vollumfänglich gelöst werden. Vielmehr zeigt sich, dass es für die vorliegende Untersuchung wichtig ist, dem Videomaterial in bewusst reduktiver, responsiver Manier zu begegnen, indem sich grundlegend bewusst gemacht wird, dass sich mit Hilfe der Videografie Figurationen und Prozesse in ihrer körperlichen Materialität aufzeigen lassen. Die Viodegrafie offenbart zusätzliche Erkenntnis-Chancen, die in der Verlangsamung, Verzögerung und Zerlegung einer Bewegung, einer Handlung, einer Aktion die Ausdrucksformen von Körper und Leib auf spezifische, wenn auch selektive Art und Weise nachvollziehbar macht.

4.2.2.4 Zwischenfazit: Reichweite der Erhebungsmethoden

„In der Materialität des Leibes zwischen Innen und Außen, Eigenem und Fremden erfahren wir vielmehr eine unmittelbare und vorprädikative Präsenz." (Malte Brinkmann und Severin Sales Rödel 2016, S. 5 f.)

Bis zu diesem Punkt ist deutlich geworden, worin die Potentiale und Grenzen der jeweiligen Erhebungsverfahren zu verorten sind und wie sich diese zum einen zu phänomenologischen Grundannahmen und zum anderen zu den Forschungsfragen verhalten. Im Folgenden soll zusammenfassend herauskristallisiert werden, wie die Engführung auf die Erhebungsmethoden begründet wird, in welchem Verhältnis sie zueinanderstehen und wie die Reichweite dieser in Abgrenzung zu anderen Verfahren zu beurteilen ist.

Die vorliegende phänomenologische Einzelfalluntersuchung fokussiert sich auf Basis der bereits erläuterten Operationen Reduktion, Deskription und Variation auf die Analyse der Protokolle teilnehmender Erfahrung und der aufgezeichneten Videodaten. Andere Möglichkeiten der Datenerhebung wurden im Forschungsprozess diskutiert und vor dem Hintergrund der Fragestellungen anschließend begründet ausgeklammert. Ausgehend von einer phänomenologischen Grundhaltung, den Gegenstand an seiner Oberfläche, Präsenz und Materialität zu erforschen, wurden dezidiert die sich zeigenden und in Erscheinung tretenden Ausdrucksformen von Körper und Leib in den performativen Handlungen der Lernenden fokussiert. Diese lassen sich über Beobachtungen und vielsinnliche Wahrnehmungen im Feld durch die Forscherin und die unterstützenden videografischen Medien zielführend festhalten. Dieser Fokus hat zur Folge, dass auf Interviews mit den Lernenden im Feld verzichtet wird, insofern diese als Erhebungsmethoden auf die Rekonstruktion impliziter Strukturen und subjektiver Sichtweisen abzielen und wiederum proaktiv Prozesse bei den Lernenden auslösen würden, die nicht durch den genuinen Unterricht angestoßen wurden (vgl. Flick 2019, S. 209). Vielmehr geht es darum, explizit „im Unterrichtsgeschehen zu bleiben" und die Dynamiken in den Blick zu nehmen, die sich live ereignen und als unhintergehbare, wirksame Setzungen fungieren. Durch die Beobachtungen von Handlungen, Bewegungen und Interaktionen zwischen den Lernenden wird das wahrgenommen, was intersubjektiv in der Gruppe verhandelt und somit – gewiss ausschnitthaft und in graduellen Abstufungen – als Sinn und Bedeutung für alle erzeugt wird. Diese detaillierte Beschreibung einer performativ generierten *Oberfläche* liegt im besonderen Interesse der vorliegenden Untersuchung und soll als kunstpädagogische Grundlagenforschung stark gemacht werden. Da sich an dieser Oberfläche anschließend sowohl lernseitige als auch lehrseitige Perspektiven auf Performancekunstunterricht abbilden lassen, können sie anschlussfähig diskutiert werden.

Darüber hinaus wird darauf verzichtet, die Begleitmaterialien aus dem Unterricht einer systematischen Analyse zu unterziehen. Obgleich die Forscherin Einblick in Portfolios und Klausurausführungen der Schüler*innen hatte, ist in einer ersten Sichtung deutlich geworden, dass diese Dokumente Prozesse abbilden, die kaum auf das Beantworten der Forschungsfragen abzielen. Die Portfolios und die Ausführungen in den Klausuren wurden in der Gruppe nicht besprochen und diskutiert. Somit tragen sie wenig zur *Oberfläche* des Unterrichtgeschehens bei, sondern sind Ausdruck eines individuellen Lernstandes und Reflexionsprozesses. Da die vorliegende Untersuchung als phänomenologische Studie konzipiert ist, in welcher *der Unterricht* in seiner gruppenbezogenen Gesamtheit als Fall konzipiert ist, treten die Individualerzeugnisse der Lernenden in den Hintergrund.

Für die vorliegende Untersuchung sind sowohl die Protokolle als auch die Videoaufzeichnungen folglich grundlegendes Material, um die Forschungsfragen zu beantworten. Beide Datenformen stehen in einem wechselseitigen Verhältnis - sie ergänzen, bereichern und kontrastieren sich. Im Forschungsprozess ist jedoch deutlich geworden, dass den Protokollen teilnehmender Erfahrung im Zuge der Erkenntnisgenerierung ein anderer Stellenwert beigemessen werden muss als den Videoaufnahmen. Da die Protokolle als Ausdruck einer nahen und präsenten Wahrnehmung der Forscherin erachtet werden, fungieren sie gleichsam als bündelnde Kerndokumente, an denen sich die Sichtung des umfänglichen Videomaterials orientieren kann. Sie zeigen sich als Struktur- und Impulsgeber, da sich in ihnen immer spiegelt, wovon die Aufmerksamkeit im Moment der Wahrnehmung affiziert wurde. Es ist im phänomenologischen Sinne Anliegen dieser Untersuchung, dieses Affiziert-werden grundlegend ernst zu nehmen und für die Analyse fruchtbar zu machen.

Innerhalb dieser Ausrichtung des Forschungsdesigns wird deutlich, dass die gewählten Erhebungsmethoden eine begrenzte Reichweite aufzeigen, da sie trotz ihrer auf

Ganzheitlichkeit und Vielsinnlichkeit ausgerichteten Begründung als grundlegend ausschnitthaft und punktuell zu charakterisieren sind. Vor dem Hintergrund dieses Umstandes dienen die Forschungsfragen durchgehend sowohl als öffnende, aber auch rahmende Basis im Forschungsprozess. Engführungen und Ausblendungen werden auf ihrer Grundlage gerechtfertigt und als Leerstellen markiert, die anschlussfähig für vertiefende Forschungsdesiderate sind.

4.2.3 Formen der Deskription

> *„Im Gegeneinanderführen der verschiedenen Texte, in der textuellen Vervielfältigung, entstehen für den Leser oder die Leserin – und das heißt zunächst gerade für die Leserin der eigenen Texte über die eigenen Beobachtungen –, in Lücken und Ambivalenzen verschiedene Deutungschancen oder Deutungsangebote."* *(Sabine Reh 2012b, S. 128)*

Die im Feld erhobenen Daten zeigen sich im Übergang von der Erfahrung *in situ* hin zur phänomenologischen Analyse in ihrer äußerst umfangreichen und komplexen Form. Deshalb stellt sich dieser Schritt als eine sensible Schwelle im Forschungsprozess dar, deren Übertreten methodisch reflektiert werden muss. Die Forschungsfragen dienen auch hier als unumgängliche Rahmungen, an denen sich alle Entscheidungen orientieren. Darüber hinaus gilt es an dieser Schwelle, die Logik qualitativer Forschungsmethodik fruchtbar zu machen, indem der weiterführende Forschungsprozess offen für Veränderungen und Umwege gehalten wird. Entscheidungen werden dabei zum einen retrospektiv getroffen, insofern die Beobachtungen im Feld bereits zu ersten Erkenntnissen bezüglich des Datenmaterials geführt haben. Zum anderen wird die Weiterarbeit prospektiv ausgerichtet, da abgeschätzt werden muss, welche Daten auf welche Art und Weise in einem angemessenen Umfang betrachtet werden können.

Dies führt in der Datenaufbereitung in Anlehnung an das eingangs aufgeführte Zitat von Sabine Reh zunächst dazu, die erhobenen Daten im phänomenologischen Modus der Deskription *textuell zu vervielfältigen*, um Variationen und *Deutungschancen* zu erzeugen. Für die vorliegende Untersuchung bedeutet dies, dass ausgehend vom Rohmaterial Deskriptionsformen begründet werden, welche die Feldnotate und Videoaufzeichnungen in eine anschlussfähige, zusammenhängende Textform überführen. Diese narrativen Beschreibungen besitzen – so der Soziologe Stefan Hirschauer – für den Leser / die Leserin der Arbeit ein konstruktives Moment, das zur Entfaltung gebracht werden müsse. Er schreibt:

> *„Das Beschreiben ist ein kommunikativer Akt, Beschreibungen haben anders als Aufzeichnungen Adressaten. […] Insofern müssen sie eine doppelte ‚Übersetzung' leisten: gelebte Erfahrungen in Sprache und Texte in imaginierte Erfahrungen. […] Beschreibungen müssen ihre beängstigenden Freiheiten nutzen, das heißt aber auch: sie müssen sich an ihren analytischen Leistungen messen lassen, und daran, ob sie innerhalb wissenschaftlicher Kommunikation dazu herausfor-*

> *dern, neue und abweichende Beschreibungen an sie anzuschließen." (Hirschauer 2001, S. 442 ff.)*

Die Gütekriterien dichter Beschreibungen zeigen sich im Deskriptionsprozess hauptsächlich in der empirischen Verdichtung der analogen und digitalen Aufzeichnungen durch genaueste sprachliche Darstellung und begriffliche Zerlegung winziger Details (vgl. ebd.). In der vorliegenden Untersuchung findet dieser Prozess auf vier Ebenen statt:

(1) Die handschriftlichen Protokolle teilnehmender Erfahrung/Beobachtung werden digitalisiert und kommentiert.
(2) Die sechs Präsentationen der Abschlussperformances werden auf Grundlage der Videoaufzeichnungen detailliert deskribiert.
(3) Die Unterrichtseinheit wird in ihrer methodisch-didaktischen Struktur tabellarisch rekonstruiert.
(4) Es werden Vignetten formuliert, die Szenen aus dem Unterrichtsgeschehen veranschaulichen.

Diese vier Deskriptionsformen bilden den Kern der vorliegenden phänomenologischen Einzelfallanalyse. Allen vier Formen liegt in Anschluss an die Überlegungen Sabine Rehs „eine Beobachtungs-bewusste, eine Selbst-bewusste und eine Text-bewusste Art des Arbeitens an und mit Beobachtungen" (Reh 2012b, S. 127) zu Grunde, die in phänomenologischer Weise zum Kern der Sache vorzudringen versuchen. Im Folgenden wird genauer ausgeführt, wie sie sich charakterisieren lassen und worin ihr spezifisches Potential für die vorliegende phänomenologische Einzelfalluntersuchung liegt. Auch wenn die einzelnen Formen an dieser Stelle als chronologische Einheit aufgeführt und erläutert werden, wurden sie im Forschungsprozess zu jeweils unterschiedlichen Zeitpunkten entwickelt und zur Analyse herangezogen.

4.2.3.1 Digitalisierung und Kommentierung der Protokolle teilnehmender Erfahrung

> *„Das, was die Forschenden wahrnehmen und erfahren, zeigt sich ihnen erst, indem sie es zum Ausdruck bringen. Erst im Ausdrücken selbst, beispielsweise im Versprachlichen und Verschriftlichen der gemachten Erfahrungen im Feld, wird die mehrdeutige Erfahrung als eine bestimmte Erfahrung festgestellt und dadurch zugänglich gemacht." (Evi Agostini 2019, S. 308)*

Die handschriftlichen Aufzeichnungen der Beobachtungen aus dem Unterrichtsgeschehen haben eine lebendige Struktur, die die Komplexität des Geschehens *in situ* gleichsam bildhaft darstellen. Als *Urdokumente* zeugen sie in ihrer Form von der Flüchtigkeit des Geschehens, insofern die Aufzeichnungen zwischen Stichpunkten und Schlagworten changieren, Unterstreichungen und Pfeile die Gleichzeitigkeit verschiedenster Beobachtungen und Erfahrungen darstellen bzw. auf die wahrgenommenen Verstrickungen im Unterrichtsgeschehen verweisen. Der clusterartige Charakter dieser handschriftlichen Aufzeichnungen wird im Forschungsprozess zeitnah nach dem Feldaufenthalt digital verschriftlicht und in konsistenter Form dargestellt. Ziel ist es, eine Textform nah an den präsenten Beobachtungen und Wahrnehmungen *in situ* zu schaffen, die auch mit zeitlichem Abstand im Forschungsprozess nachvollziehbar und dicht an Eindrücken ist. Die Notate erhalten auf diesem Wege, ergänzt durch die vollständige Bezeichnung der Unterrichtsabschnitte, eine erste Struktur, die auf inhaltliche Kohärenz und zeitliche nachvollziehbare Dimensionierung überprüft werden kann. Dabei wird Wert daraufgelegt, keine sinnverändernden Eingriffe zu vollziehen, sondern die Mitschriften so nah wie möglich am Original auszurichten. Die Wortwahl wird stellenweise präzisiert bzw. ergänzt. Notate, die in dieser ersten Durchsicht keineswegs zu entschlüsseln sind, werden nicht übernommen. Die bereits in den handschriftlichen Feldnotizen vorgenommenen, symbolhaften Kommentare werden in der Digitalisierung der Notate einer kritischen Reflexion unterzogen und ggf. systematisch übernommen.

Diese erste Durchsicht und Transformation der Notate in digitale Form eröffnen neben der Sicherung und Vereinheitlichung der Darstellung einen ersten vagen Deutungsrahmen, dem unter phänomenologischen Prämissen responsiv begegnet wird. Es gilt, sich dem eigenen Material zu öffnen, es mit erinnerten Eindrücken und Überlegungen anzureichern und entlang der Forschungsfragen nach Anklängen erster Hypothesen zu suchen, um weitere Erkenntniswege zu imaginieren. Diese Überlegungen werden farbig markiert, da sie als ergänzende Schicht über die ursprünglichen Protokolle hinaus gehen. In dieser bewusst herbeigeführten Begegnung mit den eigenen Protokollen finden eine erste Verdichtung und Anreicherung statt, die als Katalysatoren fungieren, welche den phänomenologischen Forschungsprozess initiieren. Die digitalisierten und angereicherten Protokolle teilnehmender Erfahrung sind somit Zeugnisse eines individuellen Zugangs zum Feld, die im gesamten Forschungsprozess immer wieder als Kerndokumente herangezogen werden. In Bezug auf die Lebendigkeit der teilnehmenden Erfahrung und die im Beobachtungsprozess jeweils gerichtete Aufmerksamkeit bleiben sie durchweg aufschlussreich und sinnstiftend.

4.2.3.2 Deskription der Abschlussperformances

> *„Die ‚Wörtlichkeit' der Sprache und die ‚Buchstäblichkeit' der Schrift haben ein analytisches Verhältnis zu eigenen Sinneswahrnehmungen geschaffen." (Stefan Hirschauer 2001, S. 440)*

In der ersten Sichtung der Protokolle teilnehmender Beobachtung und Erfahrung ist offenbar geworden, dass das Aufführen einer von den Lernenden eigens motivierten, konzipierten und imaginierten Performance in der sechsten Doppelstunde als sehr konzentrierte und dichte Live-Situation wahrgenommen wurde, in welcher Transformationsprozesse von Körper und Leib besonders deutlich in Erscheinung treten. Der Eindruck, dass im Moment des Aufführens noch einmal etwas *kippt* bzw. sich spürbar verschiebt, war aus Perspektive der Forscherin allen Beteiligten bewusst und wurde anschließend von den Schüler*innen im Gespräch kommuniziert. Die Abschlussperformances zeigen sich somit als ein Kulminationspunkt, in welchem in Bezug auf Performancekunst ein Gestaltungs- und Verstehensprozess zum Ausdruck kommt, der ko-präsentisch und fokussiert im Modus der Aufführung verhandelt wird. In diesem Sinne wurde in der Anlage des Forschungsdesigns die Entscheidung getroffen, der Deskription der Abschlussperformances einen besonderen Stellenwert beizumessen, um ausgehend von dieser Grundlage alle anderen Daten zu analysieren. Somit beruht ein Großteil der Erkenntnisse aus der vorliegenden Untersuchung auf einer detaillierten Deskription der in der sechsten Doppelstunde präsentierten Abschlussperformances.

Die Beschreibungen der sechs Abschlussperformances zielen in ihrer qualitativen Ausrichtung auf Präzision und Verdichtung. Im Sinne einer phänomenologischen Forschungshaltung sollen sie Ausdrucksformen von Körper und Leib zunächst möglichst detailliert und mikrodeskriptiv Form annehmen (vgl. Westphal/Zirfas 2014b, S. 65). Es wird vor allem auf die körper- und leiblichen Äußerungen der Lernenden geachtet. Handlungen und Bewegungen werden in ihren Abfolgen und interaktiven Ausrichtungen beschrieben. Körperhaltungen, Gesichtsausdrücke und Gesten werden in Sprache transformiert (vgl. Brinkmann/Rödel 2016, S. 24). Um diese vielseitigen Ausdrucksformen adäquat darzustellen, wird in diesem deskriptiven Arbeitsschritt hauptsächlich mit den aufgezeichneten Videodateien gearbeitet. Das Material lässt sich auf diese Weise fixieren und wiederholt betrachten. Durch die schriftliche Entfaltung körperlicher Ausdrucksformen werden die ereignishaften performativen Handlungen zeitlich gestreckt und im Detail ersichtlich.

Die sechs deskribierten Aufführungen haben jeweils einen zeitlichen Umfang von fünf bis sieben Minuten. Sie werden auf dem Podest der Probebühne präsentiert. Alle am Unterricht teilnehmenden Schüler*innen performen jeweils in Kleingruppen von zwei bis vier Personen. Die Deskriptionen nehmen jedoch lediglich die Zeitspanne zwischen beginnender und endender Handlung in den Blick – zwei Fixpunkte, die sich durch das Eintreten konzentrierter Stille und abschließend durch das Applaudieren der Mitschüler*innen kennzeichnen. Alle rahmenden Nebendynamiken werden in der Deskription zumeist ausgeblendet, es sei denn, es wird deutlich, dass sie die gestaltenden Handlungen der performenden Lernenden beeinflussen.

Darüber hinaus werden im Deskriptionsprozess die Fragen nach dem Modus des Schreibens, der Perspektive und Sprecher*innen-Instanz durchgehend bedacht: Von wo aus wird über das Geschehen berichtet? Was kann der Leser / die Leserin des Textes sehen und imaginieren? Worin liegen die Grenzen der Beschreibung? Wird berichtet oder erzählt? Wird etwas szenisch dargestellt oder gar dramatisch gestaltet? (vgl. Reh 2012b, S. 126) Das Verfassen der Deskriptionen muss dementsprechend durchgehend kritisch diskutiert werden, insofern in dieser Fixierung und zeitlichen Dehnung des Wahrgenommenen ein manipulatives Moment zu verzeichnen ist, das im Kontrast zum flüchtigen Charakter performativer Körperarbeit *live in situ* steht (vgl. Hirschauer 2001, S. 441). Der vorgeprägte Blick der Forscherin tritt in ihnen besonders deutlich in Erscheinung. Grundlegend folgt der Deskriptionsprozess jedoch der Annahme, dass nur eine genaue, verlangsamte Beschreibung in der Lage ist, Gleichzeitiges, Synchrones und Interaktives in seiner Komplexität zu entzerren und als Aggregierung darzustellen. So können Ausdrucksformen von Körper und

Leib in allen Facetten analytisch betrachtet werden und im Anschluss idealerweise auch in der flüchtigen Beobachtung wahrgenommen bzw. in kunstpädagogischer Praxis berücksichtig werden.

4.2.3.3 Tabellarische Darstellung des Stundenverlaufs

> *„Wichtig wäre es […], Notizen so zu verfassen, dass diese es ermöglichen, später, in der Bearbeitung, in ihrer ‚Verarbeitung' zu weiteren Texten – im Re-Writing – auch etwas Anderes, auch von der Beobachtung nicht Intendiertes, zur Präsenz zu bringen." (Sabine Reh 2012b, S. 124)*

Auf Grundlage der digitalisierten Protokolle wird der Unterricht im Verlauf des Forschungsprozesses systematisch tabellarisch aufgearbeitet, um ihn als Konzept darzustellen und als kunstpädagogische Praxis zu würdigen. Die Tabellen zielen außerdem darauf ab, dem Leser/der Leserin der Arbeit die Möglichkeit zu geben, die Unterrichtssequenz zur Performancekunst in ihrer methodisch-didaktischen Aufbereitung abzubilden. Unterrichtsphasen, Impulse und Interaktionsformen können somit nachvollzogen werden. Die Videoaufnahmen haben sich für diesen Arbeitsschritt als große Hilfe erwiesen, da sie die Rekonstruktion der methodisch-didaktischen Aufbereitung erleichtert haben. Die tabellarische Darstellung orientiert sich an folgenden Punkten:

I. *Struktur* (ungefährer zeitlicher Rahmen, Raum, didaktische Phase, Verweis auf Deskriptionen und Vignetten)
II. *Inhalt* (Darstellung der Interaktion zwischen Kerstin Chill und Lernenden, besonders sinnstiftend Aufgaben- und Reflexionsimpulse)
III. *Medien, Materialien, Raumsetting* (Rahmenbedingungen des Unterrichts)

Innerhalb dieser Struktur können die Deskriptionen der Abschlussperformances und die Vignetten aus dem Unterrichtsgeschehen verortet werden. Unter phänomenologischen Prämissen werden die Tabellen jedoch keiner weiteren Analyse unterzogen, sondern sind als horizonthafte Rahmung zu verstehen, innerhalb derer die akribischen Beschreibungen ihren Bezugspunkt haben.

4.2.3.4 Vignetten aus dem Unterrichtsgeschehen

> *„Die Vignette ist nicht lediglich eine nachgetragene Veranschaulichung einer Beobachtung, die es auch ohne sie gibt. Vignetten sind sprachliche Gestaltungen konkreter, sinnlicher Erfahrungen." (Käte Meyer-Drawe und Johanna F. Schwarz 2015, S. 125)*

Die detaillierten Beschreibungen der Abschlussperformances stehen in Korrelation zu einem Datenkonvolut aus der teilnehmenden Erfahrung und Videografie, das sich auf die gesamte Unterrichtseinheit bezieht und somit über diesen punktuellen Fokus hinausgeht. Es ist Anliegen der vorliegenden Untersuchung, die Erkenntnisse der phänomenologischen Analyse der Abschlussperformances mit den wahrgenommenen Dynamiken aus dem Unterrichtsgeschehen zu verknüpfen, um die Verzahnung von Prozess und Ergebnis bzw. Produktion, Rezeption und Reflexion im Performancekunstunterricht zu beleuchten. Dabei geht es zunehmend weniger darum, eine akribische und detaillierte Deskription kleinster Veränderungen der zum Ausdruck kommenden Körper- und Leiblichkeit der Lernenden festzuhalten. Vielmehr richtet sich der Fokus der Forscherin im fortschreitenden Analyseprozess darauf, die Lebendigkeit der Situationen im Unterricht in ihrer resonanten lehr- und lernseitigen Verzahnung anregend darzustellen.

In dieser Bewegung hat sich der Blick auf die Protokolle teilnehmender Erfahrung noch einmal geschärft, mitunter sogar sinnstiftend verschoben. Mit dem Wissen um die erarbeiteten Ausdrucksformen von Körper und Leib aus der bis zu diesem Zeitpunkt abgeschlossen Analyse der Deskriptionen der Abschlussperformances werden die Protokolle mit frischem Blick gelesen und bestimmte Passage für prägnante Kurzbeschreibungen kondensiert. Beim Verfassen dieser Kurztexte dient die sog. Vignettenforschung als Orientierung, die vor allem in der phänomenologisch ausgerichteten Bildungswissenschaft praktiziert und etabliert wird (siehe dazu Abschnitt 4.1.3.2).

Vignetten sind phänomenologische Texte, die auf Protokollen teilnehmender Erfahrung basieren. Als kurze, prägnante Erzählungen veranschaulichen sie Erfahrungsmomente und eröffnen als sinnlich-ästhetische Vergegenwärtigungen Erkenntniswege im Forschungsprozess (vgl. Agostini 2019, S. 302). Sie reduzieren die unterrichtliche Situation dabei nicht auf das gesprochene Wort, sondern berücksichtigen die Zwischenleiblichkeit und tatsächlichen Handlungen der Lernenden (vgl. Meyer-Drawe/Schwarz 2015, S. 126).

Für die vorliegende Untersuchung ist die Deskriptionsform der Vignette vor allem deshalb aufschlussreich, da sie genuin über leibliche Responsivität im unterrichtsbezogenen Forschungsprozess begründet wird. Evi Agostini schreibt dazu:

> *„Die Vignette zeichnet sich durch ihre wahrnehmbare pädagogische Achtsamkeit und Zuwendung aus, sodass […] der Blick auf häufig vernachlässigte leibliche Erfahrungen gelenkt wird, die im Schulunterricht häufig im Schatten eines marginalisierten, disziplinierten und normalisierten Subjekts stehen. Leiblichkeit wird in diesem Zusammenhang als Voraussetzung für Erkenntnis begriffen."* (ebd., S. 302)

Unter der phänomenologischen Prämisse, dass der Mensch aufgrund seines Leibes vor aller Reflexion bereits mit der Welt und den anderen in der Welt verwoben ist, sind Vignetten als Ausdrucksform dieses Weltverhältnisses als Resonanzräume zu verstehen, in denen sich Erfahrungen verkörpern und als vergegenwärtigte Spuren nachklingen (Bauer/Schratz 2015, S. 168). Sie versuchen, den Reichtum der Wahrnehmungen *in situ* zu fassen und durch eine präzise, prägnante, pointierte Versprachlichung darzustellen, wie die körper- und leibgebundenen Ausdrucksweisen der Schüler*innen als Lernerfahrungen in Erscheinung treten. Mit den Worten Evi Agostinis nehmen Vignetten „Leiblichkeit ernst, indem sie neben sprachlichen nicht-sprachliche Erfahrungsmomente in schöpferische Ausdrucksformate überführen und damit dem Lernen *als* Erfahrung einen leiblichen Artikulationsraum verschaffen" (Agostini 2019, S. 305).

Eine Vignette ist – wie jedes geschriebene Wort – kaum vollständig oder gar objektiv. Ihre Grenzen liegen in der leiblichen Erfahrung selbst, die nur bedingt intersubjektiv nachvollziehbar ist. Außerdem kann jede signifizierende Versprachlichung in ihrer unumgänglichen Nachträglichkeit immer nur graduell angemessen artikuliert werden. Nichtsdestotrotz entwickelt diese Deskriptionsform ihre Stärke vor allem dann, wenn sie in ihrer Konkretheit an die Leiblichkeit und die individuell vorgeprägten Erfahrungen der Leser*innen der vorliegenden Untersuchung appelliert und sie in das beschriebene Handlungsgeflecht hineinzieht (vgl. ebd., S. 306). Die Bildungsforscherinnen Käte Meyer-Drawe und Johanna F. Schwarz fassen dieses Anliegen treffend zusammen:

> *„Vignetten verhindern, falls ihnen die Verdichtung gelungen ist, eine unmittelbare Interpretation. Weil wir stets mehr gesehen haben und wissen, als wir sagen können, erzeugen wir im Vignettenschreiben unbemerkt Überschüsse für die Lesenden. Dieses Surplus kann dazu führen, dass man in die Vignette hineingezogen wird, sie gleichsam von innen erlebt, ohne Zeuge des Unterrichtsgeschehens gewesen zu sein. Von gelungenen Vignetten wird unsere leibliche Responsivität angesprochen. […] Damit haben Vignetten einen zündenden Effekt. Diese Einstellung zur Vignette, die sie nicht am Maßstab begrifflicher Präzision und Generalisierung scheitern lässt, ermöglicht uns, ihren Reichtum auszuschöpfen. Die Vignette hat eine Genauigkeit eigener Art. Sie ist nicht präzise im Sinne definitorischer Ansprüche. Sie ist prägnant, d. h. trächtig. Sie begrenzt nicht, sondern verführt durch Üppigkeit, welche die bändigende Macht der Sprache in Erinnerung hält." (Meyer-Drawe/Schwarz 2015, S. 128)*

Als Ergänzung zu den feingliederigen, detaillierten und nach Ganzheitlichkeit strebenden Deskriptionen der Abschlussperformances unterfüttern die Vignetten aus dem Unterrichtsgeschehen die vorliegende Untersuchung mit der Wahrnehmung von Lebendigkeit und ereignishafter Dynamik, die den schulischen Kunstunterricht charakterisieren. Die verbalen Äußerungen der Lernenden und die Impulse der Lehrerin werden dazu in den Fließtext eingeflochten, um die Verwobenheit von Handlung und Sprache bzw. Produktion und Reflexion zum Ausdruck zu bringen. Sie werden lediglich kursiv als direkte Rede markiert. Der Umfang der Vignetten changiert stark. Kurze Momente geraten ebenso in den Fokus dieser Deskriptionsform wie die Darstellung zusammenhängender Sequenzen aus dem Unterrichtsgeschehen.

4.2.4 Analyse Part I: Variation der Ausdrucksformen von Körper und Leib in den Abschlussperformances

> *„Denn Sehen und Hören gehen nicht im bloßen Sehen und Hören auf. Wir sehen und hören stets immer etwas als etwas, nehmen also immer etwas in bestimmter Weise wahr." (Kristin Westphal 2015, S. 40)*

Wie bereits angerissen, nimmt die deutende und interpretierende Tätigkeit in der vorliegenden Untersuchung ihren Ausgangspunkt mit der Analyse der sechs Abschlussperformances, die von den Lernenden in der sechsten hospitierten Doppelstunde in Gruppen präsentiert und die im Zuge der Datenaufbereitung detailliert deskribiert wurden. Ausdrucksformen von Körper und Leib, die durch die Abschlussperformances für die Lerngruppe sichtbar in Erscheinung treten, stellen einen Kulminationspunkt der lernseitigen performativen Aushandlung dar und geben Aufschluss darüber, welche künstlerischen Gestaltungsprozesse von den Lernenden exploriert wurden. Dieser Analyseansatz folgt der Vorannahme, dass auf Grundlage der detaillierten Deskriptionen Kategorien und Konzepte entwickelt werden können, die die Sichtung des umfangreichen Datenmaterials aus den vor- und nachgelagerten Doppelstunden im Anschluss lenken und orientieren. Die zu erarbeitenden Ausdrucksformen aus den sechs Abschlussperformances verweisen dann sowohl auf Erarbeitungsprozesse aus den vorbereitenden Unterrichtsprozessen als auch auf die nachbereitende intersubjektive Reflexion in der siebten Doppelstunde, die sich hauptsächlich auf die gemeinsame Wahrnehmung der Abschlussperformances bezieht. Diese Vorgehensweise folgt dem Ziel, unterschiedlichen Entwicklungen der performativen Handlungen der Schüler*innen im Laufe der gesamten Unterrichtseinheit nachzuspüren, ohne dogmatisch auf strenge Wirksamkeitsmechanismen zu schlussfolgern. Eine chronologische Betrachtung der Unterrichtseinheit wird in diesem Sinne zu Gunsten einer phänomenengerechten, fokussierten Analyse aufgebrochen.

Im Zuge der Analyse möchten die deskribierten Phänomene tiefgründig verstanden und nachvollzogen werden. Dies bedeutet, die Sachverhalte „in langen reflexiven Schleifen" (Brinkmann/Rödel 2016, S. 29) zu sichten, zu kategorisieren, zu deuten und zu beurteilen, „um dem Anspruch der Sache und unserem Antworten darauf gerecht zu werden" (ebd., S. 27). Im Modus der Variation und des Vergleichs werden an den Deskriptionen Merkmale, Typen und Schemata der Ausdrucksformen von Körper und Leib in den Abschlussperformances ermittelt. Es gilt, die Sichtweisen auf das Material immer wieder zu befremden und somit die Mannigfaltigkeit des Materials nie ganz aus dem Griff zu lassen (vgl. Brinkmann 2015b, S. 40). Wie sich dieser Prozess konkret vollzogen hat, wird im Folgenden in vier Schritten dargelegt. Die ersten beiden Arbeitsschritte vollziehen sich jeweils einzeln an den Deskriptionen der Abschlussperformances und werden somit sechs Mal wiederholt, die beiden letzten Arbeitsschritte setzen die Erkenntnisse aus den sechs Einzelfallanalysen vernetzend miteinander in Bezug und streben nach zunehmender Verallgemeinerung:

(1) *Materialsichtung und Kategorisierung:* Die Deskriptionen der einzelnen Abschlussperformances werden zunächst mehrmals gelesen, um in der Durchsicht „Verstehens-Hinsichten und Verstehens-Erfahrungen" (Brinkmann/Rödel 2016, S. 25) zu erzeugen. Dazu werden einzelne Textabschnitte in den Deskriptionen mit kurzen Wortgruppen kategorisiert. Eine Kategorie wird als zuschreibende Gruppe definiert, in die jemand oder etwas eingeordnet wird. Das Kategorisieren bezeichnet eine kognitive Fähig-

keit, unterschiedliche Sachen zu sortieren und einzuordnen (vgl. Duden). Im qualitativen Forschungsprozess werden mit einer Kategorie Phänomene jeglicher Art gekennzeichnet und unterschieden, um damit die erhobenen Daten zu erschließen, zu beschreiben und zu erklären. Kategorien können die Form eines ganz einfachen Kennwortes annehmen, sie können als kurze beschreibende Stichworte angesetzt werden oder auch einen komplexen theoretischen Begriff umschließen (vgl. Kelle/Kluge, 2010, S. 60). Dieser Prozess widmet sich dem Material mit größtmöglicher Offenheit, vollzieht sich jedoch regelgeleitet und strebt dabei an, „Strukturen und Muster im Datenmaterial zu identifizieren, die dann etwa zur Bildung neuer Kategorien bzw. Subkategorien führen können" (ebd., S. 59). In der phänomenologischen Analyse wird das Kategorisieren selten explizit als Arbeitsschritt erläutert, vielmehr begleitet er die reflexiv-lebendigen Verschriftlichung des Datenmaterials und die anschließende reduktive Lektüre des Materials. Das Anlegen von Kategorien und Typen wird im Allgemeinen dem Modus der Variation zugeordnet, in welchem unterschiedliche Hinsichten auf die exemplarischen Beschreibungen generiert werden. Das erhobene Material wird mehrmals gesichtet, beurteilt und kategorisiert, um Sinn zu pluralisieren und „in der Variation [...] eine Überkreuzung von real Wahrgenommenem und theoretisch Imaginiertem, vom empirisch Gegebenen und theoretisch Eingelegten stattfinden zu lassen." (Vgl. Brinkmann /Rödel 2016, S. 56).

Um die Ausdrucksformen von Körper und Leib in den Deskriptionen der Abschlussperformances kategorial zu bezeichnen, wird mit präzisen Adjektiven und Verben gearbeitet, um performative Handlungen und Vorgänge zu veranschaulichen. Dabei ist es wichtig, dass die Kategorien beispielgebend, sprich eng an der Deskription verdichtet werden, damit körperliche Handlungen der Lernenden im Fokus bleiben (z.B. *sich zueinander positionieren, sich abwenden, sorgsam mit dem Material umgehen*). Andere Kategorien weisen einen höheren Grad an Abstraktion auf und indizieren auf diese Weise auf Verallgemeinerung zielende Bedeutungseinheiten, die im Analyseprozess erörtert werden können (z.B. *in Erscheinung treten, den Anderen als Anderen markieren, auf das Ereignishafte reagieren*).

(2) *Deutende Auseinandersetzung mit den einzelnen Abschlussperformances:* Nachdem die Deskription kategorisiert wurde, werden diese je Abschlussperformance thematisch geclustert und zu Bedeutungseinheiten zusammengeführt. Auf Grundlage der geclusterten Bedeutungseinheiten werden dann analytische Memos verfasst, welche als Arbeitsdokumente zu verstehen sind, die fortwährend trianguliert werden und dazu dienen, umfangreiche Zugänge zum Material in Form von kohärenten Ausführungen zu erzeugen. Auszüge aus der Deskription werden dazu herangezogen und mit den Überlegungen verflochten. Die Deskriptionen der Abschlussperformances werden auf diese Weise zu griffigen Texten, die hermeneutisch de- und rekonstruiert werden. Dieser Prozess zielt darauf ab, den Unter-

suchungsgegenstand von möglichst vielen Seiten her zu betrachten, um so das Wesenhafte der geclusterten Kategorien herauszustellen. Er dient dazu, Deutungsvariationen zu initiieren und eine zusammenhängende, argumentativ nachvollziehbare Darstellung einzelner Konzepte zu strukturieren.

Mit fortschreitender Analyse und der abgeschlossenen Bearbeitung mehrerer Abschlussperformances präzisiert sich das Formulieren analytischer Memos hin zu einem fokussierten Prozess, der lediglich ‚Neues' in den Blick nimmt bzw. vorab Erarbeitetes ausdifferenziert. Qualitativer Forschungslogik folgend wird die Analyse im Prozessverlauf verengt, um den Erkenntnisstand zunehmend zu verdichten. Nach Abschluss der Einzelfallanalysen, die sich auf jeweils eine Abschlussperformance beziehen, wird eine Kurzzusammenfassung der Erkenntnisse formuliert, in denen anhand von Kürzeln auf die Analysememos referiert wird.[4] Die Abschlussperformances der Schüler*innen werden im Zuge dieses Arbeitsschrittes tiefgreifend und detailliert auf körperliche Handlungen und auf deren Wechselwirkung mit gruppendynamischen, materialgebundenen und ereignishaften künstlerischen Gestaltungsprozessen hin befragt. Es entstehen umfängliche Texte in Form von inhaltlichen Analysememos, die sich jeweils an einem Fokus abarbeiten, welcher sich aus der Systematisierung der Deskriptionskategorien ergeben hat.

(3) *Vergleich der Erkenntnisse und Schlussfolgerung auf performanceübergreifende Konzepte:* Um die Erkenntnisse, die sich zunächst nur auf die jeweilige Abschlussperformance beziehen, vergleichend und synthetisierend miteinander in Bezug zu setzen, werden die Analysememos inhaltlich enggeführt und thematisch verallgemeinert. Dazu werden die einzelnen Analysememos durch kleine Wortgruppen prägnant zusammengefasst und somit gleichsam erneut kategorisiert. Diese schlagwortartigen Zusammenfassungen werden anschließend einem wiederholten Systematisierungsprozess unterworfen, der nunmehr jedoch darauf abzielt, Typen und Schemata im Modus des Vergleichs zwischen den Abschlussperformances herauszukristallisieren. Auf diesem Wege entsteht ein umfassendes Strukturbild, in welchem die Erkenntnisse aus allen sechs Performanceanalysen miteinander in Bezug gesetzt werden können. In dieser reflexiven Schleife vollzieht sich somit ein zugespitzter Abstraktionsprozess, der den Blick auf das Material erneut verschiebt und schärft. Es ist Ziel dieser methodischen Vorgehensweise, übergeordnete Konzepte herauszukristallisieren, die die Ausdrucksformen von Körper und Leib in der Performancekunst systematisch abbilden und als „Theorien mit begrenzter Reichweite" (Brinkmann 2015, S. 40) fungieren. Die Erkenntnisse werden in diesem Arbeitsschritt somit von der Mikro- auf die Makroebene transformiert.

(4) *Synthetisierende Darstellung der entwickelten Konzepte:* Abschließend werden die gewonnen Erkenntnisse als zusammenhängender Fließtext dar-

4 Siehe dazu die Kurzzusammenfassungen der einzelnen Performanceanalyse unter Abschnitt 5.3.

gestellt.[5] Fünf Konzepte werden in ihrer Charakteristik und Ausdifferenzierung zusammenfassend erläutert:

i. Körper und Leib als künstlerisches Material

ii. Modi des Performens

iii. Ereignis- und präsenzbezogene Phänomene in der Performance

iv. Der Körper im intermedialen Gestaltungsprozess

v. Körperliche Interaktion in der Performance

Die synthetisierende Darstellung zielt darauf ab, die gewonnen Erkenntnisse im Zusammenhang darzustellen und der Fachcommunity zu präsentieren. Auf vertiefende Theorieanbindungen und Diskurskontexte wird an dieser Stelle noch weitestgehend verzichtet, um die Nähe der Erkenntnisse zum Datenmaterial zu betonen. Lediglich Begriffe und Definitionen werden mit Sekundärliteratur kontrastiert und validiert. Im Zuge dieser zusammenhängenden Argumentation werden Ausschnitte aus den Deskriptionen der Abschlussperformances zitiert und kursiv hervorgehoben, um die Ausführungen zu veranschaulichen und auf die deskriptiven Kerndokumente zu verweisen.

Im Großen und Ganzen ist der Part I der phänomenologischen Analyse in der vorliegenden Untersuchung als ein reduktiver Prozess zu verstehen, der darauf abzielt, die sichtbaren Ausdrucksformen von Körper und Leib in den Abschlussperformances präzise in den Blick zu nehmen und möglichst variantenreich auszulegen. Die Abschlussperformances stellen einen begrenzten Ausschnitt aus der beforschten Unterrichtseinheit dar, werden jedoch als wesentlicher Kulminationspunkt im performativen Lernprozess verstanden und somit in Bezug auf die Forschungsfragen als besonders aussagekräftig erachtet.

4.2.5 Analyse Part II: Variation der Ausdrucksformen von Körper und Leib in der Vignettenlektüre

> *„Das erste etwas ist uns nur im Sinne des zweiten etwas gegeben. ‚Bedeutung gewinnen' ist daher doppeldeutig; denn es meint nicht nur, dass man etwas versteht, sondern gleichzeitig, dass es einem etwas bedeutet." (Käte Meyer-Drawe und Johanna F. Schwarz 2015, S. 128)*

Die bis zu diesem Zeitpunkt in der Analyse erzeugten Erkenntnisse zielen auf eine punktuelle Verdichtung der performativen Auseinandersetzung in den Abschlussperformances. Als begründete Konzepte fordern sie im Rahmen der übergeordneten Forschungsfragen Anschlussfragen heraus, die sich konkret auf das lernseitige *Davor* und das *Danach* in der Unterrichtseinheit beziehen: Wie wurden Körper und Leib als performative Ausdrucksformen in den vorgelagerten Doppelstunden von den Lernenden exploriert und gestaltend ausgehandelt? Welche Impulse wurden lehr-

5 Siehe dazu Kapitel 6 der vorliegenden Untersuchung.

seitig gesetzt? Wie haben die Lernenden darauf körperlich handelnd reagiert? Wie wurde das Unterrichtsthema Körper, Haut und Hülle eingeführt und in den Gruppen diskutiert? Welche Aspekte performativen Arbeitens wurden vorab geübt und angeleitet erkundet? Welche Aspekte haben sich im gestaltenden Arbeitsprozess der Lernenden ergeben? Wie haben die Lernenden ihren eigenen Ideenfindungs- und Gestaltungsprozess reflektiert?

Um diese Fragen zu beantworten, orientiert sich ein zweiter Part der Analyse auf die Vignetten, die auf Grundlage der Protokolle teilnehmender Erfahrung und Videoaufnahmen verfasst wurden. In diesen phänomenologischen Kurztexten werden die konkreten Erfahrungssituationen aus dem Unterrichtsgeschehen möglichst prägnant eingefangen. Im Gegensatz zu den detaillierten Deskriptionen der sechs Abschlussperformances geben die Vignetten Einblick in schulischen Unterricht als interaktives und kommunikatives Geschehen, in dem „nicht das bildende Subjekt im Mittelpunkt steht, sondern ein gemeinsam geteilter Lebenszusammenhang" (Baur/Schratz 2015, S. 163). In Bezug auf die lehr- und lernseitige Ausgestaltung des Unterrichts gelangt das Einprägsame, Eigentümliche, Erfreuliche, Verstörende, Neugierig-Machende in den Analysehorizont, um die Lebendigkeit der performativen Auseinandersetzung aufzuzeigen und somit „dem Überschüssigen des Lernens zum Ausdruck zu verhelfen" (ebd., S. 166).

Die Analyse von Vignetten wird methodisch als Lektüre bezeichnet (vgl. Agostini 2015, / Meyer-Drawe/Schwarz 2015, Baur/Schratz 2015). Der Bildungswissenschaftler Michael Schratz charakterisiert diesen Prozess wie folgt:

> *„Lektüren der Vignetten sind ein Fragen und Weiterfragen und gleichen eher Suchbewegungen als Festschreibungen. Sie sind ein Lesen und Weiterlesen, ein Sehen und Wiedersehen, ein Zusammentragen, Auflesen, Verlesen und ein Sammeln dessen, was da noch ist, und was der erste, zweite oder dritte Blick übersieht. Sie sind ein Nachdenken über das, was uns als Lesende an den artikulierten Erfahrungen besticht, was uns anrührt und betroffen macht. […] Unsere Sachen hier sind die gelebten Erfahrungen von Schülerinnen und Schülern. Unsere Sache ist die Spurensuche des Lernens, das sich darin verkörpert, nicht methodisch-didaktische Inszenierungen oder die (Un-)Wirksamkeit pädagogischen Handelns." (Schratz/Schwarz/Westfall-Greiter 2012, S. 39 f.)*

Die Lektüre der Vignetten vollzieht sich in der vorliegenden Untersuchung vor dem Hintergrund eines bereits gereiften Erkenntnisstandes, sodass der fortschreitende Analyseprozess mit dem vorab Erarbeiteten verflochten werden muss. In Anschluss an das eröffnende Zitat von Käte Meyer-Drawe und Johanna F. Schwarz ist dementsprechend zu betonen, dass die Vignetten nicht allein nur aus sich heraus zu verstehen sind, sondern vor dem Hintergrund der Untersuchung immer schon *als etwas* in Erscheinung treten und der Forscherin somit *etwas* bedeuten. Das heißt nicht, dass die Arbeitsweise an diesem Punkt als hypothesenprüfende Methode zu verstehen ist. Vielmehr folgen die Überlegungen dem Ziel, die herauskristallisierten Ausdrucksformen von Körper und Leib aus den Abschlussperformances unter verschobener Perspektive erneut zu befragen und „auf die Aufforderungen, Affizierungen, Ansprüche einer Vignette zu respondieren" (Baur/Schratz 2015, S. 173). Es geht darum, sich dem Material zu öffnen, den vorgeprägten Blick produktiv zu kontrastieren und Neues und Unbekanntes zu entdecken. Im Modus des aufmerksamen Fragens und Weiterfragens gestaltet sich die Vignettenlektüre als „immerwährende Suchbewegung, die aufgrund der Unerschöpflichkeit des Verstehens einer Sache niemals zu einem Abschluss kommen kann" (Agostini 2015, S. 148). Wie sich dieser Prozess konkret vollzogen hat, wird im Folgenden in drei Arbeitsschritten erläutert:

(1) Materialsichtung und Kategorisierung: Um die Vignetten zu internalisieren, werden sie mehrmals gelesen. Sie werden anschließend mit einem treffenden Thema betitelt und mit kurzen Wortgruppen kategorisiert. Dieser reduktive Arbeitsschritt vollzieht sich, wie bereits bei den Deskriptionen der Abschlussperformances, nah am Text und in beschreibendem Modus. Da zu jeder Doppelstunde fünf bis sieben Vignetten verfasst wurden, gilt es, dem Textkonvolut eine übersichtliche Struktur zu verleihen und somit eine oszillierende Bewegung zwischen den Vignetten zu ermöglichen. Dazu wird eine Systematisierung der Vignetten pro Doppelstunde in tabellarischer Form angefertigt, in welcher die Themen und Kategorien der Vignetten nachvollziehbar dargestellt werden. Dieses Dokument ist als Arbeitsdokument zu verstehen, das den Vergleich und die Kontrastierung unterschiedlichster Unterrichtssituationen erlaubt.

(2) Zuordnung der Vignetten: Die Vignetten werden thematisch in Bezug auf die fünf bereits erarbeiteten Konzepte gebündelt und zugeordnet. In dieser Bündelung wird der Weg für die Lektüre der Vignetten geebnet, um ausgehend von den bereits erarbeiteten Konzepten Verflechtungen und Verweise zum Unterrichtsgeschehen herstellen zu können. Da die Themen der Vignetten in der Lektüre nur selten allein auf ein einzelnes Konzept verweisen, werden sie durchgehend verschiedenen Konzepten zugeordnet. Durch diese Mehrfachzuordnung im Modus der Variation soll vermieden werden, dass die Vignetten lediglich illustrativ betrachtet werden, sondern vielmehr in ihrer potenziellen Vieldeutigkeit für die Untersuchung fruchtbar gemacht werden.

(3) Lektüre der Vignetten im Spiegel der bereits erarbeiteten Konzepte: Die Vignettenlektüre stellt einen wesentlichen Aspekt der voranschreitenden Analyse dar, insofern in diesem Arbeitsschritt Sinn erzeugt und pluralisiert wird. Baur und Schratz schreiben dazu: „Die Lektüre faltet die Vignette auseinander, führt ausgehend von einem Phänomen zu einem staunenden Weiterschreiben darüber, was nicht gesehen oder übersehen wurde. [...] In der Lektüre, die sich auf Referenzen stützt und diese deutlich macht, kommt immer mehr zum Vorschein als die Vignette scheinbar beinhaltet." (Baur/Schratz 2015, S. 173) Die Vignetten werden im Spiegel der bereits erarbeiteten Konzepte gelesen und ausgelegt. Die körperlich-leiblichen Äußerungen der Lernenden geraten in dieser Auslegung ebenso in den Fragehorizont wie die sprachlichen Aushandlungen in den Kleingruppen oder im Plenumsgespräch mit der Lehrerin. Die Auslegung vollzieht sich

in diesem Prozess als Resonanzraum, den Baur und Schratz sehr treffend beschreiben:

> *„Die Vignetten bringen Stimmen zum Klingen, an die man nie gedacht hätte. Jedes Wort hat ein Echo und Vignetten wirken wie Klangkörper, besonders dann, wenn ihre Prägnanz sehr hoch ist. Diese Polyphonie ruft Resonanzen hervor, die zum schreibenden Erläutern drängen, das sich in den Lektüren niederschlägt oder festsetzt, die verschriftlichten Schatten der eigenen Erfahrung, Stellungnahmen oder das Beziehen eines Standortes im Rahmen eines gegebenen Horizontes sein können." (ebd., S. 172)*

Infolgedessen wird die Vignettenlektüre in der Gliederung des vorliegenden Manuskripts direkt im Anschluss an die Darstellung der jeweiligen Konzepte platziert, um die Beziehung zwischen Abschlussperformances und Unterrichtsgeschehen schwerpunktbezogen zu verdeutlichen.6 Es wird mit einer Seitenangabe auf die Vignetten in Abschnitt 5 referenziert, damit die Überlegungen am Ursprungstext nachvollzogen werden können.

Die Variation der Ausdrucksformen von Körper und Leib in der Vignettenlektüre lässt sich als schreibende Suchbewegung charakterisieren, die darauf abzielt, die Forschungsfragen der vorliegenden Untersuchung mit Blick auf das lebendige, vielseitige und kommunikativ vieldeutige, performative Unterrichtsgeschehen zu erhellen. Ziel des vorliegenden Forschungsdesigns ist es somit grundlegend, in der symbiotischen Analyse der Deskriptionen und der Vignetten ein facettenreiches Bild der Ausdrucksformen von Körper und Leib in der Performancekunst im Kontext des schulischen Kunstunterrichts zu erhalten.

4.2.6 Gütekriterien der Untersuchung

> *„Phänomenologische Forschung basiert auf dem intersubjektiven Charakter von Erfahrung, die anhand konkreter Beispiele nachvollzogen und verifiziert werden kann." (Evi Agostini 2016, S. 84)*

Gütekriterien dienen als Maßstäbe für die Bewertung von Forschung (vgl. Lüders 2010a, S. 80). Die damit einhergehende Qualitätssicherung ist in der qualitativen Forschung davon gekennzeichnet, dass sie keiner einheitlichen Diskussion unterliegt oder gar auf einen etablierten Kriterienansatz zurückgreifen kann (vgl. Flick 2014, S. 473). Die Frage danach, ob die aufgezeichneten Daten und darauf beruhenden Analysen ausreichend unabhängig von der Forscherin zu bezeichnen sind, stellt sich in diesem Sinne umso nachdrücklicher. Der Soziologe Christian Lüders betont jedoch:

> *„Es wäre allerdings ein grobes Missverständnis, diese Situation als Ausdruck postmoderner oder wie auch immer gearteter Beliebigkeit zu verstehen. Sie ist vielmehr Ausdruck davon, dass unter der Überschrift qualitative Sozialforschung*

6 Siehe dazu Kapitel 6 der vorliegenden Untersuchung.

durchaus unterschiedliche Konzepte und Strategien zusammengefasst werden und dass diese Konzepte, sieht man sich ihre erkenntnistheoretischen und ontologischen Prämissen, ihrer theoretischen Vornahmen hinsichtlich ihres Gegenstandes, ihre Verfahren und ihre Erkenntnisziele näher an, keineswegs kompatibel sind." (Lüders 2010a, S. 81)

Die in der klassischen quantitativen Forschung begründeten Gütekriterien wie Objektivität, Reliabilität und Validität kommen in diesem Sinne für qualitative Untersuchungen nur bedingt zum Tragen. Vielmehr müssen sie entlang des Forschungsprozesses modifiziert angewendet werden, indem für das betreffende Forschungsvorhaben und in enger Begründetheit zur gewählten Grundlagentheorie gegenstandsspezifische Strategien zur Geltungsbegründung entwickelt werden (vgl. Flick 2019, S. 488 ff.).

Um Gemeinsamkeiten und Widersprüche in den Forschungsergebnissen zu registrieren, werden in der vorliegenden Untersuchung verschiedene Formen der Triangulation zur Geltungsbegründung angewendet. Das Konzept der Triangulation, welches bereits 1970 von Norman K. Denzin in die qualitative Forschung eingeführt wurde, impliziert eine Erweiterung des grundlegenden Forschungsdesigns um Methoden, die den Gegenstand mehrperspektivisch in den Blick zu nehmen versuchen (vgl. Flick 2014, S. 480). Im bereits dargestellten Analyseprozess kommen vor allem zwei Triangulationsformen (vgl. Flick 2019, S. 519) zum Einsatz:

(1) Datentriangulation: Diese Strategie der Geltungsbegründung kombiniert Daten, die verschiedenen Quellen entstammen und zu verschiedenen Zeitpunkten, an unterschiedlichen Orten oder bei verschiedenen Personen erhoben werden. In der vorliegenden Untersuchung vollzieht sich diese Triangulation vor allem im Deskriptions- und Variationsprozess, wenn Daten aus Beobachtungsprotokollen mit den Videosequenzen aus dem Unterrichtsgeschehen konfrontiert werden.

(2) Investigator Triangulation: Im Zuge dieser Triangulationsform werden unterschiedliche Beobachter*innen mit dem erhobenen Material und den daraus resultierenden Beschreibungen und Erkenntnissen konfrontiert. Im Austausch über das Material können Verzerrungen durch die Forscherin aufgedeckt und zur Diskussion gestellt werden. Darüber hinaus wird das Material zu verschiedenen Zeitpunkten im Forschungsprozess in einer Forschungswerkstatt besprochen.

Beide Triangulationsformen dienen im Analyseprozess nicht allein der Überprüfung von Forschung, sondern erweitern den Horizont einer jeden Forschung substanziell. Sie können als ergänzende Formen der Erkenntnisgewinnung erachtet werden. In der Pluralisierung der Methoden, Daten und Lesarten werden sie der Eigendynamik qualitativer Forschung gerecht und zielen darauf ab, die Vielschichtigkeit des untersuchten Gegenstandes herauszuschälen (vgl. Flick 2014, S. 481). Uwe Flick betont: „Triangulation als Erkenntnisstrategie ist besonders aufschlussreich, wenn sie zu divergenten Ergebnissen durch die verschiedenen Methoden führt, die nach neuen Erklärungen (für die Divergenz) verlangen." (Flick 2010, S. 162)

Eine weitere Strategie der Geltungsbegründung bezieht sich auf die Transparenz der Vorgehensweise. Im Anhang dieses Manuskripts wird nachvollziehbar gemacht, wie die Forschung vorangegangen ist, welche methodischen Entscheidungen getroffen wurden und wie diese die Ergebnisse beeinflusst haben. Die Forschungsdokumentation umfasst die Rohdaten der Untersuchung, die Datenreduktion durch Zusammenfassungen und Digitalisierung von Feldnotizen, außerdem die Datenrekonstruktion durch Kategorien und analytische Memos. Dieser Auditingprozess zielt darauf ab, die vorliegende Untersuchung in größtmöglicher Nachvollziehbarkeit darzustellen und deren Geltung transparent zu begründen (vgl. Flick 2014, S. 483).

Ergänzend sei darauf hingewiesen, dass die Phänomenologie als forschungsleitende Perspektive aus ihren eigenen Prämissen und theoretischen Vorannahmen Geltungsbegründungen impliziert, die in der vorliegenden Untersuchung berücksichtigt werden. Wie bereits im eröffnenden Zitat Evi Agostinis anklingt, begründen sich sowohl die exemplarischen Deskriptionen als auch die Vignetten mit der Annahme, dass Leser*innen die aufgezeigten Handlungen nachvollziehen können, um dadurch die Plausibilität des Beispiels und seiner Deutung an sich selbst zu verifizieren. Somit zielt sowohl die Deskription als auch die Variation darauf ab, kommunikativ validiert zu werden, insofern sie auf den Resonanzraum intersubjektiver Verstehbarkeit angewiesen sind (vgl. Agostini 2016, S. 84). Beide Prozessschritte durchlaufen im Zuge der phänomenologischen Analyse in Anlehnung an die bereits aufgeführte Investigator Triangulation verschiedene Resonanzprozesse – sei es in Auszügen in der Forschergruppe oder mit der unterrichtenden Lehrerin.

5. Datenaufbereitung – Performancekunstvermittlung zum Thema „Körper, Haut und Hülle“ in der Sekundarstufe II

Die nachfolgenden Ausführungen dienen dazu, die erhobenen und aufbereiteten Daten aus der Fallstudie für die Leser*innen der Arbeit im phänomenologischen Modus der Reduktion und Deskription nachvollziehbar darzustellen. Die Zusammenstellung der verschiedenen Deskriptionsformen (vergleiche dazu Abschnitt 4.2.3) ist in diesem Kapitel unkommentiert abgebildet, um den unterschiedlichen Vorprägungen der interessierten Lesenden in der Erstkonfrontation mit dem Material Raum zu geben. So können in der Sichtung des Materials eigene Fragen formuliert, Ersteindrücke vergegenwärtigt und Schlussfolgerungen gezogen werden, um sich im nachfolgenden Kapitel der Analyse der Daten zu widmen (siehe Kapitel 6 „Datenanalyse“). Die aufgeführten Vignetten aus dem Unterrichtsgeschehen und die Deskriptionen der Abschlussperformances werden dann in Auszügen erneut in den Text eingeflochten, um die konzeptbezogenen Überlegungen zu Ausdrucksformen von Körper und Leib in der Performancekunst begründend zu untermauern. Diese mehrgleisige Integration der Texte soll nicht als redundante Abbildung verstanden werden, sondern zielt darauf ab, die unterschiedlichen Qualitäten der Textformate in unterschiedlichen Begründungszusammenhängen für die vorliegende Untersuchung fruchtbar zu machen.

5.1 Kontextualisierende Vorbemerkungen zur beobachteten Unterrichtseinheit

Der Unterricht findet im Zeitraum vom 23.01.2018 bis zum 27.03.2018 am Marie-Curie-Gymnasium in Dresden statt. Die Schüler*innen der 12. Klasse werden im Unterrichtsfach Kunst in Kursen mit einer Doppelstunde pro Woche unterrichtet.[7] Der Kurs bei Kerstin Chill wird von 22 Schüler*innen besucht. In einer vorab abgeschlossenen Unterrichtseinheit haben sich die Schüler*innen mit Videokunst auseinandergesetzt. Sie haben das Handy als Handspiegel erkundet und mittels der Selfie-Kamera filmische Raumuntersuchungen gestaltet. Der eigene Körper hat in diesen Erkundungen durchweg eine Rolle gespielt. Thematisch haben sich die Schüler*innen unter verschiedenen Gesichtspunkten mit Traumbildern und Absurditäten beschäftigt. Materialien wie Folie, Styroporköpfe, Masken, Schirme, Papiere

7 Alle Aussagen, die sich auf Primärdaten aus der teilnehmenden Erfahrung beziehen, werden im Präsenz dargestellt. Dem Charakter einer Erfahrung *in situ* und *live* im Geschehen wird dadurch Ausdruck verliehen.

und Polaroid-Bilder wurden dazu verwendet. Dabei wurde die Möglichkeit erprobt, eigens aufgenommene Bilder digital auf Körperteile und Objekte zu projizieren. Außerdem haben die Schüler*innen kurze Videos produziert, die mittels Schnitttechnik digital nachbearbeitet wurden.

Dieser Auseinandersetzung fügt sich die Unterrichtseinheit zu Performancekunst an, die für das vorliegende Forschungsvorhaben hospitiert, aufbereitet und analysiert wurde. Die Schüler*innen setzen sich mit dem Thema „Körper, Haut und Hülle" auseinander. Über diese Rahmung werden theoretisch-repräsentative Aspekte und materiell-physische Aspekte des Körpers eng miteinander verflochten. „Körper, Haut und Hülle" kann in diesem Sinne als eine zusammenführende thematische Klammer betrachtet werden, die intersubjektiv verhandelt und ausgearbeitet wird. In der Produktion, Reflexion und Rezeption fungiert das Thema als deutender Zugang, sich den bewegten Bildern zu nähern, sie wahrzunehmen und zu verarbeiten. Es gibt den performativen Handlungen der Schüler*innen Richtung und Orientierung.

Da die erste Doppelstunde aus der Unterrichtseinheit aufgrund schulseitiger Umplanungen nicht hospitiert werden konnte und somit kein Bestandteil der systematischen Datenaufbereitung und -analyse ist, seien vorab einige formlose Anmerkungen zur inhaltlichen und künstlerisch-praktischen Ausrichtung dieser Stunde gemacht: In der Einführungsstunde wird das Unterrichtsthema „Körper, Haut und Hülle" zunächst benannt und kurz erläutert.[8] Die Lernenden setzen sich anhand der Rezeption kurzer Videoclips mit künstlerischen Positionen von Erwin Wurm und Marina Abramovic auseinander. Weiterhin durchstöbern sie eine Bildmappe aus der Reihe „Meisterwerke der Kunst" (Neckar Verlag) zum gleichnamigen Thema und werden aufgefordert, ihre Gedanken und Ideen stichpunktartig in einer Mindmap festzuhalten. In einem ersten praktisch-experimentellen Zugang bewegen sich die Schüler*innen im Raum. Dabei werden sie mit folgenden Anforderungen konfrontiert: die Etablierung eines Performer-Ichs, das Denken und Handeln in der Bewegung in Einklang zu bringen und mit der Materialität des eigenen Körpers zu kommunizieren. Zum Ende dieser Einführungsstunde ist den Lernenden klar, dass sie in den kommenden Wochen kontinuierlich an einer eigenen Performance zum Thema „Körper, Haut und Hülle" arbeiten werden und diese dann aufführen. Eine verschriftlichte Aufgabenstellung wird den Lernenden erst in einer späteren Stunde ausgehändigt. Die Performance und die Reflexion des künstlerischen Arbeitsprozesses in einem Portfolio sind im Anschluss der Unterrichtseinheit Bestandteile einer Kursnote.

8 Informationen sind den Unterrichtsplanungen von Kerstin Chill entnommen.

5.2 Darstellung des Stundenverlaufs und der Vignetten aus dem Unterrichtsgeschehen

Die folgenden Ausführungen dienen dazu, den Unterricht in seiner Chronologie, Systematik und Eigenlogik nachzuvollziehen. Die Genese der tabellarischen Darstellung des Stundenverlaufs und der Vignetten aus dem Unterrichtsgeschehen wurde bereits im vorherigen Kapitel methodologisch begründet (siehe dazu 4.2.3.3 und 4.2.3.4). Innerhalb der stundenbezogenen Tabellen wird auf die entsprechenden Vignetten verwiesen, sodass zwischen den einzelnen Deskriptionsformaten gewechselt werden kann.

5.2.1 Doppelstunde 1: Erste kommunikative und performative Annäherung an das Thema „Körper, Haut und Hülle"

[23.01.2018 | 90 Minuten | 22 Schüler*innen]
Abkürzungen: KC = Kerstin Chill | S = Schüler*in(nen) | -„"- = wie vorherige Zeile | → = Zusammenhang / Folge

I | Struktur	II | Inhalt / Interaktion	III | Medien, Materialien, Raumsetting
[9:50 | Kunstraum] **Unterrichtsgespräch in der Gruppe | Hinführung** *Vignette 5.2.1.1 – Einen Performancebegriff an Beispielen konturieren*	KC gibt Einblick in Stundenstruktur Erfahrungsaustauch zum Performancefestival UNART[9], an dem vier S teilgenommen haben Impulsfragen seitens KC zu folgenden Schwerpunkten: *Essenzielle Rolle des Performers / Frage nach Kleidung und Kostümierung / Grenzüberschreitung zwischen Theater, Kunst und Tanz in der Performance*	an die Wand projizierte Fotografien aus Präsentationen des UNART-Festivals Tische sind zu Gruppen positioniert

9 Das Festival wird auf der Homepage wie folgt beschrieben: „UNART ist ein Wettbewerb für performatives Theater. Er findet alle zwei Jahre statt. [...] UNART ist für Performergruppen aus Berlin, Hamburg und umliegenden Gemeinden, Frankfurt und dem Rhein-Main-Gebiet, Dresden und der Region Dresden. Bewerben kann sich bei UNART jeder, der eine Idee für eine Performance hat, die nicht mehr als 15 Minuten dauert und live auf der Bühne stattfinden soll. Und das in einer Gruppe mit mindestens zwei, höchstens elf weiteren Teammitgliedern zwischen 14 und 20 Jahren. Es geht darum, für Ideen und Themen aus der eigenen Lebenswelt eine künstlerische, performative Form zu finden. Gearbeitet wird mit Sprechtheater, Video, Musik, Tanz oder anderen Mitteln.", einzusehen unter: https://www.unart.net/about/, letzter Zugriff: 13.01.2020.

[10:00 | Kunstraum] **Unterrichtsgespräch in der Gruppe | Wiederholung** *Vignette 5.2.1.2 – Künstlerische Forschung als performative Strategie*	S liest Definition von Performance Art vor: *„Performance ist eine am eigenen Leib zu erfahrene künstlerische Forschung, eine bewusste Tätigkeit, die sich aus dem unbewussten Handeln in der Öffentlichkeit heraushebt." (Peter Wolf)* S reflektieren die Rolle künstlerischer Forschung in den UNART-Projekten KC betont die künstlerische Forschung und das Experiment als grundlegende Komponente eines performativen Arbeitsprozesses	-„"-
[10:05 | Kunstraum] **Einzelarbeit | Vertiefung** *Vignette 5.2.1.3 – „Körper, Haut und Hülle" als Thema reflektieren* KC und S leiten im Gespräch Beurteilungskriterien für gelungene Performances ab	KC leitet zum Thema „Körper, Haut und Hülle" über und fordert die S auf, die zuvor begonnene MindMap zum Thema im Portfolio zu erweitern S blättern durch Bildmappen und reichern ihre MindMaps an	Portfolios der S Bildmappen Meisterwerke der Kunst, Neackar Verlag: „Körper, Haut und Hülle" [Bd. 63] / „Köpfe und Gesichter" [Bd. 64] / „In Bewegung" [Bd. 65]
[10:05 | Kunstraum] **Unterrichtsgespräch in der Gruppe | Reflexion** *Vignette 5.2.1.3 – „Körper, Haut und Hülle" als Thema reflektieren*	alle Portfolios werden auf einer Tischgruppe gezeigt KC und S besprechen Inhalt *[Vielfalt, Veränderungen, Haut und Hülle als Schutzschild, Gänsehaut, Intimität…]* und Form *[Schriftgestaltung und visualisierte Vernetzung der Gedanken]* der entstandenen MindMaps	Portfolios der S

	KC systematisiert die Ausführungen der S und entwickelt im Gespräch Gestaltungsimpulse für performative Handlungen *[„Wir könnte man das Thema performativ umsetzen?"]* KC fokussiert die S erneut auf die Rolle des Performenden und erläutert den Begriff *Ich*[hoch]*Zwei* als Haltung Auseinandersetzung endet mit einem Wechsel der Unterrichtsraums	
[10:30 | Probebühne] **Performatives Arbeiten in der gesamten Gruppe | Sensibilisierung und Übung** *Vignette 5.2.1.4 – Den eigenen Körper wahrnehmen und reflektieren* *Vignette 5.2.1.5 – Ausdrucksmöglichkeiten des Körpers explorieren*	S und L formieren sich in einem großen Kreis S gibt kurze, wiederholende Erklärung zu Körperhaltung *[aufrecht, fester Stand, neutraler Blick]* KC gibt verschiedene Handlungsimpulse *[den Körper ausbalancieren / einer anderen Person fest in die Augen schauen / die Konzentration durch den Körper wandern lassen / die Raumebenen ändern / sich in maximaler Zeitlupe bewegen …]* → Progression KC kommentiert, kontextualisiert und korrigiert die Handlungen und Haltungen der S *[konzentrierte Handlung, Körperbewusstsein]*	geräumige Handlungsfläche Körper als Material

[10:50 | Probebühne] **Unterrichtsgespräch in der Gruppe | Reflexion der Übungen** *VIGNETTE 5.2.1.6 – DIE EIGENEN ROLLE BEIM PERFORMEN REFLEKTIEREN*	KC eröffnet das Gespräch ausgehend vom Begriff *Ich-hochZwei* und der Etablierung einer Performer-Rolle S teilen ihre Erfahrungen mit *[Bewegungsarten / Gleichgewicht / Körperlichkeit / Anstrengung…]* KC fordert zwei S auf, bestimmte Bewegungsmuster noch einmal zu zeigen, um die Differenz zwischen kleinen und großen Bewegungen zu demonstrieren	-„"-
[11:05 | Probebühne] **Arbeit in Kleingruppen | Exploration** *VIGNETTE 5.2.1.7 – MATERIAL ALS IMPULSGEBER FÜR KÖRPERLICHES HANDELN*	KC fordert die S auf, erste Ideen für eine eigene Performance zu entwickeln S erhalten Aufgabenstellung schriftlich: *// Eine IDEE entsteht:* *Vergleicht Eure MAPPING-Ideen! Welche lassen sich performativ erforschen? Welche Stärken kann ich einbringen? Wie fokussiert Ihr in der Gruppe das Thema HÜLLE? Formuliert aus Euren Mapping-Ideen drei Handlungen!* S bilden die Gruppen selbstständig und suchen sich geeigneten Handlungsraum	Erweiterung der Räumlichkeiten [Flur, Nebenzimmer] Körper als Material Analoge und digitale Zusatzmaterialien: *Mullbinden, Zollstöcke, Rettungsfolien, Strumpfhosen, Minibeamer und Kameras*

	KC gibt nach und nach unterschiedliche Materialien in die Gruppen, um eine Auseinandersetzung anzuregen Unterricht endet ohne erneute Besprechung	

5.2.1.1 Vignette: Einen Performancebegriff an Beispielen konturieren

Die Schüler*innen sitzen an ihren Plätzen, Arbeitsmaterialien und private Gegenstände liegen kreuz und quer auf den Bänken, viele Köpfe werden mit den Händen abgestützt. Über den Beamer werden zwei Fotografien von Schülerperformances zum UNART-Festival projiziert, an welchem im letzten Schuljahr vier Schüler*innen aus dem Kurs teilgenommen haben. Auf der einen Fotografie sieht man eine junge Frau duschend, auf der anderen springt eine Gruppe junger Menschen in die Höhe. Die Trägheit im Klassenraum steht im Kontrast zur Energie, die über die Fotografien transportiert wird. Kerstin Chill verwickelt die Gruppe in ein Gespräch zum *Essentiellen des Performers* und den *Unterschied zum Schauspiel*. Eine Schülerin antwortet, dass Performen *sich selbst spielen* bedeute. Auf die Frage, welche Rolle die *Kostümierung in den Performances* spiele, wird festgestellt, dass keine Labels auf der einfarbigen Kleidung zu sehen sind. Das Gespräch entwickelt sich ping-pong-artig zwischen den Beteiligten. Die Schüler*innen fallen sich unaufgeregt gegenseitig ins Wort, ergänzen sich gegenseitig und berichtigen sich. Thea, Moris und Milena schildern demonstrativ gelassen ihren Arbeitsprozess mit der regieführenden Künstlerin zum UNART-Festival. *Eine Essenz bilden, Neutralisierung, eine Beziehung zum Publikum herstellen, den Körper im Raum verhandeln, aus dem Material herausarbeiten, offene Kunstform* schwirren als inhaltliche Impulse im Raum. Viele Aspekte werden stichwortartig benannt und von Kerstin Chill kontextualisiert. Zum Ende betont sie, dass Performance von der Möglichkeit einer Grenzüberschreitung zwischen Theater, Kunst und Tanz lebt. Sie fordert die Schüler*innen auf, die gesammelten Eindrücke und Gedanken später in ihre eigene künstlerische Arbeit zu integrieren.

5.2.1.2 Vignette: Künstlerische Forschung als performative Gestaltungsstrategie

Carolin liest die Definition von Performancekunst vor, die Kerstin Chill in der letzten Stunde für das Portfolio ausgeteilt hat. *Performance ist eine am eigenen Leib zu erfahrene künstlerische Forschung, eine bewusste Tätigkeit, die sich aus dem unbewussten Handeln in der Öffentlichkeit heraushebt.* In Anknüpfung daran wird der forschende Zugang zum performativen Arbeiten durch Frageimpulse von Kerstin Chill fokussiert. Sie fordert Moris, Thea und Milena auf, den Forschungsprozess zu beschreiben, den sie während des UNART-Festivals mit der Workshopleiterin verfolgt haben. Thea merkt an, *dass es in Vorbereitung auf das Stück um Selbstversuche gehe, damit man etwas wirklich erlebe.* Moris antwortet *Was heißt hier erforscht, wir* *haben so Übungen zum Thema Umwelt gemacht.* Anschließend erklären die drei Schüler*innen in knappen Worten abwechselnd, wie sie dem Thema nachgegangen sind. *Klimaerwärmung, Ernergieproduzierungsmaschinen, ohne Heizung leben, ganz viel Kohle machen, sich zwei Wochen lang vegan ernähren.* Die einzelnen Ansätze werden fragmentarisch angerissen und beschrieben. Kerstin Chill systematisiert die Aussagen anschließend und fordert die Gruppe auf, das Experiment am eigenen Körper für die eigene Konzeption einer Performance mitzudenken und wenn möglich sogar zu erproben. Nur Tattoos, das gehe nicht im Kontext Schule.

5.2.1.3 Vignette: Körper, Haut und Hülle als Thema reflektieren

Kerstin Chill zeigt den Schüler*innen Seiten aus ihrem eigenen Portfolio, in welchem sie Gedanken und Ideen zum Thema „Körper, Haut und Hülle" in Form einer Mindmap visualisiert hat. Sie weist die Lernenden auf die formal-ästhetische Gestaltung einer solchen Map hin. Anschließend teilt sie verschiedene Bildmappen aus, die den Schüler*innen als Impulse für eine eigene Auseinandersetzung dienen sollen. Die Mappen bieten jeweils eine Auswahl A3-formatiger Reproduktionen zum Thema „Körper, Haut und Hülle", „Gesichter" und „Menschen in Beziehungen". Die Schüler*innen werden mit historischen und zeitgenössischen Arbeiten konfrontiert, die vielseitige Zugänge zum Körper als künstlerisches Material und Bedeutungsträger darstellen. Die Lerngruppe arbeitet nun eigenständig. Es wird gewühlt, sortiert, gesprochen und notiert. Die Portfolioseiten werden im Anschluss auf dem mittleren Gruppentisch ausgelegt. Die Schüler*innen versammeln sich und blicken auf das Potpourri von Notaten und Clustern. Es existieren viele Nebenschauplätze. Die Schüler*innen wirken unkonzentriert und zappelig, Moris verlässt den Klassenraum und einige Schüler*innen werfen verstohlene Blicke auf das Smartphone. Kerstin Chill fordert die Gruppe auf, sich zu den Assoziationen und Gedanken zu äußern, um Ideen und Handlungen für die eigene Performance ableiten zu können. Nur zögerlich sind die Schüler*innen bereit, sich zu äußern. Bela beginnt und gibt preis, dass er über den Einsatz der Handykamera nachgedacht habe. Das wurde schließlich in vorhergehenden Stunden schon erprobt. *Was man halt alles machen kann. Das Handy vor sich halten, so selfiemäßig und halt in die andere Richtung.* Kerstin Chill unterstreicht diese Aussage und betont, dass der Einsatz der Kamera, ob aktiv oder passiv, ein Aspekt im Handeln sein könne. *Denkt daran, dass wir die Kamera als Objekt integrieren wollen.* Gleich der Mindmap äußern sich die Schüler*innen einsilbig und schlagwortartig. Substantive, Verben und Adjektive wechseln sich ab. *Schutz, weich, warm, Haare, Trost, Liebe, Vielfalt, Veränderungen, Schutzschild, Gänsehaut, Intimität.* Bezüglich der Gänsehaut hakt Kerstin Chill noch einmal nach. *Wie könnte man das Thema performativ erzeugen?* Das Gespräch erfasst nun alle Schüler*innen. Schmunzelnd äußern sie ihre Gedanken. Carolin merkt an, dass sie an Musik denken müsse, *dass das etwas sei, was durch den ganzen Körper geht.* Bela macht einen Vorschlag für eine Performance. *Man könnt' ja eigentlich auch so tun, als wär der Boden die Haut und die Menschen darauf die Haare. Wenn ein Kreidegeräusch kommt, stehen alle Menschen so auf, dann hat man Gänsehaut.* Moris schlägt vor, *einem anderen zwei Mal zwischen die Schulter zu hauen.* Carolin lacht auf und meint, *ja, das wäre richtig krass.*

5.2.1.4 Vignette: Den eigenen Körper wahrnehmen und aktivieren

Die Gruppe wechselt den Raum. Alle gehen gemeinsam zur Probebühne, ein großzügiger, unmöblierter Raum, der mit Theatertechnik ausgestattet ist. Neben einer großen, rechteckigen Handlungsfläche gibt es ein erhöhtes Podest, das gleich einer Bühne abgedunkelt und bespielt werden kann. Die Schüler*innen formieren sich auf Aufforderung Kerstin Chills in einem losen Kreis. Carolin gibt eine kurze wiederholende Erklärung zur Körperhaltung in performativen Übungen. *Wir haben ne neutrale Haltung. Füße in Schulterbreite, Arme bleiben hängen, aber wir stehen schön gerade da, weil wir uns vorstellen, dass wir einen Faden am Kopf oder besser am Rücken haben. Denn dann steht man gerade und der Faden zieht einen hoch. Und wir sind aber trotzdem entspannt und nicht so angespannt.* Die Arbeitsweise scheint den Schüler*innen nicht neu zu sein. Sie wiegen ihre Körper von links nach rechts und schütteln ihre Gliedmaßen locker aus. Es wird gekichert, gewitzelt und gezappelt. Nichtsdestotrotz lassen sich die Schüler*innen unverkrampft und konzentriert auf die nun folgenden Impulse von Kerstin Chill ein. *Geht mal leicht in die Knie. Schließt eure Augen. Konzentriert euch mal auf euren Atem. Wir fokussieren jetzt alle Energie nach innen, bevor wir nach außen agieren und arbeiten.* Nach und nach fordert sie die Schüler*innen auf, einzelne Körperpunkte gedanklich zu fokussieren. Die Reise geht durch den Körper von Kopf bis Fuß. Sie bittet die Gruppe, im Stand herauszufinden, bis zu welchem Punkt man sich neigen kann, ohne zu kippen. *Guckt, was machen eure Schultern.* Kerstin Chill leitet an, kommentiert, korrigiert, grenzt ein und erklärt. Die Atmosphäre ist weitaus konzentrierter und gesprächsärmer als vorab im Kunstraum. Das aufgesetzte Schnauben eines Schülers wird als Störung empfunden und in der Gruppe als solche kommentiert. Kerstin Chill nutzt die Gelegenheit, um darauf hinzuweisen, sich im Performen nicht aus der Ruhe bringen zu lassen. *Wenn es so is, dann isses so.*

5.2.1.5 Vignette: Ausdrucksmöglichkeiten des Körpers explorieren

Kerstin Chill fordert die Gruppe auf, sich zu jeweils zwölf Zählzeiten auf den Boden zu legen und wieder aufzustehen. Den Takt sollen sich die Schüler*innen individuell und im Stillen vorgeben. Nach den zwölf Zählzeiten initiiert Kerstin Chill einen Raumlauf. Beim Stoppsignal beginnt die Auf- und Abwärtsbewegung erneut, nur werden die Zählzeiten zunehmend kleiner. Viele Bewegungs- und Laufmuster bestimmen den Gesamteindruck der Übung. *Macht das für euch. Seid bewusst.* Die Gruppe läuft kreuz und quer durcheinander, es wird viel geschwatzt und gelacht. Je kürzer die Zählzeiten, umso konzentrierter agieren die Schüler*innen und umso einheitlicher ist das Bild, das die Gruppe generiert. Am Ende plumpsen die Schüler*innen auf den Boden, sodass ein dumpfes Geräusch im Raum entsteht. Das Aufstehen zu nur einer Zählzeit erfordert hörbar körperliche Anstrengung. Anschließend fordert Kerstin Chill die Gruppe auf, sich erneut auf den Boden zu legen. *Versucht, euch zwanzig Zentimeter mit nur einem Körperteil über den Boden zu bewegen.* Die Schüler*innen stoßen sich mit den Fußspitzen und Fersen ab oder schieben sich mit den Händen über den Boden. Die Bewegungen wirken umständlich, kraftbetont und konzentriert. *Lasst Kopf und Arme auf dem Boden und versucht, trotzdem aufzustehen.* Das Ausführen der Impulse stößt auf sichtbare körperliche Anstrengung und generiert befremdlich wirkende, gymnastikhaft anmutende Bewegungsmuster. Nachdem die Übungsreihe beendet ist, signalisieren die Schüler*innen körperliche Erleichterung. Sie schütteln sich aus, lockern ihre Arme und richten Haare und Kleidung.

5.2.1.6 Vignette: Die eigene Rolle beim Performen reflektieren

Kerstin Chill eröffnet die Reflexionsrunde mit dem Begriff Ich^{hoch}Zwei und erklärt, dass es darum gehe, ein Performer-Ich zu etablieren. Die Schüler*innen sollen nun erklären, wie sich dieses Performer-Ich in den Übungen gezeigt hat. Kilian meint, *man müsse sich überlegen, wie man sich bewegt.* Lara fügt an, *dass das, was anders gewesen sei, etwas anstrengender und ungewohnt.* Carolin betont, *dass das Gleichgewicht anders ausfalle.* Kerstin Chill fasst die Aussagen zusammen, indem sie auf die Entwicklung einer anderen Körperlichkeit hinweist. Sie weist außerdem darauf hin, dass das bewusste Anders-Machen ein wesentlicher Aspekt kreativen Handelns sei.

5.2.1.7 Vignette: Material als Impulsgeber für körperliches Handeln

Für die Transformation der Mapping-Ideen in körperliche Handlungen haben sich kleinere Arbeitsgruppen gebildet, die an jeweils unterschiedlichen Orten im Erdgeschoss arbeiten. Zunächst sitzen die Gruppen auf dem Fußboden beieinander, die Portfolios liegen im Schoß. Es wird über viele Dinge geredet, die den Schulalltag außerhalb des Kunstunterrichtes betreffen. Die performative Exploration des Themas „Körper, Haut und Hülle" kommt nur zögerlich in Gang. Kerstin Chill geht durch die Gruppen und legt einzelne Materialien in deren Mitte. Mullbinden, Nylonstrumpfhosen, Minibeamer, Zollstöcke, Digitalkameras und Goldfolien gelangen auf diesem Wege in den Fokus der Schüler*innen. Zunehmend kommt Dynamik in die Gruppen. Die Materialien verleiten zum Anfassen, Verformen, Ausprobieren und Erkunden. Nylon wird über Arme gezogen, Haut wird mit einer Kamera gefilmt und wiederum direkt mit dem Minibeamer auf einen Oberkörper projiziert, Goldfolien werden entfaltet. Vereinzelt schälen sich erste zusammenhängende Handlungsstränge heraus. Vera und Leonore werden von Patricia und Lorelai mit einer Mullbinde gefesselt. Diese treten zurück und betrachten ihre Tat. Die Schülerinnen tauschen sich lachend und witzelnd über den Arbeitsprozess aus. Viele Handlungen geschehen im Fluss und scheinbar ohne festes Ziel.

5.2.2 Doppelstunde 2: Performative Übungen mit Material und Entwicklung einer Performanceidee

[30.01.2018 | 90 Minuten | 22 Schüler*innen]
Abkürzungen: KC = Kerstin Chill | S = Schüler*in(nen) | -„"- = wie vorherige Zeile | → = Zusammenhang / Folge

I | Struktur	II | Inhalt / Interaktion	III | Medien und Materialien
[9:50 | Probebühne] **Unterrichtsbeginn | Hinführung** *Vignette 5.2.2.1 – Ein Performer-Ich etablieren*	S betreten die Probebühne, auf der vorab links- und rechtsseitig des Raumes Material arrangiert wurde S werden von einem Mit-S der Größe nach zu einer Reihe positioniert KC weist darauf hin, das eigene Performance-Ich zu fokussieren S richten sich zur L aus, stehen aufrecht KC begrüßt SuS.	links im Raum: Reproduktion der Arbeit „Lumpen-Venus" (1967) von Michelangelo Pistoletto + gefaltete Hemden 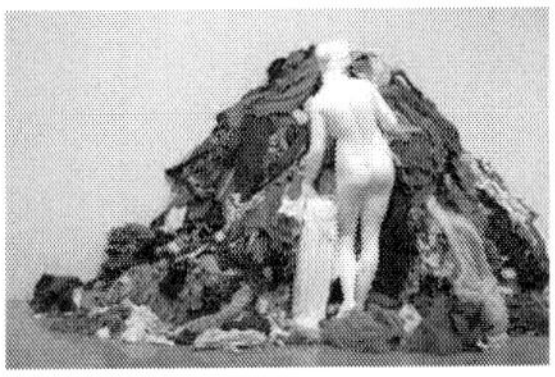 https://www.tate.org.uk/art/artworks/pistoletto-venus-of-the-rags-t12200 rechts im Raum: Reproduktion einer One-Minute- Sculpture mit Stuhl von Erwin Wurm + zwei Holzhocker 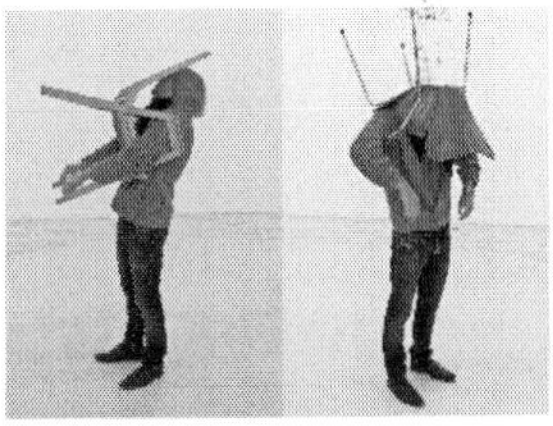 https://blog.zhdk.ch/kkunst/2017/08/16/erwin-wurm/erwin-wurm-one-minute-sculpture/

[10:00 | Probebühne] **Übung | Sensibilisierung** *Vignette 5.2.2.2 – Erkundung körperlicher Interaktion und Formation im Raum*	KC wiederholt den Begriff „Ich[hoch]Zwei“ [*bewusstes, intensives Handeln*] KC teilt die Formation in zwei Gruppen KC fordert S auf, in der Gruppe auf die Reproduktion zu reagieren und ein Standbild zu formen S agieren zögerlich mit Hemden und Hockern → die Übung entwickelt sich vom Standbild zu kollektiver Bewegung der Körper im Raum → Gruppen interagieren miteinander	-„“-
[10:20 | Probebühne] **Unterrichtsgespräch in der Gruppe | Reflexion der Übungen** *Vignette 5.2.2.3 – Körperliches Handeln reflektieren*	KC und S setzen sich in einen Sitzkreis KC richtet Impulsfragen an die Gruppe *[Welche konkreten Tätigkeiten und Aktionen wurden ausgeführt? Wie habt ihr kommuniziert? Was hat euch dazu bewegt, zu handeln? Wie habt ihr das Material eingesetzt? War das jetzt schon Performance? …]* S sammeln in Reaktion auf die Impulsfragen Eindrücke und reflektieren die gemachten Erfahrungen	Portfolios der S

[10:30 | Probebühne] **Arbeit in Kleingruppen | Exploration und Entwicklung einer Abschlussperformance** *Vignette 5.2.2.4 – Das Potential von Handlungen reflektieren* *Vignette 5.2.2.5 – Performanceideen am Material handelnd entwickeln* Vignette 5.2.2.6 – Performanceideen ausgehend vom Thema in der Gruppe entwickeln	kurzes wiederholendes Gespräch zu Handlungen, die in der letzten Woche entwickelt wurden KC gibt Handout zu Gestaltungsmitteln[10] der Performance Art in die Gruppen [*Performer / Raum / Rhythmus / Körperlichkeit / Klang / Zeit / Objekt / Bewegung*] S arbeiten bis zum Stundenende in den selbstgewählten Gruppen weiter KC geht durch die Gruppen (Beratung, Kommentierung, gemeinsame Ideenkonturierung, Organisation)	Portfolios der S Erweiterung der Räumlichkeiten [Flur, Nebenzimmer] Analoge und digitale Zusatzmaterialien

5.2.2.1 Vignette: Ein Performer-Ich etablieren

Die Schüler*innen betreten die Probebühne. Auf der rechten Seite des langgezogenen Raumes hat Kerstin Chill vorab einen Stapel weißer, gefalteter Herrenhemden gelegt. Daneben befindet sich eine Reproduktion der Arbeit Lumpenvenus von Michelangelo Pistoletto. Auf der linken Seite des Raumes stehen zwei einfache Holzhocker, darauf eine Abbildung einer One-Minute-Sculpture von Erwin Wurm. Auf einen Impuls von Kerstin Chill hin legen die Schüler*innen ihre Jacke hinter den Hockern geordnet in eine Reihe auf den Boden. Moris hockt mit einem Kaffee in der Hand an der Längsseite des Raumes. Er ist komplett in Schwarz gekleidet. Kerstin Chill hockt sich dazu. Beide beobachten nun die Gruppe, die sich an der gegenüberliegenden Seite unaufgefordert in einer Reihe formiert. Kerstin Chill delegiert die Einstimmung der Gruppe an Moris. Er beginnt, seine Mitschüler*innen, die sich wärmesuchend und nebeneinander an die Heizung des Raumes positioniert haben, der Größe nach aufzustellen, in dem er kurze verbale Impulse an die Gruppe gibt. *Guck doch mal, du siehst doch, wo du hinmusst!* Nach einer Weile stehen alle Schüler*innen in einer Reihe. Kerstin Chill bittet Moris, Impulse für eine angemessene Haltung zu geben und verweist auf die Etablierung des Performer-Ichs. Moris benennt die einzelnen Aspekte in ironischer Manier. *Alle den Rücken gerade machen. Die Hände an die Seite. Füße schulterbreit auseinander. Fokus auf den Scheinwerfer.*

10 Das Handout ist im Anhang dieses Manuskripts dargestellt.

Ein Lachen geht durch die Lerngruppe, die ihre Köpfe nun auf die Deckenkonstruktion richtet. Die Schüler*innen richten ihren Oberkörper nach vorn aus, schieben ihre Schultern nach hinten und werden ruhiger. Kerstin Chill geht währenddessen auf die Gruppe zu und korrigiert nonverbal die Haltung einzelner Lernender. Die Atmosphäre im Raum wird ruhiger und konzentrierter. Der Unterricht beginnt durch eine Begrüßung von Kerstin Chill. *Herzlich Willkommen. Performance Art Stunde drei.*

5.2.2.2 Vignette: Erkundung körperlicher Interaktion und Formation im Raum

Kerstin Chill fordert die Gruppe auf, sich zu teilen und sich an die Stirnseiten des Raumes zu begeben. Sie richtet sich an die Gruppe, die vor den Hockern, den auf dem Boden liegenden Jacken und der Arbeit von Erwin Wurm steht. Auf der Fotografie sind zwei Menschen zu sehen, die sich gemeinsam einen gelben Pullover über den Kopf gezogen haben und in der textilen Verbindung die Arme verdreht nach oben strecken. Die andere Gruppe soll zunächst lediglich beobachten. *Frage: Wie kommt die Gruppe „Pulloverskulptur" mit den Dingen zurecht? Nehmt die Reproduktion als Anregung und probiert jeweils zu zweit ein Standbild.* Die Schüler*innen beginnen unversehens damit, sich die Jacken vom Boden ineinander in Paaren anzuziehen. Anschließend bleiben sie still stehen. Eine Mehrzahl der Schüler*innen hat sich die Kapuze der Jacken tief ins Gesicht gezogen, einige stehen Rücken an Rücken und haben sich geteilt in zwei Jacken gekleidet. Gleich der Abbildung von Erwin Wurm ragen einige Arme in die Höhe.

Kerstin Chill fordert die gegenüberstehende Gruppe nun auf, in der Interaktion ein weiteres Standbild zu erarbeiten. *Das ist ja jetzt noch keine Performance. Wie könnt ihr die Gruppe auf die andere Seite transformieren.* Die *Gruppe „Lumpenvenus"* wechselt kollektiv forschen Schrittes die Seite des Raumes, um ihre Mitschüler*innen anschließend auf das Podest zu führen. Es wird viel geredet, gelacht, kommentiert und gewitzelt. *Das ist Performance Kunst. Mach einfach.* Kerstin Chill gibt unentwegt Handlungsimpulse, um die Gruppe zu aktivieren. Schlussendlich haben sich die Schüler*innen die weißen Hemden gegenseitig übergestülpt und kauern in der Hocke geballt beieinander.

Um ein drittes Bild zu erzeugen, fordert Kerstin Chill die Schüler*innen auf, die weißen Hemden auf die andere Seite zu bringen und dort auf einen Stapel zu legen. Auf irritierte Fragen antwortet sie lediglich kurz und knapp. *Agiert! Ihr müsst Verantwortung übernehmen.* Das Falten der Hemden stellt sich als Herausforderung dar. Mit unterschiedlichen Techniken versuchen die Schüler*innen die Hemden zusammenzulegen. Moris springt auf und setzt sich im unteren Teil des Raumes auf den Boden. Seine Mitschüler*innen tuen es ihm gleich. Nach und nach formt die Gruppe eine gerade Kette aus einzelnen Personen. Die Schüler*innen sitzen mit ausgestreckten Beinen auf dem Boden. Es wird ruhiger im Raum, die Formation bedingt die Handlung. Die Hemden werden nun der Reihe nach weitergereicht. Nico zieht Moris ein Hemd über den Kopf. Dieser verlässt die Formation der Gruppe, legt sich auf den Boden und rollt sich anschließend der Körperachse nach bis ans Ende der Schlange. Dort zieht er sich das Hemd wieder aus und überreicht es einer Mitschülerin. Er simuliert Schwimmbewegungen und zieht sich über den Boden an seinen Platz zurück. Die Schüler*innen hinterfragen mit ironischen Kommentaren und kopfschüttelnden Gesten die Sinnhaftigkeit des Geschehens, finden jedoch immer wieder neue Ideen, das bewegte Bild weiterzuentwickeln. Die Handlungen generieren sich in einer diffus-lockeren Arbeitsatmosphäre. Kerstin Chill beendet die Übung. *Ihr sollt die Ideen erst mal mitnehmen. Es geht ja auch erst mal nur darum, wie komme ich zur Handlung. Setzt euch mal hin.*

5.2.2.3 Vignette: Körperliches Handeln reflektieren

Was habt ihr gemacht? Mal ganz konkret die Tätigkeiten und Aktionen, die ihr ausgeführt habt? Wie habt ihr kommuniziert? Was hat euch dazu bewegt, zu handeln? Kommen wir mal auf das Thema zu sprechen – Körper, Haut und Hülle? War das ein Haufen oder ein Pulk? Wie ist das Material zum Einsatz gekommen? Hätte es auch andere Möglichkeiten gegeben? War das jetzt schon eine Performance? Moris, fass noch mal kurz zusammen. Hatte diese Übung ein Potential? Was konntet ihr mitnehmen? Mit diesen Impulsen wendet sich Kerstin Chill an die Lerngruppe und entwickelt ein Gespräch zu diversen Aspekten der explorierten Bewegungsabläufe und generierten Bilder. Die Lernenden reagieren zögerlich, beantworten die Fragestellungen mit Rückblick auf die Übung jedoch präzise und ideenreich. Die Kommentare changieren zwischen faktischen Beschreibungen zu einzelnen Handlungssträngen, verallgemeinernden Betrachtungen zur Art und Weise des Handelns und konkreten Ideen für die Weiterarbeit. Annika betont, dass sie aufeinander reagieren mussten, interagieren mussten und das auf *besondere* Art und Weise. Thea hält fest, dass sich jeder Einzelne entscheiden musste und somit etwas Unvorhersehbares eine Rolle gespielt hat. *Das war schon performativ!* Leonore meint, es sei eine Performance mit Absprache gewesen, weil alle miteinander geredet hätten. Bela sieht in dem verfremdeten Überstreifen der Jacken einen Bezug zum Unterrichtsthema „Körper, Haut und Hülle". Annika meint, man müsse den Umgang mit fremdem Eigentum in der Performance mitbedenken. Kerstin Chill kommentiert und ergänzt das Gesagte. Sie betont gegen Ende, dass vor allem Materialen und Objekte in der Performance als eigene Ichs behandelt werden können, die gleichberechtigt mit dem Performer-Ich interagieren.

5.2.2.4 Vignette: Das Potential von Handlungen reflektieren

Bevor die Lerngruppe in die praktische Auseinandersetzung entlassen wird, fragt Kerstin Chill danach, womit in der letzten Doppelstunde gearbeitet wurde und welches Potential in den Handlungen gesehen wurde. Die Schüler*innen antworten nur auf Aufforderung und in der Ausführung sehr einsilbig. Jule und Lara wurden mit Mullbinden *zu einem Körper* verschmolzen. Nico hätte mit der Goldfolie *nervige* Töne erzeugt. Das Thema Gänsehaut wurde aufgegriffen und die Goldfolie als zweite Hautschicht erforscht. Die Schüler*innen sprechen immer wieder davon, was sie *darstellen wollen*. Noel stellt fest, dass er als Teletubby in seiner Gruppe agierte, insofern ihm ein digitales Bild auf die Brust projiziert wurde. *Das hat schon Potential!* Die Ausführungen bleiben vage und fragmentarisch. Am Ende der gemeinsamen Ideensammlung gibt Kerstin Chill ein Handout zu den Gestaltungsmitteln in der

Performancekunst in die Runde und fordert die Lerngruppe auf, diese lesend nachzuvollziehen. Im Anschluss werden bestimmte Punkte im Gespräch angetippt und erläutert. Kerstin Chill erinnert an eine vorangegangene Unterrichtseinheit zum Thema „Die Kamera als Handspiegel" und konstatiert, dass es Ziel sei, die Kamera als Gestaltungselement im performativen Arbeiten miteinzubeziehen. *Ist eigentlich toll, was da mit eurem Körper passiert. Das kann man wunderbar einbauen.* Sie betont noch einmal explizit, dass die Kamera als Objekt eigenständig agieren könne. Zum Abschluss fragt sie die Lernenden, was mit dem letzten Punkt *Bildlichkeit* auf dem Handout gemeint sei. Thea sagt, es gehe darum, Bilder zu gestalten, die authentisch und nachvollziehbar sind. Kerstin Chill bejaht diese Aussage, gibt aber zu bedenken, dass die generierten Bilder immer bedeutungsoffen seien. *Der Zuschauer kann euch eigentlich egal sein, weil der interpretiert sein eigenes Ding rein.*

5.2.2.5 Vignette: Performanceideen am Material handelnd entwickeln

In einem Nebenraum der Probebühne haben sich Nico, Henrike, Lara und Marita zusammengefunden, um Ideen für eine Performance zu entwickeln. Kerstin Chill wird von der Gruppe zunächst in ein Gespräch verwickelt. Sie gibt daraufhin verschiedenste Impulse zur Auseinandersetzung mit der Goldfolie, die als zusammengefaltetes Päckchen neben neonfarbenen Bilderrahmen vor den Schüler*innen liegt und von Nico zögerlich entfaltet wird. Ihre Impulse weisen einen fragenden Charakter auf. Sie reagiert jeweils spontan auf das Bild, das Nico in der Auseinandersetzung mit der Folie bewegend gestaltet. *Was bietet das Material? Wie geht ihr damit um? Was macht es für Geräusche? Wie kann man es performativ zusammenfalten? Was habt ihr für Ideen? Das ist ja ne Hitzefolie. Was passiert, wenn einer da wirklich liegt? Wie warm wird das eigentlich?* Auf unschlüssige, witzelnde Kommentare der Gruppe geht sie nicht weiter ein. Sie ermuntert die Gruppe zum aktiven Handeln. *Keine Ahnung. Probiert's einfach aus. Macht einfach.* Anschließend verlässt sie den Raum und die vier Schüler*innen sitzen etwas ratlos beieinander. Die Arbeitsatmosphäre ist diffus und macht einen ziellosen Eindruck. Die Gespräche der Schüler*innen changieren zwischen einer imaginativen Entfaltung von Ideen zum Thema „Körper, Haut und Hülle" und Aspekten, die keinerlei Bezug zum Unterricht aufweisen. Es wird viel gelacht, freundschaftlich provoziert und gealbert. Nach zwanzig Minuten greift Nico zu einem Bilderrahmen und versucht, die Goldfolie darum zu spannen. Ihm fällt dabei auf, dass die Folie durchsichtig scheint. Gemeinsam beginnt die Gruppe mit den Lichtverhältnissen im Raum zu experimentieren, um die durchsichtige Wirkung bewusst herstellen zu können. Vorhänge werden zu- und aufgezogen, die Position des Bilderrahmens im Licht arretiert. Sie positionieren ihre Oberkörper vor und hinter dem Rahmen, um zu sehen, wie viele Details zu erkennen sind. Dabei schnipst Nico mit einem Finger gegen die gespannte Folie, was ein lautes Geräusch erzeugt. Henrike meint, mit dem Lichteinfall sehe die Folie aus wie Wasser. Unterschiedliche Ideen werden nun kommuniziert und handelnd überprüft. Nico scheint erleichtert. *So, dann müssen wir uns nur noch überlegen, was wir daraus machen wollen. Das ist auf jeden Fall ein guter Effekt. Vielleicht legen wir dir Bühne doch mit Folie aus. Lasst uns das mal ausprobieren.* Die Gruppe verlässt den Raum und begibt sich forschen Schrittes zur Probebühne.

5.2.2.6 *Vignette: Performanceideen ausgehend vom Thema in der Gruppe entwickeln*

Milena, Bela, Moris und Thea sitzen in einer Ecke der Probebühne auf dem Boden beieinander. Sie haben Federmappen und Portfolios neben sich liegen. Im Gespräch entwickelt die Gruppe verschiedene Ideen für eine Performance. Die Impulse verlaufen entlang des Themas „Körper, Haut und Hülle". Gedanken werden fragmentarisch aneinandergereiht und im Gespräch exploriert. *Körper ist halt Körper, sehr interpretierfähig,* meint Thea. Moris betont, dass es wichtig sei, sich zu reduzieren und auf ein Thema zu konzentrieren. Thea gibt zu bedenken, dass es nicht darum gehe, eine Botschaft rüberzubringen. Der Austausch oszilliert zwischen thematischen Zugängen und technischen Herausforderungen. *Ach so, die Kamera soll ja auch noch mit rein.* Milena äußert die Idee, Haut in Nahaufnahmen und in Ausschnitten filmen zu können. *Körperhaut, Milchhaut, Schlangenhaut, Gänsehaut.* Thea und Moris streichen sich mit den Fingernägeln über den Unterarm, um sich gegenseitig eine Gänsehaut zu machen. Das Vorhaben scheitert. Nichtsdestotrotz sind sich die Beteiligten zunehmend einig, dass Hautaufnahmen eine Rolle in der Performance spielen sollen. Im Anschluss diskutiert die Gruppe den Aufführungsort. Mischt man sich unter das Publikum, setzt man sich hinten an die Wand oder bleibt man vorn auf der Probebühne? Die Beteiligten einigen sich darauf, dass die technischen Möglichkeiten der Probebühne wie Beamer, Licht und Sound zu verlockend sind, als dass man woanders performen könnte. Thea **hält die einzelnen Gedanken in ihrem Portfolio fest.** *Am Ende muss das alles irgendwie zusammengefasst werden.*

5.2.3 Doppelstunde 3: Körperbetonte Übungen zu zweit und Vertiefung der Arbeit an einer eigenen Performance zum Thema „Körper, Haut und Hülle"

[27.02.2018 | 90 Minuten | 22 Schüler*innen]
Abkürzungen: KC = Kerstin Chill | S = Schüler*in(nen) | -„"- = wie vorherige Zeile | → = Zusammenhang / Folge

I | Struktur	II | Inhalt / Interaktion	III | Medien und Materialien
[9:50 | Probebühne] **Unterrichtsgespräch im Plenum | Rückblick und Hinführung**	KC klärt weiteren Ablauf der Performance-Einheit (anstehende Klausur / Präsentationen) KC fragt nach verschiedenen Aspekten der performativen Arbeit aus der letzten Doppelstunde *[Rolle des Performenden, Materialeinsatz, Level an Aktivität, starke Bilder]*	Materialien aus letzter Stunde sind auf dem Podest der Probebühne arrangiert *[Zollstöcke, Goldfolien, weiße Hemden, weiße und pinke Schnur, Klarsichtfolie]*

[10:05 | Probebühne] **Reaktivierung des Körpers | Improvisation | Partnerübung** *VIGNETTE 5.2.3.1 – IN DER BEWEGTEN HANDLUNG IMPROVISIEREN*	KC und S positionieren sich stehend, kreisförmig KC gibt Impulse für körperliche Handlungen, S re/agieren *[den Körper kräftig an verschiedenen Stellen abklopfen, die eigene Haltung justieren, rhythmisch und resonant in die Hände klatschen, pantomimisch einen Kaugummi kauen und runterschlucken]* KC fordert die S auf, im Duo zu agieren und dabei nacheinander unterschiedliche Handlungen zu vollziehen [*1: Blickkontakt herstellen, halten, sich aufeinander zu und voneinander wegbewegen / 2: Standbild in mehreren, aufeinander aufbauenden Bildern entwickeln, indem ein Partner*innen auf den anderen in raumgreifender Position reagiert / 3: sich als Duo mit ausladenden, aufeinander reagierenden, abstrakten Gesten durch den Raum bewegen / 4: sich zu größeren Formationen in derselben Manier zusammenfinden / 5: zwei S sollen abschließend mit Material auf die entstandene Gruppenformation reagieren (pinkes Band, Zollstöcke)*] keine Reflexion der Übung	-„“-

[10:15 | Kunstraum] **Handlung im Plenum | Demonstration und Exploration** *Vignette 5.2.3.2 – Eine performative Handlung demonstrieren*	KC und S setzen sich in einen Sitzkreis KC fordert fünf S auf, an einem Experiment mit Handlungsanweisungen teilzunehmen → eine S legt sich auf den Boden, vier andere entfalten eine Goldfolie über ihr und lassen diese nach oben und unten schwingen → anschließend sollen die S die Folie ordentlich zusammenfalten Plenum beobachtet und kommentiert KC fordert die S auf, ausgehend von den Beobachtungen Ideen für die eigene Performance zu entwickeln	Goldfolie (Rettungsfolie) Portfolios der S
[10:25 | Kunstraum] **Arbeit in Kleingruppen | Exploration und Entwicklung einer Abschlussperformance** *Vignette 5.2.3.3 – Im künstlerischen Prozess suchend verweilen* *Vignette 5.2.3.4 – Eine Performanceidee in der Gruppe entwickeln*	S arbeiten in den etablierten Gruppen weiter am Konzept für eine Performance zum Thema „Körper, Haut und Hülle“ KC geht durch die Gruppen [*Beratung, Kommentierung, gemeinsame Ideenkonturierung, Organisation*]	Portfolios der S Erweiterung der Räumlichkeiten [Flur, Nebenzimmer] Körper als Material Analoge und digitale Zusatzmaterialien

[11:10 | Probebühne] **Plenum | Reflexion** *Vignette 5.2.3.5 – Den Blick auf das eigene Handeln schärfen*	S und L formieren sich in einem großen Kreis KC eröffnet die Reflexionsrunde mit der Aufforderung, *„den Blick für das eigene Handeln zu schärfen"* S reflektieren den Prozess ihrer Auseinandersetzung zum Thema Körper, Haut und Hülle *[Ver- und Enthüllung, Raumbezüge, Einsatz von Licht und Kamera, Farbsymbolik, …]* KC gibt Ausblick für die kommende Stunde mit den drei Schlagworten *„Üben, Handeln, Ausprobieren"*	Portfolios der S

5.2.3.1 Vignette: In der bewegten Interaktion improvisieren

Nach einer Aufwärmphase im Kreis, in der die Schüler*innen daran gearbeitet haben, ihr Performer-Ich zu etablieren und den eigenen Körper bewusst zu aktivieren, fordert Kerstin Chill die Gruppe auf, für den weiteren Verlauf in Duos zu agieren. Sie erklärt die nun folgende Übung in mehreren Schritten. Zunächst gehe es darum, den Blickkontakt zum Partner eine Minute lang zu halten und dabei den Abstand zueinander zu verändern. *Ihr wisst, euer Problem ist Konzentration, dass man nicht anfängt zu lachen.* Im Anschluss sollen die Schüler*innen ein bewegtes Körperbild kollaborativ entwickeln. Kerstin Chill betont, dass es sich um eine Übung aus dem Tanzbereich handele und die Gruppe deshalb raumgreifend arbeiten könne. Sie nimmt Alina zu sich an die Seite und demonstriert die Übung mit ihr. Gleich eines Puzzles solle man sich zueinander verhalten. Alina streckt zunächst in breitem Stand die Hände in die Höhe. Kerstin Chill greift anschließend mit einer ausladenden Bewegung um die Arme Alinas. Gleichzeitig kommentiert und erläutert sie das Geschehen für die Lerngruppe. *Das können die Arme sein. Ihr könnt aber auch gucken; andere Raumebenen. Ich könnte mich ja auch hier runter begeben und schauen, wie bau ich mich hier jetzt aktiv drum herum.* Die Schüler*innen beginnen anschließend, ohne zu zögern, den Blickkontakt zu ihrem Gegenüber aufzunehmen und eigene Bewegungsabläufe im Duo zu entwickeln. Einige Lernende lassen sich Zeit für die Entfernung und Annäherung im Blickkontakt, andere beginnen schnell damit, standbildhaft aufeinander zu reagieren, wie zum Beispiel Robin und Moris. Sie explorieren diverse sportlich anmutende Übungen und bewegen sich dabei ausladend durch verschiedene Raumebenen. Moris streckt den Körper und verschränkt die Arme über dem Kopf … Robin hockt sich neben ihn … Moris macht eine Brücke … Robin kriecht darunter hindurch … Moris steigt über Robin hinweg und kauert sich zusammengerollt auf den Boden. Auf die Frage eines Mitschülers, wie lange das gemacht werden solle, antwortet Moris grinsend, *bis Kunst entsteht.* In einem weiteren Schritt fordert Kerstin Chill die Duos auf, sich mit den entwickelten Bewegungsmustern im Raum fortzubewegen und den Standort zu wechseln. Sie demonstriert erneut, wie die Übung ausgeführt werden kann und betont, dass weiterhin Standbilder zu bauen seien. Die nun folgenden Handlungen vollziehen sich in wuseliger Atmosphäre, durchzogen vom Lachen und von den witzelnden Kommentaren der Schüler*innen. Hände gehen in die Höhe, Beine werden vom Körper weggestreckt, Rücken werden über den Fußboden geschoben und Ausfallschritte werden gemacht. Die einzelnen Körper sind in permanenter, resonanter Bewegung, nur unterbrochen von kurzen Stills. Zuletzt werden Vera und Kilian von Kerstin Chill aufgefordert, mit den auf dem Podest liegenden Materialien auf das Gruppenbild zu reagieren. Vera entscheidet sich für eine pinke Wäscheleine und beginnt damit, eine größere Gruppe von Schüler*innen zu umschnüren. Kilian greift auf einen leuchtend gelben Zollstock zurück. Er formt einen Stern und legt ihn kurz auf Charlys Schultern ab, um ihn anschließend zu entfalten und zwei Schüler*innen als Bindeglied in die Hand zu geben. Am Ende der Übung stehen die Schüler*innen recht gedrängt und geschlossen beieinander.

5.2.3.2 Vignette: Eine performative Handlung demonstrieren

Kerstin Chill bezieht sich auf die vorherige Doppelstunde und fragt, wer denn mit der Goldfolie gearbeitet habe. Sie bräuchte jetzt mal fünf Schüler*innen für ein *kleines Experiment.* Nach trägen Reaktionen, einigem Hin und Her und vielen Kommentaren finden sich Noel, Lara, Patricia, Thea und Moris für das Experiment in der Mitte des Sitzkreises zusammen. Thea soll sich rücklings auf den Boden legen. Die anderen vier bekommen eine gold-silber-farbene Rettungsdecke in die Hand und sollen diese über Thea ausbreiten. Noel, Lara, Patricia und Moris greifen jeweils mit einer Hand an eine Ecke der Folie und spannen diese hüfthoch mit der goldenen Seite nach oben über den ausgestreckten Körper von Thea. Nach kurzer Unbewegtheit beginnen sie damit, die Folie auf und ab zu schwingen. Die Folie raschelt dabei laut und reflektiert das Scheinwerferlicht strahlend warm. Kerstin Chill wendet sich an die Zuschauenden. *Lasst mal. Redet mal noch nicht, sondern schaut erst mal genau, was hier passiert.* Die vier Akteur*innen legen die Folie auf Thea ab. Für einen Moment ist es sehr ruhig im Raum. Die Folie bewegt sich in Resonanz mit Theas Atemzügen fast lautlos sanft nach oben und unten. Kerstin Chill fordert Thea auf, gegen die Folie zu pusten. Das durchdringende Geräusch führt zu Gelächter in der ganzen Gruppe. Noel, Lara, Patricia und Moris sollen die Folie nun aufheben und betont sorgfältig so klein wie möglich zusammenfalten. Kerstin Chill kommentiert das Geschehen. *Macht es so, dass es performativ interessant wird.* Die Folie wird an den Ecken genommen und gleich einer Decke gefaltet, indem die Faltkante mit dem Handrücken nach innen gedrückt wird. Die Lernenden agieren nonverbal. Je kleiner die gefalteten Rechtecke werden, umso näher rücken die Schüler*innen zusammen. Moris setzt sich zwischendurch auf einen Hocker, woraufhin Kerstin Chill ihn bestimmt anspricht, er könne doch nicht einfach die Performance verlassen. Er begibt sich daraufhin wieder in die Gruppe. Acht Hände agieren nun auf engstem Raum miteinander. Abschließend wird das Päckchen in Theas Pullitasche verstaut. In der Reflexion des Experiments werden verschiedene Aspekte angeschnitten. *Beschreibt mal, was ihr gesehen habt.* Die wellenartigen Bewegungen der Folie in der Luft und die magisch anmutende Brechung des Lichts auf der Folie werden von den Schüler*innen benannt. Assoziationen zum Leben und zum Tod werden erläutert, die Relation zwischen Körperlichkeit und Folie thematisiert. *Was könnte man daraus machen? Tragt mal ein paar Ideen zusammen.* Es wird die Möglichkeit diskutiert, die Folie fester und in mehreren Lagen um den Körper von Thea zu wickeln, um eine Grenzsituation darzustellen. Die Geräusche der Folie könnten bewusst ausgereizt werden. Die Ideen werden fragmentarisch formuliert und von Kerstin Chill mit Blick auf die zu konzipierenden Performances vertieft. Zum Schluss betont Kerstin Chill, dass im Experiment zwei performative Bilder entstanden seien, die den Betrachtenden etwas vermitteln. *Ihr seht: in Bildern denken, darum geht's.*

5.2.3.3 Vignette: Im künstlerischen Prozess suchend verweilen

Die Schüler*innen verlassen den Sitzkreis. Sie suchen mit ihren Gruppenmitgliedern nach einem Arbeitsplatz und schlurfen unmotiviert über den Boden. Die Gruppen beginnen, sich Material holen und ihre Performanceideen zu konturieren. Die Atmosphäre im Raum ist von einer ruhigen Trägheit bestimmt. Performancematerial wird zusammengesucht, Portfolios werden durchblättert und witzelnde Unterhaltungen geführt. Der Sportunterricht und die Deutschklausur fallen immer mal wieder im Gespräch. Auf dem Podest der Probebühne werden Folien akkurat aneinander gepackt und mit Füßen und Händen kontinuierlich glattgestrichen. Es entsteht eine Handlungsfläche, die im Anschluss von der Gruppe weniger zum performativen Agieren genutzt wird als vielmehr zum Rumliegen und Quatschen. Dabei stapfen die Lernenden immer wieder mit leichtem Druck beiläufig auf der Folie herum, die ein leicht knisterndes Geräusch von sich gibt. Auch an anderen Plätzen im Raum lassen sich vereinzelt Handlungen beobachten. Marita beginnt, sich mit dem ganzen Körper in Folie einzuwickeln. Ihre Arme und Beine baumeln gestreckt aus den Enden der Rolle hinaus. Die einzelnen Gruppen beobachten sich gegenseitig. Die Blicke gehen an Orte, an denen sporadisch agiert wird. Die Schüler*innen bewerten das untereinander spaßig als Abgucken und ziehen sich damit auf. Das Geschehen plätschert vor sich hin. Einzelne Szenen entwickeln sich und setzen sich visuell eher in suchender Manier aneinander.

5.2.3.4 Vignette: Eine Performanceidee in der Gruppe entwickeln

Auf dem Podest der Probebühne haben Nico, Henrike, Marita und Lara mehrere Rettungsfolien zu einer großen Fläche arrangiert. Die goldene Seite ist sichtbar. Kerstin Chill lässt auf Wunsch der Gruppe die Fensterverdunklungen herunter, sodass die Bühnenscheinwerfer das Handlungsfeld in warmes Licht tauchen. Durch den Lichteinfall reflektiert die Oberfläche der ausgebreiteten Folien schimmernde Strukturen an die Wände. Es wird schlagartig ruhiger im Raum und die Blicke der anderen Schüler*innen wandern an den Wänden entlang. *Das sieht cool aus.* Nico geht immer wieder zur Folie und streicht diese mit den Füßen glatt. Er legt sich der Länge nach auf den Boden und zieht sich eine Folie vorsichtig und langsam über den ganzen Körper. Nur noch seine Füße schauen heraus. In der Gruppe entwickelt sich ein Gespräch über die Wärme, die unter der Folie entsteht. Die Arbeit in der Gruppe ist geprägt von einem zähflüssigen Wechsel zwischen Gespräch und Handlung. Henrike, Marita, Lara und Nico äußern Assoziationen und Gedanken zum Material und seiner Wirkung. *Wollen wir das aufschreiben, damit wir es nicht vergessen?* Im weiteren Verlauf erprobt die Gruppe diverse Übungen mit sportlichem Impetus. Kniebeuge, Brücke, Dehnen und Strecken. Marita beginnt damit, das Geschehen zu fotografieren. Die Gruppenmitglieder schauen sich die Fotografien sofort auf dem Display des Smartphones an. Es entsteht eine Dynamik aus Handlung und Bild, die von den Lernenden eine Weile verfolgt wird. Anschließend verweilen die Schüler*innen sitzend im Gespräch. Lethargie greift um sich. Die Gruppe setzt sich erneut mit Kerstin Chill auseinander und lässt sich motivieren, die Durchlässigkeit der Folie noch einmal zu erproben. Sie begeben sich gemeinsam zur Türnische im hinteren Bereich der Probebühne und spannen eine Goldfolie vor die Tür. Nico und Marita stellen sich in die Nische. Die visuelle Durchlässigkeit und haptische Flexibilität der Folie wird von den Gruppenmitgliedern getestet und besprochen. Es entfaltet sich im Gespräch eine Ideensammlung, wie mit diesem Leerraum umgegangen werden kann. Verschiedene Möglichkeiten werden erprobt und von Lara für die Gruppe im Portfolio festgehalten. Abschließend öffnet Nico die Tür, um die Möglichkeit des Tageslichteinfalls für das Verdecken der Tür auszuprobieren. Alle zeigen sich überzeugt vom Effekt der schemenhaften Transparenz. Die Ideen fangen an zu sprudeln. Die Arbeitsatmosphäre im Raum hat sich geändert. Es herrscht engagiertes Treiben. Kerstin Chill beobachtet das Geschehen. Sie weist in gelassenem Ton darauf hin, dass künstlerische Handlungsprozesse eben ihre Anlaufzeit bräuchten. *Das ist immer so. Jetzt geht's aufs Ende hin und dann sind alle drin.*

5.2.3.5 Vignette: Den Blick auf das eigene Handeln schärfen

Kerstin Chill eröffnet die Reflexionsrunde mit der Zielformulierung, den Blick für das eigene Handeln zu schärfen. *Es kann guttun, das zu formulieren, was man wirklich konkret machen möchte.* Jede Gruppe wird reihum gebeten, ihren Fokus bzw. Schwerpunkt der Untersuchung vorzustellen. Die Schüler*innen antworten zurückhaltend, aber trotzdem pointiert. Alina verweist auf das Ver- und Enthüllen als Handlung, auf die sie sich in der Gruppe fokussieren. Henrike betont, dass sie daran arbeiten, Bezüge zum Raum herzustellen. Thea fasst für ihre Gruppe zusammen, dass es darum gehe, die Ambivalenz zwischen einem anatomisch anwesenden Körper und der Ausprägung einer individuellen Persönlichkeit in der Performance aufzuzeigen. Jule führt auf, dass Licht, Folie und Kamera in ihrer Performance eine Rolle spielen werden. Carolin betont, dass sie sich an der Oberfläche eines Menschen abarbeiten würden. Sie würden ein Video drehen und dieses zeigen. Auf ihre Nachfrage, ob denn das Video als Performance gelten würde, antwortet Kerstin Chill mit einem entschiedenen Nein. *Performance lebt tatsächlich von der Liveaufführung – etwas tun.* Patricia erläutert als Ziel ihrer Performance, Gruppenzwang zu thematisieren und sich selbst zu verwirklichen. Die Gruppe arbeite daran, dies über Farbsymbolik zu verdeutlichen. Die Schüler*innen geben kaum konkrete Handlungsabläufe preis. Das Gespräch entwickelt sich aus einer Abfolge vielseitig aufgezählter Themen und Zugänge. Kerstin Chill beendet die Stunde mit einem kurzen Ausblick für den Unterricht in der kommenden Woche in Form von drei Schlagworten: *üben, handeln, ausprobieren.*

5.2.4 Doppelstunde 4: Beurteilungskriterien entwickeln und das Performancekonzept abschießend konturieren

[06.03.2018 | 90 Minuten | 21 Schüler*innen]

Abkürzungen: KC = Kerstin Chill | S = Schüler*in(nen) | -„"- = wie vorherige Zeile | → = Zusammenhang / Folge

I | Struktur	II | Inhalt / Interaktion	III | Medien und Materialien
[9:50 | Probebühne] **Unterrichtsgespräch im Plenum | Rezeption und Reflexion** *Vignette 5.2.4.1 – Den Unterricht mit Material rahmen* *Vignette 5.2.4.2 – Qualitätskriterien für Performances im Gespräch erarbeiten*	KC teilt Aufgabenstellung für Abschlussperformances in gedruckter Form aus: ***KÖRPER // HAUT // HÜLLE*** *Strukturiert Eure Handlungen! Achtet auf Folgendes:* *>> Rolle des Performers [Ich^hoch^Zwei] >> Umgang mit Material >> Raum >> Zeit >> Interaktion >> Zuschauer*innen >> Anfang und Ende* *#Notiert im Künstlertagebuch Eure einzelnen Schritte!* *#Überlegt, wo Euer thematischer Fokus ist!* *#Welche Fragestellung wollt Ihr untersuchen?* *#Stellt Euch Eure Ergebnisse gegenseitig vor und gebt Euch Hinweise! [für die Zwischenauswertung]*	Materialien aus letzter Stunde sind auf dem Podest der Probebühne arrangiert *[Zollstöcke, Goldfolien, weiße Hemden …]* Projektion von Fotografien des UNART-Festivals Portfolios der S

	KC gibt Informationen zum Ablauf der Klausur für kommende Woche [*performative Arbeit in 4er-Gruppen, Auseinandersetzung mit einer künstlerischen Arbeit von Marina Abramovic, Einzelbewertung im Theorieteil, Gruppenbewertung im Praxisteil, Filmmitschnitt*] → S bilden in dieser Stunde die Gruppen KC zeigt Fotografien der Abschlusspräsentationen der Performances des UNART-Festivals KC und S leiten im Gespräch Beurteilungskriterien für gelungene Performances ab KC setzt Impulse im Gespräch [starke Bilder, Kostüme, Ausdrucksform der Performer-Rolle, Raumbezüge, Authentizität der Handlungen]	
[10:05 | Probebühne] **Reaktivierung des Körpers | Übungen mit Raumbezug** *Vignette 5.2.4.3 – Aktivierung des Körpers durch Raumlauf*	KC gibt Impulse für körperliche Handlungen, S re-agieren *[Raumlauf, Bewegung in verschiedenen Raumebenen, verschiedene (unkonventionelle) Bewegungsarten]*	
[10:15 | Kunstraum] **Arbeit in Kleingruppen | Konturierung der Abschlussperformance** *Vignette 5.2.3.4 – Für eine Bühnenperformance üben*	S experimentieren, explorieren und verdichten die Arbeit an den eigenen Performances → zielstrebige Arbeit für die in zwei Wochen anstehenden Performancepräsentationen	Portfolios der S Erweiterung der Räumlichkeiten [Flur, Nebenzimmer] Analoge und digitale Zusatzmaterialien

[11:10 | Kunstraum] **Arbeit in Kleingruppen | offene Reflexion** *Vignette 5.2.4.5 – Eine Idee untereinander besprechen*	KC gibt den S die Möglichkeit, sich in Teams zu den entwickelten Ideen auszutauschen (siehe Aufgabenstellung) Stunde wird fließend, ohne konkretes Zeichen beendet	-„"-

5.2.4.1 Vignette: Den Unterricht mit Material rahmen

Die Materialien, die den Lernenden von Kerstin Chill angeboten werden, sind zu Beginn der Doppelstunde auf dem Podest der Probebühne nebeneinander arrangiert. Goldfolien, verstellbare Tischlampen, grellgelbe Zollstöcke, eine pinkfarbene Wäscheleine, durchsichtige Folien, weiße Herrenhemden und schlichte Holzhocker. Dieses Arrangement wird in den einzelnen Doppelstunden in leichter Variation unkommentiert immer wieder angeboten.

5.2.4.2 Vignette: Qualitätskriterien für Performances im Gespräch erarbeiten

Kerstin Chill bittet Moris, Thea, Nico und Milena, die Abschlussperformances des UNART-Festivals zu erläutern. Nico gibt zunächst einen Überblick. *Wir haben insgesamt sieben Performances gesehen, die alle besonders waren. Da waren keine dabei, die ich schlecht fand.* Anschließend werden von den vier Schüler*innen schlagwortartig Themen aufgeführt, die in den Performances verhandelt wurden. *Legalität von Graffiti. Was ist Heimat. Lust. 6 Tage, 9 Leute, ein Hund, ein Raum.* Milena betont, dass einige Gruppen auch Selbstexperimente vollzogen hätten, die in Performances übersetzt wurde. Thea äußert sich kritisch. *Ich fand schon viele Gruppen ziemlich schlecht. Das war halt manchmal richtig langweilig. Und eben nicht performativ.* Der Impuls wird von Milena, Nico und Moris erläuternd aufgegriffen. Fast alle Gruppen hätten mit einer Videoübertragung gearbeitet. Das habe sich dann wiederholt. Das Gespräch wird kurz unterbrochen vom Surren des Beamers, der von Kerstin Chill angeschaltet wurde. Sie ruft die Website des Festivals auf und projiziert nun live eine Abfolge unterschiedlicher Fotografien. Sie betont, dass die Aufführungen einen gewissen Wettbewerbscharakter aufwiesen, da nur einige Gruppen in die nächste Runde kamen. Milena und Thea beschreiben im Laufe des Gesprächs eine Performance, die Kerstin Chill als krass beurteilt. *Die haben sich halt mit dem Thema Sexismus und Missbrauch auseinandergesetzt. Dann haben die auf der Bühne auch Missbrauchshandlungen dargestellt und haben das auch wirklich praktiziert. Zum Beispiel stand die eine Person da und die andere Person hat gesagt, was sie macht, und hat dann die Hand so von oben die ganze Zeit lang fahren lassen.* Thea deutet dabei eine Berührung im Schritt an. *Das war halt schon ziemlich mutig so etwas in echt auf der Bühne zu machen.* Anschließend erläutert Thea eine Szene aus derselben Performance, die vom Publikum beeinflusst wurde. Über Handzeichen konnten die Rezipierenden die Performenden animieren, Sandsäcke auf einer

Jugendlichen abzulegen. *Am Ende war es schon ziemlich spannend zu sehen, dass sich immer noch drei Personen freiwillig bereit gefunden haben, dass ein Sandsack auf sie abgelegt wird. Das war schon krass mit anzusehen. Keine Ahnung.* Am Ende sei die Aktion abgebrochen worden. Kerstin Chill zeigt eine weitere Fotografie und fragt danach, wie die Performenden ihr Performer-Ich etabliert hätten. *Wo war es schwach, wo war es stark und warum?* Die Gruppe hätte vorab ein Selbstexperiment durchgeführt und für mehrere Tage mit einem Hund in einer Einzimmerwohnung gelebt. Nico äußert sich wiederum beeindruckt vom Mut der Performenden. *Die waren wohl alle zu sechst zusammen in der Badewanne. Die haben sich dann auch auf der Bühne ausgezogen. Das fand ich echt krass.* Thea betont die Authentizität der darstellenden Personen. Man hätte sich richtig gut in die Gruppe hineinversetzen können. Milena ergänzt, dass die Handlungen teilweise so bizarr gewesen seien, dass das Selbstexperiment nachvollziehbar sei. *So was hätte man sich nicht ausdenken können.* Die vier Schüler*innen äußern ihre Bewertungen unverblümt und prägnant. Kerstin Chill lenkt das Gespräch spontan, indem sie immer wieder Impulse setzt, eigene Bewertungen formuliert und Kontexte erläutert.

5.2.4.3 Vignette: Aktivierung des Körpers durch Raumlauf

Jetzt müssen wir erst mal wieder ins Arbeiten reinkommen. Dafür räumt ihr mal alle eure Sachen weg. Und wir gehen in einen schönen, klaren, fokussierten Raumlauf. Ein Stöhnen geht durch die Lerngruppe. Die Schüler*innen reagieren auf die Aufforderung Kerstin Chills hörbar unwillig und gereizt. Nico fragt in bettelndem Ton, ob sie nicht an ihren Performances weiterarbeiten könnten. Die Zeit bis zur Aufführung sei so knapp. Seine Mitschüler*innen stimmen entschieden zu. Kerstin Chill reagiert bestimmt. *Ihr müsst erst mal reinkommen, denn sonst setzt ihr euch wieder hin und redet nur. Und ihr sollt praktisch arbeiten.* Anschließend gibt sie lediglich Schlagworte und kurze Anweisungen in die Gruppe. *Raumlauf. Gangart 3. Neutraler Gang. Fokus nach innen gerichtet. Lauft los.* Die Schüler*innen setzten sich brabbelnd und träge in Bewegung. Einige äußern noch einmal ihren Unmut vor dem Hintergrund der noch anstehenden Aufgaben. *Gangart 5.* Das Tempo der Laufbewegungen im Raum erhöht sich, die Schüler*innen erscheinen zunehmend konzentrierter. Nach kurzer Zeit spricht niemand mehr, außer Kerstin Chill. Die Schüler*innen sollen den Raumlauf durch sitzende und liegende Positionen variieren. Die Gangart wird auf 10 erhöht. Alle laufen kreuz und quer durcheinander. *Freeze. Rückwärtslaufen. Gangart 1. Lasst euch 30 Sekunden Zeit, um dabei langsam runter zu gehen.* Die Schüler*innen begeben sich in Zeitlupentempo rücklings auf den Boden und warten ab, bis alle liegen. Für einen Moment verharren alle still in dieser Position. *Schnelles Aufstehen. 1, 2, 3. Neuen Ort suchen. Dort stehen bleiben.* Kurzzeitig wuseln die Schüler*innen erneut durcheinander. *Ganz schnell, 10 Sekunden lang an Ort und Stelle rennen.* Die Geräuschatmosphäre im Raum schwillt durch das gemeinsame Trampeln rapide an. *Gut. Seid ihr alle warm? Seid ihr fokussiert?* Die Schüler*innen schwärmen kommentarlos auseinander, begeben sich in ihre Gruppen und beginnen mit der Arbeit an ihren eigenen Performances.

5.2.4.4 Vignette: Für eine Bühnenperformance üben

Drei Performancegruppen möchten auf dem Podest der Probebühne agieren und üben. Die Schüler*innen einigen sich im Gespräch auf eine Reihenfolge für die Proben. Alina und Jule beginnen. Levi, ihr drittes Gruppenmitglied, ist heute nicht anwesend. Sie ziehen zuallererst den Bühnenvorhang zu, um den Mitschüler*innen den Blick zu verwehren. Jule und Alina sitzen dann vor zwei länglichen Spiegeln, die leicht schräg an die Rückwand der Probebühne gelehnt sind. Sie bemerken, dass der Schattenverlauf des Vorhangs ungünstig ist und entscheiden sich, diesen wieder zu öffnen. Beide Performerinnen vollziehen nun Materialhandlungen am Körper. Jule umwickelt sich mit einer Goldfolie und beginnt, sich tänzelnd vor dem Spiegel mit dem Umhang zu bewegen. Alina umwickelt ihren Oberkörper vor dem Spiegel mit Klarsichtfolie. Sie führt die Folie vor ihr Gesicht, zögert, lacht und fährt anschließend fort. Nachdem ihr Kopf umwickelt ist, reißt sie ein kleines Stück Folie am Mund frei. Sie wickelt sich anschließend wieder aus, dreht sich um die eigene Achse und atmet erleichtert auf. Die Handlungen werden immer wieder unterbrochen von Phasen, in denen beide Performerinnen beieinandersitzen und mehr oder weniger fokussiert über die Handlungen sprechen. Sie scheinen mitunter beschämt und belustigt von den eigenen Handlungen, entwickeln diese am Material jedoch unaufhörlich weiter. Abschließend knüllt Alina die Folie zusammen und schmeißt das entstandene Knäuel mit pathetischer Geste in den Raum unterhalb des Podestes. Sie verbeugt sich hastig und lacht. Die Blicke der anwesenden Schüler*innen sind in diesem Moment zur Bühne gerichtet, was beide Performerinnen peinlich berührt wahrnehmen.

5.2.4.5 Vignette: Eine Idee gruppenübergreifend besprechen

Alina, Annika und Leonore arbeiten für die Konzeption ihrer Performance in einem mit Mobiliar vollgestellten Umkleideraum. Sie haben diverse Schmink- und Verkleidungsutensilien mitgebracht und möchten die ganze Stunde daran arbeiten, Videos für ihre Performance mit dem Smartphone aufzunehmen. Sie wirken beschäftigt und konzentriert bei der Sache. Kerstin Chill hat währenddessen den Impuls gesetzt, dass Gespräche zwischen Gruppen entstehen sollten, um sich die Performanceideen zu erzählen und diese gemeinsam zu besprechen. Patricia, Lorelai und Robin betreten den Raum und fragen zaghaft, ob die Anderen Interesse hätten, sich zu den eigenen Ideen auszutauschen. Etwas zögernd lassen sich die drei Performerinnen auf das Gespräch ein. Patricia beginnt damit, die eigene Performance thematisch einzuordnen. Es gehe um Individualität, Gruppenzwang, tagtäglich eine Rolle zu spielen und am Ende den Mut zu entwickeln, eine Maske abzusetzen. Um das darzustellen, gäbe es in ihrer Gruppe Lorelai – *das Opfer*. Sie würde in der Performance Handlungen vollziehen, die ausdrücken sollen, dass es ihr nicht gut gehe und sie sich eingeengt fühle. Die anderen würden weiße Klamotten tragen und Lorelai somit als uniformierte Gruppe zu Beginn der Performance sehr schlecht behandeln. Im weiteren Verlauf ginge es darum, dass sich Lorelai selbst von ihrem Schmerz befreit. Die Handlungsbeschreibungen dazu bleiben jedoch sehr vage. Patricia betont, dass sie einen Text geschrieben habe, den sie in der Performance vortragen würde, damit das Sprachliche und die Performance zeitgleich stattfinden könnten. Die Zuhörerinnen reagieren etwas verhalten. *Okay, klingt sehr gut.* Leonore verweist erneut auf den Zeitdruck und beginnt damit, kurz und knapp zusammenzufassen, worum es ihrer Gruppe gehen würde. *Bei uns ist es so, dass wir drei irgendwelche Ängste darstellen. Einmal Angst vor Kälte, einmal Angst vor Schmerzen, und Angst vor Hässlichkeit. Und dass wir das dann praktisch alles bekämpfen, so mit Hüllen.* Alina *führt die Gedanken* Leonores erläuternd aus. Sie verweist auf die drei Filme, die sie gerade produzieren. Mit verschiedensten Materialien würden Hüllen dargestellt werden, die auf den Körper aufgetragen werden. Mit Kleidungsschichten, Schutzschichten und Schminke wolle die Gruppe den Ängsten Ausdruck verleihen. *Wir filmen das jetzt und werden das dann ablaufen lassen, während … Wollen wir das jetzt eigentlich sagen?* Sie schaut ihre Teammitglieder fragend an, welche gelassen mit den Schultern zucken. … *wir uns dann sozusagen live enthüllen. Wir wollen uns dann von euch, also dem Publikum helfen lassen. Dass uns geholfen wird, diese Hüllen, diese Ängste abzulegen. So symbolisch eben.* Patricia nickt bekräftigend. *Ja, so zusammen? So in der Gemeinschaft?* Alina meint, es gehe darum, zu zeigen, dass man auch von anderen den Anstoß bekommen könne, sich von seinen Ängsten zu befreien. Patricia, Lorelai und Robin nicken zustimmend. Patricia hakt noch einmal nach. *Macht ihr das so hässlich gemalt oder schön gemalt?* Alina und Leonore meinen, sie würden es einfach etwas übertreiben. *So performativ halt.* Alle lachen kurz auf und gehen dann wieder an die Arbeit.

5.2.5 Doppelstunde 5: Klausur zum Thema Performancekunst

[13.03.2018 | 90 Minuten | 20 Schüler*innen]
Abkürzungen: KC = Kerstin Chill | S = Schüler*in(nen) | -„"- = wie vorherige Zeile | → = Zusammenhang / Folge

I | Struktur	II | Inhalt / Interaktion	III | Medien und Materialien
[9:50 | Kunstraum] **Bearbeitung des Theorieteils der Klausur in Einzelarbeit | Kunstrezeption**	Aufgabenstellung Klausur Part I: Analysiere und interpretiere den Ausschnitt der Performance „The Other: Rest Energy" von Marina Abramovic und Ulay von 1980, uraufgeführt in der National Gallery of Ireland in Dublin (Gesamtdauer: 4 min 20 s) in Hinblick auf den Einsatz performativer Gestaltungsmittel!	Projektion der Arbeit „The Other: Rest Energy" von Marina Abramovic und Ulay (1980)

	Beziehe folgende Aussagen in Deine Auseinandersetzungen ein: „Meine Arbeit und mein Leben sind miteinander verwoben. Im Laufe meiner künstlerischen Karriere habe ich Arbeiten produziert, deren Bedeutung mir erst mit der Zeit klar wird. In Rest Energy hatte Ulay die Macht, mich zu zerstören und mir buchstäblich das Herz zu brechen." [Marina Abramovic, S. 154 ff, Durch Mauern gehen, Autobiografie, Luchterhand] „Ich finde wichtig, dass Kunst die Menschen dazu zwingt, sich zu verhalten. Und wenn man über Kunst nicht mehr diskutiert und sich auf alles einigen kann, wird sie egal. In den Körpern der Performer wirken gesellschaftliche Machtstrukturen, die für die Betrachter unsichtbar sind. Es geht darum, das Jetzt zu reflektieren." [Anne Imhof, Performerin, z. B. FAUST, Performance im deutschen Pavillon, Gewinnerin des Goldenen Löwen, 2017]	
[10:20 | Probebühne] **Arbeit in Kleingruppen | Konzeption der Klausurperformance** *Vignette 5.2.5.1 – Handlungsabläufe auf Funktionalität überprüfen*	Aufgabenstellung Klausur Part II: Gestaltet auf Grundlage dieser Auseinandersetzung eine Performance! Findet eine performative Präsentationsform, die maximal zwei Minuten dauert.	Erweiterung der Räumlichkeiten Körper als Material Analoge und digitale Zusatzmaterialien

	S arbeiten in selbstgewählten Gruppen → experimentieren, explorieren und verdichten → zielstrebige, hektische Arbeit KC agiert hauptsächlich gestisch und mimisch	
[10:50 | Kunstraum] **Präsentation der Klausurperformances** *Vignette 5.2.5.2 – Präsentation der Klausurperformances*	S bestimmen den Aufführungsort und geben die Position vor, in der sich das Publikum einfindet S präsentieren ihre Performance	Podest der Probebühne Portfolios der S
[11:10 | Kunstraum] **Arbeit in Kleingruppen | Reflexion der Klausurperformance**	S reflektieren gemeinsam in der Kleingruppe die eigene Performance und halten die Gedanken stichpunktartig für die Klausur fest	Portfolios der S Erweiterung der Räumlichkeiten Körper als Material Analoge und digitale Zusatzmaterialien

5.2.5.1 Vignette: Handlungsabläufe auf Funktionalität überprüfen

Kerstin Chill hat ein Angebot an Materialien für die Klausurperformances in mehrfacher Ausführung auf das Podest der Probebühne gelegt. Weiße Papiere, eine große Rolle Luftpolsterfolie, silberne und violette Regenschirme, Holzhocker und rotborstige Besen liegen zum Arbeiten bereit. Alle Schüler*innen haben sich in Vorbereitung auf die Klausur schwarze Kleidung angezogen. Die Atmosphäre ist in der Praxisphase von einem geschäftigen Treiben bestimmt. Viele Entscheidungen werden gleichzeitig getroffen, die Schüler*innen reden sehr viel und laut miteinander. Sie flitzen durch den Raum, wodurch sich eine angespannte, quirlige Situation ergibt. Alle haben etwas zu tun. Die Handlungen werden hauptsächlich auf das Funktionieren hin überprüft und erprobt. *Also machen wir das so … Dann gehst du dahin … Immer abwechselnd, erst du, dann ich … Geh mal noch nen Schritt zurück … So funktioniert das nicht …* Viele Aufforderungen und Anweisungen schwirren im Raum. Kerstin Chill agiert in dieser Phase hauptsächlich gestisch und mimisch. Sie zeigt mit den Händen in bestimmte Richtungen, zuckt mit den Schultern bei zu spezifischen Nachfragen und verweist auf die Zeit, indem sie sich auf das Handgelenk tippt.

5.2.5.2 Vignette: Präsentation der Klausurperformances

Die Performances finden auf dem Podest der Probebühne statt. Es haben sich jeweils Gruppen aus vier Schüler*innen zusammengefunden. Die Performances haben alle einen Umfang von ungefähr drei Minuten:

> *a) Moris, Nico, Levi und Vera:* Die vier Performenden stapeln sich bäuchlings der Reihe nach übereinander und verbinden sich dabei mehrlagig mit einer großen Rolle Luftpolsterfolie. Sobald ein Performer / eine Performerin Platz genommen hat, spricht sie laut eines der folgenden Worte aus: *Streit, Sympathie, Hass, Vertrauen.* Nachdem sie übereinander liegen, variieren sie dieselben Worte in unterschiedlichem Tonfall und Tempo. Ein an- und abschwellendes Wortgewirr entsteht. Moris beendet das Sprechen mit einem lauten *Stopp* und die Performenden lösen sich aus der Formation. Sie stellen sich in die vier Ecken des Bühnenpodestes. Die Folie liegt skulpturenhaft auf der Fläche zwischen ihnen. Sie sprechen abschließend abwechselnd die Worte des Satzes *In einer Beziehung ist es wichtig zuzuhören.*
> b) Noel, Milena, Henrike, Lorelai: Die Vier positionieren sich im Uhrzeigersinn und markieren damit die Ecken eines Rechteckes auf der Probebühne. Auf einen stummen Impuls hin gehen die Performenden einen Schritt nach vorn, bleiben stehen und führen eine Bewegung mit dem rechten Arm aus, die einem legeren Dirigieren ähnelt. Der Wechsel zwischen Schritt und Armbewegung wird im Takt wiederholt. Dadurch rücken die Performenden nach und nach so nah aneinander, dass die Hand den Hinterkopf des Vordermannes zunehmend kräftig berührt. Die Hand klatscht nun bei jedem Durchgang jeweils zwei Mal auf dessen Kopf. Robin verlässt nach einer Weile die Gruppe. Henrike, Lorelai und Milena rücken näher aneinander. Sie führen das gestische Schlagen noch für eine kurze Weile fort. Robin beginnt anschließend damit, seine drei Mitperformerinnen mit der großen Rolle Luftpolsterfolie zu umwickeln. Währenddessen ändern diese die Bewegungen mit der Hand, indem sie sich nacheinander zackig auf die linke Wange hauen. Nach mehreren Schlägen entschleunigen sich die Handlungen. Sie beginnen damit, sich gegenseitig über die Wangen zu streichen. Das zarte Steichen geht reihum. Die Bewegungen werden präzise und behutsam ausgeführt. Am Ende laufen sie ruhig und besinnlich aus, woraufhin sich die Performerinnen nicht mehr rühren. Die Stille und Bewegungslosigkeit werden eine Zeit lang ausgehalten, bis Henrike zu schmunzeln beginnt. Das Publikum beginnt zu klatschen.
> *c) Alina, Alina, Thea, Vera:* In der Mitte der Handlungsfläche wird eine Holzbank positioniert. Darauf sitzt Vera mit einem großen Stück geknüllter Luftpolsterfolie in den Händen. Die drei anderen Performerinnen sitzen oder stehen unbewegt im Raum um sie herum. Mit Beginn der Performance werden verschiedene Handlungsstränge entfaltet. Thea und Alina fegen den Boden der Probebühne mit zartem Druck. Alina und Vera in-

szenieren einen Streit auf der Bank um die Folie, indem sie mit Kraft an zwei Enden daran ziehen. Alle Handlungen werden nach und nach in der Ausführung intensiviert, sodass die Geräuschkulisse im Raum anschwillt. Thea und Alina legen die Besen beiseite und beenden die gespielte Auseinandersetzung zwischen Alina und Vera, indem sie die Folie beiseitelegen und sich zu ihnen auf die Bank setzen. Alle vier Performerinnen wippen nun mit dem Oberkörper auf der Bank hin und her und blicken sich dabei an. Die Performance endet unbewegt, nachdem die Performerinnen aufstehen, die Besen noch einmal in die Hand nehmen und kraftvolle Wischbewegungen nah an der Bank ausführen.

d) Robin, Bela, Annika, Patricia: Patricia sitzt auf einem weißen Holzhocker. Die anderen drei Performenden haben sich im Stand auf dem Podest der Probebühne in loser Formation zueinander positioniert. Patricia und Robin verlassen die Handlungsfläche und gehen ins Publikum. Dort fordern sie einzelne Mitschüler*innen gestisch dazu auf, sich umzusetzen. Nachdem sie auf das Podest zurückgekehrt sind, vollziehen alle Performenden verschiedene Materialhandlungen, die nur in einem losen Zusammenhang miteinander stehen. Zollstöcke werden auf den Boden gehauen, Folien werden entfaltet und geschwungen, Schirme werden geöffnet und Haare geflochten. Visuell bilden sich zwei handelnde Teams heraus: Patricia und Robin, die an den Hockern stehen und ihre Handlungen mehr oder weniger zueinander ausrichten und Bela und Annika, die mit verschiedenen Materialien auf die beiden anderen reagieren. Die Handlungen sind durchzogen von pathetisch anmutenden Blicken und Gesten, die Aufforderungscharakter haben und den Handlungen Bedeutung einzuschreiben versuchen. Zum Ende stehen Bela und Annika auf zwei sich gegenüberstehenden Hockern und entfalten eine große Folie über Patricia und Robin, die wiederum einen Regenschirm als Schutz entfalten. Die Performance endet, nachdem Patricia und Robin das Podest der Probebühne verlassen und Bela und Annika die Folie auf die Leerstelle gleiten lassen haben.

e) Carolin, Leonore, Lara, Sinja: Die vier Performerinnen knien in der Mitte der Probebühne um einen roten Holzhocker und fassen sich an den Händen. Sie stehen gemeinsam auf, öffnen sich zu einem Kreis und lassen die Hände klatschend an die Oberschenkel fallen. Sie entfernen sich vom Hocker und positionieren sich kurz stehend im Raum. Anschließend steigt Carolin auf den roten Hocker. Leonore steht vor ihr und schaut zu ihr hoch. Carolin legt die Hand auf ihren Kopf und drückt sie leicht nach unten, woraufhin sich Leonore erneut in die Hocke begibt. Lara und Sinja nähern sich den beiden Mitperformerinnen, um diese an die zwei Seiten der Probebühne zu führen. Sinja setzt sich anschließend auf den Hocker. Lara umkreist sie mit einem geschlossenen Schirm in der Hand und beginnt damit, sie anzutippen. Sie öffnet den Schirm und schubst Sinja vom Stuhl. Diese bleibt auf dem Boden liegen. Der Schirm wird auf ihr abgestellt, woraufhin sie sich darunter verkriecht. Leonore und Carolin helfen ihr auf.

Am Ende stehen alle in einer Reihe und fassen sich mit ausgestreckten Armen an. Sie gehen ins Publikum und fordern die Zuschauenden auf, sich anzufassen – eine Aufforderung, der alle folgen.

5.2.6 Doppelstunde 6: Präsentation der Abschlussperformances

[20.03.2018 | 90 Minuten | 20 Schüler*innen]
Abkürzungen: KC = Kerstin Chill | S = Schüler*in(nen) | -„“- = wie vorherige Zeile | → = Zusammenhang / Folge

I | Struktur	II | Inhalt / Interaktion	III | Medien und Materialien
[9:50 | Probebühne] **Arbeit in Kleingruppen | Vorbereitung für die Performancepräsentationen und Kruzreflexionen** *Vignette 5.2.6.1 – Performanceaufführungen koordinieren*	KC stimmt die S in einer losen, informellen Runde im Gespräch auf den Ablauf der Präsentationen ein S arbeiten anschließend selbstständig an den letzten Vorbereitungen *[Durchgehen des Handlungsablaufes, Überprüfen der Technik, Arrangement der Materialien]*	Portfolios der S Analoge und digitale Zusatzmaterialien
[10:20 | Probebühne] Plenum | Präsentation der Abschlussperformances *Vignette 5.2.6.2 – Spontanes Feedback äußern* *Vignette 5.2.6.3 – Magic Moments*	S präsentieren ihre Abschlussperformances nacheinander KC fordert nach jeweils zwei Performances ein kurzes Zwischenfeedback ein *[starke Bilder, erste Eindrücke und Assoziationen]* S helfen gemeinsam beim Um- und Aufbau KC beendet die Stunde mit der Frage nach Magic Moments → kurze Abschlussreflexion	Podest der Probebühne Analoge und digitale Zusatzmaterialien
Deskriptionen der Abschlussperformances [siehe Abschnitt 5.3.1 – 5.3.6]		

5.2.6.1 Vignette: Performanceaufführungen koordinieren

Die Schüler*innen betreten die Probebühne. Sie kommen schwarz gekleidet und sprechen von den anstehenden Präsentationen. Die Stimmung ist voller Vorfreude und belebt. Die Gruppen möchten sofort mit den letzten Vorbereitungen für die anstehenden Präsentationen beginnen. Nichtsdestotrotz holt Kerstin Chill alle zusammen, um den Ablauf der Aufführungen kurz zu besprechen. Deren Reihenfolge wird diskutiert, da alle Gruppen aufgrund der Vorbereitung des Bühnenraumes als erste präsentieren möchten. Kerstin Chill geht auf die einzelnen Bedenken der Schüler*innen ein und versucht, pragmatisch zu verhandeln. *Eh wir jetzt so viel Zeit vergeigen. Was habt ihr vorzubereiten?* Die Schüler*innen reagieren verhalten. Sie wollen nicht preisgeben, was genau gleich passieren wird. Nach einigem Hin und Her wird die Reihenfolge einfach von ihr festgelegt. Anschließend kommen die einzelnen Gruppen hastig, aber konzentriert ins Handeln. Handlungsstränge werden besprochen und das räumliche Setting kontrolliert. Vor allem das Abspielen der Projektionen und die Einstellungen des Lichts erfordern viel Aufmerksamkeit. Die Schüler*innen bereiten Materialien vor und deuten bestimmte Handlungen probend an. Handlungen, die in der Gruppe koordiniert werden müssen, werden von den Schüler*innen im Zeigen und Sprechen untereinander geschärft. Viele Entscheidungen werden fokussiert und scheinbar im letzten Moment getroffen. Ob der konzentrierten Atmosphäre blickt Kerstin Chill schmunzelnd in die Gruppe. *Die brauchen diesen Druck. Echt krass.*_

5.2.6.2 Vignette: Spontanes Feedback äußern

Die Arbeitsatmosphäre zwischen den Performances ist von hektischem Treiben bestimmt. Die Schüler*innen helfen sich gegenseitig beim Auf- und Wegräumen der Materialien und Utensilien, bzw. bereiten die nächste Performance gemeinsam vor. Letzte Absprachen werden getroffen. Vor allem die Impulse für Licht und Projektionen werden mit den Helfenden noch einmal abschließend kommuniziert. Kerstin Chill nutzt die Pausen, um von den Schüler*innen ein kurzes Feedback einzufordern und um eigene Rückmeldungen anzubringen. So auch zur Performance von Nico, Henrike und Lara. *Was für ´ne schöne Materialschlacht. Guckt euch diesen Raum an. Der goldene Käfig. Cool. Sehr schön. Okay wir lassen nachwirken.* Die Gespräche zum Gesehenen sind informell und locker, die Anmerkungen wirken spontan und beschwingt. Die gesammelten Assoziationen sind nah am ersten Eindruck. Besonders beeindruckt zeigen sich die Mitschüler*innen von den Körperbemalungen Theas, Milenas, Moris' und Belas. Bunt und sexy sei die Performance gewesen. In Bezug auf die vierte Performance betont Bela, er hätte es *toll* gefunden, dass man den Performenden Patricia, Noel, Robin und Lara angesehen habe, dass sich beim Performen alle auf ihre Stärken konzentriert hätten. Vor allem Patricia habe einen sehr schönen Text vorgetragen. *Man hatte das Bedürfnis zuzuhören. Ich bin mir nur nicht so ganz sicher, ob das nicht auch dieses Theatralische hatte. Das würde ich noch als kleine Kritik anbringen.* Thea betont, dass es *toll* gewesen sei, wie sich das letzte Bild dieser Performance auf das erste bezogen hätte. Zur Performance von

Kilian, Carolin, Vera und Sinja beziehen sich die Aussagen der Mitschüler*innen vor allem auf das projizierte Video. Moris lobt, dass die Performenden sich dazu entschieden haben, still vor dem Video zu stehen und es wirken zu lassen. Patricia ergänzt seine Aussagen. *Ich fand's toll, dass am Ende alles so gleichzeitig passiert ist und sich so ein Gesamtbild ergeben hat. Das war voll spannend, Carolin zuzusehen. Das war so organisch, kann man sagen.* Kerstin Chill stimmt zu und betont die vielen Ebenen, die gleichzeitig angesprochen wurden. Sie fragt Carolin direkt, wie die Gesten im Standbild gedacht gewesen seien. Sie antwortet lediglich schlagwortartig. *Hüllen, und den Körper so generell. Das wollten wir darstellen.*

5.2.6.3 Vignette: Magic Moments

Nachdem alle Abschlussperformances gezeigt wurden, fragt Kerstin Chill die Gruppe nach *magic moments. Welche sind da jetzt so haften geblieben? Aus all den gesehenen Performances?* Henrike erwähnt den Moment, an dem Bela, Moris, Thea und Milena auf dem Boden saßen und auf einmal die Audiodateien abgespielt wurden. Es seien zwar alles nur banale Sachen gewesen, aber gerade deshalb so spannend. Auch Nico bezieht sich in seinem Statement auf diese Performance. Gerade die Idee der Körperbemalung sei *einfach richtig gut gewesen.* Thea lobt anschließend die Performance von Alina, Annika und Leonore, welche die Dreiteilung des Bildes so konsequent vollzogen hätten. Sie beschreibt den Moment als spannungsvoll, in welchem sie verstanden hätte, dass sie sich wirklich in das Geschehen involvieren solle. Nico bezieht sich noch einmal auf das Video, das Kilian *für seine Gruppe gedreht und geschnitten* hat. *Ich fand den Film extrem gut. Der war echt... da hat alles gepasst.* Auch Jule bezieht sich auf diese Performance, indem sie betont, dass der Film so gut mit den Körpern davor verbunden gewesen sei, weil man die Bilder des Films auf dem Körper wiedererkannt hätte. Kerstin Chill ergänzt alle Anmerkungen der Schüler*innen positiv und wertschätzend. Sie beendet die Doppelstunde, indem sie die Schüler*innen auf den anstehenden Frühlingssalon hinweist. Das konservative Kulturformat an der Schule benötige etwas Schwung. *Ich wünsche mir, dass ihr euch traut, eure Performances nächste Woche zu zeigen. Geht alle bitte noch mal in euch. Wir müssen an der Schule diese Formate etablieren, sonst rutscht das immer so ab ins Rollenspiel, mal ne Szene aus dem Faust gespielt, schön gesungen und schön Klavier gespielt. Das hat alles seine Berechtigung. Aber die Welt ist eben nicht so. Und deshalb wünsche ich mir, dass ihr das zeigt.*

5.2.7 Doppelstunde 7: Reflexion der Abschlussperformances

[27.03.2018 | 90 Minuten | 22 Schüler*innen]
Abkürzungen: KC = Kerstin Chill | S = Schüler*in(nen) | -„"- = wie vorherige Zeile | → = Zusammenhang / Folge

I | Struktur	II | Inhalt	III | Medien und Materialien
[9:50 | Probebühne] **Plenum | Reflexion** *Vignette 5.2.7.1 – Performance vertiefend reflektieren*	KC und S positionieren sich in einem losen Sitzkreis KC und S reflektieren anhand von Impulsfragen die Abschlussperformances [*Erinnerungen, sinnästhetische Wirkungen, Einsatz der Materialien*]	Portfolios der S
[10:10 | Probebühne] **Einzel- und Gruppenarbeit | Reflexion** *Vignette 5.2.7.2 – Erinnerungen zu den Aufführungen* äussern *Vignette 5.2.7.3 – Materialeinsatz in den Performances reflektieren*	KC gibt bildhafte Ausschnitte aus den Performamcevideos in die Gruppe → S sollen Assoziationen auf die Rückseite der Reproduktionen schreiben → die Reproduktionen werden reihum gegeben. L gibt einen kurzen Input zur Künstlerin Anne Imhof und legt Anschauungsmaterial in die Mitte des Sitzkreises	Farbreproduktionen der Dokumentation der Abschlussperformances Artikel zu Anne Imhof aus dem Monopol- und Art-Kunstmagazin
[10:25 | Probebühne] **Gruppenarbeit | spielerische Auseinandersetzung mit Reproduktionen | Reflexion** *Vignette 5.2.7.4 – Videostills aus den Performances betrachten und besprechen*	KC gibt Briefumschläge in die Gruppe → darin befinden sich kleine Filmstills aus der Videodokumentation der Abschlussperformances → Zuordnung in Form eines Memospiels	Briefumschläge mit kleinformatigen Reproduktionen der Abschussperformances Portfolios der S Videoprojektion

Vignette 5.2.7.5 – Film als performatives Gestaltungsmittel reflektieren *Vignette 5.2.7.6 – Reflexion des Performer-Ichs*	KC zeigt Filme, die im Hintergrund der Performance A, B, D und F als weitere Bildebene gezeigt wurden KC und S besprechen die Wirkung und Qualität der Videos für die Performance im Unterschied zum handlungsorientierten Spielfilm	
[10:45 | Probebühne] **Plenum | Organisatorische Absprachen**	KC und S besprechen die Wiederaufführung einzelner Performances zum Frühlingssalon (kulturelles Format der Schule)	
[11:00 | Probebühne] **Plenum | Rezeption der Videos der Abschlussperformances**	KC und S sehen sich die Videodokumentation der Abschlussperformances an → sporadische Kommentierung	Portfolios der S Videoprojektion

5.2.7.1 Vignette: Performance vertiefend reflektieren

Die Schüler*innen haben sich vorab auf den Boden gesetzt. Fast alle haben sich bequem an die Heizung gelehnt. Kerstin Chill macht zu Beginn der Doppelstunde deutlich, dass es darum gehe, das Nachdenken über die Performances über die bereits benannten *magic moments* hinaus zu vertiefen und zu systematisieren. *Ihr seid wirklich ein sehr kreativer Haufen. Ich hatte viel Spaß beim Sichten der Filme. Das war sehr spannend. Ich bedaure, dass wir nicht schon letztes Kurshalbjahr mit der Performance angefangen haben, sondern jetzt erst. Es wäre nämlich schön, von hier aus auch noch ein Stück weiterzugehen.* Sie setzt im Folgenden viele unterschiedliche Impulse, um einen Prozess der Auseinandersetzung mit den eigenen Performances auszulösen. Die Schüler*innen sollen spontane Erinnerungen und Assoziationen äußern, sie erhalten unterschiedliche Bildmaterialien aus den eigenen Performances, sie betrachten und besprechen die projizierten Hintergrundvideos im Einzelnen, sie erhalten Input zu zeitgenössischen Performancepositionen und sehen abschließend die kompletten Mitschnitte ihrer Performances. Die Schüler*innen reagieren offen auf die Impulse. Aus der halb liegenden Position heraus äußern sich die Schüler*innen in ruhigem Ton und einsilbiger Manier. Diese Ruhe macht mitunter einen diffusen Eindruck, insofern viele raschelnde und tuschelnde Nebengeräusche präsent sind. Körperliche Passivität und mitdenkende Aktivität treffen im Verlauf der Doppelstunde aufeinander. Zum Ende der Stunde sehen die Schüler*innen die Videodokumentation ihrer Abschlussperformances. Der Raum wird abgedunkelt. Sie legen sich auf den Boden und betrachten die Videos unkommentiert. Kerstin Chill beendet die Doppelstunde mit einem Zitat von Joseph Beuys. *Ich denke sowieso mit dem Knie.*

5.2.7.2 Vignette: Erinnerungen zu den Aufführungen äußern

Die Schüler*innen haben sich zu einem losen Sitzkreis zusammengefunden. Kerstin Chill eröffnet die Reflexionsrunde mit lobenden, wertschätzenden Worten. Die Sichtung der Videodokumentation hätte ihr viel Spaß bereitet. Reihum fragt sie die Schüler*innen nun nach Erinnerungen, die aus den Präsentationen hängen geblieben sind. Alle kommen zu Wort, sodass eine Vielzahl an Eindrücken zusammengetragen wird. Die Performances werden dabei schlagwortartig betitelt. *Das Bodypainting. Der goldene Käfig. Die Gedicht-Performance. Das Video von Kilian. Die Leonore-Alina-Annika-Performance.* Die Begründungen für die Erinnerungen sind sehr vielseitig. Alle Performances werden benannt.

> *Moris: Ich erinnere mich an das Ende der Goldener-Käfig-Performance, weil ich das Bild sehr stark fand.*
>
> *Robin: Was mir spontan am meisten hängen geblieben ist, von Moris, wo die sich übereinandergelegt haben.*
>
> *Patricia: Auf dem Boden lag so ´ne Decke oder irgend so ein Tuch, das sich organisch bewegt hat und dann hat Carolin angefangen, sich mit ihrem Stift zu bemalen. Ich fand das Bild total interessant und spannend.*
>
> *Jule: Leonore, Annika und Alina, die sich auf der Bühne haben ausziehen lassen. Und im Hintergrund lief halt dieser Film, der genau das Gegenteil gemacht hat.*
>
> *Levi: Patricia, mit der Maske und dem Gedicht.*
>
> *Sinja: Das Bodypainting, weil das so bunt war. Und die erste Performance. Das war halt so ´ne richtige Performance irgendwie. Da wurde das Publikum wirklich direkt mit einbezogen.*
>
> *Vera: Ich fand die Gruppen mit dem Bodypainting und die mit der Goldfolie sehr wirksam. Die eine hatte sowas besonderes für den Zuschauer. Einmal so das gesamte goldene Bühnenbild und die bunte Farbe auf dem Körper. Das fand ich sehr beeindruckend.*
>
> *Lara: Ich fand die Gruppe von Leonore, Alina und Annika sehr gut. Ich fand das sehr interessant, wie lange das gedauert hat, bis jemand aus dem Publikum vorgegangen ist und die ausgepackt hat.*
>
> *Thea: Bei der Gruppe von Levi und Jule. Als die beiden dahinten standen und auf einmal dieser Effekt entstanden ist durch die Goldfolie und das Licht, das sich da hinten so gespiegelt hat. Das fand ich sehr ästhetisch.*

Milena: Ich hab´ noch das Bild im Kopf, als in der Gruppe von Annika da alle so versteckt waren und wir wussten alle nicht, was wir machen sollen, obwohl's ja eigentlich da stand.

Carolin: Ich fand's total toll, wie die Patricia das Gedicht vorgetragen hat. Ich find, sie hat so eine richtig schöne Stimme. Richtig tief. Man fühlt das richtig.

Bela: Ich find's besonders schön, wenn man was mit dem Publikum macht. Es ist halt schön, wenn das Publikum wirklich mittendrin ist, nicht nur davor.

Kerstin Chill nimmt die Aussagen nickend zur Kenntnis. Nur ab und zu versucht sie die Aussagen der Schüler*innen etwas zu schärfen oder mit einem eigenen Eindruck zu ergänzen.

5.2.7.3 Vignette: Materialeinsatz in den Performances reflektieren

Nachdem die Schüler*innen ihre Eindrücke und Erinnerungen geäußert haben, verweist Kerstin Chill auf die Utensilien, die für die Performances verwendet wurden. Eine Auswahl davon hat sie erneut auf dem Podest der Probebühne arrangiert. *Ihr habt euch doch für recht konservatives Material entschieden. Das Gold, die Spiegel, die Maske, die weißen Hemden. Alles, sag ich mal so, die Klassiker. Und ich hab´ festgestellt, dass die Vermischung hin zum theatralen Element schon in einigen Performances da war. Manchmal kann man das auch nicht trennen.* Sie verweist auf die Handlungen Patricias, die durch die Rezitation des Gedichtes in der Performance eine bestimmte Rolle eingenommen habe. *Tatsächlich ist die Grenze dahin schwierig auszuloten. Ist keine Kritik nur eine Feststellung.*

Nach diesen einführenden Worten richtet sie sich mit einem Impuls an die Gruppe. *Was hat das Material für Symbolkraft, für sinnästhetische Wirkungen auf euch gehabt.* Die Schüler*innen sollen sich sowohl aus performender Perspektive als auch aus zuschauender Perspektive äußern. Thea begründet zunächst, warum sie sich als Gruppe für die Nutzung der weißen Hemden entschieden haben. Das Ziel sei es gewesen, ein einheitliches Bild zu schaffen und den Film auch auf dem Körper sichtbar zu machen. *Weil wir darstellen wollten, dass der Körper ein neutraler Gegenstand ist, da haben die Hemden gut gepasst.* Danach geht sie auf den Einsatz der Goldfolie in der Performance von Nico, Henrike und Lara ein. Die Wirkung der Folie sei gerade deshalb so stark gewesen, weil sie das Licht spiegele und dadurch der Raum in warmes, schimmerndes Licht getaucht gewesen sei. Kerstin Chill reagiert darauf und betont, dass die Verfremdung des Raumes eine konkrete künstlerische Strategie sei, genau wie die Abstraktion, die Verhüllung und die Arbeit mit Vorbild und Abbild, welche in den Performances zum Einsatz gekommen seien. Anschließend richtet sie die Aufmerksamkeit der Schüler*innen auf die Maske als Material. Patricia merkt an, dass das sicherlich etwas klischeehaft sei, aber die Gruppe habe nach einem Material gesucht, das jeder deuten könne und eine Konstante in den Bildern sei. Sie seien davon ausgegangen, dass das Gedicht beim ersten Hören verwirrend sein könnte. Die Maske könne da hilfreich sein, da deren Bedeutung für alle nachvollziehbar sei. Kerstin Chill fragt daraufhin in die Gruppe, welche Deutungsmuster der Maske zugeschrieben werden können, woraufhin Stichworte zusammengetragen werden. *Anonymität. Etwas verstecken. Nicht die Wahrheit sagen. Etwas vortäuschen. Verschwinden von Mimik und Gestik. Schutz.* Kerstin Chill fasst die Anmerkungen zusammen und verweist auf die Suche nach Identität. *Wer bin ich? Wer bin ich wirklich. Wenn man zu solchen Materialien greift, dann ist das so.* Anschließend wird der Spiegel als Material besprochen. Kerstin Chill fragt nach dem Sinn, der Wirkung und dem eigentlichen Zweck dieses Materials. Wiederum äußern sich sowohl die Rezipierenden als auch die Performenden. Noel und Bela betonen, dass der Spiegel in den Performances genutzt wurde, um sich seiner selbst, seiner individuellen Außenwirkung bewusst zu werden. Leonore ergänzt diesen Gedanken und bezieht sich dabei auf ihre eigene Gestaltungsintention in der Performance. *Schönheit, wie Noel schon gesagt hat, sich seiner selbst bewusst sein. Einerseits die Kontrolle. Das Überprüfen im Moment. Wie schau ich aus? Gut? Andererseits auch so eine Art Selbstbestätigung. So sitzt jetzt alles super. So sehe ich jetzt aus.* Abschließend wird auf einen Impuls Kerstin Chills Farbe als Material in den Blick genommen. Es herrscht ein Konsens darüber, dass die Körperbemalungen *spannend* und *cool* waren. Alina *führt ihre Gedanken dazu genauer aus. Also es war einfach spannend, dass das so farbenfroh war. Es kam unerwartet und ist auch so eine Art Bedeckung der Köperhülle. Es bedeutet ja auch, sich selbst irgendwie zu verstecken. Vielleicht Teile des Körpers, die nicht sehr schön sind oder vielleicht sogar umgekehrt, sich selbst noch mal vor Augen führen, dass der Körper eben doch schön ist und eine Art Kunstmedium, auf dem man malen kann. Also auch durch diese Berührungen. Das war ganz spannend.* Kerstin Chill versucht, noch einmal nachzuhaken, in welchen Performances die Farbe noch eine Rolle gespielt habe, die Schüler*innen entziehen sich jedoch einer ausführlichen Antwort und murmeln eher vor sich hin.

5.2.7.4 Vignette: Videostills aus den Performancemitschnitten betrachten und besprechen

Kerstin Chill teilt A4-formatige, farbige Videostills aus den Abschlussperformances aus. Auf der Rückseite der Kopien sollen die Schüler*innen Assoziationen und Gedanken zu den Bildern notieren. Die Reproduktionen werden reihum gegeben. Schmunzelnd, lachend und kommentierend widmen sich die Schüler*innen dem Bildmaterial. Vor allem Bilder, auf denen sie sich selbst entdecken, werden länger in der Hand gehalten und genau betrachtet. Anschließend bittet Kerstin Chill die Gruppe, drei Videostills auszuwählen.

Lara wählt einen Ausschnitt aus der eigenen Performance, in der ihr Mitperformer Nico im Türrahmen hinter einer gespannten Goldfolie steht. *Ich hätte echt nicht gedacht, dass man ihn so klar sieht.* Nico stimmt ihr zu. *Das ist wirklich echt krass.* Kerstin Chill bittet Lara, die rückseitig notierten Assoziationen ihrer Mitschüler*innen vorzulesen. *Gefangen / Gestalten / Befreiung / Gefahr / Geist / grusliges Schattenbild / Zurückhalten / böser Mann / Erwachen / surreal.* Lara ergänzt, dass es sich um ein Bild aus der Performance handele, das ganz am Anfang entstanden sei. Kerstin Chill wendet sich an die Mitschüler*innen und fordert sie auf, das Bild auf seine

Aussagekraft bezüglich der Performerrolle, des Materials und der Körperlichkeit im Raum zu befragen. Alina antwortet. *Der ganze Raum ist ausgenutzt. Er war halt mit dieser Folie ausgekleidet und dadurch wurde die Räumlichkeit auch noch mal betont. Ja, weiß nicht. Körperlichkeit ist auch vorhanden, vor allem durch den Umriss von Nico. Man sieht halt so ne Art Schatten und weiß nicht genau, was dahinter ist.* Auch zu den anderen beiden Performerinnen im Bild äußert sie sich und spricht sie direkt an. *Das war auch ziemlich gut gemacht. Ihr habt so entgegengesetzt voneinander gelegen und habt euch dann einfach gerade aufgesetzt. Dabei wart ihr so ein bisschen steif in den Bewegungen. Und dadurch, dass ihr auch nicht geredet habt, war das ganze sehr auf die Bewegungen hin konzentriert.* Kerstin Chill fragt anschließend danach, was diese Performance so surreal mache. Patricia sucht nach Worten und äußert sich sensibel. *Düster, übermenschlich, befremdlich, nicht von dieser Welt, traumähnlich und irgendwie anormal – auf positive Art und Weise* – sei das Bild gewesen.

Noel hat zur Reflexion ein Videostill ausgewählt, auf dem Kilian, Carolin, Sinja und Vera vor der Videoprojektion in spezifischen Posen ein Standbild formiert haben. Das Bild sei ihm ins Auge gefallen, weil das Bild so bunt sei. Auf der Rückseite der Abbildung ist eine Frage notiert, die er vorliest. *Was bedeuten diese Posen?* Kerstin Chill wendet sich an Carolin und bittet sie, diese Posen zu erläutern. Carolin untermalt ihre Aussagen mit angedeuteten Gesten der Arme. *Na, wir wollten auf unterschiedliche Weise darstellen, wie man ne Schicht, nen Körper, ne Hülle, Schutz oder Gefühle oder so… Kilian hat ja zum Beispiel so gemacht – das ist ja auch ne Berührung mit der Haut. Ich hatte so – habe einfach sozusagen auf die Hülle gezeigt. Vera hat Emotionen dargestellt. Was Sinja gemacht hat, weiß ich gerade gar nicht mehr.* Milena deutet die Geste an. *Ja genau, das ist halt so dieses Eingeschlossene.* Kerstin Chill ergänzt diese Ausführungen und betont, dass ja auch der Film *die Plattform bunte Vielfalt und Emotionen* sehr schön unterstützt habe.

Auch das dritte Videostill bezieht sich auf den gleichen Part der Performance von Kilian, Carolin, Sinja und Vera. Das Bild zeigt ein großes Auge, das hinter den Körpern in der Projektion auftaucht. Es blickt die Zuschauenden direkt an. Vera liest wiederum die Eindrücke vor, die auf der Rückseite notiert wurden. *Überwachen / Selbsterforschung / Blickkontakt / Überblick / Third Eye / anschauen / verdeckt / verrückt / bedrückend / Individualität / Einzelheiten / Blick ins Innere / die Seele eines Menschen.* Kerstin Chill fokussiert die Schüler*innen ausgehend von der Aufzählung auf das Thema Überwachung und Selbstüberwachung. Lara erläutert kurz und knapp, warum sie diesen Begriff notiert hat. Der Fokus liege auf dem Auge. Interessant sei auch, dass die zwei Personen, die in verschränkter Pose davor stünden, das Auge an sich gar nicht sehen könnten. Annika reflektiert das Thema Überwachung und Selbstüberwachung daraufhin im Allgemeinen. Es begegne ihr sehr vielseitig. Ob das die Spiegel in der Wohnung sein, das Handy als Handspiegel oder auch die Scheiben in den öffentlichen Verkehrsmitteln – man betrachte sich permanent selbst. Thea verweist auf Fitnesstrends, die sie auch als eine alltägliche Form der Überwachung erachte und bemerkt, dass sich die Menschen freiwillig in eine bestimmte Form der Unfreiheit begeben würden. Kerstin Chill verknüpft die

Ausführungen mit einem Verweis auf die künstlerische Position Anne Imhofs, die in ihren Performances gesellschaftliche Überwachungsmechanismen und Machtstrukturen thematisieren würde. Die permanente Kontrolle des Körperlichen in der Ambivalenz zwischen Überwachung und Selbstüberwachung begegne uns in vielfältiger Form. *Kontrolle Gewicht. Kontrolle, sitzt die Schminke. Ihr habt das sehr gut in eure Performances einbezogen. Transparente Oberflächen, die man überall hat, wo man ständig mit sich konfrontiert ist. Eine ständige Überwachung seiner eigenen äußeren Hülle.* Die Schüler*innen blättern gleichzeitig durch Magazine, in denen die Werke der Künstlerin besprochen werden. Sie beendet die Reflexionsrunde mit einem resümierenden Statement. *Die Aktualität, sich mit dem eigenen Körper auseinanderzusetzen, ist tatsächlich einfach gegeben und zeigt sich in den Performances.*

5.2.7.5 Vignette: Film als performatives Gestaltungsmittel reflektieren

Kerstin Chill richtet die Aufmerksamkeit auf die begleitenden gestalteten Videoaufnahmen der Schüler*innen in den Abschlussperformances. Sie formuliert mehrere Fragestellungen. *Welches Potential hat der Film gehabt? Wie hat sich der Film in der Performance im Vergleich zum handlungsorientierten Spielfilm verändert? Wie hat sich euer Blick auf Film im Allgemeinen verändert? Lasst uns darüber noch einmal ganz kurz diskutieren.* Nico konstatiert zunächst mit Nachdruck, dass sich sein Blick auf Film gar nicht verändert habe. Kerstin Chill hakt noch einmal nach, sodass er sich anschließend nuancierter äußert. *Es war schön zu sehen, wie quasi der Film so eine Performance unterstützen kann. Der Film von Kilian war topp. Er war so geschnitten, dass er zur Musik passt, also haargenau. Ich glaube, ohne die Musik wäre der nur halb so beeindruckend gewesen.* Patricia sagt, dass die gezeigten Filme Stimmungen und Gefühle vermittelt hätten, weniger nachvollziehbare Handlungen. Dadurch seien die Filme eher *so künstlerisch* gewesen. Annika bemerkt, dass einige Filme bearbeitet gewesen wären, andere wiederum nicht. Das hätte einen spannungsvollen Kontrast erzeugt. Kerstin Chill fasst diese drei Impulse für die Gruppe noch einmal zusammen. Eine *entfesselte Kamera* hätte die Filme geprägt und einen subjektiven Blick offenbart. Im Entstehungsprozess der Filme seien Zufallsverfahren zur Anwendung gekommen. *Erinnert euch, Surrealismus!* Abschließend äußert sich Noel noch einmal zum Einsatz der Filme. *Es ist irgendwie ein gutes Mittel, so eine Performance zu begleiten und auch so einzusetzen, dass sie mehr Wirkung hat.* Kerstin Chill möchte von ihm wissen, ob die Filme illustrierende Begleiter waren oder in der Performance einen eigenen Stellenwert besaßen. Noel betont, dass vor allem der Film von Kilian für sich stehen könne. In der Performance von Annika, Leonore und Alina sei er ein Begleiter gewesen, *also nicht so ´ne Hauptrolle.*

5.2.7.6 Vignette: Reflexion des Performer-Ichs

Kerstin Chill fragt im fortgeschrittenen Verlauf der Reflexionsstunde noch einmal abschließend nach der Rolle des Performers. *Wie habt ihr euch gefühlt in der Rolle? Ich^{hoch}Zwei? Körperlich? Intensität?* Lara betont, dass sie sich nicht krass verstellen musste. Milena reflektiert die Frage vor dem Hintergrund eigener Erfahrungen im

Zuge anderer darstellender Aufführungen. *Ich musste mich halt sehr darauf konzentrieren, dass ich genau das tue, was ich vorhatte zu tun. Und bei anderen Aufführungen, die ich hatte, da war das schon irgendwie so eingespielt. Da wusste ich schon, was ich machen will. Das war dann hier nicht so.* Leonore äußert sich zum Umstand, dass sie sich auf die Berührung ihrer Mitschüler*innen im eigenen Gesicht einstellen musste, die vorher nicht geplant werden konnten. *Es war sehr eigenartig, weil ich wirklich nicht wusste, was passiert. Und es ist auf jeden Fall sehr lustig, so abgeschminkt zu werden. Vor allem von den Jungs. Vor allem wenn die so ruhig auf einen zukommen. Dann in dem Moment auch ernst zu bleiben.* Nico unterbricht sie kurz und meint, das habe ihm übelst Spaß gemacht.

5.3 Deskriptionen der Abschlussperformances

Die folgenden Ausführungen dienen dazu, die sechs einzelnen Performances als geronnene Ausdrucksformen von Körper und Leib in der Performancekunst abzubilden. Die Darstellung folgt folgender Systematik:

(1) Jede Performancedeskription wird mit kleinformatigen Bildimpulsen eröffnet. Die Abbildungen wurden in zeitlichen Intervallen aus dem Videomaterial generiert, wobei die Auswahl keiner regelgeleiteten Systematik unterlag. Sie sind lediglich als visuelles Angebot an die Lesenden zu verstehen, um sich in der Performance zu orientieren und gegebenenfalls die durch Text evozierten Bilder mit der videografischen Darstellung zu verknüpfen. Es muss betont werden, dass diese Bildfolgen innerhalb des Analyseprozesses keinerlei Relevanz besaßen, insofern sich die Analyse konkret am Text der Deskription abgearbeitet hat. Nichtdestotrotz versuchen die Abbildungen dem Umstand Rechnung zu tragen, dass den Lesenden durch die alleinige Darstellung der Deskriptionen, welche Beobachtetes, Wahrgenommenes und Erfahrenes in der subjektiv-reduzierenden Transformation der Forscherin aufzeigen, nur ein begrenzter Eindruck von den aufgeführten Performances vermittelt wird. Die Abbildungen sind so klein gehalten, dass eine zusätzliche Anonymisierung der Personen nicht notwendig ist.

(2) Im Anschluss wird die Deskription der jeweiligen Abschlussperformance dargestellt. Die Deskription ermöglicht es, einen dichten und kohärenten Eindruck der durchaus komplexen performativen Handlungsstränge zu erhalten (zur methodologischen Begründung der Deskriptionsform siehe Abschnitt 4.2.3.2).

5.3.1 Performance A: Leonore, Annika, Alina

[Dauer: 5.39 Min.]

Der Unterrichtsraum ist komplett abgedunkelt. Das Einstiegsbild der Performance ist zunächst von der noch etwas diffusen Atmosphäre geprägt. Der Bühnenvorhang wird von einer Schülerin mit einem knatternden Geräusch zurückgezogen, woraufhin sie quer durch das Setting flitzt, um den Ort der Aufführung zu verlassen. Moris und Kerstin Chill versuchen, das Video, das im Hintergrund abgespielt werden soll, zu starten. Beide sprechen miteinander. Nichtsdestotrotz haben sich die nicht an der Performance beteiligten Schüler*innen vor die Probebühne gesetzt und blicken konzentriert nach vorn.

Die Performance beginnt mit dem Abspielen des dreikanaligen Videos, das an die große Rückwand der Probebühne projiziert wird. Auf der Probebühne befinden sich vor der Projektion drei größere Objekte, die mit etwas Abstand nebeneinander positioniert sind: ein Pappkarton, ein leicht angekippt stehender, mannshoher Standspiegel im Holzrahmen und eine zu einem Hügel geformte, goldene Folie. Auf den Objekten ist jeweils ein weißes A4-Blatt mit Aufschrift befestigt. Auf dem Karton ist in kyrillischen Buchstaben „показать мне!", auf dem Spiegel ist „Enthüll mich!" und auf dem Goldhügel ist „Expose me!" zu lesen. Die Objekte haben menschlich anmutende Dimensionen. Die Folie und der Karton verschieben sich ab und zu leicht. So ist zu vermuten, dass sich hinter dem Karton und dem Spiegel bzw. unter der Folie je eine Performerin befindet. Die drei Objekte sind durch einen Deckenstrahler hell beleuchtet. Die komponierte Symmetrie der Bildgegenstände bestimmt den Gesamteindruck.

Der Blick richtet sich über die Objekte hinweg auf die im Hintergrund recht sperrig übereinander geschobenen Fenster der Windowsoberfläche. Zu erkennen sind drei kleinere Videoausschnitte, die die Performerinnen Leonore, Alina und Annika zeigen, welche ihren Körper frontal vor einer weißen Wand positioniert haben. Sie tragen enganliegende schwarze Kleidung, Arme und Beine sind nicht bedeckt. Die Abgebildeten beginnen, Handlungen an und mit ihrem Körper auszuführen. Annika verbindet ihr linkes Knie mit einer Binde. Sie beugt sich dabei immer wieder nach vorn, um die Dinge, die sie dafür benötigt, aufzuheben. Leonore schminkt sich. Ihr Körper ist als einziger im Format bis zu den Knien beschnitten, sodass sie räumlich etwas näher zu agieren wirkt. Alina zieht sich weiße Strümpfe über die Füße und graue Stulpen über Waden und Unterarme. Die beschleunigte Ablaufgeschwindigkeit der drei Sequenzen irritiert beim Betrachten, insofern die ausgeführten Bewegungen und Handlungen abrupt und comichaft anmuten. Darüber hinaus entsteht eine perspektivische Nähe zu den Agierenden immer dann, wenn sie sich auf den Boden bücken, um nach Utensilien zu greifen.

Während die Handlungen auf den Screens fortgeführt werden, fährt eine Hand hinter dem Standspiegel hervor und tippt die angeheftete Aufforderung „Enthüll mich!" zwei Mal flüchtig mit dem Zeigefinger an. Nach einem kurzen Moment, in dem die Schüler*innen im Publikum miteinander zu tuscheln beginnen, springt Thea auf und geht flink zu der mit Goldfolie bedeckten Performerin. Sie betastet erst vorsichtig die Folie, um diese dann nach und nach mit den Händen von der darunter Knienden abzuziehen. Alina kommt zum Vorschein und ist in dicke Lagen mehrteiliger Winterbekleidung gehüllt. Sie stellt sich behäbig – die dicken Lagen an Kleidung behindern ihre Bewegungsfreiheit – aufrecht hin und schaut mit ernstem Blick ins Publikum. Währenddessen geht Thea zum Standspiegel. Sie zögert kurz und entscheidet sich dann, diesen seitlich mit beiden Händen zu fassen und ihn behutsam ein kleines Stück nach links zu verrücken. Dahinter erscheint Leonore. Sie trägt eine schwarze Jeans und ein schwarzes Top. Beide Ellenbogen sind mit weißem Verband umwickelt. Auch sie begibt sich in den Stand, blickt Thea kurz in die Augen und entscheidet sich dann, zusammen mit ihr den Spiegel an die linkseitige Rückwand der Probebühne zu lehnen. Der Spiegel verdeckt nun einen Teil der Projektion und reflektiert einen Ausschnitt des Raumes, in dem sich das Publikum befindet. Anschließend stellt sich die Performerin neben Alina und blickt mit ernster Miene in den Raum. Ihre Arme sind seitlich an den Körper gelegt. Thea hat derweilen den braunen Karton zur Seite geschoben, der auf der linken Seite des Raumes den Abschluss der Objektreihe bildet. Annika kauert dahinter und hat dabei ihre Beine unter den Oberkörper gezogen. Sie richtet sich leicht auf und blickt nach links und rechts. Ihre Fäuste liegen in dicke Boxhandschuhe gehüllt auf ihren Schenkeln. Ihre Erscheinung irritiert durch eine komisch anmutende Verkleidung. Sie trägt einen Fahrradhelm und eine stark verdunkelte Sonnenbrille, die es einem verwehrt, in ihre Augen zu blicken. Ihr Körper ist mit Luftpolsterfolie zwischen Armhöhlen und Knien verhüllt. Sie scheint die Folie mit den Armen an den Oberkörper zu pressen, um sie zu halten. Thea verlässt derweilen in leicht gebückter Haltung den Handlungsort. Ob der unkomfortablen Verhüllung steht Annika etwas umständlich auf, indem sie ruckartig die Knie nach oben zieht, um das Gleichgewicht im Stand zu halten. Nun steht auch sie – die angewinkelten Arme noch immer an den Körper geklemmt – in der Reihe neben Leonore und Alina und blickt ins Publikum. Immer wieder dreht sie ihren Kopf in Richtung ihrer zwei Mitperformerinnen. Nach einem kurzen Moment lässt sie die Arme nach unten fallen und begibt sich mit kleinen, tippelnden Schritten ein Stück nach vorn, um ihre eigene Position parallel zu ihren beiden Mitperformerinnen auszurichten. Die Passivität der aufrechtstehenden Performerinnen im Bildvordergrund steht nun für kurze Zeit in starkem Kontrast zu der Geschäftigkeit der handelnden Personen in den Einzelbildern der Videoprojektion.

Bela und Moris begeben sich nun auf die Probebühne zu Annika. Moris greift im Gang zu einer auf dem Boden liegenden Schere und stellt sich anschließend zu Bela, der bereits hinter Annika steht, und vorsichtig versucht, ihr den Helm zu öffnen. Moris scheint die so entstandene räumliche Enge wahrzunehmen und entscheidet, sich Leonore zuzuwenden, indem er sagt: „Ich schmink die.“ Nico kommt aus dem Publikum mit dynamischen Schritten ins Bild und ist ihm dabei behilflich. Als er zu dem kleinen, auf dem Boden stehen Fläschchen mit Reinigungswasser und einem Wattepad greift, wird deutlich, dass beide Akteure die Performerin nicht schminken, sondern abschminken. Sie ziehen die Pads vorsichtig von der Nase zu den Wangen. Moris versucht ihren Kopf mit der Hand zu fixieren, zieht diese jedoch immer wieder zögernd zurück. Leonores Gesicht bleibt, während ihre Mitschüler ihr Gesicht berühren, ernst.

Milena und Thea gehen indessen zu Alina und beginnen damit, sie Stück für Stück von den vielen Lagen der Winterbekleidung zu befreien. Die Performerin unterstützt die Interaktion, indem sie zum Beispiel die Arme hebt, um das Abziehen eines Pullovers zu erleichtern oder indem einen festsitzenden Schuh mit der eigenen Hand abstreift. Den Handlungen der Agierenden ist anzumerken, dass der Körperkontakt sehr vorsichtig ausgeführt wird. So setzt Thea die während der Handlung zu Boden gefallene Brille sehr sanft wieder in Alinas Gesicht, indem sie mit dem Brillenbügel vorsichtig die Haare zurückstreift. Das Berühren der Kleidung oder auch das Öffnen eines Schuhs passieren sehr zögerlich. So nimmt Milena immer wieder körperlich Abstand zu Alina, indem sie einen Schritt nach hinten tritt oder ihre Hand mehrmals zurückzieht, bevor sie an den Arm von Alina greift. Während der Interaktion fällt auf, dass die Akteur*innen aus dem Publikum – wenn auch verhalten – sprachlich und oft schmunzelnd miteinander kommunizieren. Gesprächsinhalte sind aus Perspektive des Publikums jedoch kaum zu hören.

In der Betrachtung der drei Live-Handlungen der Schülerinnen im Raum und der in den Videosequenzen dargestellten, vorab aufgenommenen Aktionen wird zunehmend deutlich, dass die einzelnen Schritte in zeitlich konträrer Abfolge zueinanderstehen. Im Bildhintergrund wird durch das Ankleiden und Auftragen ein Zustand hergestellt, der im Bildvordergrund von den Teilnehmenden und im Anschluss auch von den Performerinnen dekonstruiert wird.

Zuerst verlassen Milena und Thea das Bild. Alina fährt damit fort, sich zu entkleiden. Dann entscheidet sich Moris, ins Publikum zurückzukehren, schließt jedoch das Fläschchen Reinigungswasser zunächst sorgfältig, um es dann auf dem Boden vor der Performerin abzustellen. Nun geht auch Bela, nachdem er sowohl die Luftpolsterfolie als auch die Klettbinden von Annikas Oberkörper und Gliedmaßen entfernt hat. Die drei Performerinnen stehen wiederum frontal vor dem Publikum. Ihre Augen schweifen nach links und rechts, ihre Köpfe bleiben zum Publikum gewandt. Kurzzeitig scheint es vage, wie sich das Bild weiterentwickeln wird. Dann fahren Alina und Annika damit fort, weitere Kleidungsstücke und Utensilien von ihrem Körper abzustreifen. Leonore steht unbewegt in der Mitte, nur ihre Augen wandern suchend durch den Raum. Es entwickeln sich spannungsvolle Bezüge zwischen den real stattfindenden Handlungen vor Ort und den projizierten Handlungen hinter den Performerinnen, insofern bestimmte Bewegungen, wie z.B. das Bücken hin zum Fuß, zufällig synchron und in bildlicher Dopplung ablaufen.

Annika, Leonore und Alina stehen abschließend wieder nebeneinander. Die Objekte und Dinge, die sich an ihnen befanden bzw. mit denen etwas ausgeführt wurde, liegen ungeordnet am Boden. Obwohl die Handlungen in den Videosequenzen durch die Handlungen der Performerinnen weiterentwickelt werden, beginnen die Schüler*innen im Publikum zu applaudieren. Die drei Performerinnen lösen sich aus ihrer konzentrierten, angespannten Haltung und lassen den Blick erleichtert zwischen Videoscreen und Publikum oszillieren. Die Schultern fallen nach vorn, die Hände lockern sich, die Füße stehen nun angewinkelt zueinander. Auf dem Bildschirm verschwindet Alina abschließend unter der goldenen Folie, Leonore bindet sich ihr Haar zu einem Zopf und Annika positioniert einen Pappkarton vor sich.

5.3.2 Performance B: Moris, Bela, Milena, Thea

[Dauer: 7:52 Min.]

Der Unterrichtsraum ist komplett abgedunkelt. Auf die Wand hinter der Probebühne wird ein überdimensioniertes Bild eines Gesichtsausschnittes projiziert. Kinn, Mund und Nasenansatz einer Person sind fotografisch angerissen und frontal in den Bildausschnitt gesetzt. Die Taskleiste im unteren Bereich der Projektion deutet an, dass es sich um das Anfangsbild eines Videoausschnittes handelt. Vor der Projektion stehen Thea, Bela, Milena und Moris aufrecht nebeneinander. Sie tragen weiße Langarm-Hemden und schwarze Hosen. Das Bild wird teilweise auf ihre Oberkörper projiziert, welche scharfe Schatten auf die dahinterliegende Wand werfen. Der untere Teil ihrer Körper verschwindet gleichsam in der räumlichen Dunkelheit unterhalb der Projektion. Noch raschelt und knackt es im Publikum. Kerstin Chill bedient die Technik. Thea kommuniziert kurz mit ihr, ohne jedoch das Bild zu verlassen. Sie lächelt, bewegt die Lippen und nickt flüchtig. Bela, Milena und Moris – der seinen Nacken dehnt, indem er den Kopf kurz hebt und senkt – blicken mit ernstem Blick ins Publikum, das sich vor der Probebühne auf den Boden gesetzt hat.

Die Performance beginnt, indem Thea die Reihe verlässt und in den vorderen linken Bereich der Probebühne geht. Bela und Moris gehen anschließend jeweils drei Schritte nach vorn, bleiben stehen und blicken, den Kopf leicht schwenkend, über die Köpfe der im Publikum sitzenden Mitschüler*innen hinweg. Milenas Augen wandern von links nach rechts. Sie tritt nun auch zwei Schritte vor, um dann hinter ihren Mitperformer*innen stehen zu bleiben. Zeitgleich setzt sich das Videobild in Bewegung. Die Kamera fährt changierend zwischen Schärfe und Unschärfe das Gesicht der abgebildeten Person ab. Das Licht erhellt abhängig von der sich ändernden Projektion die Gesichter der vier Akteur*innen. Die gestochenen Schatten der Performenden avancieren durch das Vorschreiten dieser gleichsam zu Mitspielern, die das Geschehen mitbestimmen.

Die aneinander geschnittenen Einzelaufnahmen der Videoprojektion im Hintergrund gleichen einer fragmentarischen Kamerafahrt entlang der Körper der dargestellten Personen. Ausschnitte verschiedener Körperteile – Hals, Beine und Knie, Ohren, Augen, Haaransatz, Nacken, Rücken, Schultern, Füße und Bauch geraten in leicht bewegter Aufnahme und unbekleidet in den Fokus. Durch die überdimensionierte Projektion sind die Körperteile stark vergrößert abgebildet. Die einzelnen Ausschnitte sind scharf aneinandergeschnitten, changieren jedoch in der Bildschärfe und dem Grad der leicht ruckelnden Bewegtheit der Einzelbilder. Kurz schwenkt die Kamera über das Gesicht von Moris, was dazu anregt, über die Identität und das Geschlecht der anderen dargestellten Personen nachzudenken.

Die Projektion rahmt und kontrastiert die Handlung im Bildvordergrund, die sich nun in zwei Stränge teilt, die von je zwei Performenden verfolgt werden. Bela und Milena gehen gemeinsam zu einer Leiter, die im Hintergrund an der Projektionsfläche lehnt. Sie klappen die Leiter parallel zur Kante der Probebühne im vorderen Bereich auseinander. Da das Licht der Projektion über sie hinwegfällt, sind ihre Körper schattengleich in schwarz gefüllten Umrisslinien sichtbar. Während Milena auf die Leiter steigt und das Video im Körperprofil mittig verdeckt, entrollt Bela eine Schnur und kniet sich auf dem Fußboden. Er befestigt in Graustufen bedruckte A4-Blätter an der Schnur und reicht sie Milena nach oben. Sie bindet die Blätter an das Metallgerüst, an welchem die Scheinwerfer der Probebühne befestigt sind. Noch ist nicht sichtbar, was auf den Blättern zu sehen ist. Vorder- und Rückseite winden sich durch die Luftzirkulation im Raume bewegt. Milena muss die Hände über ihren Kopf strecken, um die Bilder zu befestigen. Immer wieder tariert sie ihr Gleichgewicht auf der Leiter aus. Die Handlung wirkt konzentriert und bedacht. Sie verschiebt die Leiter immer wieder ein Stück weit mit beiden Händen nach vorn, um ein weiteres Bild unter der Decke zu befestigen. Handlung und Material, welche nun wieder stärker ins Licht der Projektion rücken, doppeln sich durch den scharfen, überdimensionierten Schattenwurf an der Rückwand. Es wird zunehmend erkennbar, dass auch auf den Fotografien Körperausschnitte in Schwarz-Weiß-Fotografien abgebildet sind.

Zeitgleich agieren Moris und Thea miteinander. Sie nähern sich von links und rechts der Aktionsfläche aufeinander zu. Dabei bewegen sie sich nicht auf herkömmliche Art und Weise. Dreh- und Angelpunkt ihrer stummen Bewegungen ist die Rotation ihres Oberkörpers in Verbindung mit ausschweifenden, umfassenden Gesten der ausgestreckten und trotzdem leicht gebeugten Arme. Die Arme scheinen eine große Kugel in all ihren Raumebenen zu umschließen. Sie öffnen und schließen sich, werden symmetrisch aufeinander zugeführt und kreisen um die Achse des Oberkörpers, der sich dynamisch nach vorn und hinten beugt. Währenddessen bewegen sie sich langsam vorwärts, wobei sie den Schwung ihrer Arme wiederholt im breiten Stand austarieren. Theas bewusste und konzentrierte Ausführung der Bewegungen verdeutlicht, dass diese Balance erfordern. Nach kurzer Zeit treffen beide Performenden aufeinander. Sie blicken sich in die Augen und stehen aufrecht, frontal zugewandt voreinander. Schwunghaft fährt Thea ihre Arme nach vorn und beugt ihren Oberkörper dabei ruckartig herunter. Moris wiederholt diese Bewegung und umfasst anschließend mit seinen Händen den von Thea mit den Armen markierten Raum. Beide beginnen in abwechselnden, konzentrierten Zügen und in der Manier der vorher entwickelten Bewegungen aufeinander zu reagieren. Sie begeben sich dabei in verschiedene Raumebenen. Sie kriechen untereinander durch, steigen übereinander, drehen sich umeinander – immer in der Ambivalenz zwischen Nähe und Distanz, Innehalten und Dynamik.

Die sich entwickelnden Handlungen geraten abrupt ins Dunkle, nachdem die Videoprojektion endet. Die Handlungen auf der Aktionsfläche werden von den vier Performenden trotzdem weiterverfolgt. Moris und Thea befinden sich am Ende ihrer Interaktion im linken Bühnenbereich. Moris kniet mit dem Rücken zu Thea gewandt und nach oben ausgestreckten Armen. Thea steht mit breiten, leicht angewinkelten

Beinen hinter ihm, umfasst seine Arme von hinten und neigt den Kopf nach unten. Ein schwacher Lichtstrahl, der durch die schmale Öffnung der Jalousien in den Raum dringt, erhellt das Geschehen minimal. Thea und Moris lösen sich anschließend aus ihrer Haltung und begeben sich betont ruhig und aufrecht in den Bildhintergrund. Sie stehen nun mit etwas Abstand nebeneinander und blicken zur Handlung, die im Bildvordergrund immer noch vollzogen wird: Milena steigt vorsichtig von der Leiter und trägt diese mit Bela in den Raumhintergrund. Beide stellen sich zwischen Moris und Thea. Alle vier Performenden stehen nun wieder in einer Reihe, woraufhin ein Deckenspot angeschaltet wird und das Bild mit warmem Oberlicht erhellt. Die von Milena an der Ecke befestigten, sich in der Luft wölbenden Körperfotografien sind nun sehr gut sichtbar und baumeln gleich einer Girlande versetzt über den Köpfen der Performenden.

Die Reihenformation wird erneut aufgelöst. Milena und Bela begeben sich an den rechten Bühnenrand, Thea und Moris an den linken. Sie nehmen zwei Rettungsfolien in die Hände und breiten diese gemeinsam mit der silbernen Seite nach oben gerichtet in der Funktion einer großen Plane auf dem Boden der Probebühne auf. Milena und Bela fassen die Folie jeweils an den Ecken, gleich einer Picknickdecke, die es glatt zu ziehen gilt. Das Greifen und Ziehen der Folie verändert die Geräuschkulisse. Es knistert und raschelt laut. Die Bildstimmung ist nun ob der Geschäftigkeit der handelnden Personen bewegter und chaotischer. Eine rechteckige Fläche entsteht, die von Milena, Bela und Moris mit Tape an den Boden geheftet wird.

Thea beginnt unterdessen im vorderen linken Bereich der Probebühne mit einer neuen Handlung. Sie holt sich mit zügigem Griff eine bunte Acrylfarbpalette und stellt diese vor sich auf den Boden. Sie zieht ihr weißes Hemd flink über den Kopf und wirft es mit gleichgültigem, zackigem Schwung zur Seite. Sie zieht ihre schwarzen Leggins ruckhaft nach oben, um sich gleich darauf ihres weißen Tops zu entledigen. Ihre Bewegungen sind sehr hastig. Sie trägt nun nur noch eine schwarze Leggins und einen schwarzen Sport-BH. Plötzlich wird das Geschehen von düsteren, fiebrigen und trommelähnlichen Klängen begleitet. Der Sound wirkt sehr hart und bedrohlich. Thea bückt sich, um die Farbpalette in die Hand zu nehmen und dreht sich anschließend mit dem Rücken zum Publikum. Die Tätigkeit, die sie mit den Händen auf der Farbpalette ausführt, entzieht sich den Blicken. Moris stellt sich währenddessen auf die Folie und beginnt nun damit, sich zu entkleiden. Im Kontrast zu Thea stellt er sich in einen festen, leicht gespreizten Stand und blickt ernst ins Publikum. Er knöpft sein Hemd langsam auf. Milena und Bela folgen ihm in der Handlung, indem sie ihre Hemden aufknöpfen, über die Schultern abstreifen und beiseitelegen.

Die vier Performenden stehen nun wieder nebeneinander. Thea ist dabei ihren drei Co-Performenden leicht zugewandt und beginnt schon damit, mit dem streichenden Finger Farbe auf ihre Unterarme aufzutragen. Das Geschehen gewinnt an Dynamik, nachdem auch Bela, Milena und Moris oberkörperfrei im Raum agieren. Die Performenden beginnen, sich gegenseitig und sich selbst mit Farbe auf den unbedeckten Körperstellen zu bestreichen. Sie nehmen die Farbe mit den ausgestreckten Fingern auf und führen sie über Bauch, Arme, Nacken, Rücken und Brust. Die

Farbtöne changieren zwischen grellen Neontönen bis hin zu gesättigten Blautönen. Die Handlungen werden noch immer von dem düsteren Sound begleitet und werden räumlich von der silberfarbenen Fläche auf dem Boden begrenzt. Die Gruppe scheint nicht systematisch zu agieren, vielmehr interagieren die Performenden miteinander, indem sie auf Berührungen reagieren und in malender Manier erwidern. Ihre Blicke suchen weniger den Augenkontakt der Partner*innen als vielmehr Körperstellen, die noch farbig gestaltet werden können. Der Farbauftrag reicht von vorsichtig streichenden, fließenden Bewegungen auf dem Bauch bis hin zu harten, klatschenden Bewegungen auf dem Rücken. Mal wischen die Hände flächig über den Körper, mal tupfen die Finger sprunghaft von einem Punkt zum nächsten. Die Farbspuren sind abstrakt, eine Ausnahme bildet das kleine Smiley, das Moris sich verspielt auf den Bauch tupft.

Nach ungefähr eineinhalb Minuten legt Milena ihre Farbpalette vor sich ab und bleibt aufrecht, dem Publikum zugewandt, stehen. Das Klingelzeichen übertönt die Performance flüchtig und führt den Unterrichtskontext der Aufführungssituation für einen kurzen Moment vor Augen. Die Performenden lassen sich diese Unterbrechung jedoch nicht anmerken. Fast zeitgleich mit dem Stundenklingeln wird der düstere Sound von einem abgespielten Sprechtext überlagert, der die vier Performer*innen zu Wort kommen lässt. Sprechtext und Sound werden die Performance bis zum Ende begleiten.

> *„Immer, wenn ich spät nachts nach Hause komme, mache ich mir noch was zu essen. Nehm mir das [...] in mein Bett und höre mir dann einen Podcast an. Und während ich den Podcast höre, esse ich mein Essen auf und lasse den Teller dann einfach neben meinem Bett stehen.“ (Moris)*

Für kurze Zeit agieren Moris, Thea und Bela weiter, beenden dann jedoch auch die malerischen Handlungen am Körper und stellen sich in eine Reihe mit Milena. Wieder stehen alle vier Performenden nebeneinander und blicken ins Publikum. Ihre Körperhaltungen unterscheiden sich voneinander. Bela ist leicht nach links gewandt und richtet seinen Blick auf den Boden bzw. auf die Fensterfront. Milena und Thea richten ihren Fokus mit neutralem Blick nach vorn, beide haben die Arme gerade am Körper entlang ausgestreckt. Moris spreizt seine Arme leicht vom Körper ab und dreht die Innenseiten mit ernstem Blick frontal hin zum Publikum. Seine Körperbemalung wird auf diese Weise sehr gut sichtbar. Die Reihenformation wird bis zum Ende der Performance nicht mehr aufgelöst. Die Handlungen werden nun sehr reduziert, bedacht und individuell ausgeführt.

> *„Manche lieben es ja massiert zu werden, aber ich finde es viel, viel, viel cooler, auf dem Rücken ne Pizza gebacken zu bekommen. Da kann man sich tausendmal besser entspannen.“ (Thea)*

> *„Ob manche Leute gerne zur Schule gehen? Ich jedenfalls finde es schön, wieder nach Hause zu dürfen.“ (Bela)*

> *„Sich nach dem Duschen in ein frisch gewaschenes Bett zu legen, ist eins der besten Gefühle.“ (Milena)*

Bela und Moris drehen sich um ihre eigene Achse und zeigen ihren Rücken. Moris nickt mitunter und unterstreicht das Gesprochene zustimmend. Nach der Drehung wendet er sich wiederum dem Publikum zu und hat seine Hände vor dem Körper verschränkt. Bela bewegt seinen Kopf langsam von links nach rechts und ändert seine Blickrichtung. Thea streicht sich über die farbbeschmierten Hände, lässt sie an die Seite sinken und zappelt unruhig mit den Fingern. Milena dreht sich zu Moris und betrachtet ihn von der Seite.

> *„Es ist ein schönes Gefühl, wenn man aufwacht und weiß, dass man weiterschlafen kann." (Bela)*

> *„Das klingt vielleicht jetzt komisch, alle Italiener werden sich vermutlich fragen, was bei mir falsch gelaufen ist, aber ich find's viel, viel besser, wenn man die Spaghetti durchschneidet und das dann einfach nur noch mit der Gabel essen kann." (Thea)*

Nach einer Minute setzen sich die Performer*innen auf den Boden. Thea setzt sich in den Schneidersitz und legt die Hände vor dem Körper ab. Moris und Milena haben sich auf ihre Unterschenkel gesetzt. Auch Bela sitzt ganz rechts im Schneidersitz, hat sich jedoch leicht von der Gruppe abgewandt. Alle vier Performenden sitzen nun nebeneinander, blicken ins Publikum und lauschen den letzten gesprochenen Worten.

> *„Ich liebe es, am Wochenende nach dem Aufstehen sofort mit dem Hund rauszugehen und nach dem mit dem Hund Rausgehen und wieder zu Hause Ankommen, sich ein richtig fettes Rührei mit richtig dick Knoblauch zu machen, dass danach die ganze Bude stinkt." (Moris)*

5.3.3 Performance C: Nico, Henrike, Lara

[Dauer: 6:32 Min.]

Der Boden der Probebühne ist komplett abgedunkelt und bis an die Bodenkanten vollständig mit glänzenden Rettungsdecken ausgelegt. Die goldenen Seiten schimmern jeweils nach oben und dominieren das gesamte Anfangsbild. Linksseitig befindet sich eine silberne, unscheinbare Standleiter. Rechtseitig steht ein kleiner Holzhocker, auf dem sich ein Bügeleisen befindet. Das Kabel des Bügeleisens liegt lose im Raum. Ein Deckenstrahler wirft einen warmen Lichtstrahl auf eine mit Goldfolien bedeckte Erhebung im Vordergrund der Bühne. Die rätselhafte Formation bestimmt die Bildmitte. Die menschengleiche Dimension der Erhebung lässt vermuten, dass sich Personen unter der Goldfolie befinden. Die Tür, die an der hinteren Wand der Probebühne in den Vorbereitungsraum führt, ist geöffnet und wurde im Vorfeld mit einer Rettungsdecke abgehangen, die silberne Seite zeigt zur Probebühne. Durch das von hinten einfallende Tageslicht ist die Folie durchscheinend und lässt den Blick auf die äußeren Umrisse von Nico zu, der sich dahinter in aufrechtem Stand positioniert. Es ist lediglich zu ahnen, dass er dem Publikum zugewandt ist. Für ca. 30 Sekunden passiert nichts, als dass sich die Folien im Vordergrund durch die Atmung der darunterliegenden Personen minimal auf und ab bewegen. Der Lichtstrahl wird dadurch leicht bewegt reflektiert und wirft seine Spiegelungen tänzelnd an die hintere Wand.

Der Beginn der Handlung wird durch ein einsetzendes Rascheln der Folien markiert, da sich die Körper unter der Folie in Bewegung setzen. Henrike und Lara richten sich auf. Ihre Oberkörper werden nach und nach sichtbar, während sie sich die Folien knisternd vom Oberkörper ziehen. Sie sitzen mit leicht ausgestreckten Beinen versetzt hintereinander und richten ihre Bewegungen spiegelgleich zueinander aus. Die Arme der Performerinnen liegen eng am Körper, ihr Rückgrat ist durchgedrückt. Ihre Bewegungen wirken schematisch und steif. Auf der Folie oszillieren die Lichtreflexe, die von dem Deckenstrahler und der körperlichen Bewegung produziert werden. Sie stehen in ihrer flackernden, mitunter blendenden Dynamik in einem Gegensatz zur körperlichen Starre. Beide befreien nun nach und nach Gesicht und Oberkörper von der Folie und geben diese der Beobachtung im Profil preis. Sie blicken aneinander vorbei und fokussieren die jeweils andere Seite des Raumes. Nico steht nach wie vor unbewegt hinter der mit Folie abgedeckten Türöffnung.

Für kurze Zeit halten Henrike und Lara ihre Position, um sich dann mit den Händen vom Boden abzudrücken und zu erheben. Die abgedeckten Folien hinterlassen sie ungeformt auf dem Boden. Henrike begibt sich schneller in die aufrechte Position als Lara. Zielstrebig geht sie an den linken Rand der Probebühne, nimmt die Leiter in die Hand und stellt diese ausgeklappt an die hintere Wand. Lara hingegen geht an den rechten Rand der Probebühne, greift nach dem Holzhocker und trägt ihn mit dem Bügeleisen ein Stück weit in den Raum. Es wird deutlich, dass sich die Handlungen nun in zwei einzelne Stränge unterteilen. Sie lösen mit diesen Bewegungen die Symmetrie des Geschehens auf. Jede Performerin verfolgt ihren eigenen Handlungsstrang. Die Handlungsvollzüge wirken nun alltagsnäher und unbedachter, jedoch nicht unkontrolliert. Sie widmen sich ihren Handlungen bewusst und zielstrebig.

Henrike greift nach dem am Boden liegenden Folienknäuel und sucht mit beiden Händen nach den Ecken der rechteckigen Fläche. Sie nimmt die Ecken der Folie gleich eines Lakens in die rechte Hand und steigt die Leiter hinauf. Das Ersteigen der Stufen erfordert Balance und Ausgleich, sie nimmt die linke Hand, um ihren Halt zu sichern. Mit beiden Armen breitet sie die Folie aus und klebt die Ecken an die dafür vorab befestigten Klebestücke an die Wand. Die Aktion erfordert ein ständiges Austarieren des körperlichen Gleichgewichts auf der Leiter. Arme und Beine werden immerzu anders abgestützt. Henrike streicht die Folie sorgsam glatt, sodass die kästchengleiche Faltung der Folie besonders deutlich wird und im Kontrast zur weißen, relieflosen Rückwand der Probebühne steht.

Im Vordergrund kniet sich Lara vor den Hocker. Sie breitet einen Teil ihrer Folie mit der goldenen Seite nach oben darauf aus und zieht diesen anschließend mit den Händen glatt. Sie beginnt nun den Ausschnitt zu bügeln. Nach kurzen und zarten Streichbewegungen mit der rechten Hand, zieht sie die Folie mit der linken Hand jeweils ein Stück weiter. Es ist eine absurde Tätigkeit in Anbetracht der Tatsache, dass das Bügeleisen nicht mit Strom versorgt wird. Nichtsdestotrotz reicht das schiere Gewicht des Bügeleisens aus, um die Folie zu glätten.

Während Henrike und Lara auf der Probebühne agieren, beginnt auch Nico zu handeln. Er tippt mit den Fingern auf Hüfthöhe leicht klopfend an die über den Türrahmen gespannte Folie. Die Folie vibriert dadurch zart und verändert ihre Oberflächenstruktur im reflektierenden Licht. Daraufhin hebt er die linke Hand am Körper entlang über den Kopf und spreizt seine Finger mit einer pointierten Bewegung ab. Mit flacher Hand berührt er die Folie vorsichtig und zieht sie neben dem Türrahmen achtsam vertikal nach unten. Mit dem Kopf folgt er seiner eigenen Hand. Für das Publikum sind lediglich seine Umrisse zu erkennen. Die Gesichtszüge lassen sich nur vage erahnen. Er wiederholt diese Handlung abwechselnd und gleichzeitig mit beiden Händen. Dabei erhöht er den Druck auf die gespannte Fläche der Folie. Das bewusste Streichen mit den Handflächen erzeugt nun auch zunehmend ein aufdringlich schleifendes Geräusch, welches im Kontrast zum kontinuierlich scharfen Knistern der Folien steht, die von Henrike und Lara bearbeitet werden.

Beide Performerinnen befestigen währenddessen gemeinsam die Folie, die von Lara mit dem Bügeleisen bearbeitet wurde, an der Rückwand der Probebühne. Henrike agiert auf der Leiter und Lara ist ihr vom Boden aus behilflich. Henrike streicht die Folie glatt und klopft sie mit ausgestreckter Hand vorsichtig ab. Nachdem beide Folien die Wand bedecken, steigt Henrike von der Leiter und stellt sie an den Rand. Während Lara die linksseitige Folie nach wie vor bestastet, passiert etwas Unerwartetes. Die Folie löst sich in der rechten Ecke und rutscht ein Stück weit schräg nach unten. Kurz versucht sie, die Folie mit ausgestreckten Armen zu halten und tastet dann vorsichtig mit flacher Hand gegen die Folie. Sie lässt die Folie nach links gleiten und führt die Tastbewegung anschließend auch zögerlich auf der weißen Wand fort. Die Geräusche ihrer Bewegungen sind kaum zu vernehmen. Lara und Henrike versuchen nun noch einmal gemeinsam die Folie durch Zieh- und Drückbewegungen an der Wand zu fixieren. Das Vorhaben misslingt. Die Folie bleibt hängen und Lara klatscht noch fünf Mal flüchtig mit beiden Händen gegen die weiße Wand, als wäre sie sich unsicher, die durch das Abfallen der Folie entstandene Leerfläche als solche unbehandelt zu lassen. Henrike betrachtet den flatterhaften Zustand der Folie und entscheidet sich, diese mit den Händen weiter nach links zu streichen, sodass die Folie abschließend als schmales, silbern glänzendes, glattes Rechteck sichtbar bleibt. Nachdem beide Performerinnen die Rückwand der Probebühne nun für kurze Zeit betrachten, entscheiden sie sich, ihre Blicke Nico zuzuwenden. Henrike ist dabei mit dem Körper dem Publikum zugewandt, Lara steht aufrecht im Profil. Die Arme der beiden Performerinnen hängen vertikal neben dem Körper, die Blicke richten sich auf das Geschehen im Türrahmen.

Nico scheint unterdessen einen Moment zu zögern, wie er die Folie weiterbearbeiten kann, insofern er seine Hände verhalten, unentschlossen und abtastend über die Folie bewegt. Er lässt die Arme fallen und greift die Tastbewegung, mit denen er seine Handlung begonnen hat, noch einmal auf. Die Arm- und Handbewegungen gewinnen daraufhin an Dynamik. Er streicht die Folie mit mehr Kraft und Geschwindigkeit ab. Auch löst er die Symmetrie und Chronologie der Handlungsvollzüge auf, indem er die Hände sowohl vertikal und horizontal als auch zeitgleich und nacheinander über die Folie gleiten lässt. Die Folie spannt sich unter dem Druck seiner Finger zunehmend und scheint dem Zerreißen nahe. In der Steigerung der Handlung wird sichtbar, dass er es nun darauf anlegt, die Folie zu zerstören. Nach kurzer Zeit löst sich sowohl eine Seite der Folie von der Wand und reißt mittig unter dem Zeigefinger von Nico. Mit beiden Händen vergrößert er die so entstandene Öffnung und betritt durch diese die Probebühne. Das einfallende Tageslicht verändert die Atmosphäre im Raum, insofern es einen kühlen Kontrast zu den warm reflektierenden Folien bildet. Nico wirft einen kurzen Blick an die hintere Wand der Probebühne, an der die Folien nicht wie geplant hängen, wendet sich dann jedoch seinen Mitperformerinnen zu.

Die drei Performenden agieren von nun an miteinander. Henrike hat sich auf die linke Seite der Probebühne begeben und hebt eine robust wirkende Rolle mit Klarsichtfolie auf. In dem Moment, in dem Nico sich auf die Aktionsfläche begibt, geht Lara zielstrebig auf ihn zu und versucht, ihn an den Schultern zu greifen. Nico entzieht sich, indem er nach hinten weicht und mit seitlichen Schritten versucht, den Abstand zwischen sich und Lara zu vergrößern. Auch Henrike nähert sich mit der Klarsichtrolle in der Hand ihrem Mitperformer. Es wird eine Art Kampf initiiert, welcher das Ziel hat, Nico zu umwickeln. Nico deutet seine Abwehr eher an, als dass er mit voller Körperkraft auf den Griff von Henrike und Lara reagiert. Die Bewegungen, die sehr nah am Körper von Nico stattfinden, werden von Lara sehr vorsichtig und zurückhaltend vollzogen. Nico hingegen agiert betont unruhig und zappelig. Die Performenden inszenieren ein Spiel mit festem Ausgang, insofern in Nico eine Kraft zu vermuten ist, die nicht zum Ausdruck kommt. Henrike versucht gleichzeitig, Nico mit der Folie zu umwickeln, was in der Bewegung ob der schweren Rolle nicht leicht von der Hand zu gehen scheint. Die Folie rutscht Nico immer wieder von den Schultern oder reißt vorschnell von der Rolle.

Die drei Performenden bewegen sich im Prozess über die gesamte Probebühne und umzirkeln dabei den hölzernen Hocker mehrere Male. Henrike schließt die dargestellte Auseinandersetzung ab, indem sie ein Stück Folie in Form einer Schnur mit einer zackigen Bewegung um den Hals von Nico legt und verengt. Nico zieht dabei die Schultern nach oben und suggeriert, dass er unter dieser Handlung leidet. Er geht zitternd in die Knie und legt sich mit dem Rücken zum Publikum gewandt zusammengekauert auf den Boden. Für eine kurze Zeit lässt er seine Beine immer wieder zucken, um dann völlig reglos zu verharren. Die Handlungen wirken gespielt und unecht.

Henrike und Lara holen sich derweilen zwei kleine Pakete Rettungsdecken, die am rechten Bildrand auf dem Boden liegen und entfernen sie aus der Verpackung. Henrike positioniert sich hinter dem am Boden liegenden Nico, Lara bleibt im rechten Bildbereich stehen. Sie entfalten die Decken vollständig und erfüllen den Raum wiederum mit der knisternden Geräuschkulisse, die das Material erzeugt. Henrike nutzt ihre Folie, um Nico zu bedecken. Vorsichtig lässt sie die Folie auf seinen Körper fallen. Penibel achtet sie darauf, dass alle Körperteile unter der Decke verschwinden. Daraufhin geht sie zu Lara. Diese hat sich mit ausgebreiteten Armen und der Rettungsdecke in den Händen im Profil positioniert. Henrike stellt sich neben sie und nimmt ihr die rechte Ecke der Folie aus der Hand. Beide begeben sich synchron in die Knie, rollen ihren Oberkörper nach hinten ab und verschwinden längs unter der Rettungsdecke.

5.3.4 Performance D: Carolin, Vera, Kilian, Sinja

[Dauer: 6:25 Min.]

Der schwarze Vorhang der Probebühne wird von Moris und Nico synchron zur Seite gezogen. Das Setting, welches die vier Performenden für ihr Anfangsbild gewählt haben, wird für das Publikum nach und nach sichtbar. Die Probebühne ist in warmes Oberlicht gehüllt, welches von drei Deckenspots erzeugt wird. Auf dem Boden liegen von links nach rechts Vera, Sinja, Kilian und Carolin in geringem Abstand nebeneinander auf dem Rücken. Ihre Körper sind parallel zu den Seitenwänden der Probebühne ausgerichtet, ihre Köpfe zeigen in Richtung Publikum. Die Beine haben sie lang ausgestreckt, ihre Hände sind auf ihren Oberkörpern verschränkt. Sie liegen eng beieinander und bestimmen das Bildzentrum. Ihre Gesichter sind in dieser Position nicht zu sehen. Im Gegensatz zu den vorherigen Performances fällt auf, dass die Schüler*innen sich dafür entschieden haben, keine einheitliche schwarze Kleidung zu tragen. Dieser Umstand wird besonders durch das Schneewittchenkostüm akzentuiert, welches Carolin im Zuge des Mottotages zum Thema „Helden der Kindheit" trägt – ein Ritual der Abiturient*innen kurz vor Beginn der Prüfungsperiode. In der hinteren linken Ecke der Probebühne steht ein schulterhoher Standspiegel. Die Spiegelfläche zeigt diagonal in den Raum. Neben dem Spiegel befinden sich diverse Gegenstände. Auf einem weißen Hocker liegen verschiedene kleinere Utensilien, deren Zweck zunächst nicht erkennbar ist. Neben dem Hocker liegt ein dezent gemustertes Stück Stoff, das achtlos auf den Boden gelegt wurde.

Der Beginn der Handlung wird von einem Austausch zwischen Nico und Kerstin Chill begleitet. Sie fordert ihn freundlich auf, den Bühnenvorhang noch ein Stück zurückzuziehen, damit die Sicht auf die Performancefläche komplett frei wird. Vera, die das erneute Ziehen am Vorhang von Nico hinter sich nicht sehen kann, beginnt trotzdem zu agieren. Sie richtet ihren Oberkörper auf, indem sie sich mit beiden Händen vom Boden abstützt. Neben ihr liegt ein Smartphone, welches sie ein Stück nach vorn verschiebt. Sie tippt mit dem Finger auf die Oberfläche des Smartphones und augenblicklich ertönt eine leicht verzerrte und romantisch unterlegte Violinenmelodie. Vera dehnt ihre Arme kurz nach hinten, zieht ihre Schulter leicht nach oben und deutet damit eine Streckbewegung an, bevor sie sich in den Stand begibt und mit über die Ballen abgerundeten Schritten auf den Spiegel zuläuft. Der melodische Sound steigert sich nun zu einem popähnlichen Beat, der das Geschehen mit einem dynamischen Rhythmus unterlegt und von einer männlichen Gesangsstimme begleitet wird. Vera kniet sich vor den Spiegel, entnimmt einer gelben Sprühflasche etwas Flüssigkeit und verreibt sich diese gleichmäßig im Gesicht. Sie wiederholt diese Handlung noch einmal. Dabei schaut sie auf ihr Handy und beendet den Song mit einem Fingertippen abrupt.

Daraufhin begibt Sinja sich in den Sitz und nimmt dabei ein Smartphone, das auf ihrem Bauch liegt, in die rechte Hand. Sie stützt sich mit der linken Hand hinterm Körper ab und startet mit der rechten Hand gleichzeitig einen Song auf dem Smartphone. Es ertönt sanfter E-Gitarrenklang, der sich zu einem poprock-anmutenden Sound steigert. Sie geht zielstrebig mit gelassenen Schritten zum Spiegel, legt das Smartphone auf den Hocker und beugt ihren Oberkörper kurz nach vorn, um ihren Kopf im Spiegel zu sehen. Dabei greift sie sich flüchtig in ihr schulterlanges Haar. Anschließend setzt sie sich in den Schneidersitz und greift dabei nach einem Lippenstift, der sich auf dem Hocker befindet. Wiederholt streift sie ihr Haar nach hinten und beginnt nun, sich die Lippen rot zu schminken. Um die Handlung präzise auszuführen, beugt sie ihren Oberkörper nach vorn, sodass sich ihr Kopf direkt vor der Spiegelfläche befindet. Mehrere Male streicht sie den Lippenstift über ihre Lippen. Währenddessen beginnt eine liebliche Frauenstimme zu singen. Sinja steht auf, nimmt ihr Smartphone vom Hocker, beendet die Musik und begibt sich anschließend in Richtung Publikum von der Probebühne.

Auf dieses Signal hin richtet sich Kilian auf. Dabei streicht er sich mit der linken Hand durch sein kurzes, dunkles Haar und zieht sich gleichzeitig ein Smartphone aus der rechten hinteren Hosentasche. Mit beiden Händen vor dem Körper und das Gewicht leicht nach rechts verlagernd startet auch er eine Melodie. Der HipHop-Sound ist basslastig und dynamisch, ertönt aus den Boxen des Smartphones jedoch mit blechernem Anklang. Die Melodie wird von männlichem Sprechgesang begleitet. Kilian drückt sich etwas behäbig vom Boden ab, geht dann lässig zum Spiegel und steckt dabei sein Smartphone gekonnt zurück in die Hosentasche. Vor dem Spiegel beugt er sich nach vorn und fährt sich mehrmals strubbelig durchs Haar. Er streicht mit der flachen Hand flüchtig über sein Shirt und zieht den Bund nach unten. Seine Bewegungen wirken betont leger und zwanglos. Er fährt sich noch einmal kurz über die Jeans und verlässt dann auch in Richtung Publikum die Probebühne. Dabei holt er sein Smartphone wieder aus der Hosentasche, klappt die Hülle zur Seite und beendet den Song.

Als Letzte folgt Carolin. Schon im Liegen tippt sie auf ihr Smartphone, welches unter ihren zusammengefalteten Händen zum Vorschein kommt. Es ertönen die Anfangsklänge eines lebendigen, radiobekannten Popsongs, unterlegt mit dem Gesang einer Frauenstimme. Sie legt das Smartphone neben ihrem Körper ab, streicht sich mit dem linken Finger über ihr linkes Auge, als würde sie sich den Schlaf aus dem Auge reiben, führt beide Hände synchron vor dem Kinn zusammen und streckt sie umklammert gleich einer Dehnübung kurz und zackig nach oben aus. Sie führt ihre Arme bewusst zur Seite, sodass beide Arme für einen kurzen Moment ausgestreckt auf dem Boden liegen. Die Bewegungen von Carolin wirken im Zusammenspiel mit der Musik gymnastikhaft präzise und rhythmisch konturiert. Sie steht auf und geht im Takt der Musik in rhythmischem Schritt auf den Spiegel zu. Auch sie legt ihr Smartphone auf dem Hocker ab, nimmt ein weißes Knäuel in die Hand und setzt sich mit ausgestreckten Beinen vor den Spiegel. Beim Entrollen des Knäuels zeigen sich zwei weiße Sportsocken, die sie sich nun mit routinierter Bewegung erst über den linken, dann über den rechten Fuß stülpt. Der linke Fuß wippt währenddessen rhythmisch im Takt. Sie führt beide Unterschenkel parallel und mit gestreckten Füßen unter den Körper, um sich schließlich auf den Knien aufzurichten. Sie zieht ihren gelben kurzen Rock nach unten, greift nach ihrem Smartphone und begibt sich schwungvoll in den Stand, um dann die Bühne mit im Takt wippendem Schritt zu verlassen. Sie beendet das Lied mit einem Tippen auf die Oberfläche ihres Smartphones.

Alle vier Performenden kehren nach kurzer Zeit wieder zurück. Sie gehen durch die Reihen der am Boden sitzenden Mitschüler*innen und steigen hintereinander über die Stufe zur Probebühne hinauf. Vor der Rückwand der Probebühne positionieren sie sich in einer Reihe nebeneinander. Von rechts nach links stehen Sinja, Vera und Carolin in gleichem Abstand. Lediglich Kilian liegt in vergleichsweise geringem Abstand neben Carolin. Die Körper der Performenden sind dem Publikum zugewandt. Während sie sich in eine Reihe stellen, begeben sie sich individuell in eine standbildähnliche Haltung, die vor allem durch eine besondere Ausrichtung der Arme und Hände charakterisiert ist. Kilian legt beide Hände mit etwas Abstand zueinander auf seinen Bauch. Die Ellenbogen zeigen zur Seite, seine Beine stehen leicht gespreizt. Mit einer Drehbewegung führt er den Kopf nach rechts unten und blickt auf den Boden. Er wirkt Carolin damit leicht zugewandt. Diese hat ihren ausgestreckten linken Arm parallel zur Hüfte nach vorn angehoben. Ihr rechter Oberarm liegt angewinkelt an, der Unterarm führt die Hand über den Oberkörper hinweg in die Armbeuge des linken Arms. Auch sie steht mit leicht gespreizten Beinen, blickt jedoch mit ernstem Blick ins Publikum. Vera hat ihre Hände ans Gesicht geführt. V-förmig umschließen sie Kinn und Wangen. Die Oberarme hat sie dabei an den Körper gepresst. Der Kopf ist leicht nach unten gebeugt. Sie blickt auf den Boden. Ganz außen hat Sinja ihre rechte Hand auf ihre linke Hüftseite gelegt. Mit der linken Hand greift sie sich auf die rechte Schulter. Der Unterarm liegt dabei eng am Oberkörper an. Auch sie blickt mit neutralem Gesicht nach vorn. Die jeweilige Gestik und Position werden die Performenden für die Dauer der nun folgenden Videoprojektion beibehalten.

Das Licht des Deckenspots wird nun ins Dunkle gedimmt und auf die Rückwand der Probebühne wird ein Bild projiziert. Das Still einer netzbestrumpften Hand, welche gegen das Sonnenlicht gehalten wird, setzt sich mit einem scharfen Cut in Bewegung. Gleichzeitig startet ein Song, dessen elektronische Melodie rhythmisch sehr klar ist, cool wirkt und vokal von einer Frauenstimme begleitet wird. Das Bild der Projektion legt sich auf die Oberkörper der Performenden, wobei Sinja leicht aus dem Bild rückt und in der Dunkelheit etwas untergeht.

Die Einzelaufnahmen des Videos wirken sehr fragmentarisch und assoziativ. Sie stehen in keinem narrativ-eindeutigen Verhältnis zueinander, sondern entwickeln sich in ihrer flüchtig-sensiblen Dynamik ausschnitthaft. Folgende Bilder reihen sich im entspannten Takt der Musik aneinander: die mit einem schwarzen Netzstrumpf bezogene Hand bewegt sich vorsichtig vor dem Sonnenlicht. Die Finger werden auseinandergespreizt und wieder zusammengeführt, die Hand wird um die eigene

Achse gedreht. Die geheimnisvolle Bildstimmung wird von einer satten grünen Farbgebung des Hintergrundes verstärkt. Das Bild wechselt anschließend zur Aufnahme eines feinen Wasserschwalls, der in seiner Form an Sprühregen erinnert. Er fällt vor einer schattenhaft angedeuteten Fensterfront von links ins Bild und wird durch einen Videoeffekt im Takt der Musik umgekehrt. Das Bild wechselt zu einer Frontalaufnahme von Sinjas ganzem Gesicht. Auch sie befindet sich vor einer in grünliches Licht getauchten Fensterfront. Der Lichtkegel einer Taschenlampe bewegt sich tastend über ihr Gesicht. Sie kneift ihre Augen ob der Blendung leicht zusammen. Nun wird Kilian in der Halbnahen eingeblendet, wie er vor einem gebrochenen Spiegelglas in einem unbestimmten Raum steht und sich betrachtet. Grellgrüne und violette Lichtreflexe wandern über sein Gesicht und seinen Oberkörper. Die Kameraführung ist immer leicht bewegt und gleichsam zittrig suchend. Das Bild blendet daraufhin wieder weich über zur Großaufnahme von Sinjas Gesicht. Sie zieht sich eine grobmaschige Netzstrumpfhose über den Kopf, deren schwarze Laufmaschen mit der Farbe ihres Haars korreliert. Sie zieht die Strumpfbeine auseinander und verformt auf diese Weise zaghaft ihre Gesichtszüge. Auch dieser Videoausschnitt wird im Takt der Musik geloopt.

Nach ca. einer Minute steigert sich der kühle Sound des Songs zu einer abrupten Härte, die die Klänge mit akzentuierten Pausen scharf aneinandersetzt. Diese Steigerung spiegelt sich im Schnitt und der Auswahl der Videoelemente wider, insofern die Bilder zittriger und in kürzeren Abständen im Loop aufeinander folgen. Ein behaarter Arm greift ins Leere, eine weiße Socke wird über einen Unterarm gezogen, ein Auge zwinkert pointiert im Takt eines klingelhaften Tones, Sinja verreibt sich mit dem Handrücken roten Lippenstift quer von den Lippen über die Wange, undefinierbare Architekturelemente sind in grelle Farben getaucht – die Bilder rauschen an einem vorbei und verdichten sich im Zusammenspiel mit dem abgeklärten Sound zu einem stimmungsvollen Eindruck, dem man sich nicht entziehen kann. Der Songtext gerät währenddessen in den Hintergrund, das Arrangement der ausdrucksstarken bewegten Bilder und das durch den technisch anmutenden Sound unterlegte Setting ziehen die volle Aufmerksamkeit der Gruppe auf sich.

Nach eineinhalb Minuten verändert sich das Tempo und der Charakter des Songs noch ein weiteres Mal. Die Melodie entwickelt sich nun harmonisch bewegt und wird durch zackige, klare Klänge begleitet. Zeitgleich endet die Videoprojektion und Vera beginnt, in schummriger Dunkelheit auf der Fläche der Probebühne zu tanzen. Ihre Tanzbewegungen sind rhythmisch, energetisch und vollziehen sich raumgreifend. Sie springt kraftvoll in die Höhe, reiht verschiedene Pirouetten aneinander und begibt sich in der Tanzbewegung flach auf dem Boden. Die Choreografie mutet zeitgenössisch und geübt an, die einzelnen Bewegungen gehen fließend ineinander über.

Während Vera tanzt, lösen sich Kilian und Carolin aus ihrer Haltung und begeben sich an die linke Seite der Probebühne, um das Stück Stoff vom Boden aufzuheben. Sinja verweilt weiterhin mit vor dem Körper verschränkten Armen vor der Rückwand der Probebühne. Kilian und Carolin heben den Stoff, der sich als großformatiges, gemustertes Laken entpuppt, an. Sie suchen dessen Ecken und breiten das Laken flatternd in seiner vollen Fläche aus, indem sie es durch das simultane Anheben und Absenken der Arme leicht durch die Luft schwingen lassen. Während sie diese Bewegung wiederholen, gehen sie gemeinsam nach rechts und positionieren sich parallel zur Rückwand der Probebühne hinter ihre tanzende Mitperformerin. Vera dreht sich unterdessen mit ausschweifenden Tanzbewegungen um die eigene Achse und bewegt sich immer weiter auf den Boden zu. In dem Moment, in dem das Laken hoch in der Luft schwebt und sich langsam zu senken beginnt, schlüpfen Vera und auch Sinja mit einer fließenden Bewegung unter das Laken. Vera liegt auf dem Rücken, Sinja hingegen gleitet auf den Bauch. Ihre Körper liegen parallel zur Bühnenkante einander entgegengesetzt. Beide haben ihre Arme über den Kopf hinaus ausgestreckt. Das Laken senkt sich langsam auf ihre liegenden Körper und wird von Kilian und Carolin an den Ecken fixierend glattgezogen.

Nachdem Sinja und Vera vom Laken bedeckt sind, beginnen sie darunter zu agieren, indem sie ihre Arme und Beine in verschiedene Richtungen dynamisch bewegen. Der Deckenspot wird eingeschalten und wirft ein warmes, gezieltes Licht auf das nun belebte Zentrum der Probebühne. Das Laken weckt den Eindruck einer aufgewühlten Wellenlandschaft, die sich im Tosen des Windes bewegt.

Kilian und Carolin gehen währenddessen betont langsam und lässig an den vorderen Rand der Probebühne und positionieren sich nebeneinander. Carolin blickt ins Publikum und öffnet einen roten Lippenstift, den sie scheinbar die ganze Zeit in der Hand gehalten hat. Sie führt den Lippenstift zum Mund und zögert kurz. Nach einem kurzen Blick über das Publikum hinweg, dreht sie ihren Kopf zur Seite und zieht sich den Ärmel ihres weißen Langarmshirts vom ausgestreckten linken Arm. Dann beginnt sie ihren Unterarm mit roten Linien zu bemalen, indem sie ohne abzusetzen den Lippenstift hin und her zieht. Dabei dreht sie ihren Unterarm und folgt der Linienführung mit ihren Augen. Kilian hat den schwarzen Netzstrumpf in der Hand, der im Video von Sinja übers Gesicht gezogen wurde. Er zieht sich das durchlässige Nylon nach und nach über seinen ausgestreckten rechten Unterarm. Er blickt dabei auf seine Hand, an der er den Strumpf unentwegt nachjustiert. Carolin und Kilian sind einander halb zugewandt. Zu den letzten Takten des Songs halten beide ihre Position. Auch die Bewegung unterhalb des Tuches im Hintergrund kommt zum Erliegen. Die Performance endet im Standbild mit dem Ausklingen des Songs.

5.3.5 Performance E: Patricia, Lorelai, Noel, Robin

[Dauer: 4:31 Min.]

Die Probebühne ist abgedunkelt, drei Deckenspots werfen ein warmes Licht auf den Boden. Robin und Noel stehen aufrecht an den Seiten der Probebühne und haben sich einander zugewandt. Etwas nach hinten versetzt, mittig vor der Rückwand der Probebühne hat sich Lorelai auf die Knie gesetzt. Die Hände hat sie aneinandergelegt und zwischen die Knie gesteckt. Sie schaut mit ernstem Blick ins Publikum. Hinter ihr hat sich Patricia positioniert. Sie steht aufrecht und hält etwas Weißes in der Hand. Alle Performenden tragen eine schwarze Hose, ein schwarzes Shirt und darüber ein weißes Herrenhemd.

Patricia beginnt, einen Text zu rezitieren. Zeitgleich gehen Noel und Robin auf sie zu. Ruhig-betont gesprochene Worte von Patricia und stumme Handlungen der anderen drei Performenden vollziehen sich von nun an im Wechselspiel zueinander. Die Performenden treten als zwei Teams in Erscheinung, die miteinander in Beziehung stehen: Patricia und Lorelai interagieren nah an der Rezitation, während Noel und Robin nonverbal zusammen handeln.

> *„In mir klafft ein Loch von Einsamkeit gewogen. Es zu stopfen, mein Neumond gelogen. Mein Gebaren eine leere Maskerade."*

Noel und Robin bücken sich hinter Patricia synchron mit ausgestrecktem Arm gen Boden und setzen ein Stück Kreide an, mit dem sie nun gleichlaufend ein Rechteck um die beiden Performerinnen ziehen. Ihre Kreide-führenden Hände treffen vorn in der Mitte aufeinander. Patricia führt die Hände vor das Gesicht von Lorelai und setzt ihr eine weiße Maske auf. Ihr Gesicht ist nunmehr verdeckt.

> *„Mein hohles Kreuz stets kerzengerade."*

Patricia greift Lorelai unter die Arme und zieht sie leicht nach oben. Lorelai nimmt den Impuls auf und drückt sich mit den Händen vom Boden ab. Patricia streicht der nun aufrechtstehenden Lorelai straff über die Arme, um diese an ihren Oberkörper zu drücken. Noel und Robin gehen derweilen nach hinten und positionieren sich links und rechts neben den beiden Performerinnen. Für einen kurzen Moment stehen alle vier Performenden in einer leicht versetzten Formation nebeneinander.

> *„Doch ein bloßes „Wer bist du?" bricht meinen zügellosen Schritt, treibt mich in den Käfig, dessen Maschen sorgsam selbst geschnürt."*

Patricia stößt Lorelai mit beiden Händen nach vorn. Diese macht im Schwung einen Schritt und holt dann mit dem linken Arm aus, um mit der Hand eine Greifbewegung anzudeuten. Sie wiederholt die Bewegung rechtseitig. Die Handlung wirkt andächtig und gehaltvoll, insofern sie durch ein kurzes Zögern immer auch zeigt, dass sie auf die verbalen Impulse von Patricia reagiert. Lorelai kniet sich anschließend wieder auf den Boden, umschlingt jedoch nun ihren Oberkörper mit den Armen und beugt sich vornüber, sodass ihre Körperhaltung zusammengekauert und verborgen anmutet.

> *„Bleiben unbeschriebenes Papier. Rein und Weiß, eine Leinwand im Verlangen nach des Künstlers Hand verzehrt. Die Antworten schrieben nicht wir, das Wissen, Wollen und Wagen formte unsere Identität, wie weiches Wachs in schwieligen Pergamenthänden."*

Lorelai führt ihre Hände am Bauch entlang auf ihren Rücken zu, um sich anschließend in die ungebundenen Haare zu greifen. Patricia greift ihr wieder unter die Arme, um sie in den Stand zu bringen. Sie legt ihre Hände daraufhin auf Lorelais Schulter ab. Beide gehen in dieser Haltung mit kurzen, sanften Schritten rückwärts.

Dabei schiebt sich Patricia vor den Körper Lorelais. Beide bleiben an der Rückwand der Probebühne aufrecht hintereinanderstehen.

Zeitgleich zu der Bewegung der beiden Performerinnen knöpft Robin sein Hemd nach und nach auf, um es anschließend über die Schultern zu ziehen und achtlos in die Ecke zu schmeißen. Er ist nun ganz in schwarz gekleidet. Noel nimmt einen an der Seite liegenden Gegenstand in die Hand und begibt sich mit langsamem Schritt zu Robin. Der Gegenstand entpuppt sich als Stoffsack, den er nun über den Kopf von Robin zieht. Dieser begibt sich im Kontrast zur Rückwärtsbewegung der Performerinnen daraufhin ein Stück nach vorn. Noel geht an die Seite der Probebühne und nimmt erneut einen Gegenstand in die Hand.

> *„Aus der Stille tropft ein Laut nur in die Nässe unter uns, erstarrt zischend zu rußfarbenen Schattenrissen. In die Haut Furchen gefressen gleich dem Kräuseln an den Ufern der schäumenden See. Deinem hastigen Auge entzogen."*

Patricia fährt damit fort, den Text zu rezitieren. Noel öffnet eine Tube mit roter Farbe und nimmt einen Pinsel in die Hand. Er geht zu Robin und beginnt, zaghaft vier rote Tupfen auf sein Shirt aufzutragen. Diese markieren die Eckpunkte eines Rechtecks. In seiner eigenen Handfläche hinterlässt er mit dem Pinsel ein rotes X.

> *„Doch in unserer Plastikwelt so stumm und bitterkalt müssen wir glatte Oberflächen sein, die ungefiltert reflektieren, sich nach Bedarf neu justieren und im Unausgesprochenen verlieren."*

Lorelai tritt nun aus dem Schatten Patricias hervor und stellt sich mit wenigen Schritten neben Robin. Dieser wendet ihr seinen verdeckten Kopf zu und legt seine abgespreizte Hand vorsichtig auf ihren Bauch, um sie kurz darauf wieder zurückzuziehen. Noel, der sich an die Seite begeben hat, um das Material auf den Boden zu legen, nähert sich der Gruppe ruhigen Schrittes von hinten und zieht dabei sein weißes Hemd aus. Er lässt es auf den Boden fallen, wendet sich Robin zu und zieht mit einer ruckartigen Bewegung den Stoffsack von seinem Kopf. Beide Performer fassen sich an den Händen und verlassen dem Publikum zugewandt Hand in Hand die Bühne.

> *„Unsere Enden in Stein gemeißelt bieten keinen Anlass zum Zweifel. Wo ein Makel die Welt bedeutet, hab ich mich tief in ihr verborgen. Nach tausend lautlos vergossenen Tränen, tausend folgenlos gewimmerten „Wer bin ich?" und tausend versäumten „Wer will ich sein?" haben wir das Spiel wieder und wieder für uns entschieden."*

Lorelai und Patricia stehen nun aufrecht nebeneinander. Lorelai betastet zuerst vorsichtig ihre weiße Maske. Sie führt ihre Hände zaghaft am Körper entlang, um ihre Finger dann sacht aneinander zu reiben. Diese Handbewegungen wiederholt sie mehrere Male. Patricia ändert während des Sprechens ihre Position im Raum. Sie geht von links nach rechts, hält sich jedoch hinter Lorelai. Ihr Blick richtet sich abwechselnd auf ihre Mitperformerin und auf das Publikum. Abschließend bleibt sie leicht versetzt hinter Lorelai stehen.

„Dennoch sind die Wände von schmählichem Weiß und dahin rennt die Zeit, deine Proteusmaske endlich abzusetzen. In mir klafft ein Loch von Einsamkeit gesogen, es zu stopfen mein Neumond erlogen, mein Gebaren nunmehr unbelastet, von Schein gänzlich unbehaftet."

Lorelai knöpft sich nun langsam ihr Hemd auf, lässt es über die Schultern nach unten gleiten und schleudert es dann zackig zur Seite. Sie zieht sich die Maske vom Kopf und betrachtet sie ernsthaft. Dabei bewegt sie sich langsamen Schrittes hinter Patricia, legt die Hand auf ihre Schulter, um sie ein Stück weit mittig der Bühne zu führen. Mit leichtem Druck schiebt sie Patricia in die Knie, die mit einem hörbaren Aufprall in sitzender Position landet. Patricia legt ihre Hände flach auf die Oberschenkel. Während der letzten gesprochenen Worte zieht Lorelai ihrer Mitperformerin die Maske übers Gesicht. Lorelai verlässt die Bühne und Patricia senkt ihren Kopf in einer langsam fließenden Bewegung pathetisch anmutend nach unten.

5.3.6 Performance F: Levi, Jule

[Dauer: 3:04 Min.]

In den hinteren beiden Ecken der Probebühne steht jeweils ein Standspiegel. Beide Spiegel zeigen diagonal in den Raum. Jule hat sich vor den linken Spiegel in den Schneidersitz gesetzt und hält eine schmale Rolle Klarsichtfolie in der Hand. Der Spiegel macht einen beschädigten Eindruck, weil die Risse in der Reflexion des schummrigen Lichts linienartig hervortreten. Levi steht vor dem rechten Standspiegel. Vor ihm liegt eine achtlos zusammengeknüllte goldene Rettungsdecke. Die Probebühne ist komplett abgedunkelt. Lediglich eine kleine Schreibtischlampe in der hinteren rechten Ecke wirft einen begrenzten Lichtschein auf das Geschehen. Beide Performer*innen sind im Profil anzusehen.

Die Performance beginnt mit der Projektion eines Videos an die Rückwand der Probebühne. Die Bildfolge ist in dunkler Farbigkeit gehalten, sodass die Probebühne nach wie vor kaum erhellt wird. Grafisch anmutende Lichtreflexe bewegen sich aufblitzend und fließend durch die großformatige Projektion. Das Video wird von einem düsteren, dumpf nachhallenden Sound begleitet, der durch beklemmende Schläge und Schwingungen rhythmisiert wird. Nach kurzer Zeit sind die Umrisslinien zweier Hände im Close-Up zu sehen, die immer wieder ruckhaft an einer Folie reißen. Sie betasten die Folie und ziehen diese durch das Bild. Die sich auf der Probebühne befindlichen Objekte und Materialien reflektieren das spärliche Licht der Projektion beeindruckend vielseitig und bewegt. Das Video wird die ganze Performance begleiten.

Zeitgleich beginnen Jule und Levi zu handeln. Jule legt die ein Stück weit abgerollte Klarsichtfolie auf ihren Schoß und führt die Hände zu ihrem Gesicht. Sie betastet kurz ihre Wangen und streicht sich dann mit den Händen über den Hinterkopf, um die Haare flüchtig in Form eines Zopfes zusammenzuführen und wieder zu öffnen. Ihre Hände wandern noch einmal über das Gesicht, wischen zackig hin und her, um eine Waschbewegung anzudeuten. Sie nimmt die Rolle Klarsichtfolie in die Hand und drückt einen Ausschnitt mit Kraft abdruckhaft auf ihr Gesicht. Sie knüllt den Ausschnitt zusammen, greift das Knäuel mit der linken Hand und zieht erneut einen Ausschnitt der Folie glatt. Diesen Ausschnitt zieht sie mit Nachdruck über ihre Unterlippe nach unten. Sie reißt das Stück Folie anschießend ab und wirft es achtlos neben sich auf den Boden. Die Handlungen sind sehr flüchtig und wirken in ihrer Hastigkeit kaum konturiert.

Levi hebt unterdessen die vor ihm liegende Rettungsfolie vom Boden auf und lässt die Folie leicht auf- und abschweben. Dabei betastet er zögerlich die Ränder der Folie, um sie zu entwirren. Anschließend wirft er sich die entfaltete Folie über die Schultern. Die Folie schimmert nun wie ein goldener Umhang. Er dreht sich mit leichtem Schwung von links nach rechts, um sich dabei im Spiegel zu betrachten. Die Folie gleitet dabei zaghaft durch die Luft und wird flackernd im Spiegel reflektiert. Das kühle Knistern der Folie bestimmt dauerhaft den Gesamteindruck des bewegten Bildes. Levis Handlungen wirken in ihrer eigensinnigen Art unentschlossen und scheinen kein festes Ziel zu verfolgen. Kurz blickt er zu Jule, als würde er sich vergewissern wollen, an welchem Punkt ihrer Handlungen sie sich befindet, um sich anschließend wieder seinem Spiegelbild zuzuwenden. Er streift die Folie über eine Schulter nach unten und hält deren Enden schräg vor dem Körper zusammen, sodass der Umhang einer Toga ähnelt. Er zieht seine Schulten nach hinten, hebt das Kinn und fährt sich mit der linken Hand durchs Haar. Infolgedessen lässt er die Folie noch ein Stück weiter nach unten rutschen, sodass sie sich nun wie ein ausfallender Tanzrock um seinen Unterkörper windet. Er greift den Impuls auf und dreht sich einmal mit angedeutetem Schwung um die eigene Achse. Wieder blickt er über die Schulter zu Jule, um sich dann erneut der Folie zu widmen. Er faltet sie achtlos an der Längsseite zusammen, windet sie um den Oberkörper und betrachtet sich frontal im Spiegel. Sein Blick schweift abwechselnd an seinem Körper entlang und in den Spiegel. Die Handlungen wirken vorsichtig-suchend und im Prozess unentschlossen.

Das Videobild im Hintergrund hat sich derweilen zu einer leicht bewegten hellen Fläche geändert, deren Nuancen in der Kamerabewegung zwischen verschieden Grautönen changieren.

Während Levi die Folie weiter an seinem Körper entlang verformt, hat Jule damit begonnen, sich sie gestraffte Klarsichtfolie mehrmals um den Bauch zu wickeln, um sie anschließend nach oben um den Hals und dann über ihr Gesicht zu führen. Sie drückt die Folie fest auf ihr Gesicht und wiederholt die Bewegung mehrmals. Ihr Gesicht ist nun vollständig mit Folie verhüllt. Die Gesichtszüge und Haare Jules wirken ob der engen Bindung der Folie verformt.

Als Levi mit einem erneuten Blick über die Schulter diese Handlung bemerkt, geht er mit ruhigen Schritten quer über die Probebühne zu seiner Mitperformerin und umrundet sie und den Spiegel einmal mit kurzen Schritten. Er bleibt hinter Jule stehen und beugt sich vornüber, um ihr die Folienrolle aus der Hand zu nehmen und die Folie ruckhaft abzureißen. Mit hastigen Bewegungen befreit er Jule von der Folie. Die Folienfetzen schmeißt er beiseite. Daraufhin greift er Jule unter den Arm und drückt sie nach oben. Sie nimmt seinen Impuls auf und begibt sich in den Stand.

Levi legt nun seinen Arm um ihre Schultern und führt sie auf die rechte Seite der Probebühne. Dort hebt Jule die Goldfolie auf, mit der Levi zuvor seine umhüllenden Handlungen vollzogen hat. Sie wirft sich die Folie wie einen Umhang über die Schultern und fordert Levi, der sich dem Spiegel unterdessen wieder zugewandt hat, mit einem Blick und einer einladenden Geste auf, mit ihr unter die Folie zu schlüpfen. Er folgt diesem Impuls und dreht sich mit dem Körper neben sie. Für einen kurzen Moment stehen beide Performende dem Publikum zugewandt mit der Folie über den Schultern. Sie schauen sich an und lächeln sich zu. Nachdem das Publikum beginnt, zu applaudieren, lösen sie sich aus der Haltung und beenden damit die Performance.

6. Datenanalyse – Ausdrucksformen von Körper und Leib in der Performancekunst

Die Analysen der Ausdrucksformen von Körper und Leib im Unterrichtsgeschehen und in den Abschlussperformances haben verdeutlicht, dass das fokussiert körperliche Handeln spezifische künstlerisch-ästhetische Gestaltungsprozesse evoziert, die in ihren vielgestaltigen Dimensionen systematisiert werden können. Körper und Leib haben sich als Dreh- und Angelpunkte im Kontext konkreter Bezugsparameter und Impulse gezeigt, die zum einen didaktisch vorstrukturiert, zum anderen aber auch eigenverantwortlich von den Lernenden gestaltend thematisiert werden. Diese Komplexität von Körperarbeit, auf die die Lernenden im Prozess handelnd reagieren, hat Performancekunst als eine herausfordernde, resonante künstlerische Praxis sichtbar gemacht. Es ist Ziel dieses Kapitels, die aus der Analyse hervorgegangenen relevanten Phänomene eines sich verändernden Körpers und Leibes in der Performancekunst als Synthese der vorliegenden Untersuchung darzustellen. Folgende Konzepte haben sich in der Analyse herauskristallisiert und werden in diesem Kapitel differenziert betrachtet:

1. Der Körper als künstlerisches Material
2. Modi des Performens
3. Ereignis- und präsenzbezogene Phänomene in der Performance
4. Der Körper im intermedialen Gestaltungsprozess
5. Körperliche Interaktion in der Performance

Die Darstellung dieser Konzepte folgt einer wiederkehrenden Logik, insofern sich die Ausdifferenzierung des jeweiligen Konzeptes in einem ersten Schritt zunächst insbesondere aus der Analyse der deskribierten Abschlussperformances generiert. In diesen Ausführungen werden Ausschnitte aus den Deskriptionen der Abschlussperformances kursiv eingebettet, um die Argumentation beispielgebend zu veranschaulichen. Daraufhin wird dargelegt, wie sich die Erkenntnisse in den Vignetten aus dem Unterrichtsgeschehen widerspiegeln, um die vorab herauskristallisierten Konzepte zu verdichten und in ihrer Verflochtenheit mit der Eigenlogik des beforschten Kunstunterrichts darzustellen. Auf ein Fazit bezüglich der einzelnen Konzepte wird in diesem Kapitel verzichtet, da die Erkenntnisse in der abschließenden Beantwortung der Forschungsfragen (siehe dazu Kapitel 7) zusammengefasst und kontextualisiert werden.

6.1 Körper und Leib als künstlerisches Material

Der Körper als künstlerisches Material in der Performance hat sich in den Analysen als wesentliches Konzept abgezeichnet, das es an dieser Stelle zusammenführend zu beschreiben gilt. Die Körper treten in den Performances in ihrer Materialität und phänomenalen Beschaffenheit in den Vordergrund der größtenteils nonverbalen Handlungen und fungieren im künstlerischen Prozess als form- und gestaltbares Material. Darüber hinaus zeigt sich der Körper jedoch auch als fühlende, sinnlich wahrnehmende Entität, die in Resonanz zum vielgestaltigen Gegenüber existiert. In dieser Spannbreite haben sich verschiedene Facetten körperlicher Materialität und leiblicher Resonanz gezeigt, die es im Folgenden zu betrachten gilt. In einem ersten Punkt gerät eine Dynamik in den Blick, die mit dem Ausdruck einer Verobjektivierung des Körpers umrissen wird. Daran anknüpfend wird eine Dynamik betrachtet, in die die Körper der Lernenden im Performativen als Displays in Erscheinung treten. Anschließend geraten sie im Kontrast dazu als empfindsame und resonante Entität in den Blick. Abschließend werden Handlungen der Performenden thematisiert, die den Körper als Material vor dem Hintergrund des Unterrichtsthemas „Körper, Haut und Hülle" sichtbar machen.

6.1.1 Verobjektivierung des Körpers

In den Analysen hat sich gezeigt, dass Körper und Körperlichkeit in den Abschlussperformances in einer verobjektivierten Form zum Ausdruck gekommen sind. Mit der Begrifflichkeit *Verobjektivierung* wird eine Handlungsdisposition umrissen, die von den Lernenden in allen Performances praktiziert wurde. Der Ausdruck wird nicht aus einer negativ konnotierten, entmenschlichten Darstellungsweise heraus verwendet, sondern vielmehr als eine Denkfigur, um eine von den Lernenden vollzogene Transformation des Körpers in der Performance zu beschreiben. Durch den Verzicht auf sprachliche Interaktion und Kommunikation wird der Fokus in der Performance auf den Körper als Objekt gelegt. Er wird als Material inszeniert, an dem es sich abzuarbeiten gilt, welches präsentiert und gezeigt werden kann und an dem sich künstlerische Gestaltungsprozesse vollziehen lassen. Der Körper wird als ein Gegenstand inszeniert, der in seiner Gegenständlichkeit wahrgenommen, betont gezeigt und verhandelt wird.

Im Zuge dieser Dynamik ereignet sich in bestimmten Phasen eine wahrnehmbare materielle Distanzierung von empfindenden, individuell zuschreibbaren Persönlichkeiten. Um dieser Überlegung Beispiel zu geben, wird eine Sequenz aus *Performance A [5.3.1]* angeführt, in der die Körper der Performenden von Mitschüler*innen enthüllt werden. Die Performenden stellen ihre Körper als künstlerisches Material zur Verfügung, das live bearbeitet werden kann. Körperliche Nähe und Fremdeinwirkung werden dabei herausgefordert und mehr oder weniger unbewegt ausgehalten:

> *Milena und Thea gehen zu Alina und beginnen damit, sie Stück für Stück von den vielen Lagen der Winterbekleidung zu befreien. Die Performerin unterstützt*

> *die Interaktion, indem sie zum Beispiel die Arme hebt, um das Abziehen eines Pullovers zu erleichtern oder einen festsitzenden Schuh mit der eigenen Hand abstreift. [5.3.1, S. 171]*

Die Agierenden betonen den bekleideten Körper Alinas als einen Gegenstand, den es zu behandeln gilt. Der Körper in seinen Eigenschaften wird auf diese Weise betont, insofern er in seiner Formung direkten Einfluss auf den Enthüllungsprozess hat.

Darüber hinaus konnte in den Analysen herauskristallisiert werden, dass die Körper als Material immer dann in vergegenständlichter Form sichtbar werden, wenn die Performenden sich in einem Standbild, zumeist nebeneinander formieren. Die Standbilder sind in diesem Kontext als selbstbezügliches und konnotationsarmes Zeigen des Körpers als Material zu verstehen. Diese über eine gewisse Zeitdauer anhaltende Formierung ermöglicht es den Betrachtenden, die Körper in der Formation und ihrer Formung wahrzunehmen. Der Blick richtet sich auf die phänomenale Beschaffenheit des Körpers und fokussiert die Aspekte, die er von sich aus mitbringt.

Außerdem hat sich gezeigt, dass die beobachtete Verobjektivierung des Körpers in Phasen der kollaborativen Interaktion (zu zweit, zu dritt oder zu viert) als spezifische Handlungsdisposition beschrieben werden kann. In der Formung des Anderen bzw. der Anderen zeigt sich in den Handlungen eine bestimmte Ausprägung dieses Konzepts. So werden zum Beispiel in *Performance E [5.3.5]* Partner*innenhandlungen vollzogen, die das Gegenüber als Objekt markieren, indem Noel einen schwarzen Sack über den Kopf von Robin zieht, um anschließend ein Rechteck auf seinen Oberkörper zu zeichnen. In *Performance B [5.3.2]* zeigt sich dieser Prozess in der koordinierten Bewegungschoreografie von Moris und Thea:

> *Sie nähern sich von links und rechts der Aktionsfläche aufeinander zu. Dabei bewegen sie sich nicht auf herkömmliche Art und Weise. Dreh- und Angelpunkt ihrer stummen Bewegungen ist die Rotation ihrer Oberkörper in Verbindung mit ausschweifenden, umfassenden Gesten der ausgestreckten und trotzdem leicht gerundeten Arme. Die Arme scheinen mitunter eine große Kugel in all ihren Raumebenen zu umschließen. Sie öffnen und schließen sich, werden symmetrisch aufeinander zugeführt und kreisen um die Achse des Oberkörpers, der sich dynamisch nach vorn und hinten beugt. Währenddessen bewegen sie sich langsam vorwärts, wobei sie den Schwung ihrer Arme immer wieder im breiten Stand austarieren. Theas bewusste und konzentrierte Ausführung der Bewegungen zeigt, dass diese Balance erfordern. Nach kurzer Zeit treffen beide Performenden aufeinander. Sie blicken sich in die Augen und stehen aufrecht, frontal zugewandt voreinander. Schwunghaft fährt Thea ihre Arme nach vorn und beugt ihren Oberkörper dabei ruckartig herunter. Moris wiederholt diese Bewegung und umfasst anschließend mit seinen Händen die von Thea mit den Armen umschlossene Fläche. Beide beginnen in abwechselnden, konzentrierten Zügen und in der Manier der vorher entwickelten Bewegungen aufeinander zu reagieren. Sie begeben sich dabei in verschiedene Raumebenen. Sie kriechen untereinander durch, steigen übereinander, drehen sich umeinander – immer in der Ambivalenz zwischen Nähe und Distanz, Innehalten und Dynamik. [5.3.2, S. 174]*

Die Reaktionen der beiden Performenden aufeinander sind keine symbiotischen, auf Berührung und harmonische Expressivität hin angelegten Bewegungsabläufe, sondern eher konstruierte, technische Bewegungsmuster der Körper. Sie werden auf den Körper des Anderen als Objekt, als Gebilde bezogen und erzeugen in diesem Sinne einen Blick auf den Körper als Material und physische Materialität.

6.1.2 Körper als Displays

In den Analysen der Abschlussperformances hat sich eine Dynamik herauskristallisiert, innerhalb derer die Körper als Projektions- und Malfläche fungieren. So werden in *Performance B [5.3.2] und D [5.3.4]* bewegte digitale Bilder auf die Körper der Performenden projiziert. Die Performenden positionieren sich währenddessen in einem Standbild, sodass die Bildfragmente der wandgroßen Projektionsfläche für die Rückwand der Probebühne auf der Körperoberfläche der Performenden gebrochen werden. In *Performance B [5.3.2] und E [5.3.5]* werden wiederum mit Farbe zeichenhafte Spuren auf den Körpern der Agierenden hinterlassen. Die Körper der Performenden avancieren zum Bildgrund und zum Träger einer mehr oder weniger abstrakten Bezeichnung. Diese gestaltete Betonung und Modulation des Körperlichen im Display erzeugen eine Kennzeichnung des Körpers in seiner Form und Formung. Die gewählte Präsentationsform fokussiert sich auf den Körper als Material, als einen Gegenstand für ein *Anderes*. Der englische Begriff „Display" bietet sich als Zuschreibung für diese gewählte Gestaltung an, insofern er im Gegenständlichen ein Bauteil beschreibt, das der optischen Darstellung von Informationen in Form von Ziffern, Bildern oder Buchstaben und der Anzeige bzw. der Zurschaustellung dient. Im Englischen kann der Begriff darüber hinaus im Aktiv als Verb verwendet werden und meint, etwas zu zeigen und zu entfalten. Nun ist der Körper kein Bauteil, jedoch wurde in den Analysen deutlich, dass die Lernenden den Körper durchaus als vergegenständlichtes Trägermedium für Bildaussagen inszenieren, die über die tatsächliche Anwesenheit und Präsenz der handelnden Körper hinausgehen. Die Körper werden im Aushalten zu Displays, weniger zu körperlich stark beanspruchten und transformierten Bedeutungsträgern. Bewegungslose, aushaltende Körper kennzeichnen vor dem Hintergrund dieser Überlegungen materielle und ideelle Körperlichkeit in der Performance und geben Raum für die Entwicklung einer weiteren Bildebene, die jedoch nicht losgelöst von der eigenen Körperlichkeit existiert.

6.1.3 Körper und Leib als empfindsame, resonante Entitäten

Konnten zuvor das Objekthafte, Materielle und Trägerhafte des Körpers als Charakterisierung von Körper und Körperlichkeit in den Abschlussperformances konzepthaft dargelegt werden, soll es im Folgenden um die spürende, fühlende und sichtbar resonante Ausprägung körperlicher Handlungen gehen. Die Lernenden haben in den Performances gezeigt, dass zum einen die körperliche Begegnung mit dem Gegenüber und zum anderen die Zurschaustellung des eigenen Körpers in der Präsentation Facetten von Körperlichkeit zum Ausdruck bringen, die eine erkennbare Öffnung für das Geschehen und die komplexe Situation herausfordern. Die Analysen der Abschlussperformances haben diesbezüglich sichtbare körperliche Äußerungen befragt und gedeutet. Im Folgenden werden zwei Zugänge aufgeführt, in denen sich spürende und empfindende Leiblichkeit in den Performances sichtbar darstellt und konzeptualisieren lässt.

6.1.3.1 Körperkontakt und Berührung in der Performance

Da die Performances im Unterricht in der Gruppe aufgeführt wurden und die Begegnung der Performenden im Prozess auf diese Weise grundlegendes Charakteristikum ist, sind die Momente, in denen sich die Lernenden körperlich begegnen, analytisch besonders aufschlussreich. Die Intimität einer Berührung und die Reaktion, die die Handelnden währenddessen dabei sichtbar zeigen, beeinflussen die Wirkung einer performativen künstlerischen Praxis und zeigen den Körper als Material.

Performance A [5.3.1] wird im Folgenden beispielhaft genauer besprochen, um aufzuzeigen, wie körperliche und leibliche Phänomene in ihrer Verzahnung durch eine von den Performerinnen bewusst initiierte Berührung im Handeln thematisch werden. Die Handlungen der Beteiligten am Körper der Performerinnen werden durchweg sehr zögerlich und zaghaft vollzogen. Die ausführenden Hände gehen oftmals vor und zurück, bevor sie zupacken oder berühren. Sich auf jemanden zuzubewegen, ihn im Gesicht zu berühren oder, wie im Fall Alinas, zu entkleiden und zu enthüllen erfordert im Zuge der Aufführung mindestens Überwindung, wenn nicht sogar Mut. Die Intimität einer Berührung irritiert im Unterricht, ist sie doch sonst nur selten bewusst formulierter Unterrichtsgegenstand. Sowohl die Performerinnen als auch die Beteiligten geben etwas von sich preis und machen ein Angebot – ein Umstand, der ihnen sichtbar körperliche Spannung abverlangt. Dies wird zum Beispiel besonders deutlich an der Haltung, die Leonore einnimmt, während sie von Moris und Noel abgeschminkt wird. Sie versucht sich nicht zu bewegen, steht in leicht gespreiztem Stand aufrecht. Die Hände hat sie seitlich an ihren Körper gelegt, sie liegen flach auf ihren Oberschenkeln. Sie hält die angespannt wirkende Position, obwohl zwei Mitschüler an ihrem Gesicht hantieren. Auch Alina und Annika vollziehen den ersten Teil der Performance eher im Modus des leicht bewegten Standbildes als in der vollumfänglichen Handlung. Annika ist unter Anspannung darum bemüht, die Folie um ihren Körper zu winden. Die Boxhandschuhe hindern sie daran, konstruktiv ins Enthüllungsgeschehen einzugreifen. Nichtsdestotrotz windet sie ihren Körper jeweils in leichter Drehung so, dass Bela an das Material fassen kann. Die Handlung wird in diesem Zusammenhang als Deflexion gelesen, um unangenehmen Berührungen zu entgehen, trotzdem aber zu versuchen, in der konzipierten Rolle zu bleiben. Alina bleibt mit dem Körper ähnlich wie Leonore frontal zum Publikum gerichtet und lässt Milena und Thea anfänglich das Enthüllen allein ausführen. Beide Mitschülerinnen agieren mit Anstrengung an ihrer dicken Winterbekleidung. Nach und nach beteiligt sie sich dann an bestimmten Handlungen, offensichtlich in der Absicht, ihren Komplizinnen das Entkleiden und damit das Agieren an ihrem Körper zu erleichtern. So weisen die die Performance tragenden Handlungen einen Charakter auf, der sich dadurch determiniert, etwas aushalten zu müssen und sich ein Stück weit dem hinzugeben, was auf den berührenden Impuls der Beteiligten hin passiert. Auf Berührungen, die eng am Körper erfolgen, reagieren die drei Performerinnen mit einem gewissen Entgegenkommen, um deren Druck und Nähe ein Stück weit abzufedern und zu distanzieren.

Dass antizipierte Berührung und Körperkontakt die Performenden in der Entwicklung ihrer Gruppenhandlungen in besonderem Maße herausfordern können, hat sich vor allem in *Performance C [5.3.3]* gezeigt.

> *In dem Moment, in dem Nico sich auf die Aktionsfläche begibt, geht Lara zielstrebig auf ihn zu und versucht, ihn an den Schultern zu greifen. Nico entzieht sich, indem er nach hinten weicht und mit seitlichen Schritten versucht, den Abstand zwischen sich und Lara zu vergrößern. Auch Henrike nähert sich mit der Klarsichtrolle in der Hand ihrem Mitperformer. Es wird eine Art Kampf initiiert, welcher das Ziel hat, Nico zu umwickeln. Er deutet seine Abwehr eher an, als dass er mit voller Körperkraft auf den Griff von Henrike und Lara reagiert. Die Bewegungen, die sehr nah am Körper von Nico stattfinden, werden von Lara sehr vorsichtig und zurückhaltend vollzogen. Nico hingegen agiert betont unruhig und zappelig. Die Performenden inszenieren ein Spiel mit festem Ausgang, insofern in Nico eine Kraft zu vermuten ist, die nicht zum Ausdruck kommt. [5.3.3, S. 178]*

In den unentschiedenen Handlungen lässt sich das Ausmaß des Kampfes als eine Form der Unvorhersehbarkeit deuten, der gar nicht erst wirklich begegnet werden möchte. Die Kraft und körperliche Konfrontation, die in der Situation kulminieren könnten, scheinen als zwischenräumliche Barriere auf, die nicht überschritten werden. Die vorsichtigen, zurückhaltenden Bewegungen lassen sich als eine mögliche Reaktion auf eine Unvorhersehbarkeit der körperlichen Begegnung deuten, die sich erst in der gegenwärtigen Situation offenbart und vorab nicht von den Performenden ausgehandelt wurde.

Körperkontakt und Berührung in der Performance markieren den Körper in diesem Sinne als eine empfindende, resonante Entität. Diese beeinflussenden spürenden Komponenten lassen sich beobachten und hypothetisch analysieren, jedoch nicht schlussendlich ergründen, insofern sie auf individuelle Dispositionen der Lernenden verweisen und somit mehr geahnt als festgeschrieben werden können. Dass die Berührung in den Performances jedoch durchweg zögerlich und vorsichtig vollzogen werden, zeugt von einer Form von *An-Erkennung* der körperlichen Präsenz des Anderen / der Anderen.

6.1.3.2 Grenzen in der Performance

Eine weitere Facette des Körpers als empfindsame und resonante Entität zeigt sich darin, dass die Lernenden in der Performance in Bezug auf ihren Körper bewusst Grenzen aufzeigen und thematisieren.

So geschieht das Ver- und Enthüllen des Körpers in *Performance A [5.3.1]* bis zu einem bestimmten Punkt, der nicht überschritten wird, insofern die Körper der Performenden von den Mitschüler*innen nicht vollkommen entkleidet werden. Die gezeigte Kombination von verhüllenden Handlungen im Video und sich zeitlich umgekehrt kongruent vollziehenden Entkleidungen auf der Probebühne markiert für die involvierten Mitschüler*innen eindeutig eine gesetzte Grenze. Diese Grenze wird grundlegend gleich zu Beginn der Performance gesetzt, da die Performerinnen die enganliegende, schwarze Kleidung als Ausgangspunkt der Handlungen an ihrem Körper im Video zeigen – eine Art Nullpunkt sowohl für die verhüllenden Handlungen im Video als auch für die enthüllenden Live-Handlungen auf der Probebühne.

Auch in *Performance* B [5.3.2] wird Nacktheit als eine Grenze thematisiert. Noch vor Beginn der Aufführung wiesen die Performenden die anwesende Forscherin darauf hin, die Performance nicht zu filmen, da sie sich in der Performance nackt zeigen würden. Diese Verbalisierung des antizipierten Überschreitens einer körperlichen, individuellen und sozial determinierten Grenze macht offenbar, dass die Lernenden ihre eigene Performance als ein Wagnis begreifen, in welchem sie etwas zeigend von sich preisgeben. Die körperliche Nacktheit wird in diesem Zuge von vornehere in intersubjektiv als thematische Grenze gesetzt. Im Verlauf der Performance wird wiederum deutlich, dass die Performenden sich lediglich partiell entkleiden und das Entkleiden ein u.a. zweckdienliches Element darstellt, um die Handlung der Körperbemalung zu ermöglichen. Nichtsdestotrotz verdeutlicht sich in dieser Momentaufnahme eine Ambivalenz zwischen Zeigen-Wollen und Nicht-Zeigen-Wollen, zwischen dem Nackt-Sein und Eigentlich-doch-nicht-Nackt-Sein, die den nackten Körper als Material in der Performance markiert und von den Performenden als Grenzüberschreitung wahrgenommen wird.

6.1.4 Handlungen am Körper mit Bezügen zum Unterrichtsthema „Körper, Haut und Hülle"

Da über das Unterrichtsthema „Körper, Haut und Hülle" der Körper als Material sowohl diskursiv als auch phänomenologisch in den Performances sicht- und erfahrbar gemacht werden kann, stellt sich die Frage, welche Spur das Thema in den Performances hinterlässt und welche Form der inhaltlichen und formalen individuellen Transformation die Lernenden in Bezug auf den Körper als Material in ihren Performances finden. Die Analysen der Abschlussperformances haben gezeigt, dass die Lernenden die drei Aspekte Körper, Haut und Hülle in je unterschiedlicher Ausprägung miteinander in Bezug setzen. Dabei wurde deutlich, dass allen voran die Hülle als Thema in Handlungen und Bewegungen überführt wurden, die am Körper und auf der Haut vollzogen werden. Über das Ver- und Enthüllen, das Ver- und Abdecken des Körpers, das Bemalen der eigenen Haut und die bezeichnende Markierung des Körpers haben die Lernenden eine Bandbreit körperbezogener Handlungen entwickelt, die den Körper als Material markieren.

Da diese Handlungen in allen Performances vollzogen wurden und die Anzahl der beispielgebenden Sequenzen vielfältig sind, wird sich an dieser Stelle veranschaulichend auf die Ergebnisse aus der Analyse von *Performance B [5.3.2]* bezogen, da in dieser Performance sehr reichhaltige Zugänge zum Körper über das Unterrichtsthema hergestellt wurden, die sich im Einzelnen auch in den anderen Performances dargestellt haben. Zum einen präsentieren die Performenden Moris, Thea, Bela und Milena einen suchenden Blick auf den eigenen Körper und die Körper der Anderen. Sie lenken den Blick in der Aktion auf den Körper in seinem materiellen, teilweise unverhüllten Da-Sein. Diese Blicklenkung vollzieht sich in suchender Manier und trägt sich durch den gesamten Verlauf der Performance, wenn auch in unterschiedlicher medialer Form. So wird der Blick der Betrachtenden gleich zu Beginn der Performance über die parallele Positionierung der Körper im Raum hinweg auf die Leinwand gerichtet, auf die ein Film projiziert wird, in welchem der Körper partiell in den Fokus der Kamera rückt. Die aneinander geschnittenen Einzelaufnahmen der Videoprojektion im Hintergrund gleichen einer fragmentarischen Kamerafahrt entlang der *Körper der dargestellten Personen. Ausschnitte verschiedener Körperteile – Hals, Beine und Knie, Ohren, Augen, Haaransatz, Nacken, Rücken, Schultern, Füße und Bauch geraten in leicht bewegter Aufnahme und unbekleidet in den Fokus.* Im Vordergrund präsentieren sich die Performenden im Stillstand. Sie tragen schwarze Hosen und weiße Hemden. Sie stehen unbewegt nebeneinander und blicken ins Publikum. Die Zuschauenden bekommen Zeit, die Körperformation genau zu betrachten. Die Augen der Betrachtenden fahren die Körper gleichsam ab. Der suchende Blick, der im Hintergrund inszeniert wird, wird nun von den Betrachtenden reproduziert. Im weiteren Verlauf zeigen die Performenden die wahrgenommene Suchbewegung entlang des Körpers in ihrer Unterschiedlichkeit. Milena und Bela befestigen monochrome Fotografien am Deckengerüst der Probebühne, deren Bildinhalt sich für den Betrachter / die Betrachterin aufgrund ihrer Bewegtheit und der räumlichen Dunkelheit nur mühsam erschließt. Auf der Suche nach dem Bildgegenstand kristallisieren sich im Prozess Nahaufnahmen von Körperteilen heraus. Über diesen inszeniert suchenden Blick auf den materiellen Körper avanciert er zu einer thematisch betonten Klammer des Geschehens und somit gleichsam zu einer diskursiven Einheit.

Zum anderen vollziehen die Performenden dezidiert enthüllende Handlungen und verweisen damit konkret auf das gesetzte Unterrichtsthema. Das Enthüllen des Körpers im Sinne eines Entkleidens erfolgt, um die körperliche Hülle zu zeigen und diese anschließend als Malgrund zu benutzen. Der performative Akt kann als zielorientiert und zweckhaft beschrieben werden. Es handelt sich um einen atmosphärisch dichten Moment, der im Kontext des Kunstunterrichtes mindestens als ungewöhnlich, wenn nicht sogar als irritierend beschrieben werden kann. Die Performenden wagen sich etwas, geben etwas preis und setzen etwas aufs Spiel. Sich dem Blick und der beurteilenden Wahrnehmung der Betrachtenden aussetzend, nehmen sie das Unterrichtsthema wörtlich, indem sie den menschlichen Körper als Oberfläche, als Hülle sichtbar machen.

Auch der dritte Aspekt des Unterrichtsthemas wird in der Performance bearbeitet, insofern die Haut als körperliche Hülle auf verschiedene Art und Weise thematisiert wird. Sie wird zum einen in ihrer Oberflächenstruktur und in ihrem Aussehen ausschnitthaft zum Sujet der Beobachtung, indem sie fotografisch und videografisch aufgenommen und dem betrachtenden Publikum präsentiert wird. Es werden Details und individuelle Merkmale der Haut sichtbar gemacht, die einem in der alltäglichen Interaktion verborgen bleiben. Zum anderen wird die Haut der Performenden live enthüllt und partiell gezeigt, um anschließend als Malgrund, als zu verfremdendes Material verhandelt zu werden.

Die Analysen zu *Performance B [5.3.2]* haben beispielhaft dargestellt, dass der Körper in seiner Form und Formung vor dem Hintergrund des gesetzten Unterrichtsthemas vielfältig zum Ausdruck kommen kann. Das Thema erzeugt einen Zugang, das den Körper als Material für den künstlerischen Gestaltungsprozess fruchtbar macht und die Lernenden anhält, über den Körper als Material zu einem individuellen Ausdruck zu kommen.

6.1.5 Verknüpfungen zum Unterrichtsgeschehen – Der Körper als künstlerisches Material im Spiegel der Vignetten

In der Lektüre der Vignetten wurde danach gefragt, wie der Körper als künstlerisch formbares Material im Unterricht thematisiert wird. Dabei hat sich zum einen gezeigt, dass materielle Körperlichkeit immer in Verschränkung mit spürenden Aspekten des Leibes erprobt und reflektiert wurde. Zum anderen hat sich in der Lektüre offenbart, dass Kerstin Chill im Unterrichtsgeschehen einen forschenden Zugang zum Körper als Material und seinen Ausdrucksformen angelegt hat – beide Punkte werden im Folgenden ausdifferenziert. Abschließend werden vor allem Reflexionsgespräche in den Blick genommen, die das Performancethema „Körper, Haut und Hülle" im Unterricht verhandeln, um spezifische Eigenheiten des Körpers als Handlungsmaterial herauszuarbeiten.

6.1.5.1 Körper und Leib in ihrer Verschränkung thematisieren

Die Lektüre einzelner Vignetten offenbart, dass sowohl körperliche als auch leibliche Aspekte performativer Ausdrucksmöglichkeiten erprobt werden. Vor allem in den Übungsimpulsen, die Kerstin Chill durchweg zu Beginn der praktischen Doppelstunden setzt, zeichnet sich eine Fokussierung ab, die darauf abzielt, den eigenen Körper in seiner Materialität wahrzunehmen und seine Gestaltungsmöglichkeiten zu explorieren. Dabei geraten vor allem die Wahrnehmung und Ausformung einer bewussten Körperhaltung in den Blick, wie im Folgenden aufgezeigt werden soll.

Dazu wird zunächst die Vignette *„Den eigenen Körper wahrnehmen und aktivieren" [5.2.1.4, S. 135]* aus der ersten Doppelstunde betrachtet. Das Ausloten einer neutralen Körperhaltung wird im übertragenen Sinne verdeutlicht, indem das Bild eines zu ziehenden Fadens am Rücken versprachlicht wird. Die Lernenden werden darauf fokussiert, der eigenen Haltung gegenüber aufmerksam zu sein und einzelne Körperpartien bewusst zu verändern. Die Impulse Kerstin Chills verdeutlichen, dass es zum einen darum geht, den Körper in seiner Materialität erfahrbar zu machen, indem spezifische Körperpartien anvisiert und sogar personifiziert werden – *„Guckt, was macht eure Schulter"*. Zum anderen wird deutlich, dass die Erfahrung dieser Materialität grundlegend mit dem Spüren des Körperlichen verbunden ist, insofern die Lernenden aufgefordert werden, gedanklich durch den eigenen Körper zu reisen und Energien zu verlagern. Aus der Vignette geht darüber hinaus hervor, dass die Lernenden diese Impulse konzentriert aufnehmen und verarbeiten. Dieser Umstand wird von Kerstin Chill im Verlauf der Übung verstärkend kommentiert.

Die Erkundung des Körpers als handelndes Gestaltungsmaterial wird im weiteren Verlauf der ersten Doppelstunde intensiviert. Die Übung findet in der Vignette *„Ausdrucksmöglichkeiten des Körpers explorieren" [5.2.1.5, S. 135]* ihren Ausdruck und soll an dieser Stelle auf die Verschränkung von materieller Körperlichkeit und spürender Leiblichkeit hin gelesen werden. In einem ersten Teil werden die Lernenden instruiert, sich nach bestimmten Zählzeiten während eines Raumlaufes auf den Boden zu begeben und wieder aufzustehen. Die Lernenden werden in dieser Übung mit verschiedenen körper-leiblichen Herausforderungen konfrontiert. Zum einen müssen sie während des Raumlaufes aufeinander achten und ihre Körper in Resonanz zu den anderen sich bewegenden Körpern ausrichten. Zum anderen liegt die Anforderung der Übung darin, sich dem Boden zu nähern und wieder aufzustehen. Durch die verschiedenen Zählzeiten entstehen ungewohnte Bewegungsverläufe, die den Körpern der Lernenden wahrnehmbare Anstrengung abverlangen. Diese Anstrengung anschließend noch einmal intensiviert. Die Übung verlangt von den Lernenden, sich körperlich in äußerst groteske Positionen zu begeben, diese auszuhalten und in der Bewegung auszugestalten. Der Körper wird umständlich belastet und dadurch spürbar gemacht. Das ungewöhnliche Bild, das dabei entsteht, generiert sich aus den sichtbar verschobenen Körpern, die in ihrer formbaren Materialität betont werden, gleichzeitig jedoch auch aus einer spürenden Komponente, die von den Lernenden leiblich verhandelt werden muss.

Die in der ersten Doppelstunde vollzogenen performativen Übungen werden anschließend in einem Sitzkreisgespräch gemeinsam reflektiert. Die Vignette *„Die eigene Rolle beim Performen reflektieren" [5.2.1.6, S. 136]* gibt Einblick in die Überlegungen der Lernenden und zeigt auf, inwiefern die Körperlichkeit von Handlungen thematisiert wird. Kerstin Chill nutzt den Begriff Ich^{hoch}Zwei, um einen subjektgebundenen körperlich-leiblichen Zustand zum Ausdruck zu bringen, den sie für die Durchführung und Aufführung von Performances als grundlegend erachtet. Der Begriff wird auch in allen weiteren Doppelstunden immer wieder angewandt und reflektiert. Für den vorliegenden Zusammenhang ist er insofern bedeutsam, als dass in ihm körperliche und leibliche Phänomene der praktizierten Handlungen kulminieren. Zum einen lässt sich über diesen Begriff für die Lernenden eine Fokussierung der Aufmerksamkeit auf die spürenden Aspekte des Körperlichen veranschaulichen, insofern das Subjekt einen auf den inneren Zustand abzielenden Rollenwechsel vollziehen soll, um im performativen Handeln präsent zu sein. Zum anderen deutet der Begriff an, dass sich dieser Rollenwechsel über den sichtbaren Körper als Material in den Handlungen zeigt und somit für die Gruppe intersubjektiv rezipierbar wird. Die Antworten der Lernenden bezüglich einer Ausformung eines Performer-Ichs beziehen sich auf eben diese beiden Komponenten. Kilians Antwort zeugt davon, dass Bewegungen im performativen Handeln immer wieder bewusst justiert und ausgeformt werden müssen. Durch seine Aussage deutet er an, dass im performativen Handeln Herausforderungen erzeugt werden, die sich von einer alltäglichen, routinierten Handlung abgrenzen. Lara greift diesen Gedanken auf, indem sie das Ungewohnte und spürbar Anstrengende in den Übungen benennt. Auch Carolin betont das Andere in den Bewegungen – eine Feststellung, die sie mit der Auslotung des Gleichgewichts begründet. Das, was über die Materialität des Körpers erzeugt wird, benötigt leibliche Fokussierung und Aufmerksamkeit in der Umsetzung. Kerstin Chill unterstreicht die Aussagen der Lernenden und hebt noch einmal explizit eine *andere Körperlichkeit* hervor, die mit dem künstlerischen Performen einhergehe und bewusst hergestellt werden müsse.

In der dritten Doppelstunde wird von Kerstin Chill eine Übung initiiert, die vor dem Hintergrund der Thematisierung von Körper und Leib im Unterrichtsgeschehen aufschlussreich ist. Die Übung wird in der Vignette *„In der bewegten Interaktion improvisieren" [5.2.3.1, S. 146]* ausführlicher dargestellt. Nachdem die Lernenden Blickkontakt zueinander aufbauen und für eine Minute aushalten, sollen sie sich gleich eines Puzzles' zueinander verhalten und Bewegungen erfinden, die auf die Position des Gegenübers reagieren. Dadurch entsteht ein Wechselspiel zwischen einem jeweils unbewegten und einem bewegten Körper. Die Übung bedient sich tänzerischer Elemente, da Bewegungen herausgefordert werden, die raumgreifend auf einen Partner Bezug nehmen. Die Körper der Agierenden werden auch in dieser Übung als Material markiert. Der Körper des jeweiligen Partners / der jeweiligen Partnerin wird als Material in seiner Position und Formung betrachtet, um daraufhin über eine ausladende Bewegung eine neue Formation zu gestalten. Die dabei entstehenden bewegten und unbewegten Bilder muten ungewohnt und irritierend an, insofern sie sich zweckfrei konstituieren. Die sich darin zeigende Verfremdung und Überspitzung des Gewohnten wird von Moris ironisierend mit der Aussage kommentiert, diese Handlungen seien so lange auszuführen, bis Kunst entstehe. Hierin offenbart sich eine implizite Beurteilung der Handlungen mit dem Körper, insofern ihnen das Potential zugesprochen wird, künstlerisches Material und somit künstlerische Ausdrucksform zu sein.

Eine weitere Übung, die von Kerstin Chill angeregt wird, macht den Körper zum einen als verobjektiviertes Material und zum anderen als spürende Entität im performativen Geschehen für die Lernenden sichtbar und erfahrbar. Die Vignette *„Eine performative Handlung demonstrieren" [5.2.3.2, S. 147]* gibt Einblick in eine performative Handlungskette zwischen fünf Lernenden, die auf Grundlage von verbalen Impulsen Kerstin Chills ebenfalls in der dritten Doppelstunde entwickelt wird. Die vier handelnden Schüler*innen erzeugen ein Bild, das den Körper in seinem phänomenologischen Sein demonstrativ sichtbar macht. Der Körper Theas verschwindet zwar unter der Folie, ist durch die resonanten Bewegungen der Folie jedoch trotzdem sichtbar präsent. Das Atmen als körperliche Grundfunktion erhält über die Goldfolie eine materielle Übersetzung, die wiederum leibliches Empfinden in der Situation als thematischen Zugang zum Performen evoziert. Dies zeigt sich in den im Anschluss geäußerten Ideen, die genau diesen Aspekt aufgreifen. Das festere Wickeln der Folie hätte einen spürbar leiblichen Effekt auf die Performerin und würde dem dadurch entstehenden Bild eine neue Konnotation geben. Auch eine Intensivierung der erzeugten Geräusche würde dazu führen, die Atmung und Bewegung unter der Folie verstärkt und verfremdend sichtbar zu machen. Körperlichkeit und imaginierte Leiblichkeit werden in dieser Übungssituation verschränkt miteinander thematisiert und für den weiteren performativen Explorationsprozess fruchtbar gemacht. Dies erfolgt aufgrund expliziter Anweisungen Kerstin Chills, welche sie aus der Beobachtung vorangegangener Übungseinheiten abgeleitet hat.

Um die Betrachtungen zur Thematisierung von Körper und Leib in ihrer Verschränkung abschließend zu konturieren, werden Vignetten betrachtet, die die Reflexionsgespräche in der letzten Doppelstunde aufgreifen. Zu Beginn der Doppelstunde fordert sie jeden einzelnen Schüler und jede einzelne Schülerin dazu auf, eine einprägsame Erinnerung aus den Performances anzusprechen. Die Vignette *„Erinnerungen zu den Aufführungen äußern" [5.2.7.2, S. 165]* gibt Einblick in diesen Reflexionsprozess. Eine Auswahl der Aussagen der Schüler*innen soll im Folgenden genauer ausgedeutet werden.

Patricia bezieht sich mit ihren Worten auf *Performance D [5.3.4]*. Sie fokussiert eine Szene am Ende der Performance, in welcher Vera und Sinja unter einem Tuch liegen und ausladende Bewegungen vollziehen, sodass sich das Tuch *organisch* bewegt. Im Vordergrund steht Carolin und zieht rote Linien mit einem Lippenstift auf ihrem Unterarm. Die Handlungen verweisen auf den Körper als Material. Patricia beurteilt den visuellen Eindruck als interessant und spannend, wodurch deutlich wird, dass eine spezifische Qualität des über den Körper produzierten Bildes in den Performances wahrgenommen werden konnte.

Jule und Lara beziehen ihre Aussage auf *Performance A [5.3.1]*. Alina, Leonore und Annika haben sich in ihrer Performance von ihren Mitschüler*innen entkleiden, enthüllen bzw. abschminken lassen. Jule bezieht sich auf den Umstand, dass sich alle drei Performerinnen haben ausziehen lassen, sprich sich als künstlerisches Material bearbeiten lassen. Auch Lara deutet mit der Aussage *„die auspacken"* an, dass sie die Körper der Performenden als künstlerisches Material wahrgenommen hat, das es kollektiv zu bearbeiten galt. Darüber hinaus zeigt sie sich überrascht, dass es eine Weile gedauert habe, bis der Prozess initiiert wurde. In diesem Abwarten zeigt sich die Wahrnehmung des Körpers als empfindsame, resonante Entität, deren Berührung und Bearbeitung eine Grenze darstellt, die aus der nonverbalen Interaktion heraus nur zögerlich überschritten wird. Die Überschreitung als solche wird von den Lernenden indessen jedoch als erinnerungswürdig beschrieben. Carolin erinnert sich an die Gedichtrezitation von Patricia in *Performance E [5.3.5]*. Sie beschreibt ihre Stimme als tief und dementsprechend schön. Sie benennt damit einen Aspekt in der Performance, den sie *richtig gefühlt* habe. In diesem Fühlen zeigt sich eine Vielsinnlichkeit des Performativen, die über den Körper als Material transportiert wird und bei den Rezipierenden nachhaltige Wirkung erzielt.

Zum Ende der Unterrichtseinheit greift Kerstin Chill das Bild Ich^hoch^Zwei noch einmal auf, um eine sich verändernde Körperlichkeit im performativen Handeln rückblickend zu thematisieren. In der Vignette *„Reflexion des Performer-Ichs" [5.2.7.6, S. 169]* wird dieses Gespräch veranschaulicht. Der Begriff Ich^hoch^Zwei wird in der

Fragestellung Kerstin Chills erneut an eine spürbare Intensität des körperlichen Handelns gebunden, das eine bewusste Wahrnehmung voraussetzt. Lara umschreibt diese wahrgenommene Körperlichkeit mit dem Eindruck, sich authentisch ausdrücken zu können, sprich Handlungen zu vollziehen, die nicht aufgesetzt oder einstudiert anmuten. Milena ergänzt diesen Gedanken, indem sie konstatiert, dass diese Handlungen nichtsdestotrotz einer spezifischen Konzentration auf die körperliche Ausführung bedürfen. Leonore reflektiert die Handlungen, die ihre Mitschüler an ihrem Gesicht vollzogen haben. Sie beschreibt das dabei empfundene Gefühl als eigenartig, insofern sie sich auf das Unvorhersehbare in der Bearbeitung ihres Körpers als Material einlassen musste. Eine Ernsthaftigkeit in der Auslotung von körper- und leibgebundenen Prozessen im Performen benennt sie als eine Herausforderung, die sich im Performen für sie aufgetan hat. Der von Kerstin Chill sinnbildlich transportierte Modus des Ich^{hoch}Zwei schlägt sich in den Aussagen Milenas insofern nieder, als dass sie diesen als eine gesteigerte subjektive Wahrnehmung über den Körper thematisiert.

6.1.5.2 Performance als Forschung am eigenen Körper

In den Gesprächen mit den Lernenden, die sich in den ersten Doppelstunden am Performancebegriff abarbeiten, wird ersichtlich, dass Kerstin Chill Performance als Forschung am eigenen Körper thematisiert. Dieser inhaltliche Zugang soll im Folgenden anhand zweier Vignetten genauer beleuchtet werden. Zunächst wird in der Vignette *„Künstlerische Forschung als Zugang zum Performen" [5.2.1.2, S. 133]* ersichtlich, wie Performance als künstlerische Ausdrucksform für die Lerngruppe definiert wird. Performancekunst wird in dieser Definition explizit als künstlerische Forschung beschrieben, die am eigenen Leib erfahrbar gemacht wird. Über die Definition wird ein Subjektbezug im performativen Handeln stark gemacht, der sich gleich einer ästhetischen Erfahrung vollzieht. Leib ist in diesem Zusammenhang sowohl auf den phänomenalen Körper als auch auf den wahrnehmenden Leib bezogen, insofern diese Ausgangspunkte für den Vollzug bewusster Tätigkeiten sind. Darüber hinaus geht aus der Definition indirekt hervor, dass sich Performance als künstlerische Ausdrucksform an eine Öffentlichkeit wendet. Sprich, die am eigenen Leib vollzogene Forschung muss eine Transformation erfahren, die auf das Zeigen außerhalb des Privaten abzielt.

Um den forschenden Ansatz für die Lernenden zu veranschaulichen, bezieht sich Kerstin Chill auf Performances, die zum UNART-Festival aufgeführt wurden – ein Performancefestival, an dem sich vier Schüler*innen aus dem Kurs aktiv beteiligt haben. Diese vier Schüler*innen werden immer wieder als Expert*innen in das Gespräch involviert und zu ihren Eindrücken und Erfahrungen befragt. Um diese Eindrücke abzurufen, konfrontiert sie die Lerngruppe immer wieder mit Fotografien, die während des Festivals entstanden sind. Thea benennt künstlerische Forschung als Selbstversuche, die dazu führen würden, dass man etwas wirklich erlebe. Ihre Wortwahl impliziert einen Ausdruck von Authentizität und nahem Erleben in der Handlung, die in einem Selbstversuch zum Tragen kommen und performatives Handeln charakterisieren. Moris ergänzt, dass sich diese Selbstversuche im Themenbereich Umwelt verorten ließen. Die daraufhin aufgeführten Beispiele machen deutlich, dass Körper und Leib in der künstlerischen Forschung herausgefordert werden. Vor allem die Handlungsvollzüge, die angesprochen werden, sind vor dem Hintergrund dieser Betrachtungen aufschlussreich: *ohne Heizung leben* und *sich zwei Wochen lang vegan ernähren*. Beide Zugänge machen deutlich, dass ein Selbstversuch auf eine Veränderung körperlich-leiblicher Wahrnehmung und tatsächlicher Handlungsvollzüge abzielt, um den Körper als künstlerisches Material erfahrbar zu machen.

Dass einem forschenden Ansatz zur eigenen Körperlichkeit und Leiberfahrung Grenzen gesetzt sind, wird zum Abschluss des Gesprächs zwischen der Lehrerin und den Lernenden deutlich. Die Lernenden hinterfragen den formulierten Anspruch Kerstin Chills, die Veränderung des eigenen Körpers im Selbstversuch zu erproben, indem sie auf das Thema Tattoos zu sprechen kommen. Kerstin Chill reagiert darauf mit der Markierung einer Grenze des Körperlichen, die aufgrund des Arbeitens im schulischen Kunstunterricht nicht überschritten werden dürfe. Tattoos als Selbstverletzung des materiellen Körpers und als Hinterlassen einer permanent sichtbaren Spur auf der körperlichen Oberfläche werden aus dem Rahmen der Ausdrucksmöglichkeiten ausgeschlossen – somit auch alle selbstexperimentellen Handlungen in ähnlicher Manier.

Der forschende Zugang zu den Ausdrucks- und Wahrnehmungsmöglichkeiten von Körper und Leib wird erneut in der dritten Doppelstunde thematisiert, wie aus der Vignette *„Qualitätskriterien für Performances im Gespräch erarbeiten“ [5.2.4.2, S. 152]* ersichtlich wird. Die Lernenden setzen sich erneut mit den Bühnenperformances des UNART-Festivals auseinander und sprechen dazu. Das Selbstexperiment wird dabei an die Etablierung eines Performer-Ichs gebunden, das durch eine Transformation des körperlichen Ausdrucks erzeugt werden kann. Diese Transformation hätte bei den Performenden grundlegend bereits vor der Aufführung stattgefunden, aufgrund der Tatsache, dass sie über einen längeren Zeitraum gemeinsam in einer Einzimmerwohnung gelebt hätten. Diesem Selbstexperiment am eigenen Körper wird den Lernenden ein besonderer Stellenwert zugeschrieben, insofern Handlungen vollzogen wurden, die für den Alltag der Jugendlichen äußerst untypisch anmuten – wie das gemeinsame Teilen einer Badewanne. Die Erfahrungen in diesem Forschungssetting hätten dazu geführt, so die Annahme Theas und Milenas, dass die Performenden authentische Übersetzungen für die Bühnenperformance generieren konnten. Dieser Umstand wird im Gespräch als mutig und krass gewertet. Performance wird hier in der Lerngruppe als Forschung am eigenen Körper gespiegelt, wodurch der Körper dem Unterricht thematisch als künstlerisches Material in seiner Form und Formbarkeit zugrunde gelegt wird.

6.1.5.3 Körper, Haut und Hülle als Performancethema verhandeln

Es wurde bereits gezeigt, dass über das Unterrichtsthema „Körper, Haut und Hülle“ der Körper als Material sowohl diskursiv als auch phänomenologisch in den Abschlussperformances sicht- und erfahrbar gemacht wurde. Im Folgenden wird die

Frage gestellt, wie das Thema im Unterricht verhandelt wird, um einer Verschränkung von Körper und Leib nachzuspüren.

Eine Vignette aus der ersten Unterrichtstunde mit dem Titel *„Körper, Haut und Hülle als Thema reflektieren" [5.2.1.3, S. 134]* wird herangezogen, um aufzuzeigen, wie die drei Begriffe als Zugang zum Performativen im Unterricht eröffnend verhandelt werden. Der Ausschnitt macht deutlich, dass Kerstin Chill neben einem subjektorientierten Zugang, der sich über eine wiederholte Fokussierung auf das Etablieren eines Performer-Ichs zeigt, kunstorientierte Herangehensweisen für die Vermittlung von Performancekunst praktiziert. Die ausgeteilten Mappen bieten eine Vielzahl an historischen und zeitgenössischen Arbeiten, um einen weiten Blick auf den Körper als künstlerisches Material herauszubilden. Darüber hinaus ist interessant, dass es sich zunächst kaum um Werke handelt, die als Performancekunst beschrieben werden können. Vielmehr werden die Lernenden mit einer Variation an künstlerischen Zugängen und Verfahren konfrontiert, in denen der Körper Sujet ist. Die Rezeption der Reproduktionen dient im Unterrichtsgeschehen dazu, eigene Ideen und thematische Zuführungen zum Unterrichtsthema „Körper, Haut und Hülle" zu entwickeln und diese für eigene Performanceideen zu befragen. Im weiteren Verlauf der Vignette wird ersichtlich, wie die Lernenden sprachlich auf dieses visuelle Angebot reagieren. Die Lernenden äußern sich assoziativ und suchend. Sie beziehen sich in ihren Aussagen nicht auf konkrete künstlerische Arbeiten, sondern befinden sich vielmehr im Modus einer schlagwortartigen Annäherung. Die aufgeführten Begriffe und Wortgruppen beziehen sich sowohl auf den Körper in seiner materiellen und phänomenalen Beschaffenheit (*Veränderungen, Haare, Schutzschild, Gänsehaut, Vielfalt*) als auch auf Dynamiken des leiblichen Spürens und Fühlens (*weich, warm, Trost, Liebe, Intimität*). Ohne Körper und Leib in ihrer Diskursivität zu benennen, werden sie als zwei Formungen des Körperlichen in den Äußerungen der Lernenden offenbar. In der Betrachtung des Phänomens Gänsehaut, das Kerstin Chill noch einmal fragend fokussiert, zeigt sich dieser Umstand eindrücklich. Sie gibt den Impuls, wie Gänsehaut als möglicher Zugang zum Thema „Körper, Haut und Hülle" für eine Performance aktiv handelnd transformiert werden könne. Die Lernenden äußern sich schmunzelnd – ein Ausdruck dafür, dass dieses Phänomen nah am Körper die Lernenden in der Reflexion ungewohnt herausfordert. Carolin bezieht sich auf Musik und beschreibt sie als etwas, das durch den ganzen Körper gehe. Körper- und Leiblichkeit zeigen sich hier in ihrer gegenseitigen Bezogenheit. Bela macht einen konkreten Vorschlag für eine Performance. Über die körperlichen Bewegungen der Handelnden ließe sich eine Gänsehaut visuell übersetzen. Moris hingegen formuliert eine schmerzhafte Handlung, die direkt am Körper eines Gegenübers vollzogen werden müsse, um eine Gänsehaut aktiv zu erzeugen. Die Aussagen zeugen im Allgemeinen davon, dass der Körper als Material über die Fokussierung und Ausdifferenzierung des Themas „Körper, Haut und Hülle" immer in Resonanz mit spürenden, erlebten Phänomenen des Körperlichen symbiotisch ausgehandelt und für eigene Performanceideen fruchtbar gemacht wird.

In der Vignette *„Performanceideen ausgehend vom Thema in der Gruppe entwickeln" [5.2.2.6, S. 143]* zeigt sich, wie eine Gruppe von Lernenden im Konzeptprozess auf das Thema "Körper, Haut und Hülle" Bezug nimmt. Die Lernenden betrachten den *Körper als Körper* als ein sehr weitläufiges und offenes Feld. Über den Einwurf, dass auch eine Kamera zum Einsatz kommen soll, fokussieren sich die Lernenden auf den Körper vor allem in seiner äußeren Materialität und beginnen, verschiedene Zugänge zur Hülle eines (auch nichtmenschlichen) Körpers auszudifferenzieren: Körperhaut, Milchhaut, Schlangenhaut, Gänsehaut. Sie bleiben erneut am Thema Gänsehaut hängen und beginnen damit, einen Selbstversuch durchzuführen. Das aktive Auslösen einer Gänsehaut durch das Streichen über den Unterarm funktioniert jedoch nicht. Die Haut als Fokus sowohl für das Erzeugen digitaler Bilder als auch für die Auseinandersetzung im Performativen wird von der Gruppe trotzdem als zielführend erachtet und weiterverfolgt. *Performance B [5.3.2, S. 174]* kann am Ende als Ergebnis dieser gedanklichen Impulse betrachtet werden.

Ein Ausschnitt aus der *Vignette „Videostills aus den Performancemitschnitten betrachten und besprechen" [5.2.7.4, S. 167]* soll abschließend aufzeigen, wie das Thema „Körper, Haut und Hülle" von den Lernenden in der letzten Doppelstunde retrospektiv mit Blick auf die eigenen Handlungen reflektiert wurde. In der Vignette zeigt sich, wie eine konkrete körperliche Pose von den Lernenden in Ansätzen ausgedeutet wird. In der fragmentarischen Ausdrucksweise Carolins wird offenbar, dass es eine Herausforderung für die Lernenden darstellt, körperliche Form und Worte zu den gezeigten Gesten vernetzend zum Ausdruck zu bringen. Der Bezug zum Thema „Körper, Haut und Hülle" fungiert in Carolins Erklärungen als inhaltlicher Ankerpunkt, der eine vermeintlich einfache Zuordnung zwischen Geste und thematischem Aspekt suggeriert. Ihre Ausdeutung offenbart sich jedoch als eine Suche, die sich über Satzfragmente und zeigende Wiederholungen der Gesten konstituiert. Die körperlichen Gesten, die im Stillstand vor den bewegten digitalen Bildern in *Performance D [5.3.4, S. 182]* gezeigt und von den Mitschüler*inne*n vermehrt als spannungsreich bezeichnet wurden, generieren in der Reflexion Leerstellen und Diskrepanzen, die mit der Sprache nicht umgehend zu „packen" sind – auch von Seiten derjenigen, die die Performance aktiv konzeptuell vorbereitet und aufgeführt haben.

6.2 Modi des Performens

Die Körperarbeit der Lernenden, die im Zuge des vorliegenden Erkenntnisinteresses sowohl in der gesamten Unterrichtseinheit als auch verdichtet in den Abschlussperformances analysiert wurde, kann danach beurteilt werden, welche Ausdruckformen im Handlungsrepertoire der Lernenden ersichtlich werden. Diese Perspektive erzeugt Kategorien, die im Zuge der Forschungsarbeit als Modi des Performens markiert und systematisiert werden. Unter dem Begriff *Modi* wird eine spezifische Ausprägung je unterschiedlicher Praktiken und Handlungsvollzüge verstanden, welche die Gesamtwirkung performativer Handlungen beeinflussen. Sie erzeugen sich aus einer Bestandaufnahme des Sichtbaren und eine daran angeschlossene begründete

Deutung der körperlichen Handlungen der Lernenden. Die thematisch gebündelten Modi des Performens umschreiben jeweils ein Feld von Handlungsdispositionen, die sich in den Performanceaufführungen ähnlich darstellen und eine charakteristische Eigenart aufweisen. In der gesamten Kategorisierung kommt es zu Überschneidungen und Schwellen, die in der Betrachtung dezidiert fruchtbar gemacht werden, da sie dazu beitragen, dass sich die Performances zu komplexen, ereignishaften Gesamteindrücken verdichten. Die Unterscheidung stellt keine ausschließende Setzung dar, sondern soll vielmehr als ein Angebot verstanden werden, sichtbare Handlungen der Lernenden qualitativ zu bestimmen, sie in ihrer Spezifik zu verstehen und dementsprechend differenziert einzuordnen.

Um die einzelnen Modi thematisch zu bündeln, werden mit faktischen, theatralischen und demonstrierenden Handlungen zunächst *grundlegende Modi des Performens* erläutert (siehe Abschnitt 6.2.1). Als grundlegend werden die Modi insofern bezeichnet, als dass sie die Basis jeder körperlich-handelnden Ausdrucksform in der Performancekunst bilden. Da die abgeleitete Systematisierung faktischer, theatralischer und demonstrierender Handlungen immer auch auf die Grenzen einer jeden Kategorisierung verweist, gerät in einem zusammenfassenden Abschnitt dezidiert das prozesshafte Changieren zwischen faktischem, demonstrierendem und theatralischem Handeln in den Fokus der nachfolgenden Betrachtungen.

Anschließend werden *spezifische Modi des Performens* ausgeführt (siehe Abschnitt 6.2.2). Sie ergänzen die grundlegenden Handlungsmodi um Ausdrucksformen, die eine prinzipielle Eigenart aufweisen und lediglich in bestimmten Sequenzen des Performens zum Ausdruck kommen. Mit rhythmischen bzw. choreografierten Handlungen, die für ein technisch Anderes durchgeführt werden und Materialhandlungen werden Kategorien erarbeitet und begründet, anhand derer die Körperarbeit der Lernenden charakterisiert werden kann.

6.2.1 Grundlegende Modi des Performens

6.2.1.1 Faktisches Handeln

Mit dem Terminus *faktisches Handeln* wird im vorliegenden Zusammenhang versucht, referenzarme Handlungsausprägungen zu fassen und analytisch darzustellen. Sie haben sich in der Analyse der Abschlussperformances als Handlungsdispositionen herauskristallisiert, die sich vor allem in der Differenz zu eher aufgesetzten, exaltierten Handlungen in den Performances schärfen lassen. Handlungen, Bewegungen und Tätigkeiten, die im Folgenden anhand von Auszügen aus den Deskriptionen der Abschlussperformances als faktisch markiert werden, vollziehen sich in diesem Sinne ‚eng' an der individuellen Körperlichkeit und deren Ausdrucksmöglichkeiten, ohne konkret darüber hinaus zu weisen. Faktische Handlungen sind – so sollen die nachfolgenden Ausführungen verdeutlichen – verwoben mit alltäglichen Routinen, dem persönlichen Habitus, materialgebundenem Handeln, aber auch mit körperbetonenden Verweisstrategien, die sich aus der konzeptuellen Ausrichtung der Unterrichtseinheit *Körper, Haut und Hülle* ergeben.

Zunächst gerät das Gehen in *Performance B [5.3.2]* in den Fokus, da es als Tätigkeit im Handlungsverlauf beschrieben wird, das im Zeigen kaum über sich hinausweist. Thea markiert anhand eines ‚Losgehens' den Beginn der Performance. Die Bewegung über die Probebühne erfolgt in unverfälscht anmutender Manier, der sich bewegende Körper gerät als eben solcher in den Blick. Das Gehen ist durchweg referenzarm und dient lediglich dazu, den Ort der Anfangsposition zu wechseln und innerhalb des Raumes eine neue Formation zu finden, um weitere Handlungen zu entwickeln. Auch im Fortlauf der Performance bewegen sich die vier Performenden in den einzelnen Handlungsabschnitten immer wieder gehend über die Bühne. Diese faktischen Bewegungen changieren zwischen einem raumoffenen, materialgebundenen Gehen (Raumlauf, Gehen beim Zeichnen) und einem reduzierten, kontrollierten Minimalismus der Schrittbewegungen in der reihenähnlichen Formation, die die Performenden immer wieder aufsuchen. In diesen konzentrierten Phasen fokussieren sie sich z.B. darauf, ihre Hände vor dem Körper zu verschränken, sich um die eigene Achse zu drehen oder das Gewicht auf unterschiedliche Beine zu verlagern. Die Laufbewegungen wirken weder aufgeladen noch überspitzt, zeigen sich innerhalb des Settings und der Handlungsabfolge jedoch trotzdem als atmosphärisch dichte Momente, insofern sie die Aufmerksamkeit der Rezipierenden auf die Bewegung im Raum hin bündeln und die Körper in ihrer individuell vorgeprägten Haltung beim Laufen betonen.

Über das Gehen hinaus – das in allen Performances unter faktischer Konnotation betrachtet werden kann – konnten in den Analysen vergleichend Bezugskategorien herausgearbeitet werden, die referenzarmes Handeln bedingen. So konnten Zusammenhänge faktischer Handlungen zu (1) routinierten Handlungen, (2) referenzarmen Materialhandlungen und (3) körperbetonenden Handlungen herauskristallisiert werden, die im Folgenden genauer erläutert werden. Die Analysen zu *Performance D [5.3.4]* sollen den Überlegungen Beispiel geben.

Zu (1) routinierte Handlungen: Eine Routine als eine durch längere Erfahrung erworbene Fähigkeit, eine bestimmte Tätigkeit sehr sicher, schnell und überlegen auszuführen. Es handelt sich um eine Tätigkeit, die zur Gewohnheit geworden ist und jedes Engagement vermissen lässt. Performance als künstlerische Ausdrucksform, die körperlich handelnd hervorgebracht wird, ist eng verwoben mit Handlungsschemata, die vorab über eine eigenleibliche und körperliche Erfahrung kultiviert wurden. Das heißt, dass davon ausgegangen werden kann, dass sich körperliches Handeln immer auch gewohnt und individuell vorgeprägt niederschlägt, insofern charakteristische Bewegungsmuster und Handlungsvollzüge im Alltag (vor)geformt werden. In der Eröffnungsszene von *Performance D [5.3.4]* begeben sich Vera, Sinja und Carolin der Reihe nach und im Takt eines über das Smartphone abgespielten Songs zu einem Standspiegel und vollziehen vor diesem eine Handlung:

> *Vera kniet sich vor den Spiegel, entnimmt einer gelben Sprühflasche etwas Flüssigkeit und verreibt sich diese gleichmäßig im Gesicht. Sie wiederholt diese Handlung noch einmal und steht dann auf, um die Probebühne in Richtung des Publikums zu verlassen. Dabei schaut sie auf ihr Handy und beendet den Song mit*

einem Fingertippen abrupt. Sinja geht zielstrebig mit gelassenen Schritten zum Spiegel, legt das Smartphone auf den Hocker und beugt ihren Oberkörper kurz nach vorn, um ihren Kopf im Spiegel zu sehen. Dabei greift sie sich flüchtig in ihr schulterlanges Haar. Anschließend setzt sie sich in den Schneidersitz und greift dabei nach einem Lippenstift, der sich auf dem Hocker befindet. Wiederholt streift sie ihr Haar nach hinten und beginnt nun, sich die Lippen rot zu schminken. Um die Handlung präzise auszuführen, beugt sie ihren Oberkörper nach vorn, sodass sich ihr Kopf direkt vor der Spiegelfläche befindet. Mehrere Male streicht sie den Lippenstift über ihre Lippen. [...] Carolin steht auf und geht im Takt der Musik in rhythmischem Schritt auf den Spiegel zu. Auch sie legt ihr Smartphone auf dem Hocker ab, nimmt jedoch ein weißes Knäuel in die Hand und setzt sich mit ausgestreckten beinen vor den Spiegel. Beim Entrollen des Knäuels zeigen sich zwei weiße Sportsocken, die sie sich nun mit routinierter Bewegung erst über den linken, dann über den rechten Fuß stülpt. [5.3.4, S. 182]

Das gezeigte Schminken, das Eincremen und das Sockenüberstülpen offenbaren in den gewählten Ausschnitten ihren routinierten Alltagsbezug und überzeugen vor dem Hintergrund des Fragehorizontes vor allem durch ihre ‚engagementlose' Ausführung. Die beschriebenen Handlungen gehen den Performenden präzise *von der Hand*, wirken weder pathetisch noch aufgesetzt und entwickeln gerade dadurch eine eigenwillige Gegenwärtigkeit, insofern es ihnen gleichsam an Gestaltung fehlt. Es ist davon auszugehen, dass sie sich nah an Bewegungen und Gesten orientieren, die den alltäglichen Handlungsvollzügen der Performenden entlehnt sind, da sie geschickt und sicher ausgeführt werden. Diese bewusst gesetzten Handlungen sind von faktischen Handlungen zu unterscheiden, die eher beiläufig vollzogen werden, jedoch auch mit individuellen Routinen verflochten sind. Vor allem das intuitive Streichen durchs Haar, das von Sinja mehrmals gezeigt wird, und das Glattstreichen der Kleidung nach dem Aufstehen vor dem Spiegel, das von Carolin und Kilian praktiziert wird, veranschaulichen diese Nähe zu gewohnten und implizit vorgeprägten Handlungen.

Zu (2) referenzarme Materialhandlungen: Die Analyse der Abschlussperformances hat gezeigt, dass sich faktische Handlungen mitunter aus einer zweckgebundenen Auseinandersetzung mit einem Material heraus generieren. Sie zeigen in der Dauer des Tuns am Material genau das, was das Tun auszeichnet. Die oben aufgeführten Handlungsvollzüge werden vor dem schräg gestellten Spiegel durchgeführt. Er fungiert als eine Art Bezugsobjekt, zu dem sich Vera, Sinja und Carolin performativ verhalten. Der Spiegel avanciert zum Impulsgeber für alltagsbezogene, faktisch anmutende Handlungen, die die Performenden am eigenen Körper vollziehen. Darüber hinaus greifen Vera, Sinja und Carolin auf Utensilien zurück, die als Alltagsobjekte Alltagshandlungen evozieren. Vera reibt sich das Gesicht mit Creme ein, Sinja zieht ihre Lippen mit Lippenstift nach und Carolin zieht sich Socken über die Füße. Die Überlegungen lassen sich für die Nutzung des Smartphones ergänzend fortführen. Auch hier greifen die Performenden auf ein materielles Objekt zurück, das ihnen gewohnt in der Hand liegt und verinnerlichte Bewegungen initiiert. Die Materialien fungieren in diesem Sinne als zweckorientierte Gegenstände, die im Kontext ihrer vorbestimmten Nutzung in der Performance verhandelt werden.

Zu (3) körperbetonende Handlungen: Mit dem Adjektiv körperbetonend wird eine Fokussierung auf den eigenen Körper umschrieben, die in bestimmten Passagen der Performances zum Ausdruck kommt. So gehen Kilian und Carolin zum Ende betont langsam und lässig an den vorderen Rand der Probebühne und positionieren sich nebeneinander:

> *Carolin blickt ins Publikum und öffnet einen roten Lippenstift, den sie scheinbar die ganze Zeit in der Hand gehalten hat. Nach einem kurzen Blick über das Publikum hinweg, dreht sie ihren Kopf zur Seite und zieht sich den Ärmel ihres weißen Langarmshirts vom ausgestreckten linken Arm. Dann beginnt sie ihren Unterarm mit roten Linien zu bemalen, indem sie ohne abzusetzen den Lippenstift hin und her zieht. Dabei dreht sie ihren Unterarm und folgt der Linienführung mit ihren Augen. Kilian hat den schwarzen Netzstrumpf in der Hand, der im Video von Sinja übers Gesicht gezogen wurde. Er zieht sich das durchlässige Nylon nach und nach über seinen ausgestreckten rechten Unterarm. Er blickt dabei auf seine Hand, an der er den Strumpf unentwegt nachjustiert. Carolin und Kilian sind einander halb zugewandt. [5.3.4, S. 182]*

Zu den letzten Takten des Songs halten beide ihre Position. Die beschriebenen Handlungen zeigen eine weitere Bezüglichkeit faktischen Handelns auf, insofern sie auf den eigenen Körper hin bezogen sind. Carolin markiert ihren Unterarm mit roten Linien, Kilian zieht sich einen schwarzen Netzstrumpf über den Arm. Beide Performenden betrachten ihre eigenen Handlungen, indem sie die Augen auf ihre Arme richten. Diese Form der unaufgeregten, ernsten Beobachtung der eigenen Handlung suggeriert ein unmittelbares In-der-Situation-sein, eine Aufmerksamkeit der performativ veränderten Wirklichkeit gegenüber, die sich aus der faktischen Verfremdung des eigenen Körpers einstellt.

6.2.1.2 Theatralisches Handeln

Mit dem Terminus *theatralisches Handeln* werden in der vorliegenden Untersuchung Handlungen charakterisiert, die einen starken Kontrast zum bereits ausgeführten faktischen Handeln darstellen. Handlungen, die darstellerisch, gekünstelt, pathetisch, geziert oder unecht wirken, können als theatralisch charakterisiert werden. Diese Worterläuterungen machen deutlich, dass sich in der Wahrnehmung dieser Zuschreibungen immer auch der subjektive Blick und die damit verbundenen Bewertungsmuster der Betrachtenden niederschlagen. Wann eine Handlung als *unecht* wahrgenommen wird, ist also nicht immer eindeutig zu beschreiben. Nichtsdestotrotz werden in den Performances bestimmte Ausprägungen von Körperarbeit sichtbar, die den Blick für die qualitative Bestimmung theatralischer Handlungen schärfen können. Auszüge aus *Performance D [5.3.4]* und *Performance E [5.3.5]* geben den Überlegungen Beispiel.

Eine ähnliche Passage wurde im Zuge der Analyse von *Performance D [5.3.4]* betrachtet. Zunächst geraten die Auftakthandlungen von Vera und Carolin in dieser *Performance* in den Fokus. Der Beginn einer Performance kann als sensibler Punkt markiert werden, in welchem sich die Performenden der Aufmerksamkeit des Publikums bewusst sind. Sie nutzen den Moment, um sowohl formal-ästhetisch als auch inhaltlich eine Aussage, eine Stoßrichtung aufzuzeigen – sprichwörtlich ein Zeichen zu setzen. Beide Performerinnen verdeutlichen über ihre körperlichen Handlungen, dass sie die Situation als eine Art Aufstehen, Wachwerden und Zu-sich-kommen verstanden wissen wollen. Sie recken und strecken sich, deuten Dehnübungen an oder geben ihren Handlungen eine gymnastikhafte Konnotation. An diesen Passagen manifestiert sich ein Modus des *So-tun-als-Ob*, welcher indiziert, dass die Handlungen artifiziell, manieriert und bewusst einstudiert anmuten. Vor allem die rhythmische Verbundenheit mit dem eingespielten Song, die Carolin in ihren Bewegungen zum Ausdruck bringt, veranschaulicht diesen Eindruck. Die Handlungen weisen keine körperliche Notwendigkeit auf – Carolin könnte auch aufstehen, ohne sich den nicht vorhandenen Schlaf aus den Augen zu reiben –, sondern stehen als eine Art Ersatzhandlung *für etwas als etwas*. Für theatralische Handlungen lässt sich deshalb schlussfolgern, dass sie keine faktische Zweckgebundenheit aufweisen, sondern überzogen betont und präzisiert werden, um eine Aussage zu transportieren, die vorab konzipiert wurde.

In *Performance E [5.3.5]* geraten Auszüge in den Blick, in denen sich die theatralische Qualität der Handlungen aus der Begegnung mit der Rezitation eines lyrischen Textes erzeugt. Zu der vorgetragenen Gedichtpassage *„Doch ein bloßes ‚Wer bist du?' bricht meinen zügellosen Schritt, treibt mich in den Käfig, dessen Maschen sorgsam selbst geschnürt"* stößt Patricia Lorelai mit beiden Händen nach vorn. Diese macht im Schwung einen Schritt und holt mit dem linken Arm aus, um mit der Hand eine Greifbewegung anzudeuten. Sie wiederholt die Bewegung rechtseitig. Die Handlung wirkt andächtig und gehaltvoll, insofern sie durch ein kurzes Zögern immer auch zeigt, dass sie auf die verbalen Impulse von Patricia reagiert. Die synchron zur Rezitation des Gedichts gezeigten Handlungen implizieren eine Bedeutung, die transportiert und verstanden werden soll. In diesem Moment wird *etwas* handelnd betont, sprich für die Betrachtenden der Aufführung sichtbar *als etwas* markiert. Die Betrachtenden werden in diesem Sinne über die Handlung gleichsam auf- und herausgefordert, das Gezeigte zu entschlüsseln.

Die Ausführungen haben verdeutlicht, dass Handlungen immer dann als theatralisch markiert werden können, wenn sie in einer nachvollziehbaren Beziehung zu vorab gesetzten Bedeutungszuschreibungen stehen. In *Performance E [5.3.5]* zeichnet sich diese Korrelation zum lyrischen Text ab, in *Performance D [5.3.4]* zu einer Idee bzw. einer vorbestimmten, eingefahrenen Vorstellung von *etwas*. Die Handlungen wirken überspitzt und überzeichnend, insofern sie dem Bestreben Ausdruck verleihen, eine Aussage intersubjektiv nachvollziehbar zu machen.

6.2.1.3 Demonstrierendes Handeln

Im Zuge der voranschreitenden Analysen hat sich in der Beschreibung einer oszillierenden Disposition zwischen faktischen und theatralischen Handlungsvollzügen ein Modus des Performens herauskristallisiert, der mit der Zuschreibung *demonstrierend* gefasst werden soll. Anhand zweier Ausschnitte aus *Performance E [5.3.5]* und *Performance F [5.3.6]* werden im Folgenden wesentliche Merkmale dieses Modus herausgearbeitet.

Wie bereits beschrieben, kommt es in *Performance E [5.3.5]* zu einer diffusen Verflechtung zwischen dem gesprochenen Wort Patricias und den nonverbalen Handlungsvollzügen von Lorelai, Noel und Robin. Diese weisen eine je unterschiedliche Nähe zum lyrischen Text auf. Allen gemeinsam ist jedoch, dass sowohl Noel und Robin – zeichnend auf dem Boden –, als auch Patricia und Lorelai – in der Interaktion miteinander – *etwas* im Handeln ausdrücken. Dieses *etwas* wird durch das gesprochene Wort Patricias hervorgerufen, indem synchron folgender Auszug rezitiert wird: *„In mir klafft ein Loch von Einsamkeit gewogen. Es zu stopfen, mein Neumond gelogen. Mein Gebaren eine leere Maskerade." Doch ein bloßes ‚Wer bist du?' bricht meinen zügellosen Schritt, treibt mich in den Käfig, dessen Maschen sorgsam selbst geschnürt"*. Die Nähe der Handlungsvollzüge zum Gedichtausschnitt prägt sich jedoch unterschiedlich aus. So kann der bereits erwähnte Vorstoß Lorelais als relativ enger Anklang zu den Worten Patricias gedeutet werden, da das Treiben in den Käfig hier zu einem körperlich betonten Ausdruck gelangt. Das markierende Agieren von Noel und Robin erschwert es dem Betrachtenden hingegen, schnelle Rückbezüge zwischen den aufgeführten Handlungsvollzügen und der Bedeutung der zeitgleich vorgetragenen Gedichtzeilen zu knüpfen. Sie bücken sich hinter Patricia synchron mit ausgestrecktem Arm gen Boden und setzen ein Stück Kreide an, mit dem sie nun gleichlaufend ein Rechteck um die beiden Performerinnen ziehen. Ihre kreideführenden Hände treffen vorn in der Mitte aufeinander. Es wird auch hier eine gewisse Übertragung sichtbar, die sich durch das bereits beschriebene Sich-zueinander-Verhalten und ein Markieren-des-Anderen indiziert. In beiden Formen des handelnden Explizierens offenbart sich eine Dynamik der körperlich-bildlichen Abstraktion. Die Körper abstrahieren die gesprochenen Worte auf je unterschiedliche Art und Weise, in dem die Worte in mehr oder weniger zuschreibbare bzw. deutbare Handlungen transformiert werden. Lorelai lässt sich durch einen Stoß in den imaginären Käfig katapultieren, Noel und Robin begrenzen die Aktionsfläche ihrer Mitperformerinnen durch ein abgestecktes Rechteck, um die vorgetragene Enge und Leere abstrahiert in der Fläche zu veranschaulichen.

In *Performance F [5.3.6]* lässt sich eine ähnliche Ausformung spezifischer körperlicher Handlungen beobachten. Levi handelt im ersten Teil der Performance mit einer goldfarbenen Rettungsfolie. Er setzt sich körperlich zum Material in Beziehung und inszeniert zaghaft bestimmte Vorstellungen, die sich über das Materialarrangement manifestieren. Bereits in der Deskription veranschaulicht sich diese Überlegung im Vergleich, der an die Materialhandlung angelegt wird. Levi formt die Folie *wie* eine Toga oder bindet sich die Folie *wie* einen Tanzrock um die Hüften. Er nutzt die

Folie, um sich gewissermaßen zu verkleiden und in eine andere Rolle zu schlüpfen. Die daran angeschlossenen Bewegungen greifen den imaginären Impetus der Verkleidung auf und inszenieren die Folie am Körper *als etwas*. So zieht er die Schultern nach hinten und fährt sich mit erhobenem Kinn durchs Haar – eine Pose, die eine gewisse Stärke suggeriert. Das rockähnliche Gebilde wird hingegen geschwungen und in kindlicher Manier um die eigene Achse gedreht, sodass sich die Folie in der Luft bewegt. Der Körper wird hier zu einer Vorstellung *von etwas* in Beziehung gesetzt und das am Körper arrangierte Material in seiner signifizierenden Wirkung ausgelotet. Handlung und Material werden im Kontext des Bekannten über den Körper evident. Levi vollzieht diese handelnde Bezugnahme als eine Form der Selbstbefragung vor dem Spiegel, welche ihm eine sofortige Visualisierung der eigenen Materialimagination ermöglicht.

Demonstrierendes Handeln zeigt sich somit in unterschiedlichen Ausprägungen als verkörperter Abstraktionsprozess. Es werden Sprachbilder und (überspitzte) Ideen durch körperliche Handlungen betont, die Körper zeigen sich graduell zeichenhaft und können über Materialhandlungen in Abstufungen *ein Anderes* aufzeigen. Im performativen Demonstrieren treffen faktisch anmutende und darstellerisch anmutende Handlungen aufeinander.

6.2.1.4 Prozesshaftes Changieren zwischen faktischem, demonstrierendem und theatralischem Handeln

Wurde in den vorangestellten Ausführungen der Fokus daraufgelegt, die einzelnen Modi modellhaft voneinander abzugrenzen, sollen an dieser Stelle noch einmal explizit Momente in den Blick genommen werden, in denen genau dieses Changieren zwischen den grundlegenden Modi in den Performances sichtbar wird. Dazu werden sowohl eine Sequenz aus *Performance D [5.3.4]*, als auch einen Ausschnitt aus *Performance C [5.3.3]* betrachtet.

In den Handlungen von Kilian in *Performance D [5.3.4]*, die sich in der Eröffnungsphase der Performance ähnlich zu denen seiner drei Mitperformerinnen vollziehen, offenbart sich eine Verquickung faktischer und darstellerischer Modi des Performens:

> *Kilian drückt sich etwas behäbig vom Boden ab, geht dann lässig zum Spiegel und steckt dabei sein Smartphone gekonnt zurück in die Hosentasche. Vor dem Spiegel beugt er sich nach vorn und fährt sich mehrmals strubbelig durchs Haar. Er streicht mit der flachen Hand flüchtig über sein Shirt und zieht den Bund nach unten. Seine Bewegungen wirken betont leger und zwanglos. Er fährt sich noch einmal kurz über die Jeans und verlässt dann die Probebühne auch in Richtung Publikum. Dabei holt er sein Smartphone wieder aus der Hosentasche, klappt die Hülle zur Seite und beendet den Song. [5.3.4, S. 182]*

Die Handlungen, die Kilian an seiner Kleidung und seinem Haar vollzieht, wirken gewohnt und weisen kaum über die Praktiken hinaus, als die sie sich zeigen. Auch der Umgang mit dem Smartphone macht einen geschickten, habitualisierten Eindruck. Die Handlungen können in ihrem faktischen Vollzug als materialbezogen und referenzarm bezeichnet werden. Dennoch kristallisiert sich in der Beschreibung der Eindruck heraus, dass in der Lässigkeit, mit der er die Handlungen durchführt, eine gewisse Betonung und nachdrückliche Setzung zum Ausdruck kommen, die eine eigenartige Manieriertheit aufweisen. In der Aufführung tritt die performativ generierte Bildaussage in den Vordergrund, insofern dem Betrachter / der Betrachterin deutlich wird (werden soll), dass er als Performer cool, leger und entspannt *rüberkommen* möchte. Dieser Eindruck des *Rüberkommens* im Sinne einer betonten Haltung, unterfüttert die Zuschreibung darstellerischer Qualitäten der aufgeführten Handlungsvollzüge. An dieser Passage zeigt sich, dass faktisches und abgestuft theatralisches Handeln nah beieinanderliegen können.

Auch im ersten Teil von *Performance C [5.3.3]* dominieren faktische Handlungen, sprich Handlungen, die nur bedingt über das hinausweisen, was sie zeigen. Die Handlungen vollziehen sich vollständig am Material der Goldfolie. Die Folien werden in Bezug auf ihre materiellen Eigenschaften bearbeitet oder für die körperlich erzeugten Handlungszusammenhänge benutzt. So wird eine Art Kampf initiiert, welcher das Ziel hat, Nico zu umwickeln:

> *Nico deutet seine Abwehr eher an, als dass er mit voller Körperkraft auf den Griff von Henrike und Lara reagiert. Die Bewegungen, die sehr nah am Körper von Nico stattfinden, werden von Lara sehr vorsichtig und zurückhaltend vollzogen. Nico hingegen agiert betont unruhig und zappelig. Die Performenden inszenieren ein Spiel mit festem Ausgang, insofern in Nico eine Kraft zu vermuten ist, die nicht zum Ausdruck kommt. Die drei Performenden bewegen sich im Prozess über die gesamte Probebühne und umzirkeln dabei den Hocker mehrere Male. Henrike schließt die dargestellte Auseinandersetzung ab, indem sie ein Stück Folie in Form einer Schnur mit einer zackigen Bewegung um den Hals von Nico legt und verengt. Nico zieht dabei die Schultern nach oben und suggeriert, dass er unter dieser Handlung leidet. Er geht zitternd in die Knie und legt sich mit dem Rücken zum Publikum gewandt zusammengekauert auf den Boden. Für eine kurze Zeit lässt er seine Beine immer wieder zucken, um dann völlig reglos zu verharren. [5.3.3, S. 178]*

Der beschriebene Kampf müsste ob der starken Statur von Nico ein kraftvoller, energetischer Akt sein. Diese Dynamik entwickelt sich jedoch nicht. Vielmehr ‚tänzeln' die Performenden umeinander und führen ihre Bewegungen sehr unbestimmt aus. Vor allem Nico bewegt sich betont unruhig und nervös. Die Ausprägung der Handlungen von Nico lassen eine gewisse Unschlüssigkeit vermuten, da ihn seine Partnerinnen kaum *wirklich* traktieren. Dieser Umstand steht offensichtlich im Kontrast zur inhaltlichen Intention der Handlung: eine körperliche Auseinandersetzung zwischen Nico und Lara/Henrike. Um dieser Intention und dem vorab vereinbarten Ziel der Handlung jedoch trotzdem Ausdruck zu verleihen, verstärken die Performenden ihre Handlungsvollzüge übertrieben theatral. Dies wird vor allem bei Nico sichtbar, der auf die gespielte Strangulation von Henrike zitternd und zuckend in die Knie geht. Das zu zeigende Bild soll über den körperlichen Ausdruck intersubjektiv lesbar bleiben. Der Inhalt bestimmt an diesem Punkt der Performance die formale Ausprägung der körperlichen Handlungen. Dieses Kippmoment zwischen der Bedeutsamkeit von Inhalt und Form im Prozess wird demzufolge als wesentlicher Bezugspunkt für das Changieren zwischen faktischen, demonstrierenden und darstellerischen Handlungen in der performativen Aushandlung sichtbar.

In den Analysen ist immer wieder deutlich geworden, dass die drei aufgeführten grundlegenden Handlungsmodi kaum scharf voneinander getrennt werden können. Vielmehr sind sie als performancespezifische Denkfiguren zu verstehen, die auf sichtbare körperliche Äußerungen der Lernenden zurückgeführt und in diesem Sinne für einen performativen Gestaltungsprozess fruchtbar gemacht werden können. Feine Nuancen in der Beobachtung machen eine differenzierende Betrachtung der Modi möglich, legen jedoch auch in ihrer immer subjektiv gebundenen Ausdeutung nahe, die begriffliche Abgrenzung nicht überzustrapazieren, insofern jede Handlung, die in einem Aufführungskontext gezeigt wird, per se darstellende Züge aufweist, nicht ohne für den Moment wirklichkeitsverändernd zu fungieren.

6.2.2 Spezifische Modi des Performens

6.2.2.1 Rhythmisches und choreografiertes Handeln

In den Performances werden von den Lernenden Handlungen vollzogen, die zum einen von musikalischen Songs begleitet sind und zum anderen vorab gleich einer Choreografie konzipiert wurden. Sie folgen einem bestimmten Rhythmus, im Sinne einer regelmäßigen Wiederkehr bestimmter vorab erprobter und ausgehandelter Handlungseinheiten. Die Begriffe Rhythmus und Choreografie weisen eine Nähe zur Musik und zum Tanz auf, die in ausgewählten Performances auch sichtbar klar zum Ausdruck kommen. In anderen Performances werden im Gegensatz dazu Handlungschoreografien entfaltet, die nicht eindeutig eine musikalische oder tänzerische Referenz aufweisen, sich in ihrer Ausprägung jedoch trotzdem durch einen wesentlichen Aufbau und Wechsel betrachten lassen. Diese Bandbreite soll im Folgenden an ausgewählten Beispielen aus der Analyse der Aufführungsperformances dargestellt werden.

In *Performance D [5.3.4]* gerät dazu zunächst ein Ausschnitt in den Fokus, der im zweiten Teil der Performance gezeigt wird. Im Laufe der Performance ändert sich der Sound des abgespielten Songs und markiert somit den Beginn einer neuen Handlungssequenz:

> *Die Taktung des Songs „Trndsttr" von M. Maggie feat. Lucia entwickelt sich durch eine Veränderung harmonisch bewegt und wird durch zackige, klare Klänge begleitet. Zeitgleich endet die Videoprojektion und Vera beginnt, in schummriger Dunkelheit auf der Fläche der Probebühne zu tanzen. Ihre Tanzbewegungen sind rhythmisch, energetisch und vollziehen sich raumgreifend. Sie springt kraftvoll in die Höhe, reiht verschiedene Pirouetten aneinander und begibt sich in der Tanzbewegung flach auf dem Boden. Die Choreografie mutet zeitgenössisch und ge-*

> *übt an, die einzelnen Bewegungen gehen fließend ineinander über. Sie markieren das Zentrum der Probebühne pulsierend und lebendig. [5.3.4, S. 182]*

Der Rhythmus des Songs bedingt den Rhythmus der tänzerischen Bewegungen. Das Bewegen-im-Takt erfordert eine leibgebundene Öffnung in Richtung der audiosensitiven und räumlichen Eindrücke in der Live-Aufführung, um das Gehörte und Empfundene in einen körperlichen Ausdruck zu transformieren. Das Ergebnis dieser Begegnung zeigt sich in der raumgreifenden und energetischen Ausdrucksweise Veras. Sie kann als eine Form entfesselter Bewegungsdynamik im Tanz beschrieben werden, die durch Musik gewissermaßen initiiert und getragen wird. Die Musik scheint ein Anstoß zu sein, raumgreifende, resonante Bewegungsformen als darstellungswürdigen performativen Zugang auszuloten und innerhalb der verschiedenen Zugänge in Szene zu setzen. Eine weitere Sequenz aus *Performance D [5.3.4]* ergänzt diese Überlegung:

> *Während sich Carolin zu Beginn der Performance die weißen Sportsocken über die Füße zieht, wippt sie mit je einem Fuß rhythmisch im Takt des über ihr Smartphones abgespielten Songs. Anschließend führt sie beide Unterschenkel parallel und mit gestreckten Füßen unter den Körper, um sich schließlich auf die Knie aufzurichten. Sie zieht ihren gelben kurzen Rock nach unten, greift nach ihrem Smartphone und begibt sich schwungvoll in den Stand, um dann die Bühne mit im Takt wippendem Schritt zu verlassen. Sie beendet das Lied mit einem Tippen auf der Oberfläche ihres Smartphones. [5.3.4, S. 182]*

Die rhythmischen Bewegungen, die Carolin zeitgleich zu der Materialhandlung durchführt, erscheinen nicht geübt oder in der Situation übermäßig in Szene gesetzt. Sie können eher als lockere, die Situation untermalende Begleitbewegung und in diesem Sinne als Akt körperlicher Resonanz beschrieben werden. Diese Bewegung zeigen sich als eine Form leiblichen Spürens und Reagierens auf äußere Einflüsse.

In *Performance B [5.3.2]* wird choreografiertes, rhythmisches Handeln in einer Duohandlungssequenz sichtbar:

> *Thea und Moris nähern sich von links und rechts der Aktionsfläche aufeinander zu. Dreh- und Angelpunkt ihrer stummen Bewegungen ist die Rotation ihrer Oberkörper in Verbindung mit ausschweifenden, umfassenden Gesten der ausgestreckten und trotzdem leicht gerundeten Arme. Die Arme scheinen mitunter eine große Kugel in all ihren Raumebenen zu umschließen. Sie öffnen und schließen sich, führen symmetrisch aufeinander zu und kreisen um die Achse des Oberkörpers, der sich immer auch wieder nach vorn und hinten beugt. Währenddessen bewegen sie sich langsam vorwärts, wobei sie den Schwung ihrer Arme immer wieder im breiten Stand austarieren. Nach kurzer Zeit treffen beide Performenden aufeinander. Sie blicken sich in die Augen und stehen aufrecht, frontal zugewandt voreinander. Schwunghaft fährt Thea ihre Arme nach vorn und beugt ihren Oberkörper, die Knie leicht gebeugt, dabei ruckartig herunter. Moris wiederholt diese Bewegung und umfasst anschließend mit seinen Händen die von Thea mit den Armen umschlossene Fläche. Beide beginnen in abwechselnden, konzentrierten*

> *Zügen und in der Manier der vorher entwickelten Bewegungen aufeinander zu reagieren. Sie begeben sich dabei in verschiedene Raumebenen. Sie kriechen untereinander durch, steigen übereinander, drehen sich umeinander – immer in der Ambivalenz zwischen Nähe und Distanz, Innehalten und Dynamik. [5.3.2, S. 174]*

Rhythmisierendes Handeln zeigt sich vor dem Hintergrund dieser Beschreibung als ein dynamisches Aufeinander-Zu-Bewegen. Die einzelnen Bewegungsabläufe folgen einem vorab erprobten und festgelegten Konzept, das sich um die Achse des Oberkörpers dreht und in weit ausladenden Bewegungen mündet. Zu den installierenden Handlungen, die im Bühnenvordergrund von Bela und Milena ausgeführt werden, wirkt das rhythmisierende Handeln von Moris und Thea kontrastreich und bewegt. Die einzelnen Arm- und Schrittbewegungen scheinen einem zackigen, nicht hörbaren Takt zu folgen. Die schematischen und zweckfreien Bewegungen markieren den Körper als Material. Die Beispiele rhythmischer Handlungen können als leiblich responsive Körperbewegungen verstanden werden, die einerseits choreografiert zum Ausdruck kommen, andererseits aber auch begleitend oder untermalend zu anderen Handlungen vollzogen werden. Die Bewegungsmuster werden gemeinsam oder individuell vollzogen, bedürfen jedoch immer einer explorierenden und übenden Vorbereitung. Vergleicht man die Sequenzen miteinander, fällt auf, dass diese vorab konzeptualisierten Handlungsmuster mitunter raumgreifend und körperlich ausladend ausgeprägt sind, sodass rhythmische und choreografische Handlungsdispositionen als körperentgrenzende Zugänge zum performativen Handeln verstanden werden können.

6.2.2.2 Handeln für ein technisch Anderes

Da für die *Performances A [5.3.1], B [5.3.2], D [5.3.4]* und *E [5.3.6]* Video- und Kameraaufnahmen angefertigt wurden, die synchron zu den Livehandlungen auf der Probebühne an die große Rückwand projiziert wurden und in denen der Körper der Lernenden in (bewegten) Bildern thematisiert wird, hat sich in den Analysen ein weiterer Handlungsmodus herauskristallisiert. Mit dem Ausdruck *Handeln für ein technisch Anderes* wird eine Handlungsdisposition ergründet, die sich einerseits der präsentischen Aufführung entzieht, sich andererseits jedoch in Nähe zu dieser ausprägt. Anhand von zwei Beispielen aus *Performance B [5.3.2]* und *D [5.3.4]* werden die Überlegungen dazu im Folgenden erläutert.

In *Performance B [5.3.2]* sind die Performenden in der Kameraaufnahme sichtbar, wenn auch nicht eindeutig zuzuordnen:

> *Die aneinander geschnittenen Einzelaufnahmen der Videoprojektion im Hintergrund gleichen einer fragmentarischen Kamerafahrt entlang des Körpers der dargestellten Personen. Ausschnitte verschiedener Körperteile – Hals, Beine und Knie, Ohren, Augen, Haaransatz, Nacken, Rücken, Schultern, Füße und Bauch – geraten in leicht bewegter Aufnahme und unbekleidet in den Fokus. Durch die überdimensionierte Projektion sind die Körperteile stark vergrößert abgebildet.*

Die einzelnen Ausschnitte sind scharf aneinandergeschnitten, changieren jedoch in der Bildschärfe und dem Grad der leicht ruckelnden Bewegtheit der Einzelbilder. Die Aufnahmen zeigen Körperausschnitte, die bewusst in Szene gesetzt wurden. Das Zeigen des Bauchs im Detail bedeutet auch immer ein Nicht-Zeigen anderer Körperpartien. Die Performenden lassen intime Körperbereiche wie die Scham oder die Brust aus. Auch Erkennungsmerkmale, die auf die Identität der einzelnen Performenden hinweisen, werden von der Kameraführung vermieden. [5.3.2, S. 174]

Die Auswahl des Gezeigten und Nicht-Gezeigten eröffnet einen imaginativen Denkraum, der über eine einfache Zuschreibung des Gesehenen hinausgeht. Das Performen vor der oder für die Kamera kann in den Abschlussperformances als minimal-expressiv charakterisiert werden, da sich der Körper relativ unbewegt vor dem Objektiv zeigt. Er dient als Bildgegenstand, der von einer suchenden Kamera gleichsam ‚abgefahren' wird, um fragmentarische Detailaufnahmen der menschlichen Oberfläche in Szene zu setzen und eine Ambivalenz zwischen Zeigen und Nicht-Zeigen auszuloten. Nacktheit und Körperlichkeit werden im Video auf diese Art und Weise thematisch betont, um dann in der Live-Aufführung in situ verhandelt zu werden. In der Performance zeigen sich die vier Performenden darüber hinaus immer wieder in Standbildern und erzeugen dadurch eine Art Projektionsfläche für das Video.

Ein weiteres Beispiel kann die Überlegungen vertiefen. So wird die Gesamtwirkung und Dynamik von *Performance D [5.3.4]* zu einem wesentlichen Teil durch das Video bestimmt, das an die Rückwand der Probebühne projiziert wird. Dabei zeigt sich das Video ausschnittshaft auf den Körpern der Performenden, da sie sich im Standbild vor dem Bild positioniert haben. Dieses aushaltende Stehen und die Bereitschaft, sich als Bildträger zu zeigen, kann als eine weitere Spielart des *Handelns für ein technisch Anderes* gedeutet werden. Die Einzelaufnahmen des Videos wirken sehr fragmentarisch und assoziativ. Sie stehen in keinem narrativ-eindeutigen Verhältnis zueinander, sondern entwickeln sich in ihrer flüchtig-sensiblen Dynamik ausschnitthaft. Bilder reihen sich mit dem entspannten Takt der Musik aneinander:

Die mit einem schwarzen Netzstrumpf bezogene Hand bewegt sich vorsichtig vor dem Sonnenlicht. Die Finger werden auseinandergespreizt und wieder zusammengeführt, die Hand wird um die eigene Achse gedreht. Das Bild wechselt zu einer Frontalaufnahme von Sinjas ganzem Gesicht. Auch sie befindet sich vor einer in grünliches Licht getauchten Fensterfront. Der Lichtkegel einer Taschenlampe bewegt sich tastend über ihr Gesicht. Sie kneift ihre Augen ob der Blendung leicht zusammen. Nun wird Kilian in der Halbnahen eingeblendet, wie er vor einem gebrochenen Spiegelglas in einem unbestimmten Raum steht und sich betrachtet. Grellgrüne und violette Lichtreflexe wandern über sein Gesicht und seinen Oberkörper. Die Kameraführung ist immer leicht bewegt und gleichsam zittrig suchend. Das Bild blendet daraufhin wieder weich zur Großaufnahme von Sinjas Gesicht. Sie zieht sich eine grobmaschige Netzstrumpfhose über den Kopf, deren schwarze Laufmaschen mit ihrem Haar in Beziehung steht. Sie zieht die Strumpf-

beine auseinander und verformt auf diese Weise zaghaft ihre Gesichtszüge. Nach ca. einer Minute steigert sich der kühle Sound des Songs zu einer abrupten Härte, die die Klänge mit akzentuierten Pausen scharf aneinandersetzt. Diese Steigerung spiegelt sich im Schnitt und der Auswahl der Videoelemente wider, insofern die Bilder zittriger und in kürzeren Abständen im Loop aufeinander folgen. Ein behaarter Arm greift ins Leere, eine weiße Socke wird über einen Unterarm gezogen, ein Auge zwinkert pointiert im Takt eines klingelhaften Tones, Sinja verreibt sich mit dem Handrücken roten Lippenstift quer von den Lippen über die Wange, undefinierbare Architekturelemente sind in grelle Farben getaucht – die Bilder rauschen an einem vorbei und verdichten sich im Zusammenspiel mit dem abgeklärten Sound zu einem stimmungsvollen Eindruck, dem man sich nicht entziehen kann. [5.3.4, S. 182]

Die Videoaufnahme erlaubt eine Nähe zum Körper, die in der tatsächlichen Begegnung der Körper durch die Performenden und durch das Publikum in der Live-Aufführung zu einer Herausforderung werden würde. Sie entgrenzt den Blick auf den Körper, wobei vor allem das Gesicht als besonders intime, ausdrucksstarke Partie betrachtet werden kann. Zum anderen werden die gezeigten Körperpartien im Video zu erweiterten Bildträgern, insofern sie als Displays für verschiedene Lichtsituationen und Reflexionen dienen. Darüber hinaus treten Körper und Körperlichkeit im Video durch materialgebundene Handlungen hervor. So wird ein Netzstrumpf, der in seinem gesättigten Schwarz im Kontrast zur fluoreszierenden Lichtgestaltung steht, über eine Hand und den Unterarm gezogen. Das Material wird später aufgegriffen und in einer Steigerung verzerrend über das Gesicht von Sinja gestülpt. Ferner malt sie sich die Lippen rot an und verschmiert die Farbe quer über ihre Wangen. Eine weiße Socke wird über einen Unterarm gestülpt. Kilian wird ausschnitthaft vor einem Spiegel gezeigt, wie er sich betrachtet. Die Bilder changieren im Takt der Musik. Auffallend ist, dass im Video Materialien arrangiert werden, die bereits zu Beginn der Performance von Performenden aufgegriffen und verhandelt wurden. Sie werden im Video jedoch im Vergleich zu den Eröffnungshandlungen auf der Probebühne stärker inszeniert, da sie direkt am Körper verfremdend und verzerrend eingesetzt werden. Die Gesichtszüge Sinjas verziehen sich unter dem Netzstrumpf und erzeugen eine einengende Wirkung. Der verschmierte Lippenstift evoziert eine eigentümlich brachiale Wirkung. Wurde bereits eine Art entfesselter Blick auf den Körper herausgearbeitet, evoziert das Video darüber hinaus körperliche Praktiken, die sich im Vergleich zu routinierten Alltagshandlungen ‚entfesselt' am Material vollziehen.

Die beschriebenen Aufnahmen können zusammenfassend als eine am eigenen Leib erfahrene, körperbezogene Forschung über digitale Medien verstanden werden. Sie ermöglichen eine technisch gebrochene, verkörperte Introversion und Selbstbezüglichkeit, die über die Projektion oder die Montage von Bildern im Raum nach außen getragen werden und die körperlichen Livehandlungen auf der Probebühne ergänzen.

6.2.2.3 Materialhandlungen

Materialien und verhandelte Materialitäten spielen in allen erarbeiteten Konzepten der Ausdrucksformen von Körper und Leib eine wesentliche Rolle. Vor dem Hintergrund der kategorialen Systematisierung verschiedener Modi des Performens sollen Materialhandlungen an dieser Stelle erneut betrachtet werden (siehe auch Abschnitt 6.1). In allen Performances wird mit unterschiedlichen Materialien gestaltend gearbeitet. Bevor genauer auf das Gestaltungspotential dieser Materialien eingegangen wird, soll deren unterschiedliche Charakteristik kurz beschrieben werden. Zum einen werden kunstgenuine Materialien eingesetzt, wie sich beispielsweise in der Bemalung der Körper mit Gouche und Kreide oder der Installation von Fotografien im Raum aufzeigen lässt. Zum anderen nutzen die Lernenden Gebrauchsgegenstände, die ihnen aus dem Alltag bekannt sind und deren Handhabung ihnen nicht ungewohnt sein wird – Folien und Tücher werden ausgebreitet, Leitern bestiegen und Bügeleisen bewegt. Darüber hinaus kommen Alltagsobjekte zum Einsatz, die jedoch privaterer Natur sind – die Handhabung von Smartphones, Lippenstiften und Pflegeutensilien scheint den Performenden vertraut und routiniert von der Hand zu gehen. Als eine spezielle Form des Gebrauchsgegenstandes sind diverse Kleidungsstücke zu betrachten, welche in vier von sechs Performances handelnd zum Einsatz kommen – Hemden werden ausgezogen, Socken übergestülpt und Pullover übereinander getragen. All diese Materialien vereint der Umstand, dass sie aufgrund ihrer Eigensinnlichkeit ganz konkrete Handlungen bei den Lernenden evozieren, die in der Performance gezeigt und transformiert werden. Diese Handlungen können unterschiedlich bewertet werden. So können die Handlungen zum einen als eine Art Anwendung und Benutzung des Materials beschrieben werden, welche sich aus einem konsensuell vorgeprägten Umgang mit dem je charakteristischen Material ergeben: Socken werden über den Fuß gezogen, ein Hemd lässt sich aufknöpfen und abstreifen, mit einem Bügeleisen lassen sich Untergründe glätten, Folien werden ausgebreitet, das Smartphone wird zum Abspielen von Musik benutzt. Im Kontrast dazu wird der Umgang mit dem Material verfremdet oder überspitzt. Dies führt zu Handlungen, die mit einem Konsens brechen und als gestaltende Reaktion auf den Eigensinn des Materials gelesen werden können. Eine Rettungsfolie kann als schweifender Umhang dienen, die Kleidung wird bis zur Unkenntlichkeit übereinander gezogen, der Lippenstift wird auf den Unterarm aufgetragen oder die Folie über das Gesicht gezogen.

Innerhalb dieser changierenden Pole kann das Material als Katalysator für performative Handlungen beschrieben werden, über das Handlungsverläufe am Laufen gehalten werden bzw. im Prozess gestaltend ausdifferenziert werden können. Körper und Material treten in einen Dialog miteinander. Im Zuge der Analyse haben sich mit den Konzepten ‚Explorierendes Materialhandeln' und ‚Materialität handelnd inszenieren' somit zwei verschiedene Handlungsdispositionen herauskristallisiert, die im Folgenden an ausgewählten Auszügen aus den *Performances C [5.3.3], D [5.3.4]* und *F [5.3.6]* genauer beleuchtet werden.

a) Explorierendes Materialhandeln

Anhand einer Sequenz aus *Performance F [5.3.6]* soll deutlich gemacht werden, inwiefern Materialien live im Geschehen exploriert werden können. Levi arbeitet mit einer goldenen Rettungsfolie, die bereits in den vorherigen Performances seiner Mitschüler*innen zum Einsatz gekommen ist und auch in der vorbereitenden Unterrichtseinheit immer wieder eine Rolle gespielt hat:

> *Er hebt die vor ihm liegende Rettungsfolie vom Boden auf und lässt die Folie leicht auf und ab schweben. Dabei betastet er zögerlich die Ränder der Folie, um sie zu entwirren. Anschließend wirft er sich die entfaltete Folie über die Schultern. Die Folie schimmert nun wie ein goldener Umhang. Er dreht sich mit leichtem Schwung von links nach rechts, um sich dabei im Spiegel zu betrachten. Die Folie gleitet dabei zaghaft durch die Luft und wird flackernd im Spiegel reflektiert. Das kühle Knistern der Folie bestimmt dauerhaft den Gesamteindruck des bewegten Bildes. Levis Handlungen wirken in ihrer spezifischen Art unentschlossen und scheinen keinem festen Ziel zu folgen. Kurz blickt er zu Jule, als würde er sich vergewissern wollen, an welchem Punkt ihrer Handlungen sie sich befindet, um sich anschließend wieder seinem Spiegelbild zuzuwenden. Er streift die Folie über eine Schulter nach unten und hält deren Enden schräg vor dem Körper zusammen, sodass der Umhang einer Toga ähnelt. Er zieht seine Schulten nach hinten, hebt das Kinn und fährt sich mit der linken Hand durchs Haar. Infolgedessen lässt er die Folie noch ein Stück weiter nach unten rutschen, sodass sie sich nun wie ein ausfallender Tanzrock um seinen Unterkörper windet. Er greift den Impuls auf und dreht sich einmal mit angedeutetem Schwung um die eigene Achse. Wieder blickt er über die Schulter zu Jule, um sich dann erneut der Folie zu widmen. Er faltet sie achtlos an der Längsseite zusammen, windet sie um den Oberkörper und betrachtet sich im frontal im Spiegel. Die Handlungen wirken vorsichtig-suchend und im Prozess unentschlossen. [5.3.6, S. 189]*

Die Handlungsabfolge stellt einen Explorationsprozess dar. Zum einen entwickelt Levi seine Bewegungen aus dem Material heraus, wenn er dessen Dimensionalität und Beschaffenheit aufgreift und es zu seinem Körper arrangiert. Er legt die Folie über seine Schultern, verdeckt damit seinen Oberkörper oder bindet sie um seine Hüfte. In der Umhüllung vollzieht er Bewegungen mit der Folie, welche diese zum Schwingen und Rascheln bringen. Levi scheint nach jeder Bewegung erneut abzuwägen, was mit der Folie gemacht werden kann. Die Folie erscheint als eine Art Motor, die den performativen Prozess am Laufen hält. Zum anderen macht er das Material in seiner Materialität für sich und die Betrachtenden sichtbar, sprich er inszeniert es durch seine körperlichen Handlungen. Er entfaltet die Folie und versetzt deren glänzende Oberfläche vor dem Spiegel in Bewegung, sodass sich das spärliche Licht der kleinen Lampe in der hinteren Ecke des Raumes flackernd darin spiegelt. Der Umgang mit der Folie erzeugt ein eindringliches, knisterndes Geräusch, das den gesamten Raum einnimmt und die Atmosphäre maßgeblich bestimmt. Er bewegt die Folie in der Luft, sodass sie zart auf und ab schwebt. Die Leichtigkeit und Bewegtheit des fragilen Materials werden auf diese Weise handelnd betont. Aus dem Umgang

Levis mit der Rettungsfolie lässt sich rekonstruieren, dass er seine Handlungen nah am Material ausrichtet und die Komplexität des dem Material inne liegenden Potentials vorsichtig exploriert. Die Folie kann als *starkes* Material beschrieben werden, in dem Sinne, dass sie in ihrer Materialität Atmosphäre generiert und Handlungen herausfordert, die sich ihrer annehmen.

Eine weitere Facette materialexplorierender Handlungen zeigt sich in einem Auszug aus den Analysen zu *Performance D [5.3.4]*. Zu Beginn der Performance wird deutlich, dass das Material von Vera, Sinja, Kilian und Carolin eingesetzt wird, um routinierte, gewohnte Handlungsmuster zu zeigen. Handy, Lippenstift, Creme und Strümpfe können als Alltagsgegenstände bezeichnet werden, denen ein bestimmter Zweck anhaftet. Genau dieser Zweck wird von den Performenden handelnd aufgeführt. Einen erneuten Einsatz erfahren ausgewählte Materialien anschließend im Video, wobei der zweckgebundene Charakter der Handlungen mit den Materialien nun aufgelöst wird. Es werden Handlungen ausgeführt, die sich zwar zweckähnlich aus ihrer Materialität ergeben, jedoch zweckverfremdend benutzt werden. Eine weiße Socke wird über den Unterarm gestülpt und der Lippenstift, den Sinja sich live aufgetragen hat, wird nun mit dem Handrücken auf den Wangen verschmiert. Hinzu kommt, gleichsam als Ergänzung zum Alltagsmaterial Strumpf, der schwarze Netzstrumpf, den Sinja sich über das Gesicht zieht – eine Tätigkeit, die im Takt der Musik geloopt wird. Die Handlungen mit den Materialien erhalten an dieser Stelle eine wahrnehmbare Intensivierung, da sich in ihnen eine bewusst gestaltete irritierende Komponente offenbart. Diese sich entwickelnde Dynamik erhält zum Ende der Performance eine erneute Fokussierung, indem das Material nun auch in der Live-Aufführung bewusst verfremdend auf den eigenen Körper hin bezogen wird. Carolin und Kilian treten nach vorn und richten sich standbildgleich zum Publikum aus. Carolin beginnt mit dem roten Lippenstift über ihren linken Unterarm zu malen und ihn auf diesem Weg gewissermaßen abzufahren. Sie folgt ihren selbst gezogenen Linien mit den Augen. Kilian zieht den schwarzen Netzstrumpf über seinen rechten Arm, spreizt dabei seine Hände und dreht den Arm. Auch er blickt dabei an sich herunter. Die zweckverfremdenden Materialhandlungen bezeichnen nun den Körper *als* Material. Die Handlungen werden im Kontrast zu den Einstiegshandlungen konzentriert und mit Ruhe ausgeführt.

Zusammenfassend zeigen die beschriebenen performativen Handlungen, dass sich der Umgang mit einem Material im Prozess verändern kann. Die am Material vollzogenen Handlungen werden in ihrer formal-ästhetischen Auslotung mitunter zunehmend abstrahiert und verfremdet. Die gezeigten und benutzten Materialien werden handelnd erforscht und in ihrer Handhabung live ausdifferenziert. Im Zuge der Performance entwickeln die Performenden somit über die Materialhandlungen eine zunehmende Intensität im Handeln.

b) Materialität handelnd inszenieren

Weiterhin kann eine Dynamik aufgezeigt werden, die die Interferenz zwischen der Materialität eines Stoffes bzw. Gegenstandes mit der in der Performance aufgezeigten Handlungsabfolge thematisiert, insofern sich diese im Vollzug zuspitzt. Beispielgebend werden die umfänglichen Materialhandlungen aus *Performance C [5.3.3]* herangezogen:

> *Nico führt zu Beginn seiner Handlung im Türrahmen sehr reduzierte, minimale Bewegungen an der gespannten Folie durch. Das vorsichtige Tasten und Streichen geben dem Betrachtenden Zeit, die Folie in ihrer Materialität wahrzunehmen. Zwischen den Händen von Nico und dem gespannten Material entsteht eine sichtbare Resonanz. Er sondiert die Oberfläche der Folie haptisch, strafft diese unter dem Druck seiner Finger und erzeugt nach und nach ein aufdringlich schleifendes Geräusch. Seinen hinter der transparent wirkenden Folie in Umrissen erkennbaren Körper bewegt er kaum, wodurch die Handbewegungen fokussiert werden. Im Laufe der Handlungsabfolge steigert er seine Bewegungsmuster an der Folie, behält jedoch den aufrechten Stand bei. Nico agiert hinter der Folie mit dem Ziel, diese zu zerstören. Dies soll jedoch nicht bei der ersten Berührung geschehen. Er bestastet und bestreicht diese deshalb mit unterschiedlichem Druck und zu Beginn der Performance sehr zaghaft und zögerlich. Nach und nach steigert er seine Handlungen, was dazu führt, dass das Betasten und Streichen weniger kontrolliert und beherrscht stattfindet. Es ist sichtbar, dass das Material zunehmend dem Zerreißen nahe ist. Nachdem dies geschieht, fällt das Tageslicht aus dem dahinterliegenden Raum auf die Probebühne und verändert die Raumwahrnehmung. Der Handlungsstrang löst sich auf, indem Nico die Probebühne betritt. [5.3.3, S. 178]*

Die Deskription verdeutlicht einen Prozess, der einen sich am Material vollziehenden Spannungsbogen beschreibt. Die Handlung wird zugespitzt, auf einen Punkt getrieben und ausgereizt. Das Tasten und Streichen wird in seiner Bandbreite ausgelotet und intensiviert. Vor dem Hintergrund performativer Akte ist hier eine Inszenierungsstrategie zu beobachten, die von den Performenden konzeptuell angelegt wurde und in der Liveaufführung gezeigt wird. In Bezug auf Aspekte bildnerischer Gestaltung wird auf diese Weise Spannung und Bildbewegung erzeugt, die sich performativ vollzieht. Die Handlungen laufen auf etwas zu, verfolgen ein Ziel und entwickeln sich als konzipierte Abfolge von *etwas als etwas* am Material.

6.2.3 Verknüpfungen zum Unterrichtsgeschehen – Die Modi des Performens im Spiegel der Vignetten

Die Lektüre der Vignetten ermöglicht es, bezüglich einer Ausdifferenzierung verschiedener Performancemodi drei Schwerpunkte zu diskutieren, die eine Rekonstruktion von Zusammenhängen zwischen inhaltlich-didaktischen Entscheidungen Kerstin Chills und Erkenntnissen der Lernenden zulassen. Vorab sei betont, dass die einzelnen Modi, wie sie sich aufgrund der Analyse der Abschlussperformances herauskristallisiert haben, im Unterrichtsgeschehen keinesfalls permanent in der rekonstruierten Abgrenzung zueinander benannt wurden. Vielmehr wird sich im Folgenden zeigen, dass die einzelnen Modi immer verwoben miteinander sichtbar werden.

Zunächst wird die Thematisierung grundlegender Performancemodi – faktisch, theatralisch und demonstrierend – in den Blick genommen. Anschließend folgt eine Betrachtung spezifischer Performancemodi und deren lehr- und lernseitige Widerspiegelung im Unterricht. Zum Ende dieses Abschnittes wird anhand ausgewählter Vignetten herausgearbeitet, wie vielseitig und divers der Performancebegriff in der beforschten Unterrichtseinheit geprägt wurde, um zu verdeutlichen, dass die einzelnen Modi jeweils verknüpft miteinander im Unterricht berührt und von den Lernenden in performative Handlungen transformiert wurden.

6.2.3.1 Grundlegende Modi des Performens ausdifferenzieren

a) faktische Handlungen und theatralische Handlungen in Abgrenzung zueinander

Für die Ausprägung faktischer Handlungsmodi in der Performance seien an dieser Stelle die bereits dargestellten Betrachtungen der Vignetten zum Körper als Material genannt [siehe 6.1.5]. Eine Fokussierung des gestaltbaren physischen Körpers in Verknüpfung mit leiblichen Erfahrungen in der Performance tragen maßgeblich dazu bei, im Modus des Ich^hoch^Zwei genau jene routinierten, referenzarmen und körperbetonenden Handlungen anzulegen, die in den Abschlussperformances als faktisch markiert werden konnten. Ein Auszug aus der Vignette *„Performancebegriff an Beispielen konturieren" [5.2.1.1, S. 133]* aus der ersten Doppelstunde berührt zunächst eine Unterscheidung zwischen faktischen und theatralischen Handlungen: Das in der Vignette dargestellte Gespräch ereignet sich in der ersten Doppelstunde, in der eine sprachliche und performative Annäherung an das Thema „Körper, Haut und Hülle" angelegt wird. Mit der Frage nach dem *Essentiellen des Performers* und dem *Unterschied zum Schauspiel* wird von Kerstin Chill bereits eine Setzung vollzogen, die eine Gegensätzlichkeit zwischen Performancekunst und Theater aufzeigt. Die Antwort der Schülerin *sich selber spielen* entzieht sich wiederum dieser unterscheidenden Setzung und referiert sowohl auf faktisches Handeln, im Sinne eines authentischen, selbstreferentiellen Zugangs zum Performen, als auch auf das theatralische Handeln, da die Wortwahl *sich spielen* auf eine spezifische Form des Schauspielens referiert.

Die Vignette *„Das Potential von Handlungen reflektieren" [5.2.2.4, S. 141]* aus der zweiten Doppelstunde gibt Einblick, wie diese Unterscheidung grundlegender Handlungsmodi im Unterrichtsgeschehen weiter vertieft wird. Im Vignettenausschnitt zeigt sich eine Ausdifferenzierung der Performancemodi über inhaltliche Impulse, die Kerstin Chill im Kurs setzt. In der kurzen Besprechung des Unterpunktes „Bildlichkeit" wird deutlich, dass Performance im Gespräch mit Authentizität in Verbindung gebracht wird, verstanden als echte, glaubwürdige Handlungen, die sich in diesem Sinne von unechten, aufgesetzten Handlungen unterscheiden. Dies impliziert eine Fokussierung auf faktische, körperbetonende Handlungsdispositionen, die der Performance zugeschrieben und die im Gespräch mit den Lernenden als Urteilsebene angelegt wird.

Um darzustellen, wie die Unterscheidung faktischer und theatralischer Handlungen in den Liveaufführungen reflektiert wird, werden abschließend zwei Vignetten sowohl lernseitig als auch lehrseitig betrachtet. So macht ein Ausschnitt aus der Vignette *„Spontanes Feedback äußern" [5.2.6.2, S. 161]* aus der Aufführungsstunde deutlich, wie ein Schüler seinen Live-Eindruck intuitiv beschreibt und beurteilt. Die vorausgehende Analyse der Performance von Patricia, Noel, Robin und Paul hat bereits verdeutlichen konnte, dass in den Handlungen der Performenden theatralische und demonstrierende Elemente überwiegen. Dieser Umstand wird in der kurzen Reflexion von Bela erkannt und vorsichtig als Kritik formuliert. Für den vorliegenden Zusammenhang ist die Aussage allen voran gerade deshalb bedeutsam, da in ihr ein lernseitiger Verstehensprozess zum Ausdruck kommt. Die Abgrenzung beider Handlungsdispositionen wurde im Unterricht, wie bereits aufgezeigt, als Qualitätsmerkmal markiert und spiegelt sich an dieser Stelle in der Beurteilung Belas wider.

Diese Unterscheidung zwischen faktischen und theatralischen Handlungen wird auch von Kerstin Chill in der letzten Stunde thematisiert, jedoch im Urteil darüber relativiert. Ein Ausschnitt aus der Vignette *„Materialeinsatz in den Performances reflektieren" [5.2.7.3, S. 166]* macht dies deutlich. Kerstin Chill konstatiert ein Kippen der Handlungen ins Theatralische in ihrer Wahrnehmung einiger Abschlussperformances – sie benennt keine konkreten – und setzt dieses Kippen mit dem Einsatz spezifischen, als konservativ markierten Materials in Verbindung. Der Auszug aus der Vignette ist insofern interessant, als dass die Lehrerin die Beobachtung theatralischer Handlungen dezidiert nicht negativ beurteilt. Sie verweist lediglich auf ihre Beobachtung und stellt fest, dass die Grenze zwischen den einzelnen Handlungsdispositionen selten trennscharf gegeben sei. Sie verweist damit auf das prozesshafte Changieren zwischen faktischen, theatralischen und demonstrierenden Handlungen, die sich auch in der Analyse der Abschlussperformances herauskristallisiert hat.

Zusammenfassend kann zu diesem Punkt betont werden, dass die faktischen und theatralischen Handlungsmodi des Performens im Unterricht nicht mit definitorischer Schärfe benannt, sondern in der Erarbeitung und Reflexion eher niedrigschwellig an konkrete Beobachtungen gebunden und ausdifferenziert werden. Die Fokussierung faktischer Handlungen für das performative Arbeiten der Lernenden wird vor allem im explorativen praktischen Arbeiten in den Gruppenübungen angelegt. In den reflektierenden Gesprächen wird diese Fokussierung als Urteilsebene benannt, jedoch dient sie nicht als ein unausweichliches Differenzkriterium in Bezug auf die vielseitigen Handlungen der Lernenden.

b) demonstrierende Handlungen

Die vorab zitierte Vignette *„Das Potential von Handlungen reflektieren" [5.2.2.4, S. 141]* gibt in einem weiteren Ausschnitt Einblick, wie die Lernenden ihre Handlungen im Modus des Demonstrierens reflektieren und beurteilen. Es wird deutlich, dass der Ausgangspunkt der Handlungen für die Lernenden oftmals in der Darstellung *von etwas als etwas* liegt. Die Transformation einer Handlung in eine Idee, bzw. die sofortige Ausdeutung einer Handlung – zum Beispiel in Form des Vergleichs mit einem Teletubby – macht deutlich, dass sich die Lernenden in der Konzeption einer Performanceidee im Modus des demonstrierenden Handelns bewegen. Sie möchten etwas darstellen, einer Idee Ausdruck verleihen, diese quasi in Handlung übersetzen. Einer Handlung wird dann Potential zugeschrieben, wenn sie eine Idee von etwas – an dieser Stelle eine humoristische Referenz zur zeitgenössischen Mainstreamkultur – zu transportieren vermag.

Diese Betrachtungen demonstrierender Performancezugänge können anhand eines Ausschnittes aus der Vignette *„Eine Idee untereinander besprechen" [5.2.4.5, S. 154]* ergänzt werden. Patricia geht von einer starken Ausgangsidee aus und sucht dafür nach Übersetzungsmöglichkeiten im Handeln. Es offenbart sich ein Bedürfnis, verstanden zu werden und eine Idee für die zuschauende Gruppe zu transportieren. Der Auszug aus dieser Vignette verdeutlicht, dass die benannten Lernenden konzeptionell im Modus des Demonstrierens agieren, der dann in gleichem Maße in demonstrierende Handlungen überführt wird, wie die Analysen zu Performance E verdeutlichen konnten. Die Performancekonzeption über die enge Verknüpfung von ideellen Vorstellungen und körperlichen Handlungen ist ein Weg, der sich in der Beobachtung des Arbeitsprozesses der Schüler*innen vermehrt aufgezeigt hat.

6.2.3.2 Spezifische Modi des Performens ausdifferenzieren

a) rhythmisches, choreografisches Handeln

In der Analyse der Abschlussperformances hat sich gezeigt, dass die aufgeführten Handlungen der Lernenden mitunter bewusst zu rhythmisch klingenden Sounds vollzogen werden oder als Bewegungschoreografie in gegenseitiger Bezugnahme geäußert werden. Auch wenn musikalische Begleitung in den Impulsen von Kerstin Chill keine Rolle gespielt hat, kann anhand zweier Übungen aus den ersten Doppelstunden aufgezeigt werden, dass rhythmische und choreografierte Handlungsvollzüge durchaus im Unterrichtsgeschehen angelegt wurden. Zu Beginn der Unterrichtseinheit initiiert Kerstin Chill eine Übung, die den Zusammenhang zwischen Takt, Rhythmus und Handlung thematisiert. Die Vignette *„Ausdrucksmöglichkeiten des Körpers explorieren" [5.2.1.5, S. 135]* gibt Einblick in diesen Übungsprozess. Das Agieren nach Zählzeiten, deren Länge jeder Schüler und jede Schülerin für sich determiniert, wird von den Gruppen nonverbal vollzogen. Die Zählzeiten kommen lediglich über die Abfolge der körperlichen Auf- und Abwärtsbewegung zum Ausdruck. Nichtsdestotrotz entsteht mit zunehmender Kürze der Zählzeiten ein einheitliches Gruppenbild im Raum. Die Bewegungen der Mitschüler*innen werden resonant aufgriffen und auf den Ablauf der eigenen Handlungsvollzüge übertragen. Da sich der Aufgabenimpuls nicht ändert, erfordert die zunehmend schnelle Bewegung Konzentration. Die Geräuschkulisse ändert sich mit Verkürzung der Zählzeiten, bis hin zu einem dumpfen Geräusch, welches durch die auf den Boden treffenden Körper erzeugt wird. Über das rhythmische Agieren zu einer selbstgewählten Taktung erfährt der Körper eine Fokussierung und wird über Anspannung und Anstrengung herausgefordert. Eine bewusste Wahrnehmung der eigenen Handlungen und die der Mitschüler*innen wird durch die Übung angeregt und geübt.

In einer Übung in der dritten Doppelstunde wird von Kerstin Chill ein tanzchoreografisches Vorgehen initiiert, indem die Lernenden mit Bewegungsmustern aufeinander reagieren müssen. Die Vignette *„In der bewegten Interaktion improvisieren" [5.2.3.1, S. 146]* soll den Überlegungen zum choreografischen Handeln Beispiel geben. Kerstin Chill verortet diese Übung explizit im Tanz und fordert die Lernenden auf, aktiv raumgreifend zu performen. Für die Arbeit mit dem eigenen Körper bedeutet dies, dass ungewöhnlich ausladende Bewegungen mit allen Körperpartien ausgeführt werden, die den alltäglichen Bewegungsmustern zuwiderlaufen und abschließend in einem Standbild münden, das kurz ausgehalten wird. Darüber hinaus vollziehen sich diese Bewegungsmuster in Resonanz zum Partner bzw. zur Partnerin. Sie weisen choreografische Züge auf, da bestimmte Muster in der Improvisation deutlich werden. Moris und Robin agieren permanent in wechselnden Raumebenen und in Nähe zueinander. Die Übung lässt die Lernenden außerdem explorieren, wie sich eine Bewegung improvisiert, aber doch durch spezifische Parameter bestimmt, zueinander weiterentwickeln lässt – eine Dynamik, die auch in den Abschlussperformances zum Ausdruck kommt, wie sich in der Bewegungschoreografie von Moris und Thea zeigt, die in *Perfomance B [5.3.2, S. 174]* aufgeführt wird. Ein Zusammenhang zwischen Unterrichtsimpuls und geronnener Performance wird hier besonders deutlich.

b) Handeln für ein technisch Anderes

Die Vignetten geben nur bedingt Aufschluss darüber, wie die Lernenden in ihren Gruppen in der Konzeptionsphase der eigenen Performances praktisch mit dem Filmen bestimmter Sequenzen umgegangen sind. Ein Großteil der Videoaufnahmen wurde außerhalb des Kunstunterrichtes im privaten Umfeld realisiert. Vielmehr erzählen die Vignetten davon, wie das Medium Film und das Objekt Kamera – verstanden an dieser Stelle als das technisch Andere – im Unterricht besprochen und reflektiert wurden. Diese reflexiven Momente werden im Folgenden genauer in den Blick genommen.

Die Vignette *„Körper, Haut und Hülle als Thema reflektieren" [5.2.1.3, S. 134]* aus der ersten Doppelstunde verdeutlicht, dass der Einsatz der Kamera in einer Performance von Beginn anvisiert wurde. Die Äußerungen der Lernenden beziehen sich auf eine schlagwortartige Auseinandersetzung mit Bildmappen zum gleichnamigen Unterrichtsthema. Bela macht deutlich, dass seine Annäherung an das Thema mit den praktischen Erfahrungen aus zurückliegenden Stunden verknüpft sei. Das Handy wurde dabei experimentell eingesetzt, um die Perspektive auf sich selbst und die anderen im Video zu verfremden. Er betont, dass sich über den Einsatz der Kamera Handlungsmöglichkeiten ergeben. Kerstin Chill nimmt diesen Impuls auf und formuliert daraus eine Anforderung *für alle Lernenden. Zum einen wird die Kamera als Aspekt im aktiven oder passiven Handeln beschrieben – sprich, man kann vor der Kamera handeln oder auch mit ihr. Zum anderen soll sie als Objekt in* *die Performance integriert werden. Das heißt, dass sie für die Rezipierenden sichtbar in den Performances gezeigt werden kann. Die Punkte werden von Kerstin Chill in diesem Moment nicht weiter ausgeführt, vielmehr scheint ein Vorverständnis diesbezüglich seitens der Lernenden vorhanden zu sein. Das Aufgreifen von Vorerfahrungen zeigt sich in dieser Vignette als wesentliche*s Moment einer lehr- und lernseitigen Bezugnahme zum Handeln für ein technisch Anderes.

Die Vignette *„Material als Impulsgeber für körperliches Handeln" [5.2.1.7, S. 136]* gibt Aufschluss darüber, wie die Kamera eröffnend ins Unterrichtsgeschehen integriert wird. Kamera und Minibeamer, die direkt miteinander verbunden werden und zur Live-Übertragung eines aufgenommenen Bildeindruckes eingesetzt werden können, werden in dieser Szene *als* Material behandelt und in das Gruppengeschehen integriert. Kerstin Chill gibt die digitalen Aufnahme- und Prjektionsgeräte kongruent zu den analogen Materialien in die handelnden Gruppen, um die Erweiterung des Handlungsrepertoires anzuregen. Das technisch Andere wird somit unmittelbar als künstlerisches Material behandelt, das es zu explorieren gilt. Die Lernenden reagieren genau in dieser Manier auf den Impuls der Lehrerin, indem sie die Kamera als Material erforschen und nah an der eigenen Körperlichkeit einsetzen. Die Kamera wird dazu genutzt, eigene Hautpartien zu filmen und zeitgleich auf den Oberkörper zu projizieren.

Wie diese Projektionen auf dem Oberkörper reflektiert werden, zeigt sich in der Vignette *„Das Potential von Handlungen reflektieren" [5.2.2.4, S. 141]*. Noel markiert das erzeugte Bild mit der popkulturellen Referenz des Teletubbys und ordnet es somit in einen kindlich vorgeprägten Bildkontext ein. Er beurteilt es als gehaltvoll. Der kurze Auszug aus der Vignette verdeutlicht, dass der Umgang mit Kamera und Minibeamer den Lernenden gleich zu Beginn der Unterrichtseinheit Handlungsimpulse offeriert, die Aufmerksamkeit erregen und potentiell weiterverfolgt werden möchten.

Vier von sechs Abschlussperformances wurden schlussendlich durch ein Video begleitet. In allen Videos wurde mit dem Körper und Material agiert. Die Vignette *„Eine Idee untereinander besprechen" [5.2.4.5, S. 154]* gibt Einblick, wie die Gruppe Alina, Annika und Leonore das performative Handeln für die Kamera in der Konzeptionsphase für ihre Mitschüler*innen im Gespräch kontextualisieren. Das Filmen von Handlungen wird von Leonore als ein Vehikel dargestellt, um einer Idee Ausdruck zu verleihen und dem Live-Geschehen in der Performance eine weitere Schicht an Bedeutungsübertragung zu ermöglichen. Das Handeln für die Kamera ist einer Idee *von etwas als etwas* verschrieben und wird pragmatisch eingesetzt. Die Schülerinnen haben sich dazu einen vom Unterrichtsgeschehen abgeschiedenen Ort gesucht, um die verhüllenden Handlungen mit der Handykamera aufzunehmen. Interessant ist, dass Patricia danach fragt, ob sie sich für die Kamera eher schön oder hässlich schminken würden. Das Handeln für die Kamera offenbart sich an dieser Stelle als ein sensibler Moment, insofern das Aussehen und die individuelle Körperlichkeit einer Person sichtbar gemacht und festgehalten werden kann. Das Schminken für die Kamera wird von Alina daraufhin als *etwas übertrieben* dargestellt – eine Aussage, die darauf schließen lässt, dass das performative Handeln für ein technisch Anderes im Verständnis der Lernenden mit einer gewissen Verfremdung und Überspitzung einhergehend beurteilt wird.

Der Umgang mit aufgenommenem und projiziertem Bildmaterial wird abschließend in der letzten Stunde im Gespräch reflektiert. Die Vignette *„Film als performatives Gestaltungsmittel reflektieren" [5.2.7.5, S. 169]* gibt Einblick, welche Handlungsdispositionen über das technisch Andere von den Lernenden erfahren wurden. Auch wenn in der Vignette keine konkreten Handlungen benannt werden, wird deutlich, dass die Lernenden videografierte Handlungen als wirksam gestaltete Ergänzungen zum Live-Handeln wahrgenommen haben. Handlungen für ein technisch Anderes stellen sich in den Antworten der Lernenden und in der Zusammenfassung der Lehrerin als entfesselte Dynamik dar, die ungewöhnliche Bilder erzeugt. Kerstin Chill referiert auf Zufallsverfahren, die im Film zum Einsatz gekommen sind. Diese Einsicht lässt vermuten, dass Handlungen vor und mit der Kamera als ergebnisoffen und suchend vollzogen werden und somit strukturell von theatralischen Handlungen unterschieden werden können.

c) Materialhandlungen

Materialhandlungen sind in den beobachteten Unterrichtseinheiten äußerst präsent. Einen ersten Einblick in die Wirkzusammenhänge zwischen körperlichen Handlungen und Materialeinsatz bietet die Vignette *„Material als Impulsgeber für körperliches Handeln" [5.2.1.7, S. 136]* aus der ersten Doppelstunde. Die Vignette zeugt davon, dass der Übergang von der gedanklich reflektierenden Phase hin zur aktiven Explorationsphase im performativ-künstlerischen Prozess von einer gewissen körperlichen Trägheit geprägt ist. Die Lernenden sitzen beieinander und tauschen sich verbal aus. Der Moment, in dem Kerstin Chill Material in die Gruppen gibt, ist aufschlussreich, insofern eine Aktivierung der Lernenden stattfindet. Sie beginnen, die Materialien über körperliche Handlungen zu erproben und deren Eigensinn handelnd zu folgen. Die Lernenden vollziehen über die körperlichen Handlungen einen Dialog mit dem Material, der zu ersten Gestaltungsideen im Performativen führen kann. Die Materialien *Mullbinden, Nylonstrumpfhosen, Minibeamer, Zollstöcke, Digitalkameras und Goldfolien* zeugen von einer gewissen Formbarkeit und intuitiven Zugänglichkeit seitens der Lernenden, was über den erhöhten Grad an handlungsorientierter Auseinandersetzungim Unterricht zum Ausdruck kommt. Die Handlungen werden in der Vignette als fließend und suchend charakterisiert – ein Umstand, der davon zeugt, dass sich die Lernenden am Beginn des Gestaltungsprozesses befinden und sich experimentell mit dem Material auseinandersetzen.

Die eingangs involvierten Materialien werden in allen folgenden Doppelstunden von Kerstin Chill in leichter Varianz und Ergänzung angeboten. Die Vignette *„Den Unterricht mit Material rahmen" [5.2.4.1, S. 152]* verdeutlicht diesen Einstiegsimpuls. Lehrseitig wird durch eine wiederkehrende Auswahl ein Materialarrangement angeboten, das als nonverbale Handlungsaufforderung gelesen werden kann. Die Auswahl der Materialien zeugt von einer Vielfalt und Varianz der Materialeigenschaften. Durch die wiederkehrende Präsentation auf dem Podest der Probebühne wird jeweils gleich beim Betreten des Raumes Aufmerksamkeit erzeugt und für die Lernenden eine Routine etabliert, welche performative Handlungen über einen Materialzugang erzeugt.

Die lehrseitige Ausprägung des Umgangs mit Material in der Performance soll durch eine weitere Vignette ausdifferenziert werden. In *„Eine performative Handlung demonstrieren" [5.2.3.2, S. 147]* wird ein Übungsimpuls von Kerstin Chill dargestellt, in welchem Materialhandlungen quasi nach Anleitung demonstriert werden. Die Darstellung der Übung macht offenbar, dass Kerstin Chill ausgehend von einer Materialbeobachtung aus der vorherigen Doppelstunde ein demonstrierendes Setting entwirft, in welchem die Lernenden sowohl ausführend als auch beobachtend am Material arbeiten. Das Ausreizen des Materials spielt dabei genauso eine Rolle, wie die präzise Handhabung desselben – zum Beispiel in der kollaborativen Faltung der Folie. Darüber hinaus werden die Rezipierenden aufgefordert, die Eindrücke assoziativ zu beschreiben und auf das Potential für weitere Ideen hin zu überprüfen. Lehrseitig wird die gesamte Lerngruppe auf diesen Prozess hin konzentriert, indem Sequenzen, die vorab in einzelnen Gruppen exploriert wurden, in einer Übung gebündelt werden.

Diese Einsichten lassen sich anhand der Vignette *„Körperliches Handeln reflektieren" [5.2.2.3, S. 141]* ergänzend vertiefen. Material wird von Kerstin Chill in Reaktion auf unterschiedliche Impulse der Lernenden als *eigenes Ich* beschrieben, dem eine gleichberechtigte Stellung zu den aktiv Performenden zugestanden wird. Kerstin Chill spricht von einer Interaktion zwischen Performer-Ich und Material und markiert diese Auseinandersetzung somit als Dialogform, zu der beide Seite etwas beizutragen haben. Darüber hinaus spricht sie von *Materialien* und *Objekten* – diese Unterteilung wird für die Lernenden an diesem Punkt nicht weiter ausdifferenziert, lässt jedoch vermuten, dass Materialien lehrseitig eher als formbare und Objekte eher als unverformbare Entitäten in der Performance verstanden werden.

Die Vignette *„Performanceideen am Material handelnd entwickeln" [5.2.2.5, 142]* gibt Einblick in die Ausprägung des explorativen Zugangs zum Material sowohl seitens der Lehrerin als auch im weiteren Verlauf auf Seiten der Lernenden. Es wird ersichtlich, welchen ästhetischen Erfahrungsprozess die Lernenden im gemeinsamen Materialhandeln machen. Nico hat zu Beginn ein Päckchen Goldfolie in der Hand. Kerstin Chill nutzt diesen Eindruck als Impuls und konfrontiert die Lernenden zunächst mit einer Vielzahl an Fragen, die sich hauptsächlich auf die Exploration des Materials Goldfolie konzentrieren. Sie fokussiert die Gruppe dadurch auf die Materialqualitäten und zeigt auf, dass performative Handlungen ausgehend vom Material entwickelt werden können. Sie fordert die Lernenden auf, die Goldfolie fühlend zu erforschen, indem sie deren Wärmewirkung nachspüren und als Ausgangspunkt für die Idee zu einer Handlung ernst nehmen. Ihre Wortwahl in den Fragestellungen zeugt davon, dass sie die Lernenden zum aktiven Handeln motivieren und *wirklich* ins Geschehen involviert sehen möchte. Diese aktivierenden Impulse münden jedoch nicht sofort in sichtbare Aktivierung seitens der Lernenden. Vielmehr scheinen diese weiterhin im Modus des mehr oder weniger fokussierten Gesprächs zu verweilen, um sich dem Thema „Körper, Haut und Hülle" anzunähern. Anschließend wird eine Verschiebung in dieser Haltung offenbar, die sich aus einer Materialkonfrontation generiert. Die Gruppendynamik ändert sich in dem Moment, in welchem die Materialität der Goldfolie durch eine vordergründig intuitive Handlung von Nico bewusst wahrgenommen wird. Die beobachtete Durchlässigkeit der Folie führt die Lernenden dazu, konkrete Handlungen herauszufordern, um den Materialeffekt einerseits genauer zu betrachten und andererseits bewusst herzustellen. Die nun folgende haptische, akustische und assoziative Erforschung des Materials bringt die Auseinandersetzung in Schwung und kann als ästhetisch-suchende Dialogform beschrieben werden. Dieser Dialog scheint bei Nico mit einer gewissen Erleichterung einherzugehen, etwas gefunden zu haben, mit dem sich weiterarbeiten lässt. Seine Aussagen *„So, dann müssen wir uns nur noch überlegen, was wir daraus machen wollen. Das ist auf jeden Fall ein guter Effekt. Vielleicht legen wir dir Bühne doch mit Folie aus. Lasst uns das mal ausprobieren."* zeugen davon, dass er diesen Schritt als befreienden Punkt im Arbeitsprozess deutet, welcher das weitere Vorgehen vorstrukturiert und darauf aufbauende performative Handlungen anregt. Das Material avanciert zum Impuls- und Gestaltungsgeber im künstlerischen Prozess. Darüber hinaus wird deutlich, dass die Beurteilung eines *guten Effekts* einer Materialhandlung ausschlaggebend für die Dynamisierung des Arbeitsprozesses zu sein scheint. Der Effekt zeigt sich als eine ästhetische Materialkategorie, der sich allein über die handelnde Exploration desselben herstellen lässt.

Wie bereits betont, können fast alle Vignetten aus dem weiteren Unterrichtsverlauf auf einen Umgang mit den verwendeten Materialien hin gelesen werden. Da dies den Rahmen dieser Analyse sprengen würde und Materialhandlungen nur eine Facette der sich verändernden Körper in der Performance darstellen, muss eine Auswahl getroffen werden. In diesem Sinne erfolgt nun ein Sprung in die letzte Doppelstunde, in der der Materialeinsatz in den Abschlussperformances mit den Lernenden noch einmal dezidiert besprochen wird. Ein Ausschnitt aus der Vignette *„Materialeinsatz in den Performances reflektieren" [5.2.7.3, S. 166]* zeigt auf, dass eine lehrseitige Markierung faktischer und theatralischer Handlungen vor allem an Materialhandlungen vollzogen wird. So werden die Lernenden auch in der letzten Doppelstunde mit dem Materialarrangement auf dem Podest der Probebühne konfrontiert. Die Materialien beziehen sich auf die Abschlussperformances und stellen eine impulsgebende Erinnerungsstütze für den Reflexionsprozess dar. Kerstin Chill charakterisiert die Materialien als *konservativ* und *klassisch*. Sie verweist darauf, dass Gold, Spiegel, Maske und Hemden durchaus Materialien seien, die im Bühnen- und Theaterkontext situiert sind. An diese spezifische Auswahl der Materialien knüpft sie die Beobachtung, dass die Handlungen der Performenden theatrale Elemente aufweisen würden. Ihre Wortwahl lässt die Aussage als ein mildes Urteil aufscheinen. Sie selbst stellt fest, dass die Trennung zwischen Performance und Theater nicht klar zu ziehen sei. Für den vorliegenden Zusammenhang ist vor allem aufschlussreich, dass sie den vermeintlich konservativen Materialien das Potential zuschreibt, mitunter theatrale Handlungen herauszufordern.

6.2.3.3 Die Ausformung der Modi des Performens offen und vielseitig gestalten

Im Folgenden soll es um eine Synthese der vorangestellten kategorialen Beobachtungen gehen, um die im Unterricht praktizierte Vielseitigkeit der einzelnen Modi anhand der Vignettenlektüre herauszuarbeiten. Es wird sich noch einmal betont zeigen, dass die Modi in Vernetzung miteinander und auf Grundlage unterschiedlichster Impulse erarbeitet werden.

Die Betrachtung der Vignette *„Performancebegriff an Beispielen konturieren" [5.2.1.1, S. 133]* kann bereits in der ersten Doppelstunde verdeutlichen, dass die Modi des Performens im Gespräch mit den Lernenden offen konturiert und vielseitig veranschaulicht werden. Kerstin Chill bezieht sich eröffnend und auch wiederholt in den nachfolgenden Doppelstunden auf das UNART-Festival – ein bundesweiter Jugendwettbewerb für multimediale Performances, im Zuge dessen jugendliche Schüler*innen zusammen mit kulturellen Expert*innen Performances für die Bühne entwickeln. Dieses Format positioniert sich dezidiert zwischen den Gattungen Performancekunst und Schauspiel. Zur Besprechung der Fotoimpulse wendet sie sich dazu hauptsächlich an vier Schüler*innen, die an diesem Festival teilgenommen haben. Die Lernenden setzen sich somit zunächst mit jugendlichen Ausdrucksformen auseinander und gewinnen Einblick in einen Arbeitsprozess, der im Unterricht reproduziert werden kann. Kerstin Chill fokussiert die Lernenden in der Vignette zunächst darauf, die Komplexität performativer Handlungen wahrzunehmen, wobei faktische Handlungen dezent von theatralischen unterschieden werden. Die Eindrücke *„Eine Essenz bilden, Neutralisierung, eine Beziehung zum Publikum herstellen, den Körper im Raum verhandeln, aus dem Material herausarbeiten, offene Kunstform"* setzen bereits Schwerpunkte, die im weiteren Unterrichtsverlauf dann ausgehandelt werden. Grundlegende und spezifische Modi des Performens klingen hier an, werden jedoch keinesfalls systematisiert oder gar definiert. Kerstin Chill greift diese zusammengetragene Komplexität auf und konstatiert, dass die Lernenden mit einer Kunstform konfrontiert werden, die Grenzüberschreitungen zwischen Kunst, Tanz und Theater praktiziere. Diese Aussage ist eine Setzung und eine Aufforderung zugleich, insofern sie dieses grenzüberschreitende Denken in vielseitige Handlungen übersetzt sehen möchte.

Wie sich dieser vielgestaltige Zugang zum performativen Handeln im Praktischen ausdrückt, soll nun anhand der Vignette *„Erkundung körperlicher Interaktion und Formation im Raum" [5.2.2.2, S. 140]* aufgezeigt werden. Verschiedenste Aspekte der grundlegenden und spezifischen Performancemodi werden in dieser Übung im Prozess erprobt. Die Übung lebt von der Improvisation und vagen Zielgerichtetheit. Sie fordert den Lernenden eine Vielzahl an Entscheidungen ab, die sie sowohl für sich allein als auch in der Gruppe handelnd zu treffen haben. Es gibt keinen Text, den die Lernenden theatral übersetzen, sondern vielmehr ein loses Narrativ in Form von Aufgaben, die Kerstin Chill als Impulse in die Gruppe gibt. Diese gerahmte Improvisation fordert selbstreferentielle Handlungen heraus und orientiert sich an zwei Reproduktionen: einer One-Minute-Sculpture von Erwin Wurm und einer Installation aus alten Lumpen von Michelangelo Pistolleto. Sie sollen die Lernenden zum

Handeln inspirieren. Diese Handlungen werden kongruent dazu an Kleidungsstücken als Material vollzogen. Jacken, Pullover und weiße Hemden werden von der Gruppe in ungewöhnliche, verfremdende Handlungen involviert. Die Übung lebt darüber hinaus von einer Bewegung durch den Raum und einer stufenweisen Progression, die in Form von Ansagen der Lehrerin an die Gruppe gerichtet wird. Die Ausführung der Impulse steigert sich vom unbewegten Standbild hin zur Entwicklung einer Handlungssequenzund geht somit den Weg vom Einfachen zum Komplexen. Die Offenheit dieser Abfolgen spiegelt sich in der erwähnten *diffus-lockeren Arbeitsatmosphäre* wider, in welcher die Lernenden im Modus des beschwingten Spiels agieren. Kerstin Chill **lässt den** Lernenden Zeit, bewegte Bilder zu entwickeln und Handlungsimpulse aus der Gruppe heraus zu produzieren. Vor allem fordern die Materialhandlungen faktische Ausdrucksformen heraus. In der Erfüllung der Aufgaben zeigt sich darüber hinaus die Handlungsdisposition, etwas bewusst zu demonstrieren oder auch eine Choreografie für einen Bewegungsablauf kollaborativ zu entwickeln. Die Übung vollzieht sich als eine Suche entlang der möglichen Ausdrucksformen bewegter nonverbaler Handlungen.

In den ersten vier Doppelstunden werden ähnliche Übungen vollzogen, die lehrseitig darauf abzielen, vielseitige Modi des Performens zu etablieren. Die Vignetten *„Ausdrucksmöglichkeiten des Körpers explorieren" [5.2.1.5, S. 135], „In der bewegten Interaktion improvisieren" [5.2.3.1, S. 146], „Eine performative Handlung demonstrieren" [5.2.3.2, S. 147]* und *„Aktivierung des Körpers durch Raumlauf" [5.2.4.3, S. 153]* geben Einblick in diesen Übungsprozess und veranschaulichen diese vielfältigen Zugänge.

Die Ausdrucksformen, die die Lernenden in der fünften Doppelstunde in der Klausur entwickeln und die in der Vignette *„Präsentation der Klausurperformances" [5.2.5.2, S. 158]* zum Ausdruck kommen, reproduzieren die in den Übungen angelegte Bandbreite. Die Klausurperformances wurden im Unterricht auf Grundlage einer Videodokumentation der Performance „The Other: Rest Energy" von Marina Abramovic und Ulay (1980) in Kleingruppen erarbeitet und im Anschluss vor dem gesamten Kurs präsentiert. Um den Rahmen der Analysen nicht überzustrapazieren, wird an dieser Stelle jedoch auf eine ausführliche Betrachtung der Klausurperformances verzichtet, insofern sich diese auch in der Analyse der Abschlussperformances widerspiegeln. Im Allgemeinen soll jedoch in diesem Zusammenhang betont werden, dass sich die Modi des Performens in den Klausurperformances bereits in ihrer Vielgestaltigkeit aufzeigen lassen: die Kombination von gesprochenen Worten und Handlung, das Ausloten einer Berührung, die Konzeption choreografierter Elemente, eine Intensivierung von Handlungen im Prozess, etwas demonstrieren und theatral überspitzen, als Gruppe sichtbar werden und die Interaktion mit Publikum – all dies sind Handlungsdispositionen, die in den Klausurperformances angelegt sind und später in den Abschlussperformances in prägnanter Form zum Ausdruck kommen.

6.3 Ereignis- und präsenzbezogene Phänomene in der Performance

Performance als künstlerische Ausdrucksform stellt Gemeinschaften des Augenblicks her, die von den Performenden in der Situation individuell und kollektiv über die körperlichen Handlungen gestaltet werden müssen. Momente des Unbestimmten, Unvorhersehbaren und Ereignishaften kommen dabei fruchtbar zum Tragen. Es hat sich gezeigt, dass die Lernenden ereignishaften Momenten in den Performances unterschiedlich begegnen. Im Folgenden werden deshalb auf Grundlage der Analyse der Abschlussperformances drei Konzepte dargestellt, die ereignis- und präsenzbezogene Prozesse in Korrelation zur Veränderung des Körpers in der Aufführung in den Blick nehmen.

6.3.1 Interferenz zwischen Ereignishaftigkeit und Inszenierung

Zunächst hat sich herauskristallisiert, dass die Aufführungen zwischen ereignishafter Situationsbezogenheit und kontrollierter Inszeniertheit oszillieren. Obwohl die Performances durchweg als Bühnenperformances charakterisiert werden können und inszenierte, vorstrukturierte Momente die Aushandlungen in der präsentierenden Gruppe bestimmen, kommt es immer wieder zu Situationen, in denen die Lernenden das Sich-Ereignende evozieren bzw. darauf reagieren müssen. Insofern zeigen sich die Performances als künstlerische Ausdrucksformen, die von der Live-Begegnung und Aufführung in situ paradigmatisch bestimmt werden und die Lernenden zu Gestaltungen herausfordern, die das Im-Moment-Sein verhandeln.

Ein Rückblick auf die Analysen zu *Performance A [5.3.1]* dient im Folgenden dazu, dieses Konzept beispielhaft zu veranschaulichen:

> *Die Performance beginnt mit dem Abspielen des dreikanaligen Videos, das an die große Rückwand der Probebühne projiziert wird. Auf der Probebühne befinden sich vor der Projektion drei größere Objekte, die mit etwas Abstand nebeneinander positioniert sind: ein Pappkarton, ein leicht angekippt stehender, mannshoher Standspiegel im Holzrahmen und eine zu einem Hügel geformte, goldene Folie. Auf den Objekten ist jeweils ein weißes A4-Blatt mit Aufschrift befestigt. Auf dem Karton ist kyrillischen Buchstaben „***показать мне!***", auf dem Spiegel ist „Enthüll mich!" und auf dem Goldhügel ist „Expose me!" zu lesen. Die Objekte haben menschlich anmutende Dimensionen. Die Folie und der Karton verschieben sich ab und zu leicht. So ist zu vermuten, dass sich hinter dem Karton und dem Spiegel bzw. unter der Folie je eine Performerin befindet. Die drei Objekte sind durch einen Deckenstrahler hell beleuchtet. Die komponierte Symmetrie der Bildgegenstände bestimmt den Gesamteindruck. [5.3.1, S. 171]*

Durch die Überlagerung der Handlungsebenen zwischen abgebildeter Bewegung des im Hintergrund abgespielten Videos und der erwarteten Bewegung im Vordergrund wird der Unterschied zwischen Präsenz und Repräsentation deutlich betont.

Die Körper der Performerinnen treten den Betrachtenden unvermittelt gegenüber. Durch die Aufforderung, die Körper zu enthüllen und diese dann auch in ihrer Materialität zu berühren, gehen die Handlungen über ihre eigene Zeichenhaftigkeit hinaus. Der Fokus richtet sich auf das unvorhersehbare, das nicht planbare und unbestimmte Moment einer solchen Begegnung. Das betriebsame, bewegte Live-Bild steht in seiner unkontrollierten Ereignishaftigkeit im Kontrast zu den kontrollierten, inszenierten Handlungen im Video, das auf die Rückwand der Probebühne projiziert wird. Ein weiterer, die Ereignishaftigkeit des Geschehens betonender Umstand ergibt sich aus dem angedeuteten Impuls der Performerinnen, sich dem Geschehen ausliefern zu wollen – allerdings im Rahmen der Handlung, die vorab für das Video konzipiert und inszeniert wurde. Die Öffnung zur Interaktion mit dem Publikum generiert eine einmalige, unwiederholbare, meist nur bedingt beeinflussbare Konstellation. Dabei existiert eine Interferenz zwischen in der Situation evozierten ereignishaften Momenten, auf die alle Agierenden spontan reagieren müssen, und einer vorab gesetzten Handlungsstruktur, die den Raum für Unvorhergesehenes und Spontanes verengt.

Eine Rückschau auf eine Sequenz aus *Performance C [5.3.3]* kann diese Einsichten vertiefen:

> *In dem Moment, in dem Nico sich auf die Aktionsfläche begibt, geht Lara zielstrebig auf ihn zu und versucht, ihn an den Schultern zu greifen. Nico entzieht sich, indem er nach hinten weicht und mit seitlichen Schritten versucht, den Abstand zwischen sich und Lara zu vergrößern. Auch Henrike nähert sich mit der Klarsichtrolle in der Hand ihrem Mitperformer. Es wird eine Art Kampf initiiert, welcher das Ziel hat, Nico zu umwickeln. Er deutet seine Abwehr eher an, als dass er mit voller Körperkraft auf den Griff von Henrike und Lara reagiert. Die Bewegungen, die sehr nah am Körper von Nico stattfinden, werden von Lara sehr vorsichtig und zurückhaltend vollzogen. Nico hingegen agiert betont unruhig und zappelig. Die Performenden inszenieren ein Spiel mit festem Ausgang, insofern in Nico eine Kraft zu vermuten ist, die nicht zum Ausdruck kommt. [5.3.3, S. 178]*

Die Kraft und körperliche Konfrontation, die in der Situation kulminieren könnten, scheinen als zwischenräumliche Barrieren auf, die nicht überschritten werden. Nichtsdestotrotz haben sich die Performenden konzeptuell darauf geeinigt, Nico zu umwickeln, sodass sowohl Lara als auch Henrike auf die unruhigen, nervös wirkenden Bewegungen von Nico in der Situation reagieren müssen. Die vorsichtigen, zurückhaltenden Bewegungen lassen sich als eine mögliche Reaktion auf das komplexe Ereignis der körperlichen Begegnung lesen, die sich erst in der gegenwärtigen Situation offenbart und vorab nicht von den Performenden ausgehandelt wurde.

6.3.2 Auf das Unvorhersehbare reagieren

Als spezifische Ausprägung von Ereignishaftigkeit und Liveness in der Performance wurde der Umgang mit Unvorhergesehenem in den Analysen thematisiert. In den Fokus der Betrachtung geraten dabei Szenen, in denen die Lernenden in den Abschlussperformances auf eine ungeplante Veränderung reagieren müssen und im Zuge der Aufführung eine gemeinsame Gestaltungsentscheidung live treffen müssen. Dabei hat sich gezeigt, dass die Lernenden in diesen Situationen zuallererst zaghaft reagieren, um sich Raum und Zeit zu geben, die Lage zu sondieren. Im Anschluss finden die Performenden zu einer Form, die sich im Rahmen des vorab entwickelten Konzeptes bewegt und das erneute Aufgreifen der vereinbarten Handlungsstruktur ermöglicht.

Eine Situation, die sich eindeutig als unvorhergesehen charakterisieren lässt, kann in *Performance C [5.3.3]* betrachtet werden:

> *Nachdem beide Folien die Wand bedecken, steigt Henrike von der Leiter und stellt sie an den Rand. Während Lara die linksseitige Folie nach wie vor bestastet, passiert etwas Unerwartetes. Die Folie löst sich in der rechten Ecke und rutscht ein Stück weit schräg nach unten. Kurz versucht sie, die Folie mit ausgestreckten Armen zu halten und tastet dann vorsichtig mit flacher Hand gegen die Folie. Sie lässt die Folie nach links gleiten und führt die Tastbewegung anschließend auch zögerlich auf der weißen Wand fort. Lara und Henrike versuchen nun noch einmal gemeinsam die Folie durch Zieh- und Drückbewegungen an der Wand zu fixieren. Die Folie bleibt hängen und Lara klatscht noch fünf Mal flüchtig mit beiden Händen gegen die weiße Wand, als wäre sie sich unsicher, die durch das Abfallen der Folie entstandene Leerfläche als solche unbehandelt zu lassen. Henrike betrachtet den flatterhaften Zustand der Folie und entscheidet sich, diese mit den Händen weiter nach links zu streichen, sodass die Fläche ein schmales, silbern glänzendes, glattes Rechteck ergibt. Nachdem beide Performerinnen die Rückwand der Probebühne nun für kurze Zeit betrachten, entscheiden sie sich, ihre Blicke Nico zuzuwenden. [5.3.3, S. 178]*

Die Reaktion auf die Eigenwilligkeit des Materials, die sich an diesem Punkt durch das Lösen von der Wand zeigt, fordert die Performerinnen dazu auf, im Handlungsverlauf vor dem Hintergrund der konzeptuell vorgeprägten Bildentwicklung gemeinsam eine Entscheidung zu treffen. Diese Entscheidungsfindung wird nonverbal generiert, entzieht sich jedoch der genauen Einschätzung seitens des Publikums, da sich beide Performerinnen der Wand zuwenden. Beide betasten und bestreichen die Folie auf der Wand, ohne diese befestigen zu können. Lara entwickelt aus dieser Handlung eine Art Ersatzhandlung, indem sie mit beiden Händen flach vorsichtig gegen die Wand drückt. Sie vollzieht diese Handlung repetitiv an der weißen Wand, ohne dass sich daraus ein einsichtiger Zweck ergibt. Die Entscheidungsfindung wird durch die Handlungen der Performerinnen herausgezögert. Für den Betrachter / die Betrachterin transformieren sich diese Handlungen zu einem Eindruck eines Schwebezustandes, der nach einer Veränderung verlangt. Der Zustand der hängenden Folie wird von den Performerinnen letzten Endes akzeptiert, da sich der ursprüngliche Zustand nicht wiederherstellen lässt. Henrike bearbeitet die Folie lediglich nach und klappt sie sorgfältig zur Seite. Diese Nachbearbeitung fügt sich schlüssig in die entstandene Formation an der Rückwand und kann als eine spontane Gestaltungsentscheidung interpretiert werden, die live im Geschehen getroffen werden muss.

Beide Performerinnen kontrollieren ihre Haltung in der Situation und fallen nicht auffallend aus der vorab etablierten Rolle. Sie zeigen über ihre körperlichen Gesten und Handlungen eine Offenheit der Situation gegenüber und demonstrieren damit die Prozesshaftigkeit derselben.

6.3.3 Körperliche Präsenz als spezifische Form der Involviertheit ins Geschehen

Die Thematisierung körperlicher Präsenz eröffnet den Fragehorizont, wie es den Schüler*innen gelingt, in der Aufführungssituation über das körperliche Agieren betont anwesend zu sein. In den Analysen hat sich gezeigt, dass vor allem Momente in den Fokus rücken, in denen die Performenden den Eindruck erwecken, besonders bewusst und konzentriert zu handeln. An ihnen wird Präsenz sichtbar und in der Livesituation spürbar. Diese Momente suggerieren eine Ernsthaftigkeit dem eigenen Handlungsvollzug gegenüber und stellen eine Distanz über die sichtbare Körperlichkeit her, welche die Handlungsvollzüge graduell vom Alltäglichen und Bekannten entrücken.

In *Performance B [5.3.2]* wird dies besonders in den Passagen deutlich, in denen sich die Performenden in einer Reihenformation mehr oder weniger unbewegt den Blicken des Publikums aussetzen. Im aufrechten Stand schauen sie jeweils konsequent über die Zuschauenden hinweg. Mimik und Gestik zeigen sich in reduzierten, bedachten Handlungen und werden nur graduell weiterentwickelt. Sie geben den Betrachtenden Zeit, ihre eigenen Körper als künstlerisches Objekt zu betrachten. Im Zuge der schummrigen räumlichen Atmosphäre, die mit düsterem Sound unterlegt und abschließend durch kurze narrative Momentaufnahmen gebrochen wird, wirken die Performenden gleichsam entrückt. Dieses konsequente Zeigen des Körpers als Material – individuell und kollektiv zugleich –, das in der Performance als selbstbezüglich und konnotationsarm beschrieben werden kann, erfordert ein Gespür für das zu generierende Bild und das performative Setting. Für den Betrachtenden erzeugt sich eine durch den Sound und das gesprochene Wort intensivierte Atmosphäre, die von den Performenden stellvertretend ausgehalten und mit Ruhe getragen wird. Präsenz generiert sich an dieser Stelle in der Gleichzeitigkeit von sichtbarer, spürbarer konzentrierter Anwesenheit und distanzierter, gelassener Entrücktheit. Diese Form der inszenierten Distanziertheit führt zu einer beobachteten Verobjektivierung des Körpers.

In *Performance D [5.3.4]* wurde Präsenz unterdessen als ein changierendes Phänomen wahrgenommen, welches in einer je unterschiedlich ausgeprägten Disposition der Involviertheit ins Geschehen sichtbar wird. Dieses Changieren zeigt sich kaum in Kategorien, sondern manifestiert sich über den Gesamteindruck, welcher sich über die Dauer der Rezeption verändert. So werden beispielsweise die Auftakthandlungen von Carolin flink und zackig, in ihrer gymnastikhaften Manier aber auch betont präzise ausgeführt. Die Handlungen muten graduell manieriert und bewusst einstudiert an. Vor allem die rhythmische Synchronität, die Carolin in ihren Bewegungen zum Ausdruck bringt, veranschaulicht diesen Eindruck. Im Laufe der Performance verändert sich der Impetus ihrer körperlichen Bewegungen. Sie werden ruhiger, konzentrierter und atmosphärisch dichter, was im letzten Teil der Performance in der Körperhaltung, Motorik und letztendlichen Selbstbeobachtung von Carolin nachvollziehbar zum Ausdruck kommt. Diese Beruhigung und Konzentrierung finden statt, obwohl der Takt des Songs nach wie vor als rhythmisch und dynamisch beschrieben werden kann. Die Handlungen, die Carolin mit dem Lippenstift auf ihrem Unterarm vollzieht, können dieser Beobachtung entsprechend als konnotationsarm beschrieben werden. Über diese körpergebundene Faktizität wird zum Ende der Performance eine Form der sichtbaren Nähe und gleichzeitig befremdenden Entrücktheit dem Setting gegenüber konstatiert. Sie äußert sich als eine über den Körper zum Ausdruck kommende Präsenz und Verbundenheit mit den eigenen Handlungen. Ähnlich lässt sich dieses Changieren für die Handlungen von Vera und Kilian beschreiben. Auch sie steigern die Intensität ihrer körperlichen Präsenz, sei es durch das engagierte, ausdrucksstarke Tanzen oder das Aufziehen eines Netzstrumpfes auf den Unterarm. Das Standbild, das die Gruppe während der Projektion des Videos verkörpert, fungiert vor dem Hintergrund dieser Beobachtung als eine Art Scharnier, das dieses wahrnehmbare Zur-Ruhe-Kommen gewissermaßen evoziert. Zusammenfassend lässt sich somit feststellen, dass sich in *Performance D [5.3.4]* eine spezifische, Präsenz erzeugende Involviertheit der Handlungsvollzüge erst im Prozess einstellt. Sie tritt nicht von Beginn an als eine körperlich artikulierbare Grundhaltung in Erscheinung. Die Performenden müssen in die Performance finden und sich körperlich-leiblich auf das Setting und das Geschehen einlassen, um die Handlungen mit Ruhe und Konzentration ausführen zu können.

Die Darstellungen haben verdeutlicht, dass Präsenz in den Performances vor allem über ruhige, konzentrierte, präzise und bestimmt körperliche Handlungen zum Ausdruck kommt, über die sich eine Öffnung für das Geschehen und eine atmosphärisch dichte Situation generieren. Diese Handlungsdispositionen entwickeln sich mitunter erst im Geschehen bzw. kommen in einigen Sequenzen der Performances intensiver zum Ausdruck als in anderen.

6.3.4 Verknüpfungen zum Unterrichtsgeschehen – Ereignishaftigkeit und Präsenz im Spiegel der Vignetten

Im Folgenden soll anhand einer ausgewählten Vignettenlektüre untersucht werden, wie das ereignishafte, unvorhersehbare Moment im performativen Handeln im Unterrichtsgeschehen sowohl praktisch als auch reflektierend ausgelotet wird und wie an konkreten körperlichen Ausdrucksformen gearbeitet wird, die eine präsente Haltung der Performenden herausfordern.

6.3.4.1 Das Ereignishafte verhandeln

Zunächst wird erörtert, wie das Ereignishafte im Unterricht als Phänomen sichtbar wird und zur performativen Auseinandersetzung in der Gruppe führt. So lassen sich in der Vignette *„Erkundung körperlicher Interaktion und Formation im Raum"*

[5.2.2.2, S. 140] eine Vielzahl an Momenten markieren, in denen die Lernenden spontan auf eine sich ändernde Situation reagieren müssen. Kerstin Chill setzt in dieser Übung unterschiedliche Impulse, die aufeinander aufbauen und zu je unterschiedlichen Handlungsvollzügen und sich stetig ändernden Bildern führen. Die Gruppe ist dadurch unentwegt in Bewegung, lediglich kurze Standbilder unterbrechen die Dynamik. Die Aufgabenimpulse nehmen in der Referenz auf Erwin Wurm und Michelangelo Pistoletto einen kunstorientierten Ausgangspunkt. Obwohl Kerstin Chill prägnante Handlungsziele formuliert und Kleidung als Material den Lernenden Handlungsimpulse offeriert, ist die Ausformung der Bewegungen offen und variabel. Dies äußert sich allem vorn in den belebten, kommunikationsfreudigen Reaktionen der Gruppe. Sie begeben sich auf eine kollaborative Suche und müssen auf gegenseitige Impulse reagieren. Dies wird vor allem im zweiten Teil der Übung besonders deutlich, wenn Moris mit dem Verlassen der gebundenen Formation ein sichtbares Signal für Veränderung setzt. Die Formation, die im Anschluss gefunden wird und sich über die gesamte Länge des Raumes erstreckt, sorgt für eine Konzentrierung der Gruppe. Die Lernenden erfahren über den Verlauf der Übung somit verschiedene Impulse, die sie zum Handeln verleiten und auch in Momenten des Stillstands und humorvoller Frustration zu einer erneuten Belebung des bewegten Bildes führen. In den Kommentaren Kerstin Chills wird deutlich, dass sie das unbestimmte Moment in den Handlungsvollzügen betont. Sie fordert die Lernenden auf, zu *agieren* und *einfach zu machen* und begründet ihre Aufforderung implizit damit, dass im Kontext von Performancekunst eine solche Öffnung für das Geschehen notwendig sei. In ihrem abschließenden Kommentar macht sie den Lernenden bewusst, dass die einzelnen Handlungsverläufe dazu dienen, Ideen in der Aktion zu entwickeln und im Handeln zur Handlung zu kommen. Den Lernenden wird somit ein Impuls offeriert, innerhalb eines lose abgesteckten Rahmens eigene Ausdrucksformen zu entwickeln und in der Gruppe gestalterisch zu interagieren.

In der verbalen Reflexion dieser Gruppenübung wird ersichtlich, dass die Reaktion auf das Unvorhergesehene seitens der Lernenden als eine spezifische Handlungsherausforderung wahrgenommen wird. Die Vignette *„Körperliches Handeln reflektieren" [5.2.2.3, S. 141]* gibt für diese Einsicht ein Beispiel. Reaktion und Interaktion werden als zwei Aspekte im Handeln angesprochen, die über das körperliche Handeln erprobt wurden. Der Nachsatz, dass dies in besonderer Art und Weise geschehen sei, wird von Annika zwar nicht weiter ausgeführt, macht jedoch offenbar, dass die performative Auseinandersetzung zu ungewöhnlich gestalteten Ausdrucksformen geführt hat und sich demnach von zweckorientierten Bewegungsübungen unterscheidet. Thea betont, dass die Übung den einzelnen Beteiligten Entscheidungen abverlangt habe, die in Reaktion auf unvorhersehbare Momente entstanden seien. Sie beschreibt diese Entscheidungsprozesse im Momenthaften als performativ und konturiert somit ihren eigenen Performancebegriff. Leonore differenziert diese Aussagen und geht darauf ein, dass die Lernenden sich vor allem auch verbal abgesprochen hätten. Sie gibt damit ihrer Beobachtung Ausdruck, dass körperliche Bewegungsabläufe verbale Impulse erhalten hätten. Sie impliziert, dass das Unbestimmte dadurch eine intersubjektiv nachvollziehbare Formung erfahren habe. Aus den Aussagen der drei Schülerinnen wird ersichtlich, dass sie über das Übungsformat performancespezifische Prozesse wie die Auslotung des Unbestimmten im experimentellen Impulsspiel exploriert haben.

Eine weitere Szene aus dem Unterrichtsgeschehen, die im Kontext der lernseitigen Ideenfindung und Performancekonzeption zu verorten ist, zeigt auf, dass der Live-Charakter von Performancekunst als Grundvereinbarung formuliert wird. Die Vignette *„Den Blick auf das eigene Handeln schärfen" [5.2.3.5, S. 149]* veranschaulicht diese Setzung. Aufschlussreich ist, dass die Lernenden im Drehen des Videos und dem Agieren für das Video eine performative Ersatzhandlung sehen. Es lässt sich vermuten, dass das Gestalten eines Videos Kontrolle suggeriert und Distanzierung zur tatsächlichen Live-Situation herstellt. Das Zeigen des Körpers im fokussierten, gestaltbaren Ausschnitt scheint als eine Möglichkeit auf, sich einer mitunter unbestimmten Situation zu entziehen. Der Live-Charakter von Performancekunst wird von Kerstin Chill an dieser Stelle mit Nachdruck betont und als Wesenskern performativen Handelns charakterisiert. Damit prägt sie den im Unterricht verhandelten Performancebegriff und macht die tatsächlich stattfindende Begegnung in der Live-Präsentation stark.

Die Wirkung einer künstlerisch-performativen Auseinandersetzung, die in einer Live-Aufführung mündet, zeigt sich in einem weiteren Unterrichtszusammenhang von anderer Seite. Die Vignette *„Performanceaufführungen koordinieren" [5.2.6.1, S. 161]* erzählt davon, wie die Lernenden kurz vor der Aufführung im Unterricht agieren. Vorfreudige Dynamik und angespannte Fokussierung spiegeln sich in diesem Eindruck wider. Die Lernenden scheinen konzentriert und zielgerichtet bei der Sache zu sein. Letzte Vorbereitungen werden getroffen und Handlungsabläufe auf ihre Funktionalität hin untersuchend angedeutet. Diese aktive Angespanntheit scheint als Effekt der bevorstehenden Präsentationen auf und belebt die Arbeitsatmosphäre spürbar. Die Lernenden zeigen sich prozessinvolviert und verantwortungsbereit den eigenen Performances gegenüber. Dieser Motivierungsschub kann, so die These, nicht allein auf Notendruck oder andere extrinsische Motivation zurückgeführt werden. Vielmehr ergibt er sich aus der spezifischen Logik der Aufführungsperformances live vor den Mitschüler*innen. Die Lernenden widmen sich dem nahenden unbestimmten Moment, der dem performativen Handeln innewohnt, mit voller Aufmerksamkeit und Konzentration. Bewusste Entscheidungen werden in der Gruppe herbeigeführt. Der Arbeitsprozess läuft auf den Moment des Zeigens zu, der aktives Engagement und Prozessplanung herauszufordern scheint. Die Koordination innerhalb der Gruppen veranlasst die Lernenden aufmerksam zu sein und Lösungen für das Miteinander zu finden. Kerstin Chill zollt diesem Prozess in der lehrseitigen Beobachtung verwunderte Anerkennung.

Das Momenthafte wird dann auch in den ersten verbalen Äußerungen der Lernenden als etwas Besonderes reflektiert, wie die Vignette *„Magic Moments" [5.2.6.3, S. 162]* beispielhaft verdeutlichen kann. Die Begriffswahl Kerstin Chills impliziert hier, dass performative künstlerische Ausdrucksweisen der Lernenden magische Momente herzustellen vermögen. Das Momenthafte, sich als Ereignis Offenbarende bzw. das Phänomenale rückt somit in den Vordergrund einer ersten, spontanen Reaktion der Lernenden auf das Gesehene. Die Antworten der Gruppen changieren zwischen verschiedenen Schwerpunkten. Nico hebt die Idee der Körperbemalung hervor und zeigt sich darüber hinaus beeindruckt von der Rezeption des Filmes in *Performance D [5.3.4]*. Thea betont die Konsequenz eines sich entwickelnden Bildes und den Moment einer Erkenntnis. Jule benennt die Verbundenheit von Bild und Körperlichkeit in *Performance A [5.3.1]*. Das Ereignishafte und das Unvorhersehbare in der Performance zeigen sich an dieser Stelle über den spannungsvollen Effekt, den die Live-Handlungen auf die Rezipierenden hat. Lehrseitig werden in der Aufführungsstunde von Kerstin Chill keine weiteren Impulse gesetzt. Vielmehr lässt sie das Momenthafte wirken und als performancegenuines Spiegelkriterium stehen.

6.3.4.2 Präsenz über eine bewusste Fokussierung auf den Körper im Prozess herausfordern

In den vorherigen Ausführungen wurde bereits erläutert, wie der Körper in seinen materiellen und leiblich-spürenden Qualitäten im Unterrichtsgeschehen thematisiert wurde (siehe dazu Abschnitt 6.1). Die daraus resultierende Fokussierung auf den Körper als solchen und die ihm möglichen Ausdrucksvariationen sind eng verwoben mit der Ausprägung einer konzentrierten, präsentischen Haltung in der Performance. In der Vignette *„Den eigenen Körper wahrnehmen und aktivieren" [5.2.1.4, S. 135]* wird deutlich, dass Kerstin Chill die Ausprägung einer bewussten Körperlichkeit gleich zu Beginn der ersten praktischen Auseinandersetzung anregt. Die Übung impliziert, dass eine sichtbare Präsenz des Körpers zunächst über die bewusste Ausrichtung der eigenen Perspektive auf einzelne Körperpartien hergestellt werden kann. Die Lernenden richten ihren Fokus auf sich selbst, ohne sich dabei expressiv zu bewegen. Diese Introspektion zielt darauf ab, die Körperhaltung zu justieren und sich über die aufrechte Haltung dem Geschehen gegenüber zu öffnen. Die Vignette macht deutlich, dass mit dieser Fokussierung eine Verschiebung der Unterrichtsatmosphäre einhergeht. Die Lernenden sind konzentriert bei der Sache und lassen sich von den Impulsen Kerstin Chills leiten. Körperliche Präsenz wird an dieser Stelle durch einen unverkrampften, lockernden Zugang hergestellt und als leiblich-spürende Handlungsdisposition im Unterricht erfahrbar gemacht. Die Lehrerin fordert die Lernenden dezidiert auf, sich im Prozess nicht aus der Ruhe bringen zu lassen. Mit den Worten *„Wenn es so is, dann isses so."* ermuntert sie die Schüler*innen, sich nicht ablenken zu lassen und den Fokus konzentriert auf den eigenen Körper zu richten – eine Fähigkeit, die für das Aufführen der Abschlussperformances grundlegend wichtig ist. Präsenz wird hier als eine Körperhaltung erarbeitet, die sich sichtbar von äußeren Einflüssen distanziert und bewusste Involviertheit im Handeln herausfordert.

In einer anschließenden Gruppenübungsphase wird daran anknüpfend nachvollziehbar, dass sich eine konzentrierte Haltung in Bezug auf die eigenen Handlungen prozesshaft generiert. Die Vignette *„Ausdrucksmöglichkeiten des Körpers explorieren" [5.2.1.5, S. 135]* gibt dieser Überlegung Beispiel. Kerstin Chill verknüpft die

Ausformung einer präsentischen Ausführung der Aufgaben immer wieder an die Aufforderung *„bewusst“* zu handeln. Die Aussage *„Macht das für euch“* impliziert eine Ausblendung nebensächlicher und ablenkender Dynamiken, wie sie in einer Lerngruppe von 21 Schüler*innen schnell zu Stande kommt. Die Vignette kann darüber hinaus verdeutlichen, dass sich körperliche Konzentration und Zugegensein erst im Prozess einstellt. Durch die Progression des Anforderungsgrades in der Aufgabenstellung und der zunehmenden körperlichen Herausforderung im Handeln wird den Lernenden eine konzentrierte Ausführung der Bewegungen abverlangt. Die Bewegungen sind ungewöhnlich und vollziehen sich auf verschiedenen Raumebenen. Die Lernenden erfahren ihren Körper in verfremdeter Formung und in Resonanz auf die Gruppe. Die spürbare Erleichterung am Ende der Übung lässt vermuten, dass sich die Lernenden aus einem Zustand präsenter Involviertheit lösen.

Diese Veränderung des körperlichen Zustandes wird anschließend von den Lernenden auch im Gespräch reflektiert, wie sich an der Vignette *„Die eigene Rolle beim Performen reflektieren“ [5.2.1.6, S. 136]* aufzeigen lässt. Erneut wird das fokussierte Bewusstsein den individuellen Handlungen gegenüber betont. Die Handlungen werden in ihrer Fremdheit und Andersartigkeit markiert. Diese andere Körperlichkeit ist – so die Vermutung – eng verbunden mit der Ausbildung einer präsenten Körperlichkeit in der Performance. Die Analyse der Aufführungen hat gezeigt, dass die Lernenden ein Bewusstsein für das Aushalten bestimmter Handlungsvollzüge entwickelt haben und diese mit einer spezifischen Distanziertheit im Prozess zeigen können. Durch Übungen, wie sie praktisch und reflexiv in den vorherigen zwei Vignetten dargestellt werden, wird eine Akzeptanz gegenüber den eigenen, mitunter seltsam anmutenden Handlungsvollzügen als Erfahrung herausgefordert.

Im Folgenden wird eine unterrichtseröffnende Szene in den Blick genommen, um aufzuzeigen, dass die Etablierung einer substanziellen Haltung in Bezug auf körperliche Handlungen in der Unterrichtseinheit lehrseitig routiniert eingefordert wird. Die Vignette *„Ein Performer-Ich etablieren“ [5.2.2.1, S. 139]* veranschaulicht diese Dynamik. Die Lehrerin delegiert die Etablierung einer bewussten, fokussierten Körperhaltung in dieser Szene an einen Schüler. Die Lerngruppe reagiert auf diese veränderte Lehrsituation und den humorvoll-ironischen Anmerkungen von Moris gelassen witzelnd. Die Aufforderung, die eigene Körperhaltung bewusst zu justieren, wird dennoch als Routine wahrgenommen. Die Lernenden verändern über die Körperhaltung ihre Haltung zum Geschehen zügig und die Arbeitsatmosphäre im Raum verschiebt sich spürbar für alle Beteiligten. Das explizite Herbeiführen von Ruhe und Konzentration über eine körperliche Veränderung trägt dazu bei, die Lernenden auf das Geschehen hin zu fokussieren und eine präsentische Haltung zu etablieren. Präsenz tritt in dieser Lektüre als ein Phänomen in Erscheinung, das sich durch einen spezifischen Rollenwechsel von Körper und Leib im Unterricht generiert.

Auch in Situationen, die weitaus dynamischer gestaltet sind, besteht Kerstin Chill darauf, diese körperliche Fokussierung herzustellen. In der Vignette *„Aktivierung des Körpers durch Raumlauf“ [5.2.4.3, S. 153]* wird eine solche Situation dargestellt. Diese Szene schließt sich im Unterrichtsverlauf an ein längeres Reflexionsgespräch an. Die Unterrichtsatmosphäre ist dementsprechend eher träge. Die Lernenden haben allem voran das Ziel, weiter an ihren Performances für die anstehenden Aufführungen zu arbeiten. Nichtsdestotrotz bringt Kerstin Chill die Gruppe in eine Situation, in welcher sie körperlich agieren und unter Zeitdruck Ausdrucksformen entwickeln müssen. Sie begründet dieses Vorgehen für die Lernenden mit dem Anspruch, aktiv zu werden und den Fokus auf die eigenen Handlungen zu legen. Die Variationen in den Bewegungen und die erforderte Orientierung im Raum bindet die Lernenden an das Geschehen und bildet eine präsentische Haltung heraus, mit der sie sich anschließend ihren eigenen Gestaltungsideen widmen sollen. Präsenz im performativen Handeln zeigt sich an dieser Stelle als eine Gerichtetheit und Prozesshaftigkeit in der Körperarbeit.

Im Kontrast zu dieser lehrseitigen Ausprägung körperbetonender Handlungen wird Präsenz als Phänomen jedoch auch unter einem anderen Blickwinkel offenbar: Die Lernenden beobachten sich im Prozess und richten ihre gegenseitige Aufmerksamkeit auf die körperlichen Handlungen in den Gruppen. Die Vignette *„Für eine Bühnenperformance üben" [5.2.4.4, S. 154]* gibt Einblick in den Übungsprozess von zwei Schülerinnen. Die Vignette zeugt davon, dass Performancearbeit immer auch ein körperliches Zeigen hervorbringt, das mitunter zu Unsicherheiten und Aufmerksamkeitsverschiebungen führt. Die Schülerinnen sind für die anderen im Handeln präsent. Für jugendliche Lernende ist es eine besondere Herausforderung, den Blick bewusst auf die eigenen körperlichen Handlungen zu lenken und die Aufmerksamkeit der Anderen auszuhalten. Die Handlungen Alinas machen deutlich, dass das Beobachtet-Werden Reaktionen herausfordern kann, die den eigenen Fokus verschieben und mitunter theatralisch-anmutende Gesten hervorrufen, vermutlich um ein Unwohlsein zu kompensieren. Die Lernenden geben über körperliche Präsenz etwas von sich preis, sind dem Urteil der Mitschüler*innen sichtbar ausgesetzt und befinden sich somit in sensiblen Situationen.

Um die Überlegungen zur Präsenz als Phänomen im performativen Arbeiten abzurunden, wird eine Vignette bemüht, die die Rolle der Performenden in der Abschlussreflexion berührt. Die Vignette *„Reflexion des Performer-Ichs" [5.2.7.6, S. 169]* wurde bereits auf die Thematisierung des Körpers als Material hin befragt, gibt daran anknüpfend jedoch auch Auskunft über die Etablierung einer präsenten Haltung im Geschehen. In dieser Szene kommen zwei Perspektiven auf den Körper zum Ausdruck, die in der Performancekunstvermittlung zu wesentlichen Aushandlungsfeldern avancieren: Der Körper als sichtbares, materielles Körperding und der Körper als spürender, komplex wahrnehmender Leib. Kerstin Chill versinnbildlicht diese Dualität abschließend erneut mit dem Begriff Ich^{hoch}Zwei, verstanden als ein spezifischer Modus körperlichen Handelns und Wahrnehmens, der seine ästhetische Wirkung im Prozess sowohl introspektiv als auch nach außen gerichtet entfaltet. Die Antworten der Lernenden thematisieren eine spezifische Form der Konzentration, die das momenthafte Handeln von ihnen abverlangt habe. In hypothetischer Abgrenzung zu einem vorab durchinszenierten Stück betont Milena die Dynamik einer mitunter unbestimmten Live-Situation. Leonore reflektiert die Handlungen, die ihre Mitschüler an ihrem Gesicht vollzogen haben. Sie beschreibt das dabei empfundene Gefühl als eigenartig, insofern sie sich auf das Unvorhergesehene der Bearbeitung ihres Körpers als Material einlassen musste. Eine Ernsthaftigkeit in der Auslotung von körper- und leibgebundenen Prozessen im Performen benennt sie als eine Herausforderung. Beide Schülerinnen beziehen sich somit auf Präsenz als Phänomen in der Performance, das ihnen erfahrbar wurde. Auch der spontane Einschub von Nico, es habe ihm Spaß gemacht, kollaborativ mitzuwirken, kann als eine spezifische Form des präsentischen Handelns gedeutet werden. Spaß zu empfinden, heißt immer auch, sich dem Geschehen zu öffnen, daran teilzuhaben und in der Situation zu sein.

6.4 Der Körper im intermedialen Gestaltungsprozess

In den Analysen der Abschlussperformances hat sich verdeutlicht, dass in den Handlungsabfolgen der Lernenden intermediale Gestaltungsstrategien angewandt werden, innerhalb derer der Körper als Bild- und Bedeutungsträger fungiert. Text-, Bild-, Ton- und Lichtmedien fungieren als strukturelle inszenierte Setzungen. Sie geben Orientierung und Anhaltspunkte. In diesem Sinne werden im Folgenden Bild, Ton, Sprache und Raum als ästhetische Bezugskategorien körperlicher Handlungen konzepthaft dargestellt und veranschaulicht, um den Ausdrucksweisen von Körper und Leib in der Performance als intermedialen Gestaltungsprozess nachzuspüren.

6.4.1 Körper und Bild

Körper und Bild werden in den Abschlussperformances von den Lernenden facettenreich miteinander verschachtelt. Das digital erzeugte (bewegte) Bild spielt dabei ebenso eine Rolle wie das explizite Zeigen von analogen Bilden in der Live-Aufführung. Die Lernenden machen deutlich, dass sie vielgestaltig mit Bildern als ästhetischer Bezugskategorie umzugehen wissen und in der Performance über diese einen Überschuss an Bedeutung erzeugen können.

Um diese Einsicht zu begründen, wird im Folgenden *Performance B [5.3.2]* beispielgebend betrachtet, insofern sich in dieser die qualitativ vielgestaltigen Ebenen der körpergebundenen Bildproduktion vergegenwärtigen lassen. Moris, Thea, Bela und Milena agieren mit ihren Körpern live auf der Probebühne und projizieren gleichzeitig eine großformatige bewegte Sequenz von aneinandergeschnittenen Videobildern an die Rückwand derselben. Die projizierten Bilder scheinen partiell auf ihre Körper, womit diese zum bewegten Bildgrund werden. Darüber hinaus werden im Laufe der Performance von Milena und Bela Fotografien an das Deckengerüst gehängt, die als weitere Bildebenen quasi vor den Augen der Betrachtenden hängen. Bildgegenstand und materielle Verknüpfung zwischen allen drei Darstellungsformen ist und bleibt der Körper, der als Bildgegenstand in der Performance wie folgt in Erscheinung tritt:

1. Die Performenden handeln mit ihrem Körper, stellen ihn zur Schau und bearbeiten ihn malerisch.
2. Im Video sind Körperausschnitte im Close-Up zu sehen, die in teils ruckligen, unscharfen Bildern aneinandergeschnitten wurden. Die Aufnahme bewegt sich jeweils leicht an den Körperteilen der Dargestellten entlang.
3. Die Schwarz-Weiß-Fotografien zeigen mehr oder weniger schemenhafte Ausschnitte des Körpers.

Die Performenden haben in Bezug auf jedes Medium bewusste Gestaltungsentscheidungen getroffen und sich durchgehend dem Material Körper zugewandt, der in den gezeigten Bildern genau unter die Lupe genommen wird. Er wird ausschnitthaft an seiner divergierenden Oberfläche betrachtet, präsentiert und verfremdet. Der Blick auf den Körper wird als ein Im-Detail-Suchender inszeniert und präsentiert. Die Bilder sind in ihrer gestalteten Form und Materialität bewegt: Körper bewegen sich im Raum, die Kamera wird am Körper entlanggeführt, papierne Bildträger flattern zart in der Luft. Die Gestaltungsentscheidungen entwickeln sich in der Handlungsabfolge fragmentarisch, brüchig und entziehen sich einer klaren Zuschreibung. Die Aufmerksamkeit des Betrachters / der Betrachterin wird intermedial auf die Beobachtung des Körpers in seiner spezifischen Materialität gelenkt. Inhalt und Form stehen durch die Fragmentierung des inszenierten Bildmaterials in einem losen Verhältnis zueinander und produzieren multiple Bedeutungseinheiten, die sich zu einem affizierenden Gesamteindruck verdichten.

Auch in der Betrachtung von Performance *A [5.3.1]* und *D [5.3.4]* fällt auf, dass die digital erzeugten, bewegten Bilder in der Aufführung auf die unbewegten Körper projiziert werden. Die Körper der Performenden werden somit immer zu einem weiteren Bild- und Bedeutungsträger. Analoge und digitale Bilder des Körpers werden als ergänzende Zugänge zum Thema „Körper, Haut und Hülle" evident. Die Lernenden praktizieren Performancekunst in diesem Sinne als assoziative, collagierende und multimodale bildgebende Praxis.

6.4.2 Körper und Ton

Die Analyse hat verdeutlicht, dass Töne in Form von Musik und Sound als impulsgebende Komponenten betrachtet werden können, die sich sichtbar auf die körperlichen Handlungen auswirken – sei es in der Live-Aufführung oder der reproduzierten bewegten Bildebene. Sie können zum einen als Impulsgeber für komplexe Handlungsstränge dienen, die in der Gruppe koordiniert und ohne verbale Kommunikation gezeigt werden. Zum anderen werden sie grundlegend gestalterisch in die Performance eingebunden, insofern sie die Wirkung der performativen Handlungen bestimmen und sinngenerierende Impulse setzen, die auf ein Aufzeigen von Individualität und Persönlichkeit der einzelnen Performenden abzielen.

Im Folgenden werden diese Überlegungen am Beispiel von *Performance D [5.3.4]* ausdifferenziert:

Das Licht des Deckenspots wird ins Dunkle gedimmt und auf die Rückwand der Probebühne ein Bild projiziert. Das Bild einer netztbestrumpften Hand, welche gegen das Sonnenlicht gehalten wird, setzt sich mit einem scharfen Cut in Bewegung. Gleichzeitig startet ein Song, dessen elektronische Melodie rhythmisch sehr klar ist, cool wirkt und vokal von einer Frauenstimme begleitet wird. Das Bild der Projektion legt sich auf die Oberkörper der Performenden. […] Nach ca. einer Minute steigert sich der kühle Sound des Songs zu einer abrupten Härte, die die Klänge mit akzentuierten Pausen scharf aneinandersetzt. Diese Steigerung spiegelt sich im Schnitt und der Auswahl der Videoelemente wider, insofern die Bilder zittriger und in kürzeren Abständen im Loop aufeinander folgen. […] Ein behaarter Arm greift ins Leere, eine weiße Socke wird über einen Unterarm gezogen, ein Auge zwinkert pointiert im Takt eines klingelhaften Tones, Sinja verreibt sich mit dem Handrücken roten Lippenstift quer von den Lippen über die Wange, undefinierbare Architekturelemente sind in grelle Farben getaucht – die Bilder rauschen an einem vorbei und verdichten sich im Zusammenspiel mit dem abgeklärten Sound zu einem stimmungsvollen Eindruck, dem man sich nicht entziehen kann. Der Songtext gerät währenddessen in den Hintergrund, das Arrangement der ausdrucksstarken bewegten Bilder und das durch den technisch anmutenden Sound unterlegte Setting ziehen die volle Aufmerksamkeit der Gruppe auf sich. […] Nach eineinhalb Minuten verändert sich das Tempo und der Charakter des Songs noch ein weiteres Mal. Die Melodie entwickelt sich nun harmonisch bewegt und wird durch zackige, klare Klänge begleitet. Zeitgleich endet die Videoprojektion und Vera beginnt, in schummriger Dunkelheit auf der Fläche der Probebühne zu tanzen. Ihre Tanzbewegungen sind rhythmisch, energetisch und vollziehen sich raumgreifend. Sie springt kraftvoll in die Höhe, reiht verschiedene Pirouetten aneinander und begibt sich in der Tanzbewegung flach auf dem Boden. Die Choreografie mutet zeitgenössisch und geübt an, die einzelnen Bewegungen gehen fließend ineinander über. [5.3.4, S. 182]

Die Begleitung der körperlichen Handlungen durch verschiedene Songs bestimmt im Wesentlichen den *‚flow‘* vor allem von *Performance D [5.3.4]* und ist Teil der genuin verankerten Intermedialität der performativen Zugänge der Schüler*innen. Der Song kann zunächst als eine Art gestalterische Rahmung gedeutet werden, der in seinem Stil den Gesamteindruck der Performance eindrucksstark prägt. Darüber hinaus strukturiert der Song als Impulsgeber die Abfolge der Handlungspartitur – sowohl in der Live-Aufführung als auch in der Videosequenz, welche einzelne, fragmentarisch zueinander geordnete Handlungssequenzen der Performenden zeigt. Im Kontrast zu diesem impulssetzenden, öffnenden Impetus des Songs, wird dessen begrenzende Wirkung für die performativen Handlungen offenbar. Er rahmt und taktet das Geschehen, sodass es kaum Platz für Unvorhergesehenes gibt und die einzelnen Handlungen in ihrem inszenierten Charakter wiederholbar werden. Ähnliche Überlegungen lassen sich auch auf die Soundgestaltung in *Performance B [5.3.2]* konturieren, sodass zusammenfassend die formale und inhaltliche Korrespondenz zwischen Handlung und Song/Sound als eine spezifische Ausdrucksform von Körper und Leib in der Performance aufgezeigt werden kann.

6.4.3 Körper und Sprache

Sprache zeichnet sich in den Abschlussperformances als weitere ästhetische Bezugskategorie der Handlungsvollzüge aus. Nachfolgend wird anhand zweier Beispiele aufgezeigt, in welchen Facetten Sprache in den Performances zum Ausdruck kommt und in welchem Verhältnis diese zu den körperlichen Handlungsvollzügen stehen.

In *Performances B [5.3.2]* werden zum Ende Sprachfragmente eingespielt, in denen die Performenden über körperbezogene Gewohnheiten und Rituale erzählen. Aussagen wie *„Das klingt vielleicht jetzt komisch, alle Italiener werden sich vermutlich fragen, was bei mir falsch gelaufen ist, aber ich find's viel, viel besser, wenn man die Spaghetti durchschneidet und das dann einfach nur noch mit der Gabel essen kann."* rahmen die reduzierten Handlungen der Lernenden, die sich nebeneinander auf der Probebühne positioniert haben. Die Performenden reflektieren im gesprochenen Wort kleinere Episoden aus ihrem Alltag. Gewohnheiten und persönliche Vorlieben verweisen auf die Individualität eines jeden Performers und einer jeden Performerin. Darüber hinaus deuten alle Ausführungen auf Gefühls- und Bewusstseinszustände hin, die körperlich gebunden sind – sich wohlfühlen, sich entspannen, sich ernähren. An diesem Punkt wird mit der Sprache eine klare Setzung vorgenommen, sprich der Raum möglicher Verstehenshorizonte wird an dieser Stelle kleiner, insofern die Lernenden nachvollziehbare, faktische Sequenzen aus ihrem Alltag versprachlichen. Hier handelt es sich um eine konkrete Aussageabsicht, die dem vorherigen Geschehen eine intersubjektiv nachvollziehbare Ebene hinzufügt.

In *Performance E [5.3.5]* kommt Sprache wiederum in Form eines Gedichts zum Ausdruck, dass von Patricia live rezitiert wird. Ihre Mitperformenden handeln gleichzeitig nonverbal und setzen die Bewegungen und Handlungen in unterschiedlich dichter Beziehung zu den Worten Patricias. Durch die Rezitation des Gedichts wird eine weitere Bedeutungsebene in die Performance integriert, deren Sinn sich nur brüchig erschließt. Das Gedicht wurde von Patricia selbst erdacht und bringt einen sehr persönlichen, intimen, dissoziativen sprachlichen Gestus in die Performance. Das Gedicht kann darüber hinaus als eine besondere Form des Impulsgebens betrachtet werden, insofern sich die Performance durch die permanente Gleichzeitigkeit des gesprochenen Wortes und der vollzogenen Handlungen auszeichnet. Diese Gleichzeitigkeit evoziert eine spezifische Form der Flüchtigkeit, die die Wahrnehmung einer gegenseitigen Bezüglichkeit zwischen Wort und Handlung in der Live-Aufführung anregend verkompliziert. Das Sehen und Hören, Aufnehmen und Verarbeiten, Zuschreiben und Entkoppeln von Sinn werden in ihrer Gleichzeitigkeit durch die performativen Handlungen herausgefordert. Das gesprochene Wort fungiert als eine Art Metronom, das die Gesamtpartitur strukturiert. Da die Bezüglichkeit zwischen Handlung und gesprochenem Wort niemals *nicht* vorhanden ist, kommt es vor dem Hintergrund der Gedichtrezitation zu einer dichteren und engeren Taktung der performativen Handlungen, sodass der Raum für Unvorhergesehenes und spontane Ausprägungen von Handlungsvollzügen kleiner wird. Diese Form der Fassung bietet Sicherheit und Kontrolle in der Durchführung vorkonzipierter Handlungen und rückt die Performance nah an eine bühnenähnliche Inszenierung. Darüber hinaus setzt die Bildhaftigkeit der Sprache bestimmte Impulse für die Gestaltung der einzelnen Bewegungen und Handlungen, wie an ausgewählten Ausschnitten aus der Deskription gezeigt werden konnte. Es handelt sich hierbei weniger um eine darstellende, veranschaulichende 1:1-Übersetzung, als vielmehr um eine abstrahierende, demonstrierende Art des körperlichen Handelns und Gestaltens.

Die Analysen haben gezeigt, dass sprachliche Bedeutungskommunikation auf eine gewisse Erweiterung und Vertiefung des körperlich Gezeigten abzielt. Es werden Aussagen transportiert, die nicht durchweg decodiert und verstanden werden wollen, die jedoch einen Zuschreibungsrahmen der Handlungen markieren und die diese dadurch erweiternd kontextualisieren. Sie rahmen die körperlichen Handlungen oder dienen als Impulsgeber für diese. Sie ergänzen die bildhafte Bedeutungskommunikation und konzentrieren die thematische Ausrichtung der Performance auf ein kontrollierendes Element. In der Sprache lässt sich etwas verdeutlichen, das klarer gefasst zu sein scheint als z.B. eine zweckentfremdende Materialhandlung.

6.4.4 Körper und Raum

Die performativen Handlungen der Lernenden finden durchweg auf der sogenannten Probebühne statt. Da die Schule eine großzügige Aula mit Bühne besitzt, ist die Probebühne eine Art Übungs- und Experimentierfeld, das in Kombination mit dem Rest des Raumes einen Bewegungsfreiraum darstellt, der in seiner Klarheit und reduzierten Ordnung einen Gegenpol zu anderen Räumen im Schulgebäude darstellt. Die Probebühne ist eine im Unterrichtsraum leicht erhobene Plattform, durch die eine ca. 20 Quadratmeter große rechteckige Fläche entsteht. Die Fläche kann durch einen schwarzen Bühnenvorhang vom Rest des Raumes getrennt werden und verfügt über verstellbare, aus der Ferne ansteuerbare Deckenlichtelemente, die an großen Traversen befestigt sind. Die podestähnliche Erhöhung ist an drei Seiten durch Wände begrenzt und zeigt an der vorderen Längsseite in einen großen rechteckigen Raum. Während den Aufführungen sitzen hier die Mitschüler*innen, um den Performances zu folgen.

Durch die Wahl der Probebühne als Aufführungsort für die Abschlussperformances schaffen sich die Lernenden einen visuell begrenzten Rahmen, den sie vorbereitend gestalten und einrichten können. Diese Präferenz verdeutlicht sich dadurch, dass der Bühnenvorhang mitunter zum Einsatz kommt, um die Vorbereitungen im Hintergrund zu verdecken und mit dem Aufziehen desselben den Beginn der Performance eindeutig zu markieren. Durch das Aufziehen des Vorhangs, wie es zum Beispiel in den *Performances A [5.3.1], C [5.3.3]* und *D [5.3.4]* zu Beginn der Performance vollzogen wird, erzeugen die Performenden ein Einstiegsbild, das die Wahrnehmung der Rezipierenden auf das Arrangement der Körper und Objekte im Raum lenkt.

Die Analysen haben verdeutlicht, dass die Lernenden mit unterschiedlichen Gestaltungsstrategien auf den Raum der Probebühne reagieren. Zum einen wurde offenbar, dass die Performenden in der Gruppenformation die Mitte des Raumes betonen und sich in der Handlung in Symmetrie zueinander positionieren. In allen Performances wird dieser Umstand deutlich, insofern sich die Performenden im Handlungsverlauf immer wieder nebeneinander positionieren und die Körper in einer zentrierten, gebundenen Reihung für das Publikum zeigen. In diesem Sinne wird der Raum in seiner Bühnenhaftigkeit und Rahmung bildhaft betont und handelnd markiert.

Die Analysen haben darüber hinaus gezeigt, dass sich die im Raum vollzogenen körperlichen Handlungen mitunter dezidiert an der äußeren Erscheinung des Raumes abarbeiten. So markieren Nico, Henrike und Lara den Raum in *Performance C [5.3.3]* mit Handlungen, indem sie die schimmernden Goldfolien großflächig mit dem Raum der Probebühne in Beziehung setzen. Der Boden der Probebühne wird mit den Folien ausgelegt, die Folien werden an der hinteren Wand der Probebühne live befestigt, Henrike und Lara verbergen ihre Körper in der Mitte des Raumes unter der Goldfolie, Nico zerreißt die raumtrennende Goldfolie durch die Berührung und betritt durch die entstandene Öffnung das Handlungsfeld. Der Raum wird auf diesem Wege in seiner Dimensionalität beschrieben und gleichsam wie ein Environment behandelt, in dessen Ausmaßen Materialhandlungen aufgeführt werden können und die Spezifik des Raumes handelnd betont werden kann.

In den Analysen hat sich weiterhin gezeigt, dass die Performenden den Raum der Probebühne gestaltend aufladen, sodass lebendige audiovisuelle Gesamteindrücke entstehen, die die Performance zu einer komplexen künstlerischen Ausdrucksform entwickeln. Anhand von Objekten, Lichtveränderungen, Soundeindrücken und digitalen Projektionen begeben sich die handelnden Körper in ein räumlich dichtes Gefüge. Der Bühnenraum in seiner klaren Kompaktheit und seinen technischen Möglichkeiten (Verdunklung, Videoprojektion, Lichttraversen und Lautsprecher) gibt den Performenden einen Spielraum für inszenierte Setzungen, um über das technisch Andere eine spürbare Atmosphäre zu schaffen und die handelnden Körper zu ergänzen, zu erweitern oder zu kontrastieren. Auffällig ist, dass in allen Performances mit der kompletten Abdunklung des Raumes gearbeitet wird und ausschließlich Kunstlicht in Form von Deckenspots oder Tischlampen eingesetzt werden. Diese Verdunklung bedingt eine unterschiedlich ausgeprägte Mystifizierung des räumlichen Settings, innerhalb dessen die Körper zum einen in einer selbst geschaffenen Schutzzone agieren, zum anderen jedoch performativ gestaltend mit Bedeutung aufgeladen und inszeniert werden.

6.4.5 Individualität und Eigensinn gestaltend markieren

Im Kontext der sich intermedial vollziehenden performativen Gestaltungsprozesse wird ein Spielraum erzeugt, innerhalb dessen die Lernenden Individualität und Eigensinn gestaltend markieren. Sie geben ihrer Persönlichkeit über körperliche Handlungen Ausdruck und markieren somit individuelle Welterfahrung in der gestalteten Performance. Dieser Umstand wird vor dem Hintergrund des Erkenntnisinteresses als eine spezifische Form der Bedeutungsgenerierung verstanden, da er sich nicht von der Persönlichkeit der Performenden trennen lässt und in den körperlichen Vollzügen ein Sinnüberschuss zum Ausdruck kommt, der die handelnden Schüler*innen als nachdenkende, empfindende und sich positionierende Wesen offenbart.

Diese Einsicht lässt sich vor allem durch die Betrachtung von *Performances D [5.3.4]* schärfen, in welcher die Performenden explizit durch Musik eigene Vorlieben und Vertrautes zum Ausdruck bringen. Sie geben ihrer individuellen Wahrnehmung einen handelnden Ausdruck, was sich in folgenden Gestaltungsstrategien zeigt:

(1) Gleich zu Beginn der Performance wird deutlich, dass die Performenden auf eine verändernde oder gar vereinheitlichende Aufmachung ihrer Kleidung verzichten. Sie zeigen sich in ihren alltäglichen, variierenden Outfits und lassen somit ihren individuellen Stil zum Vorschein kommen.

(2) In der Einstiegssequenz tritt die Gruppe in der Variation des Individuellen in Erscheinung. Sie verweisen auf persönlichen Routinen und stellen ihren eigenen Musikgeschmack heraus.

(3) Auch die variierten Körperhaltungen im Standbild verweisen auf die Ausprägung des Einzelnen / der Einzelnen in der Gruppe.

(4) Das Video rückt die einzelnen Individuen zeitgleich im Close-Up in den Fokus und lässt die Rezipierenden die körpergebundenen Veränderungen an Gesicht und Armen aus der Nähe betrachten.

(5) Zum Ende der Performance zeigen Carolin und Kilian sich, indem sie am Rand der Probebühne langsame, fokussierte Materialhandlungen an ihren Armen durchführen. Sie haben sich zum Publikum ausgerichtet und ihre Arme leicht angehoben, damit die Handlungen gut sichtbar werden. Dieses Sich-Zeigen wird darüber hinaus durch ein Sich-selbst-Beobachten charakterisiert, das den Fokus auf sich selbst als Person, als empfindende, resonante, unumgängliche Entität in der Performance eine einprägsame Qualität verleiht. Die verhüllenden Handlungen am Körper und auf der Haut zeugen im weitesten Sinne von einer verkörperten Introversion und Selbstkonfrontation im Performativen.

In *Performance E [5.3.5]* kann eine weitere Facette von Individualität und Eigensinn aufgezeigt werden, insofern hier grundlegend mit dem persönlich verfassten Gedicht der performenden Schülerin gearbeitet wurde. Die gesprochenen Worte Patricias werden von einer düsteren Stimmung getragen. Einsamkeit, Leere und Orientierungslosigkeit scheinen das Innenleben des lyrischen Ichs zu charakterisieren, das sich in der Welt zu verorten sucht. Die Sprache Patricias ist bildhaft und voller Metaphern, der Klang der gesprochenen Worte melancholisch und fließend. Das lyrische Ich reflektiert seine Ansprüche, die von einem Außen in einem *Müssen, Wollen und Wagen* an es herangetragen werden, denen es kaum gerecht werden kann. Es solidarisiert und reibt sich gleichermaßen mit einem lyrischen Du. Beide existieren gemeinsam *stumm und bitterkalt* als *glatte Oberflächen* in einer Welt, deren brachiales Dasein das Formen einer Identität zu einer Unmöglichkeit zu machen scheint. Diese Weltsicht und Weltbestimmung schlagen sich in Beschreibungen von körperlichen Handlungen und Zuständen nieder, die als schmerzhaft und einengend beschrieben werden können. Zügellose Schritte, von Furchen zerfressene Haut, das Stopfen klaffender Löcher, lautloses Vergießen von Tränen und das Sich-Verlieren im Unausgesprochenen veranschaulichen eine düstere Gestimmtheit, welche die performativen Handlungen thematisch und atmosphärisch rahmt. Das

Ich adressiert in diesem Zusammenhang sein Gegenüber als einen Menschen, der seine Gesinnung nur allzu leicht ändert. Der Körper wird im Gedicht als Ort von schmerzhaften, alles durchdringenden Identitätsprozessen. Im Ich und Du signifiziert sich ein dissoziativ empfindender, denkender und fragender Körper, der sich in einer irritierenden, komplexen Welt verorten will, an den Ansprüchen dieser Welt jedoch zu scheitern droht. Patricia markiert durch die Rezitation des Gedichts innere Gefühls- und Verarbeitungsprozesse, die von ihren Mitperformenden zu Handlungsfolgen transformiert werden.

6.4.6 Verknüpfungen zum Unterrichtsgeschehen – Der Körper im intermedialen Gestaltungsprozess im Spiegel der Vignetten

Die Analyse der Abschlussaufführungen hat gezeigt, dass die körperlichen Handlungen in Bezug zu anderen Medien gesetzt wurden, um über verschiedene Kanäle Bedeutung in den Performances zu generieren und multimodal zu kommunizieren. Individualität und Eigensinn werden dementsprechend in den Performances evident. Die Vignettenlektüre hat hingegen gezeigt, dass lehrseitig vor allem bildliche und räumliche Aspekte im Unterrichtsgeschehen verhandelt wurden, Sound und Sprache wurden in den praktischen Phasen kaum thematisiert. Deshalb sollen nachfolgend in zwei Punkten hauptsächlich bildliche und räumliche Bezüge im Unterrichtsgeschehen genauer betrachtet werden. In einem dritten Punkt geraten die Momente in den Fokus, in denen die Lernenden ihre eigenen Gestaltungsideen intermedial umreißen und diskutieren, um herauszuschälen, wie sich eine multimodale Bedeutungsgenerierung in der Konzipierung und Reflexion der Performances darstellen lässt.

6.4.6.1 Das Bild als ästhetische Bezugskategorie etablieren

Bilder werden auf unterschiedlichste Art und Weise im Unterrichtsgeschehen thematisiert. Sie spielen in analoger und digitaler Form ebenso eine Rolle, wie in statischer und bewegter Form. Sie werden grundlegend und von Beginn an mit der Ausprägung performativer Ausdrucksweisen verknüpft. Im Folgenden soll aufgezeigt werden, in welchen Facetten diese Bildbezüge im Unterrichtsgeschehen lehr- und lernseitig sichtbar werden.

Zunächst ist festzustellen, dass körperliche Handlungen aus Bildern generiert oder über diese mit Bedeutung aufgeladen werden. In der Vignette *„Körper, Haut und Hülle als Thema reflektieren“ [5.2.1.3, S. 134]* aus der ersten Doppelstunde deutet sich bereits an, dass das (bewegte) Bild als Bezugskategorie für körperliches Handeln thematisiert wird. Kerstin Chill setzt als ersten Impuls zur Inspiration und inhaltlichen Annäherung Kunstreproduktionen und fokussiert somit Bildbeispiele. Über die Bildmappen werden die Lernenden mit einer Vielzahl an gestalteten Ausdrucksformen konfrontiert, die das Thema *Körper, Haut und Hülle* berühren. Der Weg zur Idee einer körperlichen Handlung nimmt somit seinen Ursprung im Bild als Impuls- und Gestaltungsgeber in der Performance. Eine Fokussierung auf das Bild spiegelt sich auch im weiteren Verlauf dieser Sequenz wider, wobei sich die Perspektive der Betrachtung nun hin auf die aktive Bildgestaltung verschiebt. Bela bezieht sich in seinen Überlegungen auf den Einsatz der bewegten Handykamera und referiert dadurch auf Erfahrungen, die die Lernenden in einer vorhergehenden Unterrichtseinheit unter dem Motto *Das Handy als Handspiegel* gemacht haben. Über den Einsatz der Smartphonekamera formuliert er eine Möglichkeit, den eigenen Körper introspektiv und nach außen gerichtet in der Bewegung zu thematisieren. Seine Ausführungen bleiben in Bezug auf konkrete körperliche Handlungen an dieser Stelle noch vage, machen aber deutlich, dass *etwas* mit dem Handy *gemacht* werden kann, sprich die Kamera in ihrer bildgebenden Funktion als aktivierend bewertet wird. Kerstin Chill greift seine Idee auf und formuliert daraus eine Anforderung für die Konzeption der Performances, indem sie die Kamera als Gestaltungselement in der Performance markiert. Die Aussage impliziert, dass die Kamera sowohl als verhandeltes Objekt als auch als bildgebendes Medium in die Aufführungen integriert werden kann.

In diesem Sinne initiiert Kerstin Chill eine Auseinandersetzung mit digitalen Arbeitsmitteln dann auch mit selbstverständlichem Impetus in die praktischen Auseinandersetzungen der Lernenden für die Konzeption eigener Performanceideen. In der Vignette *„Material als Impulsgeber für körperliches Handeln“ [5.2.1.7, S. 136]* wird dies nachvollziehbar. Minibeamer und Digitalkamera werden an dieser Stelle materialgleich behandelt und als Impulsgeber in die Gruppen gegeben. Sie stellen in der Verknüpfung ein transportables und leicht handhabbares Projektionstool dar, das live im Prozess in die körperlichen Handlungen integriert werden kann. Über die digitalen Medien können Fotografien und Videos in situ auf Körperpartien der Lernenden projiziert werden. Die Überlagerung des Bildlichen mit dem Körperlichen wird somit niedrigschwellig und aktivierend exploriert.

Das Denken mit und in Bildern bleibt auch im weiteren Unterrichtsverlauf eine wesentliche ästhetische Bezugskategorie. Die Vignette *„Das Potential von Handlungen reflektieren“ [5.2.2.4, S. 141]* gibt einen Einblick, wie der Zugang über Bilder lehrseitig weiter ausdifferenziert wird. Der Vignettenausschnitt gehört zu einem Gespräch, das Kerstin Chill zeitlich kurz vor die wiederkehrende Gruppenarbeitsphase zur Konzeption der eigenen Performances initiiert. Die Lernenden sollen ihren Arbeits- und Ideenfindungsprozess reflektieren. In diesem Gespräch werden performative Gestaltungselemente besprochen, die den Lernenden als Handout Orientierung in der Konzeptionsphase geben sollen. Der Einsatz der Kamera – als objekthaftes Material oder auch bildgebendes Medium in der Bewegung – wird erneut als wesentliches Gestaltungselement betont. Mit der *Aussage „Ist doch eigentlich toll, was da mit eurem Körper passiert. Das kann man wunderbar einbauen.“* hebt Kerstin Chill eine Transformation hervor, die sich ausgehend vom Kameraeinsatz am Körper vollziehen könne. In einem weiteren Schritt wird dieser praktische Zugang zum analogen und digitalen Bild theoretisiert und unter dem Aspekt der *Bildlichkeit* Gestaltungskriterium in der Performance fixiert. Lehrseitig wird performativen Handlungen somit ein Bildcharakter zugeschrieben, der bewusst gestaltet werden kann und über Inhalt-Form-Zusammenhänge Bedeutung generiert. Thea konstatiert, dass die Bilder in der Performance authentisch und lesbar gestaltet werden müssen. Kerstin Chill relativiert diese Aussage, insofern die sie Bedeutungsoffenheit der verschiedenen Bildlesarten der Zuschauenden hervorhebt. In diesem Zusammenhang wird deutlich, dass die Performances nicht allein als formale Gestaltungen über den Körper im Unterricht verhandelt, sondern vielmehr als bedeutungsverschiebende und -generierende Ausdrucksformen markiert werden.

Die körperbezogene digitale Bildproduktion zeigt sich indessen auch als Gestaltungsdynamik, die von den Lernenden intuitiv im Prozess praktiziert wird. In der Vignette *„Eine Performanceidee in der Gruppe generieren" [5.2.3.4, S.]* zeigt sich das Bild in seiner Alltagsbezogenheit, welches die Lernenden in der Gestaltung unentwegt begleitet.

Das Festhalten der explorierten Handlungen in Bildern ist in der Konzeptionsphase der einzelnen Gruppen ein ständiger Begleiter. Sie zeigen eine Affinität zur bildhaften Bedeutungskommunikation, die vermutlich stark im Alltag der Lernenden verwurzelt ist. Die festgehaltenen Bilder dienen der Vergewisserung und der Außensicht auf den eigenen gestalteten Körper. Die Bilder ermöglichen einen Blick von außen auf das Geschehen und sind in der Lage, die Exploration der Handlungen zu dynamisieren. Die bewegte Bildlichkeit von Performances wird auf diesem Wege digital reproduziert und gleichsam zum Stillstand gebracht, um beurteilt zu werden.

Im weiteren Unterrichtsverlauf werden Performances von Schüler*innen im Zuge des UNART-Festivals von den Lernenden rezipiert und dabei explizit auf den Einsatz von Videoübertragungen in der Live-Aufführung hin beurteilt. Die Vignette *„Qualitätskriterien für Performances im Gespräch erarbeiten" [5.2.4.2, S. 152]* stellt die Aussagen der Lernenden ausschnitthaft dar. Das Statement von Thea, einige Performances seien langweilig und nicht performativ gewesen, wird von ihren drei Mitschüler*innen mit dem wiederholten Einsatz von Videoübertragungen begründet. In der verallgemeinernden Aussage, die an keinem konkreten Beispiel ausgeführt wird, zeigt sich, dass das Medium Video und das Handeln dafür nicht zwingend als innovativ und interessebündelnd eingeschätzt wird. Die Vernetzung von bewegten Bildern auf dem Screen und bewegten Live-Bildern auf der Bühne wird von ihnen als *state of the art* eingeschätzt. Ohne die Szene deutend überzustrapazieren, zeugt sie davon, dass die Lernenden dem Einsatz digitaler Medien im Performativen nicht per se affirmativ gegenüberstehen, sondern den Einsatz eines solchen Videos in der Performance kritisch befragen. Die Analysen der Abschlussaufführungen haben gezeigt, dass in vier von sechs Performances nichtsdestotrotz live mit analogem und digitalem Bildmaterial gearbeitet wurde.

Im Folgenden soll abrundend betrachtet werden, wie die bewegte und unbewegte Bildlichkeit in der Abschlussreflexion der Unterrichtseinheit thematisiert wurde. Aufschlussreich ist, dass in der letzten Stunde vor allem Bildmaterial betrachtet wird, um sich einen erneuten Eindruck von den Performances zu machen und sie gemeinsam zu besprechen. Lehrseitig setzt Kerstin Chill diesbezüglich vielseitige Impulse. Einer davon ist in der Vignette *„Videostills aus den Performancemitschnitten betrachten und besprechen" [5.2.7.4, S. 167]* dargestellt. In Ähnlichkeit zur ersten

Doppelstunde greift Kerstin Chill erneut auf Bilder zurück, um Sinn und Bedeutung herzustellen. Die Lernenden sehen sich nun zum ersten Mal selbst in der von ihnen konzipierten performativen Haltung. Die Neugierde an den Bildern aus der eigenen Performance ist ausgeprägt. Es zeigt sich, dass das Bild als Ankerpunkt dient, um Assoziationen und Ideen zu verbalisieren. Das analoge Bild fordert eine bildhafte Zergliederung der Live-Performance heraus. Die Lernenden zeigen sich in diesem Fall beeindruckt von der Wirkung, die Nico hinter der Folie mit seinem Körper herzustellen vermag. Die Stimmung, die sowohl im Bild als auch in der Live-Handlung generiert wurde, wird von den Lernenden mit vielseitigen Adjektiven beschrieben. Das Bildhafte wird dabei immer auch in Bezug zu den Handlungen und Bewegungen reflektiert, durch welche das Bild live erzeugt wurde.

In einem letzten Reflexionspunkt widmet sich Kerstin Chill zusammen mit der Lerngruppe dem Einsatz der Videos in den Performances. In der Vignette *„Film als performatives Gestaltungsmittel reflektieren" [5.2.7.5, S. 169]* reflektieren die Lernenden die Rolle, die die Videos für sie in Kombination zu den Live-Handlungen eingenommen haben. Die bewegten Bilder, die sich in den *Performances A [5.3.1], B [5.3.2], D [5.3.4]* und *F [5.3.6]* über die Körper der Handelnden gelegt haben, werden von den Lernenden im Gespräch als eine weitere Bedeutungsschicht beschrieben. Das Medium Film könne die Performance unterstützen und einen Effekt erzeugen, der beeindruckend sei. Sie beschreiben den Einsatz der bewegten Bilder als *„gutes Mittel"*, die eigenen Handlungen zu begleiten und die Wirkung derselben zu verstärken. Die Lernenden differenzieren den Stellenwert der unterschiedlichen Filme in den Performances aus. Sie verdeutlichen, dass bestimmte Filme in ihrer Gestaltung und Wirkung vor allem durch die Kombination mit Musikstücken im Geschehen sehr präsent waren, wohingegen andere Videos das Geschehen eher begleitet hätten.

Die Ausführungen zeigen auf, dass Bilder auf verschiedenen Wegen immer wieder als ästhetische Bezugskategorien sichtbar gemacht und praktisch verhandelt werden. In dieser lehr- und lernseitigen Thematisierung kommt die in den Analysen herausgeschälte Intermedialität erneut zum Ausdruck. Sie zeigt sich als Phänomen in der Überlagerung des Körpers mit digital generierten Bildern und somit als eine Ergänzung der körperlichen Handlungen.

6.4.6.2 Den Bühnenraum performativ explorieren

Die Probebühne wird in Übungsformaten, die den Körper im Raum verhandeln, nicht verlassen. Alle performativen Annäherungen finden dort statt. Nur zum Konzipieren und Proben verlassen die Lernenden den Raum, um sich eine unbeobachtete Handlungsfläche zu suchen. Die Konzepte beziehen sich in diesen Fällen dennoch immer auf die Probebühne, auf der letzten Endes alle Performances aufgeführt wurden. Aufschlussreich ist, dass die Probebühne nicht lediglich wie ein theatraler Bühnenraum behandelt wird, der eine Handlung bzw. ein Narrativ unterstützen soll. Vielmehr gerät er als ästhetische Bezugskategorie in den Fokus der Lernenden, die es über körperliche Handlungen zu explorieren gilt.

In den Vignetten *„Erkundung körperlicher Interaktion und Formation im Raum" [5.2.2.2, S. 140]*, *„In der bewegten Interaktion improvisieren" [5.2.3.1, S. 146]* und *„Aktivierung des Körpers durch Raumlauf" [5.2.4.3, S. 153]* werden Übungen dargestellt, die diese körperlichen Handlungen mit Raumbezug darstellen. Da eine umfängliche Analyse den Rahmen der Ausführungen sprengen würde, wird an dieser Stelle lediglich die Übung in der Vignette *„Aktivierung des Körpers durch Raumlauf" [5.2.4.3, S. 153]* betrachtet. Der Raum wird in dieser Szene nicht explizit als Gestaltungskategorie verhandelt, jedoch in seinen Dimensionen durch Bewegungen exploriert. Verschiedene Raumebenen und die Ausmaße des Raumes werden mit Handlungen bespielt, um die Lernenden zu aktiveren. Das Tempo, in dem sich die Lernenden beim Laufen im Raum bewegen müssen, sorgt für eine Fokussierung und Präzisierung der Ausführung der Übung. Die einzelnen Bewegungsabläufe fordern die Lernenden heraus, sich im Raum zu orientieren und achtsam zu reagieren. Die Probebühne wird in diesem Sinne aktiv und raumgreifend genutzt, somit aber auch immer wieder als feste Bezugsgröße etabliert.

Diese Erkenntnis zeigt sich auch im Konzeptionsprozess der Lernenden für *Performance B [5.3.2]*, der in der Vignette *„Performanceideen ausgehend vom Thema in der Gruppe entwickeln" [5.2.2.6, S. 143]* dargestellt ist. Der Aufführungsort Probebühne wird von den Lernenden als ein Ort aufgefasst, in welchem die körperlichen Handlungen mit technischen Effekten und Videoprojektionen erweitert werden können. Aufschlussreich ist, dass auch ein Ortswechsel lediglich im Kontext der Probebühne verhandelt wird. Alle aufgezählten Optionen ließen sich im Raum umsetzen. Die Probebühne suggeriert in diesem Sinne eine abgesteckte Sicherheit und Flexibilität, zu der die Lernenden in der Konzeption ihrer Performances eine Affinität entwickeln. Der Raum lässt sich installativ gestalten und bespielen, vorab in seinen Ausmaßen probend erfahren und kontrollieren.

In dieser Rahmung zeigt sich an anderer Stelle ein Potential für die Exploration performativer Handlungen, wie die Vignette *„Eine Performanceidee in der Gruppe generieren" [5.2.3.4, S. 148]* verdeutlichen kann. Die Gruppe von *Performance C [5.3.3]* befindet sich zu diesem Zeitpunkt mitten im Konzeptionsprozess der eigenen Performance. Die Lernenden explorieren eine Türnische, die sich an der hinteren Wand der Probebühne befindet. Es handelt sich um den schmalen Raum vor der Tür, die in ein dahinterliegendes Zimmer führt. Die Gruppe setzt die Goldfolie, mit der sie sich im Arbeitsprozess und auch später in der Aufführung umfassend auseinandersetzt, in Bezug zu diesem spezifischen Ort auf der Probebühne und entwickelt aus dieser räumlichen Situation eine Handlungsidee. Die Goldfolie wird in den Türrahmen gespannt und somit ein Leerraum verdeckt. In diesen Leerraum begeben sich Nico und Marita, um die Materialeigenschaften der Folie in diesem Zustand zu testen. Die Erweiterung des Raumes durch die Öffnung der Tür und die damit einhergehende Veränderung der Lichtsituation dynamisiert die Auseinandersetzung erneut. Körper, Material und Raum werden in dieser Sequenz miteinander verhandelt, um eine Gestaltungsidee zu generieren.

6.4.6.3 Intermedialität im performativen Handeln reflektieren

In einem letzten Punkt soll herausgearbeitet werden, wie die Lernenden versuchen, über körperliche Handlungen in intermedialen Zusammenhängen eigene Bedeutungen zu generieren und Gestaltungsthemen zu konturieren. Hierbei geraten weniger die körperlich-praktischen Äußerungen in den Blick als vielmehr die verbalen Deutungen und Assoziationen, die die Lernenden zu ihren eigenen performativen Auseinandersetzungen preisgeben.

In der dritten Doppelstunde werden die Lernenden aufgefordert, ihre ersten Performanceideen kurz und prägnant darzustellen. In der Vignette *„Den Blick auf das eigene Handeln schärfen" [5.2.3.5, S. 149]* zeigt sich, dass die Lernenden intermedial gestalten und multimodal kommunizieren wollen. In den Aussagen der Lernenden wird deutlich, dass sie zu ihren Handlungen verschieden Bezugsgrößen und -themen aufzeigen. Es werden kaum konkrete körperliche Ausdrucksformen benannt, sondern vielmehr Rahmen abgesteckt, innerhalb derer die Performances verortet werden. Der Körper als Thema und die über ihn formulierten Handlungen werden an intermediale Explorationen gebunden. Raumbezüge spielen dabei ebenso eine Rolle, wie die Interferenz zwischen Material und Licht in einer Kameraaufnahme. Darüber hinaus wird der Körper über die Produktion eines Videos auf seine Oberfläche hin befragt. Es zeichnet sich dementsprechend schon in einer frühen Phase der Konzeption ab, dass die einzelnen Gruppen den Körper *als etwas* verhandeln und Bezüge zu den bereits aufgeführten ästhetischen Bezugskategorien herzustellen vermögen.

Eine weitere Sequenz gibt Einblick, wie diese Überlagerungen im Intermedialen im Konzeptionsprozess lernseitig kommuniziert wird. Die Vignette *„Eine Idee untereinander besprechen und kontextualisieren" [5.2.4.5, S. 154]* stellt einen Austausch dar, der von Kerstin Chill zwischen zwei Gruppen initiiert wird. Es zeigt sich, dass die Themen, mit denen sich die Lernenden im Prozess auseinandersetzen, grundlegend komplex sind. Im körpergestaltenden Tun verhandelnd sie Felder und Zugänge, die existentiell und substanziell anmuten. Dynamiken und Herausforderungen, denen sie im Alltag begegnen, liegen den Auseinandersetzungen zu Grunde. Der Rückbezug auf die Peergroup und das Aushandeln von empfundenen Ängsten werden über das performative Handeln präsent. Ausgehend von diesen Sujets werden Handlungsstränge entwickelt, die intermedial verhandelt werden. Über sprachliche Ausdrucksformen, wie in dem von Patricia rezitierten Gedicht, bis hin zu Videosequenzen, die den Verlauf der Performance bestimmen, finden die Lernenden zu vielseitigen Ausdrucksformen in Ergänzung zu den live auf der Probebühne präsentierten Handlungen. Körperlichkeit offenbart sich in dieser Auseinandersetzung als ein Phänomen, das von den Lernenden nicht als einzige Bezugskategorie performativen Arbeitens betrachtet, sondern in der Verwobenheit mit einer Vielzahl möglicher Ausdrucksweisen verhandelt wird.

In einer Vignette aus der Präsentationsstunde soll abschließend aufgezeigt werden, wie die Lernenden ihre ersten Eindrücke aus den Abschlussperformances verbalisieren und den Körper in intermedialen Zusammenhängen wahrnehmen. *„Magic Mo-*

ments" [5.2.6.3, S. 162] stellt die Variation dieser Ersteindrücke dar. Die Lektüre dieser Sequenz verdeutlicht, dass die Lernenden vor allem den Körper im intermedialen Zusammenhang betrachten. Die Handlungen in Bezug zu Sound und Sprache, den Körperbemalungen und der konsequenten dreiteiligen Komposition im Raum über Körper und Video werden beispielhaft als Phänomene in den Live-Aufführungen benannt, von denen die Lernenden sich beeindruckt zeigen. Ohne dass an diesem Punkt einzelne Handlungsstränge und -motive ausgedeutet werden, offenbaren die Aussagen, dass die Lernenden in der Rezeption eine Affinität zu den sich überlagernden Gestaltungsformen entwickeln haben und diese wertschätzend teilen. Kerstin Chill spiegelt diesen Eindruck und kontextualisiert das Gezeigte im kulturellen Umfeld der Schule, indem sie impliziert, dass die intermedialen Ausdrucksweisen im Performativen ein Surplus an Komplexität im Gesellschaftlichen verhandeln würden und somit die Bedeutung von Performancekunst im Allgemeinen betont.

6.5 Körperliche Interaktion in der Performance

In einem letzten Punkt wird untersucht, wie sich Ausdrucksformen von Körper und Leib über die performative Interaktion, sprich über die bewegte Begegnung und handelnde Konfrontation der Lernenden untereinander präzisieren lassen. Sowohl im Unterrichtsgeschehen als auch in den Abschlussperformances wurde durchgehend in der Wechselbeziehung zwischen Handlungspartnern performt, die wie folgt ausdifferenziert werden: (1) Kollektive Handlungen changieren zwischen choreografierten und spontanen Prozessen, (2) zeigen sich sowohl in der Vereinzelung als auch in der betonten Einheit der Lernenden, (3) kommen in Duohandlungen zum Ausdruck und (4) äußern sich in Form von markierenden Handlungen an einem Gegenüber.

6.5.1 Changieren zwischen choreografierter und spontaner Interaktion

Die Qualität gruppenbezogener Körperarbeit changiert zwischen choreografierten und spontanen Elementen. Dies lässt sich – so die Vermutung aus der Analyse – durch die konzeptuelle Bindung der Handlung begründen. Momente, die von den Lernenden konzeptuell eng vorstrukturiert werden und in ihrer Ausführung aufeinander abgestimmt sind, unterscheiden sich qualitativ von Momenten, die sich aus einem Zustand der Offenheit und Ungewissheit heraus einstellen.

Beispielhaft kann vor dem Hintergrund dieser Überlegungen die kollaborative Bewegung, die Thea und Moris in *Performance B [5.3.2]* gemeinsam vollziehen, angeführt werden:

> *Sie nähern sich von links und rechts der Aktionsfläche aufeinander zu. Dabei bewegen sie sich nicht auf herkömmliche Art und Weise. Dreh- und Angelpunkt ihrer stummen Bewegungen ist die Rotation ihrer Oberkörper in Verbindung mit*

ausschweifenden, umfassenden Gesten der ausgestreckten und trotzdem leicht gebeugten Arme. Die Arme scheinen eine große Kugel in all ihren Raumebenen zu umschließen. Sie öffnen und schließen sich, führen symmetrisch aufeinander zu und kreisen um die Achse des Oberkörpers, der sich immer auch wieder nach vorn und hinten beugt. Währenddessen bewegen sie sich langsam vorwärts, wobei sie den Schwung ihrer Arme wiederholt im breiten Stand austarieren. Theas bewusste und konzentrierte Ausführung der Bewegungen verdeutlichen, dass diese Balance erfordern. Nach kurzer Zeit treffen beide Performenden aufeinander. Sie blicken sich in die Augen und stehen aufrecht, frontal zugewandt voreinander. Schwunghaft fährt Thea ihre Arme nach vorn und beugt ihren Oberkörper dabei ruckartig herunter. Moris wiederholt diese Bewegung und umfasst anschließend mit seinen Händen den von Thea mit den Armen markierten Raum. Beide beginnen in abwechselnden, konzentrierten Zügen und in der Manier der vorher entwickelten Bewegungen aufeinander zu reagieren. Sie begeben sich dabei in verschiedene Raumebenen. Sie kriechen untereinander durch, steigen übereinander, drehen sich umeinander – immer in der Ambivalenz zwischen Nähe und Distanz, Innehalten und Dynamik. [5.3.2, S. 174]

Die Reaktionen aufeinander sind keine symbiotischen, auf Berührung und harmonische Expressivität hin angelegten Bewegungsabläufe, sondern eher konstruierte, technische Bewegungsmuster der Körper. Die Interaktion wird auf den Körper des anderen als Objekt, als Gebilde bezogen. Sie zeugt von einer Inszenierung, die den Raum für *echte* Begegnung und Kollaboration verengt.

Im Kontrast zu dieser engmaschig vorstrukturierten Interaktion sind die Performenden mit zunehmendem Handlungsspielraum aufgefordert, nonverbal miteinander zu kommunizieren und sich aufeinander einzulassen, um gemeinsame Handlungs- und Gestaltungsentscheidungen zu treffen. So wird diese Öffnung für Interaktion in derselben Performance beispielsweise zu einem späteren Zeitpunkt sichtbar, wenn die Performenden sich gegenseitig den Oberkörper bemalen:

Sie nehmen die Farbe mit den ausgestreckten Fingern auf und führen sie über Bauch, Arme, Nacken, Rücken und Brust. Die Farbtöne changieren zwischen grellen Neontönen bis hin zu gesättigten Blautönen. Die Handlungen werden noch immer von dem düsteren Sound begleitet und werden räumlich von der silberfarbenen Fläche auf dem Boden begrenzt. Die Gruppe scheint nicht systematisch zu agieren, vielmehr interagieren die Performenden miteinander, indem sie auf Berührungen reagieren und in malender Manier erwidern. Ihre Blicke suchen weniger den Augenkontakt der Partner als vielmehr Körperstellen, die noch farbig gestaltet werden können. Der Farbauftrag reicht von vorsichtig streichenden, fließenden Bewegungen auf dem Bauch bis hin zu harten, klatschenden Bewegungen auf dem Rücken. Mal wischen die Hände flächig über den Körper, mal tupfen die Finger sprunghaft von einem Punkt zum nächsten. Die Farbspuren sind abstrakt, eine Ausnahme bildet das kleine Smiley, das Moris sich verspielt auf den Bauch tupft. [5.3.2, S. 174]

Diese Körperbemalung erfolgt zwar in einem durch Sound und Foliendecke markierten Rahmen, ist jedoch in der Bewegungsausrichtung der einzelnen Performenden zueinander keinesfalls vorbestimmt. Die Sequenz zeigt sich im Gegensatz zu der eingangs beschriebenen Interaktion unruhiger und ist charakterisiert durch spontane Gestaltungsentscheidungen.

Ähnliche Momente, in denen die Dichte der Interaktion changiert, lassen sich auch in den anderen Performances beobachten. Die inszenierten Bestandteile der Performances zeigen sich somit als vorstrukturierte Teamwork-Momente, wohingegen Momente des Ungewissen und Möglichen von den Performenden live in der Situation aufeinander abgestimmt werden müssen. In diesem Sinne entwickelt sich die Gruppendynamik in Abhängigkeit vom vorab entwickelten und intersubjektiv verhandelten Konzept und changiert somit im Prozess der Aufführung.

6.5.2 Ambivalenz zwischen gezeigter Einheit und betonter Vereinzelung

In den Analysen hat sich gezeigt, dass die Performenden in den Abschlusspräsentationen körperliche Handlungen vollziehen, die sich sowohl über die betonte Vereinzelung als auch die kollektive Einheit beschreiben lassen. Individuum und Gruppe kommen in der Performance gleichermaßen gestaltend und gestaltet zum Ausdruck. Dieser Umstand kann besonders einsichtig an parallelen Gruppenformationen aufgezeigt werden, zu denen die Performenden in der Aufführung immer wieder finden.

Im Folgenden werden rückblickend die Ausführungen zur Interaktion in *Performance D [5.3.4]* herangezogen, um diese Überlegungen zu veranschaulichen. Vera, Sinja, Kilian und Carolin vollziehen zu Beginn der Performance eine ähnliche Handlungssequenz: Sie stehen vom Boden auf, starten die Musik über ihr Smartphone, begeben sich zum Standspiegel, vollziehen eine Handlung vor dem Spiegel und verlassen anschließend die Probebühne, wobei sie die Musik beenden. In dem aufgeführten Muster, das von allen Performenden eingehalten wird, kann verdeutlicht werden, dass hier eine Form des gemeinsamen Handelns inszeniert wird, das die Gruppe als Einheit markiert und einen formalen und thematischen Rahmen konstruiert. Gleichzeitig verkörpern die Performenden eine individuelle Alltagsroutine, die sie im Handeln persönlich markiert. In der sich wiederholenden Handlung wird die Wirkung der Performance auf die Subjekte hin orientiert. Das Selbstsein und Anderssein in Variation erhalten als Ergänzung zur Betonung des Kollektiven formalästhetisch und inhaltlich Raum:

> *Anschließend positionieren sich die Performenden nebeneinander und formieren ein Standbild, das für die Dauer des Videos nicht verändert wird. Von rechts nach links stehen Sinja, Vera und Carolin in gleichem Abstand nebeneinander. Lediglich Kilian liegt in vergleichsweisem geringem Abstand neben Charly. Die Körper der Performenden sind dem Publikum zugewandt. Während sie sich in eine Reihe stellen, begeben sie sich individuell in eine standbildähnliche Haltung, die vor allem durch eine besondere Ausrichtung der Arme und Hände charakterisiert wird. Kilian legt beide Hände mit etwas Abstand zueinander auf seinen Bauch.*

Die Ellenbogen zeigen zu Seite, seine Beine stehen leicht gespreizt. Mit einer Drehbewegung führt er den Kopf nach rechts unten und blickt auf den Boden. Er wirkt Carolin damit leicht zugewandt. Diese hat ihren ausgestreckten linken Arm hüfthoch parallel zur Hüfte nach vorn angehoben. Ihr rechter Oberarm liegt angewinkelt an, der Unterarm führt die Hand über den Oberkörper hinweg in die Armbeuge des linken Arms. Auch sie steht mit leicht gespreizten Beinen, blickt jedoch mit ernstem Blick ins Publikum. Vera hat ihre Hände ans Gesicht geführt. V-förmig umschließen sie Kinn und Wangen. Die Oberarme hat sie dabei an den Körper gepresst. Der Kopf ist leicht nach unten gebeugt. Sie blickt auf den Boden. Ganz außen hat Sinja ihre rechte Hand auf ihre linke Hüftseite gelegt. Mit der linken Hand greift sie sich auf die rechte Schulter. Der Unterarm liegt dabei eng am Oberkörper an. Auch sie blickt mit neutralem Gesicht nach vorn. Diese Gestik und Position werden die Performenden für die Dauer der nun folgenden Videoprojektion beibehalten. [5.3.4, S. 182]

In dieser starren Haltung werden sie als körperliche Einheit, als handelndes Kollektiv wahrnehmbar. Gleichzeitig erhält das Allein-Handeln über die Formierung im Standbild eine spezifische Qualität, da sich die Körper der Einzelnen innerhalb der kollektiven Klammer in einer ganz singulären körperlichen Haltung zeigen. Die Performenden geben sich an diesem Punkt Raum, eine auf Einheit zielende Formation eigenständig zu konnotieren und performativ zu ergänzen.

In der Betrachtung der Auszüge wird deutlich, dass sich vor allem in der Gleichzeitigkeit von individuellen Ausprägungen einzelner Handlungen und demonstrierter Zusammengehörigkeit eine spannungsvolle Ambivalenz offenbart, die sowohl dem Subjekt als auch der Gruppe in der Performance Raum gestaltend gibt. Das Subjekt geht durch seine körperliche Gebundenheit und durch seine individuell vorgeprägte leibliche Verbundenheit mit der Welt nie vollends in der Gruppe auf, wohingegen das Kollektiv eine vereinheitlichende Ausdruckskraft generiert, die den Körpern als performativen Bildträgern Gewicht verleiht.

6.5.3 In Duos agieren

In der Analyse der *Performances B [5.3.2], C [5.3.3], D [5.3.4]* und *E [5.3.5]* hat sich gezeigt, dass sich aus der Gruppe von drei bis vier Performenden im Verlauf der gesamten Aufführung Duos herauskristallisieren, die jeweils einzelne Handlungsstränge verfolgen. Diese Ausformung von Duos wird als eine weitere Strukturierungsstrategie der zu konzipierenden Handlungsabfolge gedeutet, insofern Duohandlungen eindeutiger vorab bestimmt und in der Aufführungssituation kontrolliert werden können. Darüber hinaus führt diese performative Gestaltungsentscheidung zu einer Verdichtung des Geschehens und einer Multiplikation von Ausdruck und Bedeutung, insofern unterschiedliche Bilder, Narrative und Sequenzen entwickelt werden können, die synchron zueinander präsentiert werden.

Beispielhaft sollen im Folgenden zunächst Auszüge aus der Analyse von *Performance E [5.3.5]* angebracht werden, da in dieser fast durchgängig zwei Duos live miteinander agieren. Aus der Deskription geht hervor, dass sich die einzelnen Duos in der Körperarbeit vor allem räumlich miteinander in Beziehung setzen. Gleich zu Beginn der Performance gestalten Noel, Robin, Lorelai und Patricia ein unbewegtes Einstiegsbild, das die Bezüglichkeit zweier Paare zueinander unterstreicht. Die Probebühne wird in ihrer horizontalen Dimension markiert, indem sich Noel und Robin an den Außenseiten positionieren. Beide Performer haben sich einander zugewandt und erscheinen auf diese Weise trotz der Entfernung zueinander als eine Einheit. Patricia und Lorelai stehen näher beieinander und haben in der Mitte des Raumes zueinander positioniert. Diese symmetrische Formation wird im Laufe der Performance immer wieder aufgegriffen. Im ersten Teil der Performance agieren Noel und Robin im Duo körperlich, räumlich und zeitlich synchron. Diese Synchronität zeigt sich zum einen in der sehr ähnlichen Körperhaltung, zum anderen aber auch in den mit räumlichem Abstand zueinander ausgeführten Handlungen. Sie ziehen zum Beispiel mit Kreide ein Rechteck auf den Boden und markieren dadurch den Raum um Patricia und Lorelai, die mittig in diesem Rechteck stehen. Die kreideführenden Hände der beiden Performer treffen am vorderen Rand der Probebühne gleichzeitig aufeinander. Noel und Robin setzen sich also zueinander in Bezug, ohne die räumliche Relation zu ihren beiden Mitperformerinnen im Zentrum der Aktionsfläche zu verlieren. Des Weiteren sind sich die Partner gegenseitig Impulsgeber für die Ausführung und Weiterentwicklung der Handlung im Raum. So wird im ersten Part der Perfomance evident, dass die Handlung von Patricia zum Impulsgeber für die Handlung von Lorelai wird:

> *Patricia greift Lorelai unter die Arme und zieht sie leicht nach oben. Lorelai nimmt den Impuls auf und drückt sich mit den Händen vom Boden ab. Patricia streicht der nun aufrechtstehenden Lorelai straff über die Arme, um diese an ihren Oberkörper zu drücken. Patricia stößt Lorelai mit beiden Händen nach vorn. Diese macht im Schwung einen Schritt und holt dann mit dem linken Arm aus, um mit der Hand eine Greifbewegung anzudeuten. Sie wiederholt die Bewegung rechtseitig. Die Handlung wirkt andächtig und gehaltvoll, insofern sie durch ein kurzes Zögern immer auch zeigt, dass sie auf die verbalen Impulse von Patricia reagiert. Lorelai kniet sich anschließend wieder auf den Boden, umschlingt jedoch nun ihren Oberkörper mit den Armen und beugt sich vornüber, sodass ihre Körperhaltung zusammengekauert und verborgen anmutet. [5.3.5, S. 186]*

Die Performerinnen verändern ihre räumliche Beziehung zueinander und kontrastieren in der Bewegung das unbewegte, starre Einstiegsbild. Die Art und Weise dieser Verschiebung ist aufschlussreich, da sie sich aus einer symbiotischen, flüssigen Bewegung heraus generiert. Sie hat Anklänge an eine Choreografie, die die Körper in einen Fluss, einen sanften Strom zu bringen versucht. Die betonten, sich im Raum zueinander orientierenden Bewegungsverschiebungen sind für die Duo-Handlungen von Patricia und Lorelai sehr charakteristisch. Dieses Changieren der bewegten Positionierung vor- und hintereinander ist Ausdruck einer in der Performance betont kultivierten gegenseitigen Bezüglichkeit.

Performance F [5.3.6] kann in Bezug auf die Interaktion als ein spezifischer Fall betrachtet werden, insofern die Aufführung aufgrund der ungeplanten Abwesenheit einer Mitschülerin von nur zwei Lernenden präsentiert wurde. Die Analyse der körperbezogenen Partnerhandlungen hat eine kontrastierende Facette gegenseitiger Bezüglichkeit offenbart, die über eine empathische Begegnung beider Performenden zum Ausdruck kommt:

> *Levi legt zum Ende der Performance seinen Arm um ihre Schultern und führt sie auf die rechte Seite der Probebühne. Dort hebt Jule die Goldfolie auf, mit der Levi zuvor seine umhüllenden Handlungen vollzogen hat. Sie wirft sich die Folie wie einen Umhang über die Schultern und fordert Levi, der sich dem Spiegel unterdessen wieder zugewandt hat, mit einem Blick und einer einladenden Geste auf, mit ihr unter die Folie zu schlüpfen. Er folgt diesem Impuls und dreht sich mit dem Körper neben sie. Für einen kurzen Moment stehen beide Performende dem Publikum zugewandt mit der Folie über den Schultern. Sie schauen sich an und lächeln sich zu. [5.3.6, S. 189]*

Der direkte, auffordernde Blickkontakt hebt eine zwischenmenschliche Ebene beider Performenden hervor, welche Nähe und Zugewandtheit suggeriert – eine Facette intersubjektiver Begegnung, die in den anderen Abschlussperformances eher ausgeblendet wurde, indem die Lernenden ihre Körper in der Performance verobjektivieren. Einer solchen Verobjektivierung scheinen die beiden Performenden eine Art betonter Personifizierung entgegenzusetzen, die den körperlichen Handlungen Raum für *echte* Begegnung und Interaktion gibt. Beide Performenden stiften mit ihren körperlichen Handlungen ein Bild der Gemeinsamkeit und des gegenseitigen körperlichen Schutzes. In dieser Gemeinsamkeit wenden sich beide Performenden abschließend dem Publikum zu, zeigen sich in der Einheit frontal und direkt. Sie lösen ihre Handlungen in einem Lächeln auf und lassen die Grenze zwischen dem postulierten *Ich*^{hoch}*Zwei* und dem *Ich* verschwimmen.

Zusammenfassend lässt sich aufzeigen, dass die Körper der Lernenden in der Duoarbeit als ergänzende Einheiten zum Ausdruck kommen, die sich unentwegt aufeinander beziehen. Duo-Handlungen sind kaum ergebnisoffen, jedoch offenbart sich in der Dynamik einer zweiseitig ausgeprägten resonanten Bewegung eine ungewisse, abwartende Komponente, die im Moment des Handelns live ausgelotet werden muss.

6.5.4 Ein Gegenüber in der Performance handelnd markieren

Die performative Transformation des Themas *Körper, Haut und Hülle* fordert Ausdrucksweisen von Körper und Leib heraus, die in den Analysen als sichtbare Form der Markierung eines Gegenübers offenbar geworden sind. Über das Verhüllen einer anderen Person und das Arbeiten auf der Oberfläche des fremden Körpers werden Handlungen generiert, die sich in der Interaktion signifizierend vollziehen und *etwas als etwas* kennzeichnen. Das gegenseitige Aufsetzen und Tauschen einer Maske *[Performance E, 5.3.5]*, kollaborative Körperbemalungen auf den entkleideten Oberkörpern *[Performance B, 5.3.2]* oder auch verhüllende und verdeckende Handlungen am Körper des Gegenübers *[Performance C, 5.3.3 und F, 5.3.6]* können beispielhaft für markierende Ausdrucksformen des Körpers aufgeführt werden.

Die Überlegungen werden im Folgenden beispielhaft an einer Sequenz aus *Performance E [5.3.5]* ausdifferenziert:

> *Noel nimmt einen an der Seite liegenden Gegenstand in die Hand und begibt sich mit langsamem Schritt zu Robin. Der Gegenstand entpuppt sich als Stoffsack, den er nun über den Kopf von Robin zieht. Dieser begibt sich im Kontrast zur Rückwärtsbewegung der Performerinnen daraufhin ein Stück nach vorn. Noel geht an die Seite der Probebühne und nimmt erneut einen Gegenstand in die Hand. […] Er öffnet eine Tube mit roter Farbe und nimmt einen Pinsel in die Hand. Er geht zu Robin und beginnt, zaghaft vier rote Tupfen auf sein Shirt aufzutragen. Diese markieren die Eckpunkte eines Rechtecks. In seiner eigenen Handfläche hinterlässt er mit dem Pinsel ein rotes X. [5.3.5, S. 186]*

Diese Handlungen können erneut als betonte Verobjektivierung des Körpers des anderen gelesen werden, über die der Körper von Robin in seiner Materialität und bildträgergleichen Objekthaftigkeit zum Ausdruck kommt. Diese Verobjektivierung lässt sich vor dem Hintergrund der Begegnung zweier Subjekte in der Handlung jedoch noch einmal kontrastieren, insofern an dieser Stelle nicht nur die Materialität des Körpers des anderen markiert wird, sondern auch sein körper- und leibgebundenes Subjekt-Sein. Robin wird durch das Verhüllen von Noel als ein Gegenüber bezeichnet, das der Fähigkeit beraubt wird, an der Situation vollumfänglich teilzunehmen. Über die körperlichen Handlungen wird hier eine Distanz zwischen den Körpern hergestellt, die Noel als Handelnden und Robin als Empfangenden / Aushaltenden inszeniert. Diese Dynamik wird fortgeführt, indem Noel auf dem Shirt von Robin präzise gesetzte Farbpunkte hinterlässt. Robin wird als der Andere benutzt, um etwas zu zeigen und dadurch gleichzeitig auch als der Andere markiert zu werden. In diesem Prozess vollzieht Noel Gesten, die den anderen beschreiben und bezeichnen. Es handelt sich somit zum einen um eine verobjektivierte gegenseitige Bezugnahme. Diese zeigt jedoch zum anderen das markierende Sichtbarmachen einer *Ent-Gegnung*, die den Körper der einzelnen Performenden als unumgängliche sinnliche Entitäten in der Performance darstellen.

6.5.5 Verknüpfungen zum Unterrichtsgeschehen – Körperliche Interaktion im Spiegel der Vignetten

Die Begegnung im Performativen zeigt sich im Unterrichtsgeschehen als wesentliche Handlungsdynamik, da die sensibilisierenden und explorativen Übungen durchweg kollaborativ durchgeführt werden. Im Folgenden wird deshalb untersucht, wie körperliche Interaktion im Unterricht initiiert und verhandelt wird. Die Ausführungen orientieren sich schwerpunktmäßig an den in der Analyse bereits dargelegten Konzepten. So geht es zunächst darum herauszukristallisieren, wie spontane und inszenierte Momente in der Begegnung erprobt werden. In einem weiteren Punkt wird der Fokus darauf gerichtet, wie sich das Wechselverhältnis zwischen individuellen und kollektiven Handlungsvollzügen im Unterrichtsgeschehen darstellen lässt. Darüber hinaus gerät beispielhaft eine Übung in den Fokus, in welcher explizit Duo-Handlungen erprobt werden. Abschließend wird anhand einer Vignettenlektüre aufgezeigt, dass die handelnde Markierung des anderen Körpers im Unterricht didaktisch als Demonstration vollzogen wird. In diesen vier Punkten gilt es, die verschiedenen Facetten der performativen Aushandlung von Begegnung und Interaktion im Unterrichtsgeschehen an ausgewählten Beispielen zu beleuchten.

6.5.5.1 Auslotung spontaner und festgelegter Handlungsvollzüge in der Interaktion

Um darzustellen, wie spontane und vorab festgelegte Handlungsweisen in den Gruppenübungen exploriert werden, gerät eine umfangreichere Übung in den Blick, die Kerstin Chill in der zweiten Doppelstunde anleitet. In der Vignette *„Erkundung körperlicher Interaktion und Formation im Raum" [5.2.2.2, S. 140]* wird sichtbar, dass körperliche Interaktion lehrseitig angeregt wird und für die Lernenden eine aktivierende Herausforderung im Prozess darstellt. Die lernseitige körperliche Interaktion ist in dieser Übung eng verzahnt mit einer lebendigen verbalen Interaktion. Die Lernenden reagieren auf die Impulse von Kerstin Chill und müssen unterschiedliche Herausforderungen bewältigen. Dabei liegt der Übung eine Progression zu Grunde: zum einen von der Ausführung der Impulse zu zweit hin zur ganzen Gruppe, zum anderen vom Standbild zur Bewegung. In dieser Progression zeigt sich ein Zuwachs an gestalterischer Herausforderung, da unterschiedlichste Handlungsentscheidungen in Resonanz auf die Mitperformenden getroffen werden müssen. Die Lernenden reagieren auf diese Komplexität mit Witzeleien und permanenter Kommentierung des Geschehens. Eine dezidierte Absprache, die den Prozess zielgerichtet beschleunigen würde, findet jedoch nicht statt. Vielmehr entwickeln sich die einzelnen Handlungsstränge aus der Bewegung und den Impulsen Kerstin Chills heraus.

Kerstin Chill fordert die Gruppe im Verlauf der Übung auf, drei *„Bilder"* über die körperlichen Handlungen zu erzeugen. Zunächst sollen jeweils zwei Lernende in Anlehnung an die One-Minute-Sculpture nach Erwin Wurm ein eigenes Standbild mit ihren Jacken herstellen. Im zweiten Schritt muss die Gruppe den Raum durchqueren und gemeinsam ein Standbild in Referenz auf die Reproduktion der Lumpenvenus von Michelangelo Pistoletto mit weißen Herrenhemden gestalten. In einem dritten Schritt sollen die Hemden wiederum auf die andere Seite des Raumes gebracht werden, um dort geordnet auf einem Stapel arrangiert zu werden. In dieser groben, raumgreifenden Dreigliedrigkeit werden die Lernenden permanent angehalten, in der Interaktion spontane Gestaltungsentscheidungen zu treffen und in Bewegung zu bleiben. Die Gestaltungsentscheidungen werden dabei in der Gruppe an Kleidungsstücken vollzogen. Die Kleidung fungiert als Material und fordert routinierte Handlungen heraus, die jedoch in der Begegnung einen mitunter umständlichen und vor dem Hintergrund der Rezeptionsimpulse verfremdenden Ausdruck erlangen. In der Vignette wird außerdem deutlich, dass die Lernenden Handlungsstränge immer dann weiterentwickeln, wenn ein starker Impuls aus der Gruppe selbst gesetzt wird. Dies lässt sich beispielhaft an den Handlungsvollzügen von Moris aufzeigen, der den Raumwechsel in der sitzenden Formation anregt. Momente, in denen die Gruppe einheitlich und mit deutlicher Bezugnahme zueinander agiert, generieren eine Verschiebung hin zu einer konzentrierten Arbeitsatmosphäre. Die Interaktion in der performativen Handlung lotet sich in dieser Übung im Wesentlichen zwischen improvisierten Momenten und zielgerichteten Handlungsimpulsen aus.

Kerstin Chill fokussiert die Lernenden rückblickend auf verschiedene Ausdrucksformen der performativen Interaktion im Prozess. In der Vignette *„Körperliches Handeln reflektieren" [5.2.2.3, S. 141]* werden die Schwerpunkte ersichtlich, zu denen die Lernenden sich äußern. Lehrseitig wird in dieser Reflexion eine Vielzahl an Ausgangsfragen gestellt. Konkrete körperliche Tätigkeiten und Aktionen, die Art und Weise der Kommunikation untereinander, Handlungsbeweggründe, Materialeinsatz und Themenbezüge stehen als Reflexionspunkte zur Disposition. Die Lernenden reflektieren ihren Explorationsprozess, indem sie sich vor allem konkret zum Charakter des Interaktiven in der performativen Übung äußern. Die Reaktion auf das Unvorhersehbare und Unplanbare steht dabei im Vordergrund. Darüber hinaus entwickeln die Lernenden ein Bewusstsein dafür, dass sich diese interaktiven Handlungsmuster von alltäglichen Handlungsmustern unterscheiden und *„auf besondere Art und Weise"* vollzogen werden. Es zeigt sich somit, dass das Übungsformat Raum gibt, der unkonventionelle, momenthafte körperliche Interaktionen evoziert und Begegnung im performativen Handeln fruchtbar macht. Aufschlussreich ist, dass Leonore diesbezüglich einen Einwand formuliert, indem sie konstatiert, dass es sich um eine *„Performance mit Absprache"* gehandelt habe und zeigt damit, dass die Übung Impulse setzen konnte, den eigenen Performancebegriff zu schärfen.

Zusammenfassend zeigt sich, dass im Unterrichtsgeschehen innerhalb lehrseitig vorgegebener Rahmen und Impulse lernseitig improvisiert wird. In der gelenkten Improvisation werden die Lernenden angeleitet, performative Handlungssequenzen zu entwickeln und spontan auf momenthafte Dynamiken zu reagieren. Geplante und spontane Elemente werden dabei ausgelotet und fordern die Lernenden heraus, einen eigenen Performancebegriff zu konturieren.

6.5.5.2 Individuelle und kollektive Handlungen in der Verzahnung miteinander entwickeln

Da die Analyse der Abschlussperformances deutlich gemacht hat, dass eine Ambivalenz zwischen betonter Vereinzelung und gezeigter Einheit sichtbar wird, soll im Folgenden danach gefragt werden, wie sich diese Dynamik im Unterrichtsgeschehen widerspiegelt. Anhand ausgewählter Vignetten wird die Interferenz zwischen individuell und kollektiv geprägten Ausdrucksweisen im performativen Handeln in den Blick genommen. Die Lektüre der Vignetten kann sichtbar machen, dass die Lernenden diese sowohl praktisch als auch reflexiv ausprägen. Die Bewusstwerdung der eigenen Körperlichkeit und individuellen Verantwortlichkeit der Gruppe gegenüber werden in den besprochenen performativen Übungen genauso erprobt wie das gemeinsame Erfüllen einer Aufgabe und die aktive Gestaltung einer Handlungsabfolge im Raum.

Zunächst werden zwei Übungsformate betrachtet, in denen deutlich wird, dass lehrseitig einerseits Impulse zur Fokussierung des individuell handelnden Körpers gesetzt werden, andererseits der individuelle Körper in Resonanz zu Mitperformenden verhandelt wird. Die Lernenden setzen sich dementsprechend mit beiden Handlungsdispositionen auseinander. In der Vignette *„Den eigenen Körper wahrnehmen und aktivieren" [5.2.1.4, S. 135]* zeigt sich, dass der eröffnende Impuls zum körperlichen Handeln von Kerstin Chill auf die Etablierung eines individuell ausgeprägten Körperbewusstseins abzielt. Im imaginierten Ansprechen einzelner Körperpartien und der bewussten Justierung von Haltung und Atmung wird eine Fokussierung auf die individuellen körper-leiblichen Daseinsbedingungen erzeugt. Performatives Handeln nimmt seinen Ausgangspunkt somit in der Konzentration auf sich selbst in transformiertem Zustand – ein Umstand, den Kerstin Chill mit dem Ausdruck Ich^{hoch}Zwei versinnbildlicht. Die Eröffnung des Unterrichtsgeschehens durch die zielgerichtete Lenkung der Aufmerksamkeit auf den eigenen Körper lässt sich auch in weiteren Vignetten *[5.2.1.6., S. 136 / 5.2.2.1, S. 139 / 5.2.7.6, S. 169]* nachvollziehen. Für den vorliegenden Zusammenhang sind diese Überlegungen insofern von Bedeutung, da sie zeigen, dass performatives Arbeiten grundlegend über die Ausprägung einer individuell zum Ausdruck gebrachten Körperlichkeit stattfindet. Die Erfahrung eines jeden Einzelnen wird in der Übung betont, indem die anderen im Raum Anwesenden ausgeblendet werden sollen. Mit der Aussage *„Wenn es so is, dann isses so."* verdeutlicht Kerstin Chill den Lernenden, ein Körperbewusstsein zu etablieren, das sich von einem disruptiven Gegenüber abzugrenzen versucht. Die introspektive Ausbildung eines performativen Körperbezugs wird lehrseitig somit als grundlegend erachtet, da Übungen, die sich explizit auf andere Mitperformende beziehen, erst im weiteren Verlauf des Unterrichtsgeschehens erprobt werden.

Eine Übung, die die Begegnung in der performativen Handlung als Erfahrung initiiert, soll im Folgenden genauer betrachtet werden. Sie wird in der Vignette *„Erkundung körperlicher Interaktion und Formation im Raum" [5.2.2.2, S. 140]* beschrieben. Der Verlauf der Übung offenbart einen sich steigernden Grad an Komplexität, insofern viele Handlungen gleichzeitig stattfinden und die Gestaltungsentscheidungen nonverbal am Material vollzogen werden sollen. Es wird ersichtlich, dass die nonverbal angelegte Entscheidungsfindung in der Interaktion eine besondere Herausforderung für die Lernenden darstellt, der sie sich größtenteils durch Witzeleien und ironische Kommentare zu entziehen versuchen. Vor dem Hintergrund der Überlegungen zur Verzahnung von kollektiven und individuellen Handlungen sind vor allem zwei Aspekte aufschlussreich. Zum einen macht die Vignette deutlich, dass der Verlauf der Übung zwischen unbewegten und bewegten Gruppenelementen changiert. Die Standbilder konstituieren einen fixierten Zwischenstatus der Interaktion und beruhigen die bewegte, mitunter diffus und chaotisch wirkende Handlungssequenz. In diesem stetigen Wechsel vom Standbild zur Bewegung kommen sowohl individuelle als auch kollektive Handlungsdispositionen zum Ausdruck – ein Gestaltungselement, das für die Konzeption und Durchführung der Abschlussperformances von allen Gruppen aufgegriffen wird. Zum anderen ist die raumgreifende Ausrichtung der Übung ein Aspekt, der im interaktiven Handeln ausgelotet wird. Die Lernenden explorieren Bewegungsabläufe, die den Raum in resonanter Bezugnahme im performativen Spiel erschließen. Diese Resonanz tritt immer dann deutlich sichtbar in Erscheinung, wenn aus der Gruppe starke Impulse gesetzt werden, die entstandene Formation zu verlassen und neue Bewegungsabläufe auszulösen. Moris vollzieht in dieser Gruppe einen solchen Impuls, der dazu führt, dass die Gruppe sich in eine lineare Formation begibt und somit ein einheitliches Bild schafft.

Die Ausführungen in diesem Abschnitt konnten aufzeigen, dass die Erfahrung in der individuellen Ausprägung körperlicher Handlungen lehrseitig als grundlegender Baustein für das spannungsreiche und vielfältige Arbeiten in der Interaktion aufgezeigt wird. Im Zustand des Ich^hoch^Zwei begegnen die Performenden einem Gegenüber in der Interaktion und erproben, wie Handlungsstränge in gegenseitiger Resonanz entwickelt werden können. Dabei hat sich gezeigt, dass das Setzen von Impulsen aus der Gruppe heraus zu Veränderungen in den improvisierten Handlungen führt, die mitunter eine körperlich sichtbare Konzentrierung auszulösen vermögen.

6.5.5.3 Das performative Agieren in Duos explorieren

In der Analyse der Abschlussperformances haben sich Handlungen, die in Duos vollzogen werden, als grundlegendes formal-ästhetisches Kompositionselement herauskristallisiert. In den Präsentationen, in denen jeweils drei oder vier Lernende miteinander performen, bilden sich immer wieder Zweierteams heraus, die einen einzelnen Handlungsstrang miteinander verfolgen. Wie diese interaktive Ausdrucksform von Körper und Leib im Unterrichtsgeschehen verankert und angelegt wird, kann an dieser Stelle am Beispiel einer ausgewählten Vignette vertiefend betrachtet werden. Die Vignette *„In der bewegten Interaktion improvisieren" [5.2.3.1, S. 146]* veranschaulicht einen Übungsverlauf, in der Partnerhandlungen über konkrete Handlungsimpulse erprobt werden. In der Übung zeichnen sich lehrseitig zunächst Kontinuen ab, die für die Aushandlung von individuellen und kollektiven Handlungsvollzügen im Unterrichtsgeschehen immer wieder angelegt werden. So ist die Übung, die in der dritten Doppelstunde durchgeführt wird, wiederum einer Lenkung der Aufmerksamkeit auf die eigene körperliche Haltung nachgelagert. Die Lernenden sollen sich erneut im Modus des Ich^hoch^Zwei in die Interaktion begeben. Außerdem generieren sich die Handlungssequenzen aus einem Wechsel zwischen Bewegung und Stillstand zu zweit. Darüber hinaus verändert sich der Raumbezug im Verlauf der Übung, da die einzelnen Duos diesen zunehmend großflächiger bespielen sollen. Diesen Impulsen liegt ein lehrseitiger Impetus zu Grunde, der auch in anderen Übungen immer wieder aufgegriffen wird. Alle Bewegungen und Handlungen werden nun jedoch auf einen einzelnen Partner / eine einzelne Partnerin bezogen. Zum Charakter der Übung betont Kerstin Chill, dass die initiierten Handlungsvollzüge tänzerische Züge aufwiesen. Durch diesen Fokus werden explizit körperbetonende Handlungen der einzelnen Duos herausgefordert. Sie demonstriert mit Alina mögliche Bewegungsmuster und hebt hervor, dass das gemeinsame Agieren und Interagieren raumgreifend vollzogen werden solle. Die Ausführung der Übung durch die einzelnen Lernenden erzeugt eine resonante Bewegungspartitur zwischen einzelnen Partner*innen, die den Körper zu ungewohnten und verfremdenden Ausdrucksformen anstiften. Am Beispiel von Moris und Robin gibt die Vignette konkret Einblick in eine solche Folge von Bewegungen. Sie bewegen sich beide in allen Raumebenen und vor allem in körperlicher Nähe zueinander. Die einzelnen Handlungsvollzüge wirken musterhaft im Sinne einer qualitativen Gebundenheit der Körper. Die Reaktionen aufeinander sind keine symbiotische und harmonisch-fließende Bewegungsabläufe, sondern eher konstruierte, technische Bewegungsmuster. Sie werden auf den Körper des Anderen als Objekt, als Gebilde bezogen und generieren in diesem Sinne einen Blick auf den Körper als Material. Diese zu zweit entwickelten Bewegungsmuster werden in der Konzeption der Abschlussperformances berücksichtigt, wie die Deskription von *Performance B [5.3.2]* verdeutlicht (siehe Ausführungen unter Punkt 6.2.2.1). Thea und Moris begeben sich hier in eine Bewegungspartitur, die in starker Referenz zu der in der Vignette beschriebenen Übung ausgerichtet ist. Die einzelnen Bewegungsabläufe folgen im entsprechenden Part der Performance einem vorab erprobten und festgelegten Konzept, das sich um die Achse des Oberkörpers ausdifferenziert und in weit ausladenden Bewegungen mündet. Die in der Vignette beschriebene Übung zur Partnerarbeit zeigt sich somit zum einen als Impulsgeber für die Konzeption der eigenen Performances. Zum anderen wird die resonante Wahrnehmung der körperlichen Handlungen eines Mit- und Gegenspielers in dieser Übung grundlegend thematisiert und für die Ausprägung spannungsvoller performativer Ausdrucksweisen fruchtbar gemacht.

6.5.5.4 Den Anderen demonstrativ markieren

Die körperlichen Handlungen der Performenden zielen mitunter darauf ab, den anderen Körper handelnd zu markieren. Er wird durch die Handlungen in seiner Materialität konturiert und gleichzeitig in seiner lieblich-spürenden Wahrnehmung sichtbar gemacht. In der Lektüre der Vignetten hat sich gezeigt, dass vor allem eine spezifische Szene im Unterrichtsgeschehen darauf abzielt, diese Dynamik als Handlungsmöglichkeit für die Lernenden sichtbar zu machen. Die Vignette *„Eine performative Handlung demonstrieren“ [5.2.3.2, S. 147]* beschreibt diese Szene, die sich zwischen fünf Lernenden entwickelt. In der Vignette wird ein lehrseitiger Impuls dargestellt, der das Markieren des Gegenübers in der Handlung implizit bewusst werden lässt. Thea wird gleichsam als zu behandelndes Objekt markiert, an dem performative Handlungen vollzogen werden können. Sie liegt auf dem Boden. Ihre vier Mitschüler*innen agieren über ihr mit einer Goldfolie. Die Folie wird auf ihr abgelegt und verdeckt ihren ganzen Körper. Durch ihre Atmung wird der Körper in seiner phänomenalen Formung unter der Folie für die Performenden und Zuschauenden wahrnehmbar. Nachdem die Folie sorgfältig in der Interaktion gefaltet worden ist, wird sie unter Theas Shirt gesteckt – sie liegt derweilen immer noch ausgestreckt am Boden. Die Ambivalenz zwischen passiv-erfahrender Performerin und aktiv-vollziehenden Performenden verdeutlicht eine Dynamik des Markierens eines Gegenübers, die auch in den Abschlussperformances herauskristallisiert werden konnte. Auch die im Anschluss geäußerten Gedanken in der Reflexion der Übung offenbaren den Körper in der Interaktion als einen, der handelnd vielseitig markiert werden kann, insofern die Möglichkeit diskutiert wird, die Folie fester und in meheren Lagen um Theas Körper zu wickeln. Interaktion zeigt sich vor diesem Hintergrund als eine zielgerichtete Aktion, die einen Mitperformenden handelnd markiert, ohne die Möglichkeit der sichtbar resonanten Reaktion explizit in das eigene Handeln mit einzubeziehen.

7. Schlussbetrachtung und Resümee

> *„Es geht also in einer so verstandenen Bildung nicht um Selbstfindung, sondern um […] Selbsterfindungen und ein Sich-Versuchen mit ungewissem Ausgang als Ausdruck menschlicher Freiheit.“ (Käte Meyer-Drawe 2020, S. 57)*

Was mit der teilnehmenden Erfahrung von lebhaften Unterrichtssituationen, ephemeren Handlungen und mehr oder weniger knappen Aussagen der Lernenden bezüglich ihrer performativen Selbsterfindungen begann, hat über ausgiebige analytische Suchbewegungen dazu geführt, die Ausdrucksformen von Körper und Leib in der Performancekunst im Kunstunterricht an einem konkreten Fall systematisch zu erschließen. Die Erkenntnisse der phänomenologischen Einzelfallstudie werden nun abschließend zusammengefasst und ganzheitlich befragt.

Dies geschieht zunächst vor dem Hintergrund der Forschungsfragen, die der Untersuchung zu Grunde gelegt wurden. Die Arbeitsergebnisse der in Kapitel 6 dargestellten Analyse der Abschlussperformances und Unterrichtssequenzen werden auf diese Weise konzentriert und in Synthese dargestellt. Es soll übergreifend herauskristallisiert werden, zu welchen kunstpädagogischen Problemstellungen die Analyse einen fruchtbaren Beitrag leisten kann (7.1). In einem weiteren Abschnitt wird der Forschungsansatz rückblickend methodologisch reflektiert, um die Potentiale und Grenzen einer phänomenologisch orientierten Einzelfallstudie für kunstpädagogische Forschungsansätze aufzuzeigen (7.2). Anschließend wird auf Grundlage einer Reflexion die Reichweite der gewonnen Erkenntnisse aufgezeigt, um zu verdeutlichen, in welchen Bereichen die Untersuchung Impulse für Anschlussforschungen setzen kann (7.3). Die Ausführungen schließen mit einem kritischen, gegenwartsbewussten Nachdenken über die Relevanz von Körper und Leib in kunstpädagogischen Praxisfeldern unter postdigitalen und zunehmend auch posthumanen Perspektiven auf Kunst, Kultur und Gesellschaft ab (7.4).

7.1 Beantwortung der Forschungsfragen

7.1.1 Welche Ausdrucksformen von Körper und Leib werden in der Performancekunst im Kunstunterricht lernseitig sichtbar?

> *„Kerstin Chill verwickelt die Gruppe in ein Gespräch zum Essentiellen des Performers und den Unterschied zum Schauspiel. Eine Schülerin antwortet, dass Performen sich selber spielen bedeute.“ (Auszug aus der Vignette 5.2.2.1)*

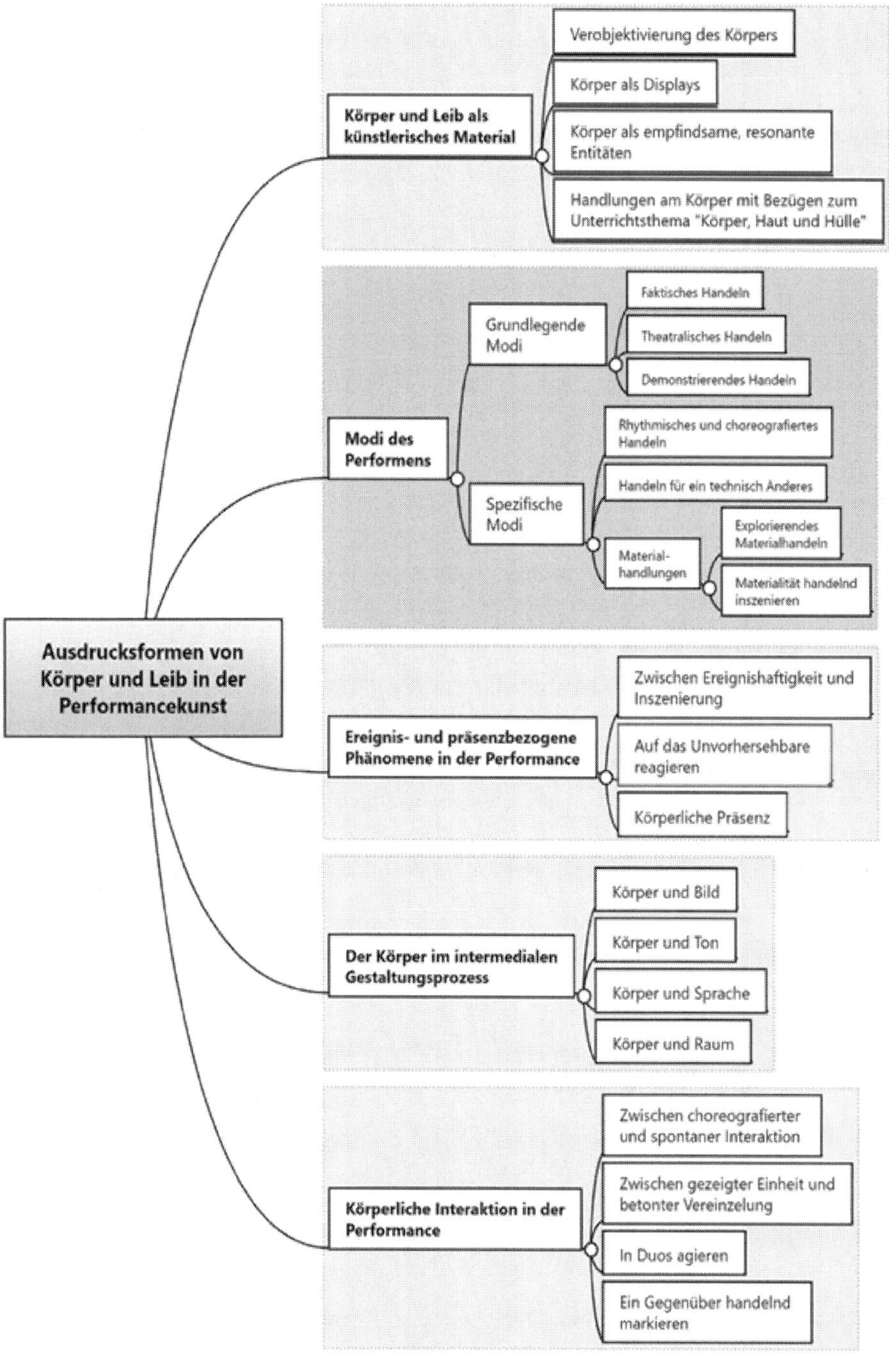

Abb. 1: Visualisierung der Ausdrucksformen von Körper und Leib in der Performancekunst

Die Analysen haben deutlich gemacht, wie vielseitig und reichhaltig sich die performativen Handlungsvollzüge der Lernenden als *ein Spiel ihrer selbst* ausgestalten. In der präzisen und nuancierten Beobachtung lassen sich eine Vielzahl körperlicher Handlungsdispositionen charakterisieren, die sich gegenseitig bedingen und im ‚Sowohl-als-Auch' in Erscheinung treten. Folgende Visualisierung veranschaulicht die aus der Untersuchung hervorgegangenen Ausdrucksformen von Körper und Leib in ihren konzepthaften Schwerpunkten (siehe Abb. 1).

Im Folgenden wird vor der Folie der Visualisierung vordergründig noch einmal vertiefend auf die grundlegenden und spezifischen Handlungsmodi des Performens eingegangen, da sie die Basis jeder körperlich-handelnden Ausdrucksform in der Performancekunst bilden (siehe blaues Feld in der Visualisierung). Alle anderen aufgeführten Ausdrucksformen von Körper und Leib werden in der Beantwortung der nachfolgenden Forschungsfragen erneut aufgegriffen.

Grundlegenden Modi des Performens können wie folgt differenziert werden:

(1) *Faktische Handlungen zeigen sich im Vollzug referenzarm und generieren sich aus einer individuell geprägten Körperlichkeit.* Sie können als Ausdrucksformen von Körper und Leib beschrieben werden, die weder aufgeladen noch überspitzt in Erscheinung treten. Die Analysen haben verdeutlicht, dass es mit *Routinen, Materialien und Körperbetonung* spezifische Bezugskategorien gibt, die faktische Ausdrucksweisen im performativen Handeln begünstigen. Das heißt zum einen, dass performative Handlungen eng verwoben sind mit routinierten Handlungsschemata, die vorab außerhalb des Kunstunterrichtes über eine eigenleibliche und körperliche Erfahrung kultiviert wurden. Faktische Handlungen werden somit nah an Bewegungen und Gesten ausgeführt, die den alltäglichen Handlungsvollzügen der Performenden entlehnt sind und geschickt und sicher ausgeführt werden. Zum anderen fordert der forschend-performative, verfremdende Umgang mit Alltagsobjekten und impulsgebenden Materialien dazu heraus, referenzarme Handlungen zu entwickeln. Die Körperbetonung im Sinne eines bewussten und konzentrierten Handlungsvollzug spielt dabei sowohl in Bezug auf routinierte Handlungen als auch auf Handlungen, die am Material vollzogen werden, eine wesentliche Rolle.
Die Analysen haben verdeutlicht, dass faktische Handlungen durchaus wiederholt erprobt werden müssen, insofern sich dieser grundlegende Handlungsmodus erst im Laufe eines körperlichen Lernprozesses einzustellen vermag. Die drei aufgeführten Bezugskategorien erlauben es, konzentrierte Übungsimpulse zu entwickeln, um faktische Handlungen in der Performance herauszufordern, zu explorieren und reflexiv wahrzunehmen. Im Unterricht werden alle drei Bezugskategorien verhandelt und in Gesprächen reflektiert. Lehrseitig wurden im Unterrichtsgeschehen vor allem Übungen initiiert, in denen körper- und leibliche Aspekte in der Handlung

bewusst betont werden und über Materialzugänge Handlungssequenzen in der Improvisation entwickelt werden. Den Lernenden wird in den Vermittlungssettings nachdrücklich abverlangt, betont aufmerksam in der Situation zu sein und sich den eigenen Handlungen gegenüber mit Konzentration zu widmen.

(2) *Mit theatralischen Handlungen wird ein Modus des Performens gefasst, der artifizielle, überzogen betonte und bewusst einstudierte Handlungen markiert.* Theatralische Handlungen weisen keine körperbezogene Notwendigkeit auf und stehen als darstellende Handlungen *für etwas als etwas*. In der Analyse der Abschlussperformances ist offenbar geworden, dass theatralische Handlungen vor allem auf intersubjektive Nachvollziehbarkeit zielen und auf vorabbestimmten Aussageintentionen beruhen. Im Unterricht wird diese Handlungsdisposition in der Nähe zum klassischen Schauspiel verortet und für die Lernenden veranschaulicht. Für die Gestaltung performativer Vermittlungssettings lässt sich schlussfolgern, dass lehr- und lernseitig vorabgesetzte Bedeutungen und Intentionen aufmerksam danach befragt werden können, bis zu welchem Grad sie handelnd transformiert werden können, ohne an intersubjektiver Nachvollziehbarkeit einzubüßen. Sich einer Nähe und Abgrenzung zum klassischen Schauspiel bewusst zu werden, tritt als wesentlicher Erkenntnisprozess in der Auseinandersetzung mit Performancekunst in Erscheinung.

(3) *Demonstrierendes Handeln ist als spezifische Ausprägung eines verkörperten Abstraktionsprozesses zu verstehen.* Die Analysen haben somit einen weiteren Handlungsmodus umrissen, der sich qualitativ zwischen faktischen und theatralischen Handlungen verorten lässt. Der Modus hat sich im Unterricht und in den Abschlussperformances in Momenten herauskristallisiert, in denen die Lernenden in der Körperarbeit an einer abstrahierenden Übersetzung von Ideen und Gestaltungsintentionen arbeiten. Sprachbilder und Aussageabsichten werden durch körperliche Handlungen veranschaulicht. In graduellen Abstufungen wird auf *ein anderes* gezeigt. Das Ausloten von Inhalt und Form in der körperlichen Handlung liegt diesem Abstraktionsprozess zu Grunde. Demonstrierendes Handeln tritt in diesem Sinne als körpergebundene Explikation in Erscheinung. Der Umstand, dass Lernende im körperlichen Handeln Botschaften transportieren und zum Ausdruck bringen möchten, zeigt sich vor allem in den Vignetten aus dem Unterrichtsgeschehen eindrücklich. Über spezifische Aufgabenformate widmen sich die Lernenden der formalen Abstraktion und Verfremdung der eigenen Ausdrucksformen, binden diesen Abstraktionsprozess gleichzeitig inhaltlich an das Thema „Körper, Haut und Hülle".

Besonders spannungsreich treten die *Kippmomente zwischen den grundlegenden Modi des Performens* in Erscheinung. Sie werden im Verlauf der Unterrichtseinheit sowohl von Kerstin Chill als auch von den Lernenden wahrgenommen und reflektiert. In diesem prozesshaften Changieren zwischen faktischen, theatralischen und demonstrierenden Handlungen zeigt sich das Potential für die Gestaltung vielfältiger

Zugänge im Performativen. Über die Vermittlungsformate wird Aufmerksamkeit für das beschriebene Oszillieren zwischen den einzelnen Modi herausgefordert. Die Lernenden werden für Umbrüche und Kippmomente in den körperlichen Handlungen sensibilisiert, um die Qualität der einzelnen Modi ggf. zu konturieren und für die eigene Gestaltungsintention zu explorieren.

In der Ergänzung der grundlegenden Handlungsmodi konnten in den Analysen *spezifische Modi des Performens* rekonstruiert werden. Sie weisen eine unverkennbare Eigenheit auf und kommen lediglich in bestimmten Sequenzen performativer Handlungsvollzüge zum Ausdruck:

(1) *Rhythmische und choreografische Handlungen folgen einer be*stimmten Taktung, im Sinne einer regelmäßigen Wiederkehr vorab erprobter und ausgehandelter Handlungseinheiten. Sie weisen eine Nähe zur Musik und zum Tanz auf, die in bestimmten Abschlussperformances sichtbar zum Ausdruck kommt. Vor allem in der Auswahl der Songs, die eine rhythmische und choreografische Handlungsdisposition begünstigen, erlangt die Lebenswelt der Jugendlichen anschaulich Eingang in die Performances. Im analysierten Unterrichtsgeschehen kommen Takt und Rhythmus vor allem über Zählzeiten und Variationen in einzelnen Übungen zum Ausdruck. Raumgreifende Ausdrucksformen, die innerhalb eines abgesteckten Rasters improvisiert entwickelt werden müssen, rufen ausladende, choreografische Handlungen hervor und erweitern das Handlungsrepertoire der Lernenden. Diese Zugänge offenbaren das Potential, den Körper in seinem raumzeitlichen Gefüge erfahrbar zu machen und in Resonanz zu spezifischen Impulsgebern – sei es durch Sound, Musik oder Handlungen von Mitperformenden – zu verhandeln.

(2) Im Handeln für ein technisch Anderes kommt ein Modus des Performens zum Ausdruck, der sich intermedial vollzieht. Die Lernenden nutzen Video- und Bildaufnahmen, um Körperausschnitte bewusst im Detail zu zeigen und als erweiterte Ebene der Bedeutungsgenerierung in ihren Performances zu integrieren. Handlungen für ein technisch Anderes zeigen sich in den Analysen als digital gebrochene, verkörperte Introversion und Selbstbezüglichkeit, die über Projektionen und Montagen von Bildern nach außen getragen werden und die körperlichen Live-Handlungen der Lernenden ergänzen. Videos und Fotografien ermöglichen eine spezifische Nähe zur individuellen Körperlichkeit und haben sich in den Analysen als dynamische künstlerische Begleitpraxis offenbart, innerhalb derer die Lernenden engagierte Gestaltungsideen umsetzen. Der Umgang mit digitalen Medien wurde lernseitig bereits in den vorhergehenden Unterrichtseinheiten exploriert und findet in der performativen Auseinandersetzung bei den Lernenden mit einer gewissen Selbstverständlichkeit Anwendung. Aus der Lektüre der Vignetten ist hervorgegangen, dass die digitalen Medien lehrseitig handlungsorientiert und äquivalent zu herkömmlichen künstlerischen Materialien ins Unterrichtsgeschehen integriert werden. Der Ergän-

zung durch digitale Bildebenen und der Einsatz der Körper als Display erregt bei den Lernenden motivierende Aufmerksamkeit und knüpft an ihren lebensweltlichen Umgang mit diesen Medien an.

(3) Materialhandlungen treten in allen performativen Ausdrucksformen als spezifischer Modus des Performens in Erscheinung. Über kunstgenuine Materialien, Gebrauchsgegenstände und Alltagsobjekte werden die Lernenden aktiviert, vielgestaltige performative Ausdrucksformen zu entwickeln. Dabei haben sich zwei Strategien herauskristallisiert, die die beobachteten Materialhandlungen qualitativ bestimmen. Zum einen explorieren die Lernenden die Materialien in ihrer Eigensinnlichkeit. Das heißt, sie machen die Materialität der Dinge performativ sichtbar und reagieren handelnd auf ihre Beschaffenheit. Dabei wird vor allem in den Abschlussperformances ersichtlich, dass die eingesetzten Materialien präsentisch ausdifferenziert werden. Zum anderen inszenieren die Lernenden die zur Verfügung stehenden Materialien im performativen Prozess. Diese Dynamik lässt sich in den Abschlussperformances an Materialhandlungen festmachen, die auf etwas zu laufen und ein sich aus der Materialität bedingtes Ziel verfolgen. In der Vignettenlektüre hat sich gezeigt, dass die Lernenden mit einem wiederkehrenden Materialarrangement konfrontiert werden, welches als aktivierender Impulsgeber Aufmerksamkeit und Resonanz im Handeln erzeugt. Kerstin Chill hat das Material dezidiert als einen Dialogpartner konzipiert, dem in den Performances eine gleichberechtigte Stellung zuzuschreiben ist. In diesem Sinne zeigt sich der Zugang zum performativen Arbeiten über die explorative Verhandlung unterschiedlichster Materialitäten als äußerst reizvoll und impulsgebend. Lehr- und lernseitig können Materialhandlungen anregende Ausgangspunkte für vielseitige körperbezogene Auseinandersetzungen darstellen.

Die Vielseitigkeit der Handlungsvollzüge markiert Performance im Kunstunterricht als komplexe künstlerische Praxis, die sich einer einseitigen Engführung entzieht. In der Betrachtung des Unterrichtsgeschehens und der Abschlussperformances ist offenbar geworden, dass es weniger um eine definitorische Schärfe in der Abgrenzung verschiedener Handlungsformen geht, als vielmehr um die zu bewältigende Herausforderung, Performance als künstlerische Ausdrucksform über genaue und sensible Auseinandersetzungen körperbetonender Handlungen zu gestalten. Performancekunst zeigt sich als Körperarbeit, die sich dezidiert zwischen den Disziplinen Kunst, Tanz und Theater positioniert. Weltbilder und Bildwelten emergieren in diesen Handlungsvollzügen und gelangen in der Exploration eines Materials, über faktische oder zugespitzte Handlungen, über das Aufgreifen eines Rhythmus', über das Ausführen einer choreografischen Handlungsabfolge oder im Performen für einen digitalen Bildträger zu einer komplexen Dichte künstlerisch-ästhetischer Gestaltungsmöglichkeiten. Über ergebnisoffene Übungsformate werden die Lernenden dazu angeregt, sich im Prozess Handlungsentscheidungen abzuringen und Verantwortung für sich und die Gruppe in der situativen Gestaltung zu übernehmen. Eine diffus lockere Arbeitsatmosphäre erweist sich in diesen Zusammenhängen in der komplexen Gruppendynamik eines Kunstkurses als unabdingbare Ausgangslage für eine offene Exploration körperlicher Handlungen, die es im Prozess zu fokussieren gilt. In den Abschlussperformances haben die Lernenden gezeigt, dass sich diese Ernsthaftigkeit den eigenen Handlungen gegenüber einzustellen vermag. Die erarbeitete Systematisierung kann als Angebot verstanden werden, die verschiedenen Handlungsmodi im Unterricht aufzuzeigen und über vielseitige Übungsformate in einer Spannbreite zwischen Symbiose und kleinteiliger Ausdifferenzierung erfahr- und intersubjektiv nachvollziehbar zu machen.

7.1.2 Welche Rolle spielt der Körper als Material in künstlerisch-performativen Gestaltungsprozessen?

> *„Versucht, euch zwanzig Zentimeter mit nur einem Körperteil über den Boden zu bewegen. Die Schüler*innen stoßen sich mit den Fußspitzen und Fersen ab oder schieben sich mit den Händen über den Boden. Die Bewegungen wirken umständlich, kraftbetont und konzentriert. Lasst Kopf und Arme auf dem Boden und versucht, trotzdem aufzustehen. Das Ausführen der Impulse stößt auf sichtbare körperliche Anstrengung und generiert befremdlich wirkende, gymnastikhaft anmutende Bewegungsmuster." (Auszug aus der Vignette 5.2.1.5)*

Körper und Leib haben sich in der phänomenologischen Analyse der Abschlussperformances und in einer Lektüre der Vignetten aus dem Unterrichtsgeschehen als künstlerisches Material herauskristallisiert, das im performativen Handeln vielseitige Handlungsdynamiken und Reflexionsmomente bei den Lernenden auszulösen vermag. Folgende Dimensionen dieser Materialität lassen sich zusammenfassen:

(1) Der materielle Körper wird in seiner physischen Verbundenheit mit der Welt facettenreich gezeigt und über das Zeigen als objekthaftes Phänomen thematisiert. Durch den Verzicht auf direkte verbale Kommunikation geraten der Körper in seiner Gegenständlichkeit und die an ihm bzw. mit ihm vollzogenen Handlungen in den Vordergrund. Der Körper erhält in der gewählten Form und Formung Gewicht und Signifikanz. Die ver- und enthüllenden Tätigkeiten, die in unterschiedlichen Nuancen und Facetten am Körper und auf der Haut vollzogen werden, schreiben dem handelnden Körper grundsätzlich Bedeutungen ein. Der Körper wird in seiner Physis sichtbar gemacht und tritt gleichsam als Display seiner selbst in Erscheinung. Die Lernenden inszenieren in den digital bearbeiteten und projizierten Bildern eine Suche an seiner Oberfläche entlang und machen den individuellen Körper als ein Objekt erkennbar, welches einen subjektiven, vielseitig vorgeprägten Blick widerspiegelt. Die Analysen der Vignetten aus dem Unterricht haben verdeutlicht, dass der Körper als Material und zu gestaltende Materialität im performativen Prozess für die Lernenden einen schlüssigen und anregenden Zugang darstellen kann, um den künstlerischen Prozess zu beleben. In der Bewegung und im Stillstand, in der Reaktion und Interaktion, in der bewusst gemachten Innen- und Außensicht er-

zeugt die Körperarbeit in ihrer materiellen Konkretion multiperspektivische Blicke auf den Körper als ausdrucksstarkes künstlerisches Material. In den Vignetten ist zum Ausdruck gekommen, dass vor allem Übungen, die den Blick der Handelnden zum einen kontinuierlich und routiniert auf die individuelle körperliche Haltung fokussieren und zum anderen den Körper als in Raum und Zeit bewegtes Ausdrucksmittel betonen, bei den Lernenden anregende Reflexionsprozesse ausgelöst haben. Die Auseinandersetzung mit dem eigenen Körper ist immer auch ein sensibel zu bearbeitendes Feld. Das Ausloten einer präsentierten Körperlichkeit stellt eine Herausforderung sowohl für die Lernenden als auch für Lehrende dar. Die Frage danach, welche Art von Veränderungen am eigenen Körper im Handeln vorgenommen werden dürfen, wird aufgeworfen und fordert eine Positionierung heraus, die offen und transparent diskutiert werden muss.

(2) Der Körper wird als sinnlich spürende, resonante Entität in der Performance offenbar. Sowohl im Unterrichtsgeschehen als auch in den präsentierten Abschlussperformances reagieren die Lernenden sichtbar auf Berührungen und artikulieren leiblich wahrgenommene Grenzen des Zeigens und Begegnens. In dieser sich öffnenden Haltung für das performative Geschehen und der An-Erkennung eines körperlich-leiblichen Gegenübers liegt eine erkennbare Herausforderung für die Lernenden. Sie reagieren zögerlich und abwägend in der Berührung und Begegnung. Darüber hinaus formulieren sie in der performativen Handlung leibliche Grenzen, die in der Interaktion nicht überschritten werden. Diese Gleichzeitigkeit von körperlicher Vergegenständlichung und spürendem Verbunden-Sein mit der Welt kann sinnstiftend über eine phänomenologisch konturierte Körper-Leib-Verschränkung verstanden werden, da ersichtlich wird, dass der Körper als Material nicht als entkoppeltes, endgültig verfügbares künstlerisches Material betrachtet werden kann, sondern immer nur in der Kopplung zum spürenden, wahrnehmenden, auch intuitiv urteilenden Leib zum Ausdruck kommt.

(3) Körper und Leib werden als künstlerisches Material durchgehend in gegenseitiger Verschränkung thematisch. Mit dem Begriff Ich^{hoch}Zwei macht Kerstin Chill sowohl materielle als auch spürende Aspekte des individuellen Körpers für die Lernenden greifbar. Sie visualisiert über diesen Begriff sprachlich einen Rollenwechsel, der im körperlich-leiblichen Handeln vollzogen werden kann, um spannungsvolle performative Handlungssequenzen zu entwickeln. Vor allem in Übungen, die den Körper zum einen in seiner Objekthaftigkeit, zum anderen jedoch auch spürend erfahrbar machen, kommt diese Körper-Leib-Verschränkung zum Ausdruck. Die Lernenden werden darauf fokussiert, an der Haltung des eigenen Körpers zu arbeiten und ein individuelles Performer-Ich zu etablieren, das auf wachsames Interagieren und vielgestaltiges Agieren in der Situation abzielt. Kunstpädagogisch implizieren diese Einsichten einen nicht zu vernachlässigenden Fokus auf die Wechselwirkung zwischen Körper und Leib. Körperliche

Berührung, Nähe und Distanz zeigen sich dabei als Bezugskategorien der performativen Aushandlung, um den Körper-Leib der Lernenden als ästhetische Gestaltungs- und Erfahrungskomponente bewusst zu aktivieren. Um sowohl körperliche als auch leibliche Bezüge im performativen Handeln zu thematisieren, hat die Lektüre der Vignetten das Potential einer bewusst ausgelösten Belastung offenbart, die den handelnden Körpern zugemutet werden kann. Übungen, in denen Bewegungsmuster herausgefordert werden, welche eine sichtbare Anstrengung für die Lernenden darstellen, fokussieren die Wahrnehmung auf eine andere Körperlichkeit und evozieren den beobachteten Rollenwechsel hin zu einem Ich[hoch]Zwei.

Das *Unterrichtsthema „Körper, Haut und Hülle"* impliziert sowohl materielle als auch spürend wahrgenommene Erscheinungen nah am eigenen Körper und Leib. Es fokussiert die Lernenden auf den Körper in seiner materiell zu bespielenden Oberfläche, öffnet das Feld jedoch gleichzeitig für diverse Bezugsthematiken, die für die Lernenden im künstlerischen Ausdruck anschlussfähig sind. *„Körper, Haut und Hülle"* ermöglicht den Lernenden, sowohl einen globalen Blick auf den Körper als facettenreiches Sujet jugendkultureller Auseinandersetzung, als auch einen enggeführten Blick auf die individuelle Körper- und Leiblichkeit eines/r jeden Einzelnen, über performative Ausdrucksformen zu verhandeln. Über die Wahl des Unterrichtsthemas – so haben die Analysen der Abschlussperformances und die Lektüre der Unterrichtsvignetten hervorheben können – kann ein solcher Rahmen als verbindende Grundlage nuanciert für die Lerngruppe abgesteckt werden.

7.1.3 Wie verhalten sich kollektive und individuelle Handlungen im Performativen zueinander?

> *„Die nun folgenden Handlungen vollziehen sich in wuseliger Atmosphäre, durchzogen vom Lachen und von den witzelnden Kommentaren der Schüler*innen. Hände gehen in die Höhe, Beine werden vom Körper weggestreckt, Rücken werden über den Fußboden geschoben und Ausfallschritte werden gemacht. Die einzelnen Körper sind in permanenter, resonanter Bewegung, nur unterbrochen von kurzen Stills." (Auszug aus der Vignette 5.2.3.1)*

Da die Lernenden in der Gruppe agieren und die individuellen Handlungen jeweils in Wechselbeziehung zu einem Gegenüber vollziehen, sind Aspekte der Interaktion durchgehend in den Fokus der vorliegenden Studie geraten. Die Konzeption und Durchführung von Abschlussperformances in der Gruppe stellen die Lernenden vor die Herausforderung, Handlungen sowohl vorab und als auch live aufeinander abzustimmen. Der Einzelne / die Einzelne kommt genauso zum Ausdruck wie die Gruppe als solche. In der Analyse der Abschlussperformances und der Lektüre der Vignetten aus dem Unterrichtsgeschehen haben sich vier Konzepte der handelnden Interaktion herauskristallisiert:

(1) Die Ausprägung partner- und gruppenbezogener Handlungen changiert zwischen choreografierten und spontanen Elementen. Interaktive Hand-

lungsstränge, die von den Lernenden konzeptuell eng vorstrukturiert werden und in ihrer Ausführung aufeinander abgestimmt sind, unterscheiden sich qualitativ von Handlungssequenzen, die sich aus einem Zustand der Offenheit und Ungewissheit heraus einstellen. In der Spannbreite von Inszenierung und live explorierter Interaktion entwickeln die Lernenden vielgestaltige körpergebundene Ausdrucksformen. Aufeinander bezogene Handlungen, die einer vorab koordinierten Bewegungspartitur oder in der Zuspitzung sogar Choreografie folgen, vollziehen sich in einer körper-leiblichen Distanziertheit zueinander. Der Raum für präsentische Begegnung und Kollaboration wird performativ verengt. Im Kontrast dazu sind die Performenden mit zunehmendem Handlungsspielraum aufgefordert, nonverbal miteinander zu kommunizieren und sich aufeinander einzulassen, um gemeinsame Handlungs- und Gestaltungsentscheidungen zu treffen. Beide Dynamiken treten sowohl im Unterrichtsgeschehen als auch in den Abschlussperformances in Erscheinung, wobei die ergebnisoffene Interaktion hauptsächlich auf lehrseitigen Impuls hin im Unterrichtsgeschehen praktiziert wurde, um Handlungssequenzen zu entwickeln und auf ihre Wirkung hin zu befragen. Kerstin Chill setzt Übungsimpulse, welche die Lernenden herausfordern, spontane Gestaltungsentscheidungen in Wechselbeziehung zu einem Partner / einer Partnerin und der Gruppe zu treffen. Die gerahmten Improvisationen evozieren Brüche und Irritation in der interaktiven Handlung, welche zu einer Aktivierung, mitunter auch Fokussierung der Gruppe im körperlichen Handeln führen. Die Lernenden kommunizieren die Erfahrung der ungeplanten und sich im Prozess auslotenden Interaktion als unkonventionelle Ausdrucksform und schärfen an diesen Begegnungen ihren eigenen Performancebegriff.

(2) Die Lernenden zeigen sich im performativen Arbeiten sowohl in gezeigter Einheit als auch in betonter Vereinzelung. Diese Gleichzeitigkeit kommt aufschlussreich in den symmetrisch formierten Standbildern zum Ausdruck, die in allen Abschlussperformances gestaltend eingesetzt werden. Das Allein-Handeln erhält über die parallele Formierung im Standbild eine eigene Qualität, da sich die Körper der Einzelnen innerhalb der kollektiven Klammer in einer ganz singulären körperlichen Haltung zeigen. Die Performenden geben sich einerseits Raum, die Formation eigenständig zu konnotieren. Andererseits betonen sie das handelnde Kollektiv und treten als Einheit in Erscheinung. Auch im Unterrichtsgeschehen werden individuelle und kollektive Handlungen in der Verzahnung miteinander entwickelt. Dabei ist es aufschlussreich, dass die Öffnung zur Gruppenhandlung zunächst über die Betonung und Erfahrung individueller Körperlichkeit vollzogen wird. Der Rollenwechsel in ein Ich^{hoch}Zwei ist der Interaktion in der Gruppe durchgehend vorgelagert. Auf diese Weise vergegenwärtigen sich die Lernenden zunächst eine individuell zu gestaltende Körperlichkeit, um anschließend die resonante Ausprägung derselben zu entwickeln und

Verantwortung für die Gestaltung von Handlungen in der Gruppe zu übernehmen.

(3) Die Körper der Lernenden kommen in der Arbeit mit Partner*innen als sich ergänzende Einheiten zum Ausdruck, die sich unentwegt aufeinander beziehen. Duo-Handlungen haben sich in den Abschlussperformances selten restlos ergebnisoffen gezeigt. Es hat sich jedoch in der Dynamik einer zweiseitig ausgeprägten resonanten Bewegung eine ungewisse, abwartende Komponente offenbart, die im Moment des Handelns live ausgelotet werden muss. Die performativen Handlungen in Duos kommen hauptsächlich durch räumliche Positionierungen und impulsgebende, verobjektivierende Handlungsabfolgen zum Ausdruck. Im Unterrichtsgeschehen werden Duo-Handlungen primär als ausladende Bewegungschoreografien verhandelt, um einen möglichen Grad der Abstraktion in der wechselseitigen Bezugnahme zu explorieren. Die resonante Wahrnehmung der körperlichen Handlungen eines/r Mit- und Gegenspielers/in wird grundlegend thematisiert und für die Ausprägung spannungsvoller performativer Ausdrucksweisen fruchtbar gemacht. Duobezogene Handlungen eröffnen die Möglichkeit, Begleiterscheinungen der Interaktion in engerem Rahmen zu verhandeln und wahrnehmbare Resonanz in der präsentischen Begegnung erfahrbar zu machen.

(4) Über das Verhüllen einer anderen Person und das Arbeiten auf der Oberfläche des fremden Körpers werden Handlungen in der Interaktion generiert, die sich signifizierend vollziehen und ein Gegenüber kennzeichnen. Interaktion zeigt sich in diesem Kontext als eine zielführende Aktion, die eine/n Mitperformer/in handelnd markiert. Die Möglichkeit einer resonanten Reaktion des Gegenübers wird für den Vollzug der eigenen Handlung in diesem Zuge gewissermaßen vernachlässigt. Handlungen, die als markierend bezeichnet werden können, machen eine Ent-Gegnung sichtbar, die den Körper der Markierten objekthaft verhandeln, gleichzeitig jedoch als unumgängliche vielsinnlich spürende Entität in der Performance thematisieren. In den Abschlusspräsentationen zeigen sich diese Markierungen vor allem durch gegenseitige Körperbemalungen und verhüllende Handlungen.

Für die Interaktion der Performenden untereinander kann somit zusammenfassend aufgezeigt werden, dass die Handlungen zwischen Choreografie und Improvisation, zwischen Planung und Zufall, zwischen Ungewissheit und Setzung oszillieren. In diesem qualitativen Changieren der Begegnung im performativen Handeln zeigt sich die genuine Herausforderung, die für die Konzeption und Durchführung einer künstlerischen Performance in der Gruppe grundlegend bedeutsam ist: Vorstrukturierte, auf intersubjektive Nachvollziehbarkeit zielende Team-Work-Momente bestimmen die Interaktion in der Gruppe genauso wie Momente des Ungewissen und Unplanbaren.

7.1.4 Auf welche Weise generieren performative Handlungen Bedeutungen?

„Alina meint, es gehe darum, zu zeigen, dass man auch von anderen den Anstoß bekommen könne, sich von seinen Ängsten zu befreien. Patricia, Lorelai und Robin nicken zustimmend. Patricia hakt noch einmal nach. Macht ihr das so hässlich gemalt oder schön gemalt? Alina und Leonore meinen, sie würden es einfach etwas übertreiben. So performativ halt. Alle lachen kurz auf und gehen dann wieder an die Arbeit." (Auszug aus der Vignette 5.2.4.5)

Performancekunst als künstlerische Ausdrucksform zeichnet sich allem voran durch momenthaftes Handeln und präsentisches Zugegensein aus, die in Gemeinschaften des Augenblicks verhandelt werden. Der Körper dient hierbei als Bild- und Bedeutungsträger, der im performativen Handeln in seiner Leiblichkeit wahrgenommen wird. Die performativen Handlungen der Lernenden werden situativ in einem Setting vollzogen, das durch die Korrespondenz mit anderen medialen Ausdrucksweisen bereichert wird. Sprache, geschriebene Worte, Fotografien, Videos und Licht werden als weitere Bedeutungsträger von den Lernenden verhandelt. Wie sich Bedeutung im performativen Handeln generiert und von den Lernenden intersubjektiv nachvollzogen wird, soll im Folgenden zusammenfassend dargestellt werden. Die Ausführungen konzentrieren sich in einem ersten Punkt auf ereignis- und präsenzbezogene Phänomene in der Performance, in einem weiteren auf intermediale Phänomene körperlichen Gestaltens.

(1) Die körperlichen Handlungen der Lernenden changieren zwischen konzeptuell gebundener Inszeniertheit und unvorhersehbarer Ereignishaftigkeit. In der Konzeption der eigenen Abschlussperformances entwickeln die Lernenden eine Handlungsstruktur, die den Raum für Spontanes und Unvorhergesehenes verengt. In diese Handlungsstruktur werden performative Ausdrucksformen eingebettet, die unterschiedliche Qualitäten aufweisen. Wie die Ausführungen zu den Modi des Performens bereits verdeutlichen konnten, werden beispielsweise über theatralische Handlungen, rhythmische und choreografische Handlungen und Handlungen für ein technisch Anderes Impulse gesetzt, die sich einer vollumfänglichen Öffnung des Geschehens entziehen. Vor allem das Anfertigen eines Videos für die Performance wurde als Möglichkeit offenbar, die Situation zu kontrollieren und sich einer unbestimmten Situation zu entziehen. Dieses Changieren zwischen konzipierender Planung und spontaner Öffnung im eigenen Handeln kommt im Unterrichtsgeschehen vor allem im Kontext der Abschlussperformances zum Ausdruck. Zum einen erzeugt eine nahende Aufführung aktive Angespanntheit und Prozessinvolviertheit, die den Lernenden situative Gestaltungsentscheidungen und geplante Setzungen in der Körperarbeit abringen. Zum anderen ist deutlich geworden, dass sich das Momenthafte in den Abschlussperformances durch unplanbare Veränderungen zeigt und von den Lernenden im Performen mitunter bewusst provoziert wird. Dabei tritt das Ereignishafte als Phänomen vor allem in der direkten Interaktion der Lernenden – in der Gruppe oder im Duo – in

Erscheinung. In den Abschlusspräsentationen reagieren die Performenden auf Situationen, in denen sie mit unvorhergesehenen Veränderungen konfrontiert werden, mit zögerlichen, explorierenden Handlungen, die sich in Nähe zu der vorab konzeptuell entwickelten Performanceidee vollziehen. Der Aufführungskontext fordert von ihnen unumgänglich Handlungsentscheidungen ein, welche wiederum Spannung in der Performance erzeugen. Im Unterrichtsgeschehen werden unvorhersehbare Momente hingegen durch methodisch-didaktische Entscheidungen von Kerstin Chill erzeugt. Durch Übungen, in denen die Lernenden in der Interaktion fortlaufend zu explorativen Bewegungsmustern und Materialhandlungen angeregt werden, wird auf eine körper- und leibliche Aktivierung abgezielt. Den Lernenden werden Situationen erfahrbar gemacht, in denen sie auf das Unvorhergesehene und Unplanbare performativ gestaltend reagieren müssen. Die Übungen setzen einen abgesteckten Rahmen, der körperliches Interagieren und resonantes Reagieren in der Performancekunst als wesentliche Handlungsqualitäten aufzeigt. Sie kommen im Handeln zur Handlung und entwickeln somit die eigenen Performanceideen in präsentischer Weise. Die Interferenz zwischen Inszenierung und Ereignishaftigkeit erfordert sowohl lern- als auch lehrseitig eine Öffnung für das tatsächliche stattfindende Geschehen und generiert eine Haltung, die durch ein engagiertes Im-Moment-Sein im künstlerischen Prozess charakterisiert ist.

(2) Text-, Bild- und Lichtmedien im Raum fungieren zum einen als bedeutungsgenerierende Marker, zum anderen als strukturell inszenierte Setzungen, die den performativen Gruppenhandlungen Orientierung geben. Es hat sich gezeigt, dass sich körperliche Handlungen in der Performancekunst aus einem Geflecht ästhetischer Kopplungen und Brüche zu anderen Medien heraus generieren. Digitale Sound-, Musik-, Text-, Licht- und Videoelemente werden mit analogen Materialhandlungen, Sprach- und Zeichensystemen auf der Probebühne kombiniert. Der Körper zeigt sich in dieser ambivalenten, collagierenden Bild- und Bedeutungsgenerierung als verbindende Klammer, die sowohl faktisch in der Performanceaufführung präsent ist als auch in den digitalen Präsentationen bildhaft und sprachlich thematisiert wird. Diese Gleichzeitigkeit unterschiedlicher Bild- und Handlungsebenen in der Aufführung führt dazu, dass die Performances der Lernenden zu komplexen intermedialen Wahrnehmungsereignissen avancieren. Dabei markieren Bild, Ton, Sprache und Raum im Wesentlichen die medialen Übergänge, durch welche sich der intermediale Gestaltungsprozess in der Performancekunst konturieren lässt:

a) *Bilder werden sowohl analog als auch digital, sowohl bewegt als auch unbewegt erzeugt. Die Fotografien, Videos und grafischen Markierungen, die in den Abschlussperformances präsentiert werden, machen den Körper in seiner Materialität und Oberflächenerscheinung zum Thema der Auseinandersetzung. Bilder können als ergänzende Schicht verstanden werden, die den Live-Handlungen der Performenden einen Überschuss an Bedeutung einschreiben. Auch im Unterrichtsgeschehen wird das Bild lehrseitig auf vielfältige Art und Weise als ästhetische Bezugskategorie etabliert. Handlungsimpulse, die sich auf künstlerische Reproduktionen beziehen, spielen dabei ebenso eine Rolle, wie die formulierte Anforderung, die Kamera als objekthaftes Material oder bildgebendes Medium live in die Performance zu integrieren. Die Lernenden äußern im explorativen Handeln eine Affinität zur bildhaften Bedeutungskommunikation, durch welche die vorgeprägte Mediennutzung der Lernenden Eingang ins Unterrichtsgeschehen erhält. Das Bild dient somit als Ankerpunkt, performative Ideen nuancenreich auszudifferenzieren.*

b) Ton zeigt sich zum einen als Impulsgeber für körperliche Handlungen, insofern er in nonverbalen Gruppenhandlungen zur rhythmischen Koordinierung eingesetzt wird. Er taktet das Geschehen und dient der Orientierung. Darüber hinaus wird der Ton von den Lernenden grundlegend gestalterisch in die Performances eingebunden. Über Musik und Sound erzeugen die Lernenden in ihren Performances eine weitere Schicht an Ausdruck und Wirkung, die die körperlichen Handlungen konturieren. Ton wird im Unterrichtsgeschehen hingegen eher als Begleiterscheinung verhandelt. So tritt er als rhythmisches Moment in performativen Gruppenübungen in Erscheinung und wird als eine Qualität im performativen Handeln reflektiert, die durch eingesetzte Materialien evoziert werden kann.

c) Sprache zeichnet sich in den Abschlussperformances als eigene ästhetische Bezugskategorie aus. Sie zielt als direkte, intersubjektiv nachvollziehbare Kommunikation auf eine gewisse Konturierung und Vertiefung des körperlich Gezeigten ab. Sie tritt in den jeweiligen Abschlussperformances jedoch auch in verrätselnder Form in Erscheinung. Handlungen, die in Beziehung zu sprachlichen Äußerungen stehen, haben sich in den Analysen somit als abstrahierende, demonstrierende Modi des körperlichen Gestaltens offenbart.

d) Abschließend konnte aufgezeigt werden, dass der Raum im Zuge des Unterrichtsgeschehens und der Abschlusspräsentationen in seiner Bühnenhaftigkeit und Rahmung bildhaft betont und handelnd markiert wurde. Mitunter arbeiten sich die körperlichen Handlungsvollzüge der Lernenden dezidiert an der äußeren Erscheinung des Raumes ab, indem sie ihn in seiner Dimensionalität beschreiben und als Environment gestaltend bearbeiten. Anhand von Objekten, Lichtveränderungen, Soundeindrücken und digitalen Projektionen begeben sich die handelnden Körper in ein zeitlich und räumlich dichtes Gefüge. In seiner klaren Kompaktheit eröffnet der Bühnenraum mit seinen technischen Angeboten für die Lernenden Handlungsmöglichkeiten, um intermedial zu agieren.

Abschließend lässt sich betonen, dass die Lernenden über körpergebundene, präsentische und intermediale Ausdrucksweisen Individualität und Eigensinn verhandeln. In der Körperarbeit kommt ein Sinnüberschuss zum Ausdruck, der die handelnden Schüler*innen als nachdenkende, empfindende und sich positionierende Wesen offenbart. In der intermedialen Körperarbeit tritt sowohl ein Sich-Zeigen, als auch ein Sich-Beobachten in Erscheinung, das den Körperleib als resonante, unumgängliche Entität markiert und in Szene setzt. Die Themen, mit denen sich die Lernenden im Prozess beschäftigen, können als grundlegend und substanziell charakterisiert werden. Dynamiken und Herausforderungen, denen sie sich im Alltag aussetzen, liegen den Aushandlungen zu Grunde. Die Wahrnehmung von Ängsten und die Verortung innerhalb einer herausfordernden, vielgestaltigen Peergroup werden über das performative Handeln dabei vordergründig thematisch. Über intermediale Ausdrucksformen, von einem rezitierten Gedicht bis hin zu Videosequenzen, die den Verlauf der Performance bestimmen, finden die Lernenden zu vielseitigen Ausdrucksformen in Ergänzung zu den live auf der Probebühne präsentierten Handlungen. Körperlichkeit offenbart sich in dieser Auseinandersetzung als ein Phänomen, das von den Lernenden nicht als einzige Bezugskategorie performativen Arbeitens betrachtet, sondern in der Verwobenheit mit einer Vielzahl möglicher Ausdrucksweisen verhandelt wird.

7.1.5 Wie lassen sich Körper und Leib im Kontext des Kunstunterrichtes als konstitutive Momente des Lernens und Gestaltens begreifen?

> *„Kerstin Chill fragt im fortgeschrittenen Verlauf der Reflexionsstunde noch einmal abschließend nach der Rolle des Performers. Wie habt ich euch gefühlt in der Rolle? Ich^{hoch}Zwei? Körperlich? Intensität? [...] Leonore äußert sich zum Umstand, dass sie sich auf die Berührung ihrer Mitschüler*innen im eigenen Gesicht einstellen musste, die vorher nicht geplant werden konnten. Es war sehr eigenartig, weil ich wirklich nicht wusste, was passiert. Und es ist auf jeden Fall sehr lustig so abgeschminkt zu werden. Vor allem von den Jungs. Vor allem wenn die so ruhig auf einen zukommen. Dann in dem Moment auch ernst zu bleiben. Nico unterbricht sie kurz und meint, das hätte ihm übelst Spaß gemacht." (Auszug aus der Vignette 5.2.7.6)*

Um die letzte Forschungsfrage zu beantworten, wird im Folgenden eine Suchbewegung initiiert, die sich zunächst eng an den Ergebnissen der Untersuchung orientiert und dann den Blick erneut auf die eingangs erläuterten Zugänge zu Körper und Leib in kunstpädagogischen Kontexten (siehe Kapitel 3) richtet. Die Körper- und Leiblichkeit schulischer Bildung, Performancekunst als Kunstform im Kunstunterricht und die ästhetische Spezifik jugendlicher Erfahrungswelten werden mit den Ergebnissen der Analyse angereichert und konturiert, um die Relevanz der Untersuchung für kunstpädagogisches Handeln zu verdeutlichen. Es wird zusammenführend aufgezeigt, dass sich Lernen und Gestalten unter performativen Vorzeichen nicht allein über imaginative Reflexion konstituieren, sondern immer auch über Bewegungen und resonante Zwischenleiblichkeit, die darauf abzielen, ein Selbst zu konstituieren, „das sich als ein tätiges gestaltet, indem es sich von sich selbst losreißt" (Meyer-Drawe 2020, S. 57).

Die Analysen haben zum einen grundlegend verdeutlicht, dass sich das Objekthafte, Materielle und Trägerhafte des Körpers als konstitutive Dimensionen **künstlerisch-**

gestaltenden Lernens und Verstehens *im Performativen zeigen. Zum anderen haben sich das Spürende, Fühlende und sichtbar Resonante als korrespondierende Dimensionen herauskristallisiert, die in der performativen Körperarbeit eindrücklich in Erscheinung treten.* Die körperliche Begegnung mit einem Gegenüber und die Zurschaustellung des eigenen Körpers in der Aufführung generieren somit Facetten performativer Ausdrucksformen, die eine vielgestaltige Auseinandersetzung mit dem eigenen Performancebegriff bzw. Gestaltungskonzept und eine konzentrierte Öffnung für das Live-Geschehen im Kunstunterricht bei den Performenden herausfordert. Diese Auseinandersetzung mit und eine Öffnung für den Körper-Leib im Lernprozess konnte in der Untersuchung an folgenden Aspekten erarbeitet werden:

(1) Über betont konzentrierte, akzentuierte und ruhige Handlungsvollzüge sind die Lernenden in der Lage, körperliche Präsenz zu erzeugen. Präsenz hat sich in der Analyse der Abschlussperformances als eine betonte Anwesenheit und Involviertheit ins Geschehen offenbart. Präsentische Momente im Handeln suggerieren eine Ernsthaftigkeit den eigenen Handlungsvollzügen gegenüber und stellen eine Distanziertheit über die sichtbare Körperlichkeit her, durch welche sie sich graduell vom Alltag abheben. Diese Beruhigung und Konzentrierung im performativen Handeln steigern sich im Prozess, insofern die Lernenden diesen Zustand im eigenen performativen Handeln zumeist erst über die Dauer des Geschehens entwickeln. Im Verlaufe des Unterrichtsgeschehens werden dazu lehrseitig Übungen initiiert, in denen körperliche Präsenz durch eine unverkrampfte, lockere Fokussierung auf die individuelle Körperhaltung und das Bewegungsrepertoire eines/r jeden Einzelnen erfahrbar gemacht werden. In Gruppenübungen wird diese basale Erfahrung fruchtbar gemacht, insofern von den Lernenden Konzentration und Aufmerksamkeit für die Impulse der Mitschüler*innen eingefordert werden. Leibliche Präsenz, die über den Körper zum Ausdruck kommt, ist im Lernprozess somit ein Phänomen, das einerseits auf sensibler Wahrnehmung und Beobachtung beruht, andererseits nur über körperliche Auseinandersetzung angeregt werden kann. Körper und Leib werden dabei in der Transformation des Ich^{hoch}Zwei substanziell thematisch.

(2) *Körper und Leib werden in künstlerisch-forschender Manier evident.* Sowohl im Unterrichtsgeschehen als auch in den Abschlussperformances wird Körperarbeit in ihrer Leibgebundenheit suchend und erkundend inszeniert. Sie entwickeln sowohl in den angeleiteten performativen Erkundungen im Unterricht als auch in ihren Abschlussperformances eigene Zugangsweisen, um den forschenden Blick auf den Körper präsentisch zu verhandeln. Die Lernenden setzen sich darüber hinaus in der Besprechung von externen Schülerperformances mit spezifischen Selbstversuchen auseinander, die der Anschauung verschiedenster authentischer Ausdrucksmöglichkeiten des Körpers als künstlerisches Material dienen.

(3) *Selbst- und Weltwahrnehmung der Jugendlichen werden sowohl formalästhetisch als auch inhaltlich im performativen Handeln sichtbar.* Dabei kommen künstlerische Bezüge ebenso zum Tragen wie jugend- und pop-

kulturelle Referenzen. Lernen und Verstehen unter performativen Prämissen zeigen sich dementsprechend eindrücklich als Prozess, der sich nicht von der Persönlichkeit der Performenden trennen lässt, sondern in den körperlichen Vollzügen einen Sinnüberschuss zu transportieren vermag, der die handelnden Schüler*innen als nachdenkende, empfindende und sich positionierende Wesen offenbart. Der Gestaltungsprozess vollzieht sich intermedial, sodass ein Spielraum entsteht, innerhalb dessen die Lernenden Individualität und Eigensinn zum Ausdruck bringen. Die Lernenden machen deutlich, dass sie vielgestaltig mit den künstlerischen Medien Bild, Ton, Sprache und Raum umzugehen wissen und in der Performance mit diesen und über diese Bedeutung generieren.

Zusammenfassend kann mit Blick auf die Untersuchungsergebnisse deshalb betont werden, dass die Körper der Lernenden im Mittelpunkt des Unterrichtsgeschehens stehen, insofern sie „mit allen Aspekten ihrer ‚Leibhaftigkeit' sich selbst Material *sind* [Einschub CL], auch wenn sie dieses erweitern und verändern." (Dudek 2017, S. 19) Der Körper zeigt sich in der Aktion und Interaktion der Performenden als ein entgegenkommender oder zuwiderlaufender Dialogpartner, der zur Zwiesprache einlädt. Er ist in den beschriebenen Situationen sowohl ein begrenzendes als auch ermöglichendes Medium (vgl. Kathke 2017, S. 25). Körper und Leib schreiben sich in der Performancekunst in die Formfindung und den Lernprozess ein, indem sie dem Subjekt permanent Reaktionen und Entscheidungen abringen, die eine verdichtete Fähigkeit ausbilden, ausdrucksstarke künstlerische Bilder entstehen zu lassen, die erst in ihrem lustvollen Erleben ihre spezifische Dynamik und Wirkweise entwickeln. Die Lernenden werden im Modus des Ich^hoch^Zwei dazu aufgefordert, den Körper als Material spürend zu erfahren und als formbaren Ausdrucksträger zu gestalten.

Die Untersuchungsergebnisse vor dem Hintergrund kunstpädagogischer Bezugsdiskurse: Im Zuge der Auseinandersetzung mit angrenzenden Bezugstheorien und kunstpädagogischen Diskursen wurden zu Beginn der Arbeit zwei Thesen aufgestellt, die an dieser Stelle erneut aufgegriffen werden sollen:

(1) Performancekunst im Kunstunterricht zeigt sich als eine künstlerische und soziale Bildungspraxis, die den Körper in seiner Materialität besonders herausfordert und verändert (siehe Abschnitt 2.3.3).

(2) Vor allem im Kontext des Kunstunterrichtes fangen die Handelnden an, sich im Handeln selbst wahrzunehmen und die eigenen Handlungen im „betwixt and between" (Fischer-Lichte 2004, S. 151) fokussiert zu modellieren, um über den Körper zu erzählen, Fragen aufzuwerfen, zu zeigen, zu verhüllen, zu spielen und zu imaginieren (siehe Abschnitt 2.2.3).

Beiden Thesen ist vor dem Hintergrund der Untersuchungsergebnisse zuzustimmen, insofern sich Performancekunst im Kunstunterricht als eine besondere Praxis des Verstehens und Gestaltens charakterisieren lässt. Sie manifestiert sich als Ereignis an der Grenze zwischen dem Sagbaren und Unsagbarem bzw. als ein Sich-Zeigen existentiellen Ausdrucks und individuellen Sinns. Verstehen tritt somit vordergründig als ein verkörpertes in Erscheinung, wodurch Lernprozesse im Performativen als inkorporales Antwortgeschehen initiiert werden. Geteilte Erfahrungen im Etwas-Zeigen, Sich-Zeigen bzw. Verbergen, in der Mimik und Gestik, aber auch in Gesprächen zwischen den Lernenden bzw. den Lernenden und Lehrenden sind dabei in den Fokus der Auseinandersetzung gerückt. Lernen und Verstehen sind in der Untersuchung dementsprechend nicht allein als kognitive Operation zum Ausdruck gekommen, sondern vielmehr als körper-leibliche Praxis. Mit den Worten Käthe Meyer-Drawes zum Tanz finden Leib-Sein und Körper-Haben auch in der Performancekunst ihren paradigmatischen Ausdruck:

> *„Das verheißt eine spezielle Unmittelbarkeit ästhetischer Reflexivität. Wobei ‚Unmittelbarkeit' nicht meint, dass hier Natur auf Natur stößt. Die Eigentümlichkeiten kulturellen Ausdrucks unterstreichen vielmehr die Kreativität leiblicher Gestaltungen, in denen sich Reflexion als Vollzug und nicht als nachträgliche Befassung ereignet." (Meyer-Drawe 2020, S. 54)*

Die Lernenden haben künstlerische Performance körperlich erfahren und das Gezeigte sinnlich als „prozessuale Spannung zwischen Simultanem, Sukzessivem und Körperlich-Räumlichem" (Mark 2015, S. 111) wahrgenommen. Der Blick wird – so konnte die Untersuchung herauskristallisieren – auf die Ressourcen des Körpers in Gemeinschaft gelenkt, der in seinem leiblichen Verstrickt-Sein mit der Welt vielseitige Verstehensprozesse in künstlerischer Produktion, Reflexion und Rezeption auslöst. So hat sich gezeigt, dass Körper und Leib vordergründig über körperliche Routinen, Inszenierungen und Eigensinn zum Ausdruck kommen, die intermedial im Handeln transformiert werden. Unter medialer Perspektive kann für die vorliegende Untersuchung deshalb festgehalten werden, was die Theaterpädagog*innen Marion Bönninghausen und Philipp Kamps für die Ereignishaftigkeit transmedialer Verflechtungen im Allgemeinen feststellen:

> *„Medien wird in besonderer Weise die Möglichkeit zugesprochen, Zwischenräume, Illusionsräume zu veranschaulichen. Mediales Erzählen, gerade in den digitalen Medien, eröffnet auf unterschiedlichen Ebenen den rezeptiven Anschluss an kulturelle Bilder und Imaginationen." (Bönninghausen/Kamps 2018, S. 134)*

Für die Entwicklung sog. *„I'm-here-Subjekte"* (Lange 2013a, S. 18) im intermedialen Flow der Bilder und Informationen fungieren Körper und Leib als Träger von Identität, in denen alle Stränge möglicher Kommunikation zusammenlaufen, bestehende Verhältnisse reflektiert werden und die heranwachsenden Lernenden sich ihrer Position im gesellschaftlich-konkreten Gefüge kontinuierlich bewusst werden bzw. entsprechend Position beziehen (vgl. Borck 2016, S. 100). Diese Positionierung zeigt sich darin, dass der Körper als künstlerisches Produkt im Unterricht und in den Performances äußerst facettenreich in Erscheinung tritt: als Ort von Leiberfahrung, als Träger von Zeichen und Zuschreibungen, als Diskurs über Wissensformen oder als spezifisches Objekt von Strukturen generiert er Lern- und Verstehensprozesse (vgl. Gugutzer 2008, S. 17 ff.), die für künstlerische Bildungsprozesse im Allgemeinen – so die Quintessenz der vorliegenden Untersuchung – als grundlegend wichtig erachtet werden müssen. Marie-Luise Lange ist dementsprechend zuzustimmen, wenn sie schreibt:

„Gruppenimprovisationen und Experimente mit Körper, Raum und Materialien nutzen mimetische Kräfte des Unbewussten und erzeugen in den Agierenden neue, sich selbst gegenüber ungewohnte Identitätserfahrungen. Deren angstfreie, intelligible Reflexion in der Gruppe schafft Vertrauen und ermöglicht die Bildung einer Kommunikationsgemeinschaft." (Lange 2015, S. 169)

In der Betrachtung und Konturierung dieser Prozesse offenbart sich ein spezifisches Bildungspotential, das für kunstpädagogisches Handeln fruchtbar gemacht werden kann. In der wahrgenommenen intermedialen Transformation körperlicher Ausdrucksweisen lässt sich eine substanzielle leibliche Aufmerksamkeit der Lernenden den eigenen Handlungen gegenüber aufzeigen, die letzten Endes als Verantwortung und Engagement in Erscheinung treten. Performancekunstvermittlung hat sich dabei in besonderem Maße als „Praxis des Erscheinens" (Hallmann 2017, S. 87) gezeigt, die auf ästhetische Erfahrungen setzt, die sich für die Fülle des Wahrnehmungsblicks in sinnlicher Präsenz öffnen. Sie zielt auf Zustände, in denen es nicht um schnelles Erkennen geht, sondern vielmehr um ein aufmerksames Sich-Aussetzen, das nicht immer plan- und berechenbar didaktisch konstruiert werden kann. So werden Lernen und Verstehen im künstlerischen Gestalten in der Performancekunstvermittlung über ungewöhnliche Vorgehensweisen, kunstnahe Praktiken und thematische Rahmungen erzeugt, die sich der Reproduktion ästhetischer und epistemischer Stereotypen entziehen (vgl. ebd.). Insofern kann anhand der Untersuchungsergebnisse die Aussage der Kunstpädagogin Kerstin Hallmann nachdrücklich unterstrichen werden:

„Hierbei lassen sich nicht zielorientiert Kompetenzen und Ressourcen anhäufen, sondern es geht um Zustände, in denen uns etwas widerfährt und wir zwischen passivem Bewegt-Werden und aktivem Bewegen oszillieren. Es lohnt sich, sich auf derartige Zustände einzulassen, denn sie machen uns möglicherweise wieder darauf aufmerksam, dass es auch anders gehen kann." (ebd.)

Lehrseitig können vor dem Hintergrund dieser Erkenntnisse Impulse gesetzt werden, präsentische Begegnung zu initiieren und spannungsvolle Momente zu erzeugen, in denen das Potential der performativen Interaktion bewusst ausgelotet werden kann. Den Lernenden kann anhand der vorliegenden Untersuchungsergebnisse eine nuancenreiche Differenzierung zwischen körper- und leiblichen Dynamiken im performativen Handeln aufgezeigt und als grundlegend für das Ausreifen der individuellen Gestaltungsintentionen in der Performance erfahrbar gemacht werden. Die Fragen, welche Entscheidungen live getroffen werden, wie auf das Unbestimmte einer Begegnung in der körperlichen Handlung reagiert wird und wie die körperbezogene Interaktion mit dem Gegenüber in der Performance gestaltet werden kann, sind für eine konzeptionelle Ausgestaltung lehr- und lernseitiger Prozesse in der Performancekunstvermittlung grundlegend von Bedeutung.

7.2 Forschungsmethodologische Reflexion

> *„Das Potential der Phänomenologie liegt […] darin, dass der Blick auf die Beschreibung in Bildungsprozessen nicht allein in der Ausbildung von sozialen und kulturellen Identitäten zu orientieren wäre, sondern darüber hinaus Subjektivierungsprozesse zu erfassen, die den Akzent auf ein Handeln setzt, in dem Ereignisse auf ihre Veränderbarkeit hin erfahren, Transformierbarkeiten, Übergänge zu einem anderen hin, Unbestimmtes und Fremdes als Erfahrung einer Präsenz jenseits ihrer symbolischen Vergegenwärtigung eingelassen werden." (Kristin Westphal 2015b, S. 54)*

Die *Phänomenologie* hat sich in der Erforschung der Ausdrucksformen von Körper und Leib als äußerst fruchtbare Grundlagentheorie und Analyseperspektive erwiesen. Sie setzt als Erkenntniszugang mit der begrifflichen Ausdifferenzierung von Körper und Leib nicht nur theoretische Impulse (siehe Abschnitt 2.1), sondern hat dem Forschungsvorhaben auch als methodologisch begründete Operation eine nachvollziehbare Struktur gegeben (siehe Abschnitt 4). Im Modus der Reduktion, Deskription und Variation wurde Performancekunst im Kunstunterricht entlang der Forschungsfragen vielsinnlich erfahren und analytisch erschlossen. In diesem Sinne ist der eröffnenden Aussage von Kristin Westphal zuzustimmen, welche betont, dass sich das Potential phänomenologischer Zugänge vor allem an den sichtbaren Oberflächen des Geschehens abzeichnet. Der beschreibende Nachvollzug der Ausdrucks- und Wahrnehmungsweisen *von etwas als etwas* im Untersuchungsfeld folgt somit zunächst keinen genuin hermeneutischen Prämissen, sondern stellt vielmehr den Versuch dar, „einem Gegenstand in einer genauen Wahrnehmungs- und Erfahrungsrekonstruktion gerecht zu werden" (Westphal/Zirfas 2014b, S. 65). In der Erforschung der sichtbaren Oberfläche wurde Unterricht *als* Unterricht ernst genommen, insofern in ihm Inhalte intersubjektiv nur dann verhandelt werden konnten, wenn sie für alle Teilnehmenden sichtbar, spürbar und hörbar nachvollziehbar sind. Das Forschungsdesign zielt dementsprechend darauf ab, den Nachvollzug der konstitutiven, produktiven und ambivalenten Aspekte von Leiberfahrung und Körperausdruck empirisch zu erhellen (vgl. Brinkmann 2019a, S. 2). Die aus einer phänomenologischen Forschungsperspektive abgeleiteten und begründeten Arbeitsschritte können als *zentrale Phasen der Untersuchung* rückblickend wie folgt zusammengefasst werden:

(1) *Untersuchungsrahmen*: Die Untersuchungsergebnisse beruhen auf einer phänomenologisch orientierten Einzelfallstudie, die in einer Unterrichtssequenz zu Performancekunst im Kunstunterricht einer gymnasialen 12. Klasse durchgeführt wurde. Innerhalb des bewusst gewählten Falls galt es, Einblick in die Vielzahl an Facetten der Ausdrucksformen von Körper und Leib in der Performancekunst zu erhalten und typischen körperlichen Handlungsmustern nachzuspüren. Neue Phänomene am Fall wurden dabei genauso fokussiert wie Dynamiken, die durch einschlägige kunstthe-

oretische und kunstpädagogische Fachliteratur vorab konturiert werden konnten.

(2) *Datenerhebung*: Wesentliche Formate der Datenerhebung liegen in der teilnehmenden Erfahrung an der Unterrichtssequenz. Im Zuge der Unterrichtsbesuche im Umfang von 7 mal 90 Minuten wurde Feldnotizen angefertigt und Videoaufnahmen bezüglich des Unterrichtsgeschehens und der Abschlussperformances erstellt. Die Beobachtung der Forscherin und die Aufnahme der Videos folgten keiner vorab festen Struktur, vielmehr ging es darum, einen vielsinnlichen und ganzheitlichen Eindruck der lernseitigen Ausdrucksformen von Körper und Leib in der Performance zu erhalten.

(3) *Datenaufbereitung*: Die erhobenen Daten wurden hauptsächlich in zwei Formate überführt. Zum einen wurde das Unterrichtsgeschehen in Vignetten schreibend nachvollzogen und akzentuiert. Vignetten sind phänomenologische Texte, die in Form von kurzen prägnanten Erzählungen Erfahrungsmomente veranschaulichen und als sinnlich-ästhetische Vergegenwärtigungen Erkenntniswege im Forschungsprozess eröffnen. Zum anderen wurden die Abschlussperformances als eigenständige, komplexe Gestaltungsergebnisse umfassend und kleinschrittig deskribiert. Diese umfänglichen, detaillierten Texte geben den lernseitigen Ausdrucksformen von Körper und Leib in der Performancekunst tiefgründig Beispiel.

(4) *Datenanalyse*: Die Analyse der erhobenen und aufbereiteten Daten wurde in zwei Schritten vollzogen. Zunächst wurden die Deskriptionen der Abschlussperformances über Kategorisierungen und hermeneutische Memos gegenstandsbezogen erschlossen. Wesentliche Konzepte der vorliegenden Untersuchung (siehe Kapitel 6) wurden auf diese Weise herauskristallisiert. In einem weiteren Arbeitsschritt wurden die Vignetten aus dem Unterrichtsgeschehen im Spiegel dieser Konzepte gelesen und gedeutet, sodass die Untersuchungsergebnisse der vorliegenden Einzelfallstudien retrospektiv angereichert und abgerundet werden konnten.

Alle Arbeitsschritte griffen ineinander und verdichteten den Forschungsprozess entlang der Forschungsfragen hin zur Entwicklung anschlussfähiger Konzepte, die der kunstpädagogischen Forschungs- und Lehrgemeinschaft zugeführt werden können. Für eine forschungsmethodologische Reflexion ist interessant, dass die Arbeitsschritte in der Datenerhebung, -aufbereitung und -analyse zwischen analoger und digitaler Bearbeitung oszillierten, um dem Gegenstand in einer genauen Wahrnehmungs- und Erfahrungsrekonstruktion gerecht zu werden. Vor allem für das sinnstiftende Zusammenführen von Kategorien und Konzepten, die sich an den Deskriptionen und Vignetten abzeichneten, hat sich eine analoge Clusterung auf großen Blättern als besonders hilfreich gezeigt.

Um die Relevanz des qualitativen Forschungsansatzes für kunstpädagogische Forschungsfelder abschließend herauszuarbeiten, werden im Folgenden mit der Betrachtung der methodologischen Ausgestaltung von Reduktion, Deskription und Variation die *wesentlichen phänomenologisch orientierten Merkmale der Einzelfallstudie* noch einmal hervorgehoben und reflektiert:

(1) Der phänomenologische Modus der *Reduktion* findet nicht nur in der Darlegung und Einklammerung verschiedener Bezugsdiskurse seinen Ausdruck (siehe Kapitel 2 und 3), sondern auch in der Entscheidung, unterschiedlichen Phasen der beforschten Unterrichtseinheit einen je eigenen Stellenwert in der Aufbereitung und Analyse der Daten zuzugestehen. So wurden die Abschlussperformances der Lernenden besonders detailliert und eingehend betrachtet, um die Untersuchung an einem für die Vermittlung von Performancekunst sehr spezifischen Kulminationspunkt anzusetzen. In der Aufführung der eigens konzipierten und imaginierten Performances zeigen die Lernenden eindrücklich, zu welchen Ausdrucksformen von Körper und Leib sie in den performativen Handlungen finden. Anhand der auf diese Weise entwickelten Konzepte konnte die Fülle an Eindrücken, Beobachtungen und Überlegungen aus dem Unterrichtsgeschehen wiederum in reduktionistischer Manier einer vertiefenden Analyse unterzogen und den bereits existierenden Erkenntnissen zugeführt werden. Die forschungsleitende Perspektive hat sich somit unter phänomenologischen Prämissen zunehmend verengt und konkretisiert. Darüber hinaus zeigt sich eine weitere reduktive Dimension in der bewussten Fokussierung auf die Generierung der Ausdrucksformen von Körper und Leib durch die Lernenden. Mit der Absicherung einer versierten, erfahrenen Vermittlerin konnten lehrseitige Handlungen partiell ausgeklammert werden. Ein Umstand, der durch die Ausrichtung der Forschungsfragen gerechtfertigt wurde.

(2) Der phänomenologische Modus der *Deskription* ist vor allem im Verfassen der Vignetten aus dem Unterrichtsgeschehen und der tiefgründigen Deskriptionen der Abschlussperformances zur Anwendung gekommen (siehe Abschnitt 4.2.3). Hierbei hat sich gezeigt, dass der beschreibende Nachvollzug der Eindrücke und Beobachtungen anhand der Feldnotizen und Videoaufnahmen aus dem gesamten Feldaufenthalt den nährenden Boden für die abschießenden Analysen darstellte. Die Lebendigkeit der Vignetten einerseits und die akribische Genauigkeit der Deskriptionen andererseits haben ein ertragreiches Datenmaterial generiert, dass *für sich* spricht. Das heißt, dass in genau diesem Punkt die Anschlussfähigkeit der phänomenologisch orientierten Einzelfallanalyse validiert werden kann. Die Deskriptionen zielen dezidiert auf intersubjektiven Nachvollzug und kommunikative Validierung ab; nicht nur nach Abschluss der Forschungsarbeit, sondern allem voran auch im Forschungsprozess, da sie eine textliche Basis bilden, die einer kollektiven Ausdeutung und Diskussion im Forschungskolleg zugeführt werden können.

(3) Die analytischen Erkenntnisse wurden abschließend im phänomenologischen Modus der *Variation* generiert. Die deskribierten Phänomene wurden in einer textbasierten Analyse tiefgründig verstanden und nachvollzogen. Die Sachverhalte wurden „in langen reflexiven Schleifen" (Brinkmann/Rödel 2016, S. 29) gesichtet, kategorisiert, gedeutet und beurteilt. Mittels variantenreicher, vergleichender und kontrastierender Deutung wurden an

> den Deskriptionen Merkmale, Typen und Schemata der Ausdrucksformen von Körper und Leib in den Abschlussperformances und im Spiegel der Vignetten aus dem Unterrichtsgeschehen ermittelt. Der Modus der Variation zeigte sich vor allem in dem Anspruch, die Sichtweisen auf das Material immer wieder zu befremden und die Mannigfaltigkeit des Materials auf diese Weise nie ganz aus dem Griff zu lassen (vgl. Brinkmann 2015b, S. 40).

Auch wenn die Arbeitsprozesse und Forschungsmodi bis zu diesem Punkt im Großen und Ganzen zielführend und stringent dargelegt werden können, soll nicht davon abgelenkt werden, dass der Forschungsprozess von *Fokusverschiebungen* und Brüchen geprägt war, denen jeweils gegenstandsangemessen begegnet werden musste. So haben sich zum einen vor allem zu Beginn des Forschungsprozesses die Fragestellungen immer wieder verschoben und modifiziert, da mit zunehmender Feld- und Datenkenntnis deutlich wurde, welches Erkenntnisspektrum das Forschungsdesign überhaupt zu generieren vermochte. Zum anderen hat sich der Fokus der Untersuchung erst im Prozess zunehmend konturierter auf die sichtbaren Ausdrucksformen von Körper und Leib in der Performancekunst gerichtet, insofern mit der Entscheidung, auf Interviews zu verzichten, erkenntlich wurde, dass Rückschlüsse über die impliziten Handlungsmotive und Selbstreflexionen der Lernenden nur unzureichend valide begründet werden konnten. Darüber hinaus hat sich vor allem im ergebnisoffenen Schreiben der analytischen Memos gezeigt, dass die im Arbeitsprozess erzeugte Textfülle zur Produktion von ‚Nebenschauplätzen' führt, die kritisch auf Relevanz überprüft werden müssen. Dabei konnte festgestellt werden, dass sich der Blick aufs Material mit zunehmender theoretischer und empirischer Sättigung präzisiert, sodass bestimmte Überlegungen konsequent aus der Arbeit gestrichen werden mussten. Diese Konfliktlinien und Herausforderungen im Forschungsprozess können rückblickend als dynamische Katalysatoren des Erkenntnisprozesses beurteilt werden, auf die **über Umwege und** die **Rückbesinnung** auf das initiative Forschungsanliegen reagiert wurde.

Zusammenfassend sei diesbezüglich noch einmal auf die inhaltliche und methodologische *Relevanz der Forschungsfragen* verwiesen, die den gesamten Arbeitsprozess rahmend begleitet haben. Deren Vergegenwärtigung hat sich immer dann als besonders hilfreich erwiesen, wenn in der Datenerhebung, -aufbereitung und -analyse darum gerungen wurde, den konkreten Forschungsgegenstand im Blick zu behalten und sich stärker von den eigenen subjektiven Vorprägungen und Einflussnahmen zu distanzieren. In ihrer Fokussierung haben sie den Blick auf das Material sowohl in den theoretischen als auch den empirischen Zugängen orientiert. Gleichzeitig kommt in ihren nuancierten Verschiebungen eine Ergebnisoffenheit zum Ausdruck, die den Blick immer auch für das Unbekannte und Unerwartete geöffnet hat. Insofern ist die vorliegende Untersuchung rückblickend als Suchbewegung zu verstehen, die in wiederholten Schleifen um die Beantwortung der Forschungsfragen kreist.

Abschließend sei noch einmal rückblickend auf die *Umsetzung qualitativer Gütekriterien* (siehe Abschnitt 4.2.6) eingegangen. Im Arbeitsprozess haben sich vor allem die angewandte Datentriangulation und Investigatortriangulation als besonders fruchtbare Strategien der Geltungsbegründung erwiesen. Erste hat im kontrollierten Changieren zwischen unterschiedlichen Textformaten (Feldnotizen, Deskriptionen, Vignetten, Kategorisierungslisten) und Videoaufnahmen dazu geführt, dass die erhobenen Daten vielseitig abgeklopft wurden. Letztere ist nicht nur als Geltungsstrategie zum Ausdruck gekommen, sondern hat sich darüber hinaus als wesentliche Erkenntnisstrategie im Forschungsprozess herausgestellt. In der konsequenten, offenen und kritischen Konfrontation des entstandenen Materials mit den Gedanken und Ideen von Mitpromovenden, Kolleg*innen und Betreuerinnen konnte die Untersuchung zunehmend verdichtet und intersubjektiv validiert werden. Darüber hinaus wurde der gesamte Forschungsprozess in Form von methodischen Memos begleitet, die als chronologisch geführte Aufzeichnungen einen Metablick auf die Konzeption, Begründung und Durchführung der einzelnen Arbeitsschritte darstellen. Diese werden im online publizierten Anhang der Dissertationsschriftneben allen wesentlichen Bezugsformaten der Datenerhebung, -aufbereitung und -analyse in Auszügen dargestellt, sodass der qualitative Forschungsprozess dem wesentlichen Gütekriterium der Transparenz gerecht wird.

7.3 Reichweite der gewonnenen Erkenntnisse und weiterführender Forschungsbedarf

> *„[Kunstpädagogische, CL] Forschung bezieht sich wohl deshalb […] tendenziell eher auf didaktische ‚Was-', denn auf unterrichtsmethodische ‚Wie-Fragen'. Es geht tendenziell eher um die Voraussetzungen, unter denen die Inhalte Bildungsrelevanz beanspruchen können, worin diese Inhalte konkret bestehen und wie sie pädagogisch legitimiert werden können. Die Inhalte können hier nicht, entsprechend einer Lehrplansituation wie in anderen (Schul-)Fächern, als durch kulturelle Alphabetisierung weitgehend gegeben betrachtet werden, sondern müssen, auch vor dem Hintergrund ihrer Orientierungsfunktion und gesellschaftlichen Bedingtheit, hinsichtlich kultureller Innovation im Feld des Visuellen quasi ständig neu beforscht werden." (Torsten Meyer 2009, S. 17)*

Eine besondere Qualität der Untersuchung und der daraus resultierenden Ergebnisse beruht auf einer konsequenten Fokussierung lernseitig generierter Ausdrucksformen von Körper und Leib in der Performancekunst, die im Rahmen kunstpädagogischer Forschung in dieser Intensität bislang noch nicht erhoben wurden. Auch wenn die lehrseitigen Impulse und Planungsentscheidungen an keiner Stelle ausgeblendet wurden, sind sie in der starken Fokussierung auf die Abschlussperformances der Lernenden zunächst in den Hintergrund geraten. Erst mit der zunehmenden Vernetzung der Erkenntnisse mit den Vignetten aus dem Unterrichtsgeschehen wird ersichtlich, welche didaktischen und methodischen Entscheidungen das Vermittlungsgeschehen tragen. Die gewählten Analysemethoden ermöglichen somit zweierlei: (1) interessierte Lehrer*innen erhalten sowohl für die Beobachtung und Einschätzung von Schüler*innenperformances als auch (2) für die Entwicklung performativer Unterrichtskonzepte reichhaltige Impulse für die eigene Unterrichtspraxis.

Die methodologische Rahmung der vorliegenden Auseinandersetzung wurde mit der These begründet, dass „eine Orientierung an der Analyse konkreter Fälle in ihrer zeitlichen und lokalen Besonderheit" (Flick 2019, S. 37) auch für kunstpädagogische Praxisfelder von besonderer Bedeutung ist (siehe Abschnitt 4.1.1). In diesem Anspruch knüpft die Untersuchung an die eröffnende Aussage des Kunstpädagogen Torsten Meyer an, da sie als Grundlagenforschung Performancekunst als Inhalt des Kunstunterrichts vor dem Hintergrund einer spezifischen Falldynamik sichtbar zu machen und in ihrer Eigenlogik darzustellen versucht. Dabei war es Ziel der Fallstudie, neue Facetten der Diskurse zu erhellen, die in konkreten Vermittlungssituationen Wirkung erzeugen, um Körper und Leib im Kontext des Kunstunterrichtes als konstitutive Momente des Lernens und Verstehens begreifbar zu machen. Kunstpädagogische Wirklichkeit wurde in diesem Zuge weniger als semantischer Prozess verstanden, der gelesen und intersubjektiv gedeutet werden muss. Vielmehr offenbarte sich kunstpädagogische Praxis auf der Ebene der tatsächlich stattfindenden Aufführung, ihrer körperlichen Inszenierung und einer kreativen und produktiven Wirklichkeitsgestaltung im Unterricht (vgl. Wulf/Zirfas 2007, S. 8). Es konnte deutlich herauskristallisiert werden, dass Körper- und Leiblichkeit gleichsam die Fundamente dieser Ebene bilden und im Feld des Visuellen zum Ausdruck kommen.

In der gewählten methodologischen Rahmung liegen indessen die Grenzen der Untersuchung. Durch eine begrenzte Reichweite von Einzelfallstudien werden die Möglichkeiten der Verallgemeinerung der gewonnenen Erkenntnisse eingeschränkt. Weder können Zufallsstichproben erhoben werden, noch können die Untersuchungsergebnisse an einer umfassenden Grundgesamtheit nachvollzogen werden (vgl. Hering/Schmidt 2014, S. 536). Die Untersuchung hätte in anderen Klassenstufen, mit anderen Lehrenden und Lernenden vermutlich zu anderen Ergebnissen geführt. Die Möglichkeiten der Verallgemeinerung zeigen sich vielmehr in der begründeten Argumentation für abstraktere Kategorien, Begriffe und Zusammenhänge, welche die Analyse des Falls nahegelegt haben und welche sinnstiftend auf andere Kontexte und Fälle übertragen werden können (vgl. ebd.). Diese Übertragung kann prinzipiell auf alle anderen Formen von Performancekunstvermittlung im Kunstunterricht bezogen werden, wenn diesen der eröffnend konturierte Performancebegriff (siehe dazu Abschnitt 3.3) zu Grunde gelegt wird. Als Theorien mit begrenzter Reichweite zielen die erarbeiteten Konzepte der Ausdrucksformen von Körper und Leib (siehe Kapitel 6) somit darauf ab, begriffliche Rahmungen anzubieten, die für die Planung, Begründung, Durchführung, Innovation und Evaluation von Performancekunstvermittlung im Kunstunterricht aller Schulformen und Jahrgangsstufen bereichernd angewandt werden können. Die detaillierte Systematisierung der Ausdrucksformen erlaubt es, den Blick auf die Körperpraxen der Lernenden zu schärfen, ohne diese jedoch zwangsläufig der erarbeiteten Systematisierung unterzuordnen.

Da die methodologische Ausrichtung der Untersuchung vordergründig die sichtbaren Lernprozesse der Schüler*innen betont, werden individuelle Ursache-Wirkungs-Zusammenhänge eher zurückhaltend rekonstruiert, da die gewählten Methoden der Aufzeichnung in der teilnehmenden Erfahrung nur bedingt Einblick in die subjektiv geprägten Lernprozesse und Verhaltensmotive der Schüler*innen ermöglichen. So wurde von Leitfadeninterviews abgesehen, um zu vermeiden, Prozesse der reflexiven Auseinandersetzung bei den Lernenden durch die Forscherin anzuregen (siehe dazu Abschnitt 4.2.2). In dieser Entscheidung offenbart sich indessen eine erste Überlegung für mögliche Anschlussforschungen, die die sichtbaren Ausdrucksformen von Körper und Leib mit individuellen Sichtweisen und Überlegungen der lernenden Subjekte anreichern und kontrastieren können. Die Rekonstruktion individueller Lernbiografien in der Performancekunst könnte dazu beitragen, die Wirksamkeit und Bildungsrelevanz performativer Vermittlungsformate kritisch zu befragen und auszudifferenzieren.

Die blinden Flecken der vorliegenden Untersuchung zeigen sich jedoch nicht nur im methodologischen Zugang, sondern auch in der Möglichkeit einer thematischen Erweiterung des Forschungsansatzes unter postdigitalen und posthumanen Prämissen (siehe dazu auch Abschnitt 7.4). Aus Perspektive eines zeitgenössisch informierten Performance- und Kunstpädagogikbegriffes ist in Anknüpfung an die Untersuchungsergebnisse vertiefend danach zu fragen, wie Körper- und Leiblichkeit im digitalen Raum konstituiert werden. Vor dem Hintergrund fortschreitender Digitalisierungsdynamiken und den gestiegenen Anforderungen an Schule und Bildung, sinnvolle fachbezogene Zugänge zu digitalen Medien zu ermöglichen, können in Anschlussforschungen zu performativen Aktivitäten diese Dimensionen stärker herausgearbeitet werden.

Weiterhin hat sich vor allem aus kunstpraktischer Perspektive gezeigt, dass Performancekunst im Kunstunterricht nicht nur unter körper-leiblichen Blickwinkeln betrachtet werden muss, sondern dass künstlerische Lern- und Gestaltungsprozesse im Performativen immer auch in Korrelation zu anderen künstlerischen Ausdrucksmöglichkeiten wie der Collage und Assemblage, der Videokunst und Fotografie, der Installation und Plastik verstanden werden müssen. „Performancekunst und …" zeigt sich somit als ein weiteres Gegenstandsfeld für anschließende unterrichtsbezogene Forschungsprojekte, die als ertragreich und relevant erachtet werden können, um den Umgang mit Übergängen vom Alten zum Neuen, vom Bekannten zum Unbekannten bzw. vom konventionellen zum unkonventionellen künstlerischen Handeln im Kunstunterricht zu betrachten.

7.4 Ausblick

> *„Während wir uns bisheriger Begrenzungen von Geografie, Geschlecht und Tradition zunehmend entledigen, erleben wir ungeahnte Neudefinitionen und Aktualisierungen des Körperlichen als Oberfläche kultureller Bedeutungszuschreibungen. Überall entstehen gegenwärtig neue Körpermodelle und -ausprägungen; innovative, digitale Phantasien, welche in einem fluiden Kontinuum zwischen Männlich und Weiblich entstehen und andersartige Definitionen dessen, was wir bislang unter Individualität […] verstanden haben." (Magdalena Kröner 2020, S. 50)*

Die Untersuchung hat vordergründig verdeutlicht, dass es in der Beschreibung und Ausdifferenzierung der Ausdrucksformen von Körper und Leib in der Performancekunst um Wiedergewinnung und Betonung von Komplexität in kunstpädagogischen Bildungsprozessen geht. Performancekunst hat sich als hybride Kunstform gezeigt, welche die Lernenden zur sinnstiftenden Symbiose verschiedenster Gestaltungsdimensionen herausgefordert hat. Forschende, narrative, verfremdende, inszenierende, abstrahierende und symbolisierende Strategien künstlerischer Gestaltung in unterschiedlichen Medien wurden am Körper exploriert. Die tatsächliche Begegnung der Lernenden untereinander, die bewusste Fokussierung auf die sichtbare Körperlichkeit und spürbare Leiblichkeit im Ausdruck haben dazu geführt, dass die Lernenden ihren subjektiven Interessen und Intentionen in Bezug auf das Unterrichtsthema „Körper, Haut und Hülle" Ausdruck verliehen haben. Die Bedeutung und Relevanz dieser spezifisch kunstpädagogischen Bildungsprozesse zeigen sich im vorliegenden Untersuchungsrahmen rückblickend zum einen in der lehr- und lernseitigen Fokussierung auf einen klassischen Performancebegriff, in welchem die anwesenden Körper in Ko-Präsenz mit anderen verhandelt werden. Das Geschehen ist unwiederholbar und findet tatsächlich statt und nicht, wie im klassischen Theater, im Modus des Als-Ob (vgl. Schütz 2019, S. 55). Zum anderen zeigt sich die Relevanz dieses Prozesses in der perspektiverweiternden Neuinterpretation eines klassischen Performancebegriffes, insofern im Unterricht lehr- und lernseitige Impulse gesetzt werden, fiktionale, intermediale und inszenierende Aspekte ins performative Handeln zu integrieren. So trifft in diesem spezifischen Fall für Performancekunst im Kunstunterricht zu, was Heinz Schütz für Performancekunst im Allgemeinen feststellt:

> *„Das bereits in der klassischen Performance angelegte Grenzüberschreitende entwickelte sich heute zu einer Praxis, die zwischen den Kunstgattungen frei floriert und der es gelingen kann, die unterschiedlichsten Ebenen miteinander zu verflechten." (Schütz 2019, S. 65)*

Unter phänomenologischen Prämissen fungieren Körper und Leib in dieser Dynamik als wesentliche Umschlagstellen ästhetischer Erfahrung- und Ausdrucksweisen. Mit dem eröffnenden Zitat der Kunstkritikerin Magdalena Kröner lässt sich für die Kontextualisierung der Untersuchungsergebnisse vor zukunftsorientierten Prämissen jedoch kritisch fragen, welche Rolle der Körper in einer Welt, die zunehmend von

Codes und Maschinen bestimmt wird, überhaupt noch spielen kann, darf oder auch soll. *Digital bodies,* die als Avatare, Androiden und Cyborgs auch im Leben der Jugendlichen eine zunehmend große Rolle spielen, können nicht mehr allein mit der Körper-Leib-Symbiose gefasst werden, da sie einer somatischen Komponente entbehren. Nichtsdestotrotz richten auch sie sich auf die menschlichen Rezeptoren, „die auch nach Millionen von Jahren menschlichen Lebens immer noch dort sitzen, wo wir fühlen, riechen, sehen, hören können" (Kröner 2020, S. 51). Die hohe Affizierung und Resonanz, die Körperlichkeit im virtuellen Raum in Kunst, Pop- und Alltagskultur momentan erfährt, zeugt davon, dass unser Verständnis von Körper- und Leiblichkeit durch „Nanomaschinen, kybernetische Körpererweiterungen, virtuelle Identitätsverdopplung und Spiegelung" (ebd., S. 57) erweitert werden muss.

Die gegenwärtige Veränderung der Bedeutung von Körper und Leib unter posthumanen Vorzeichen lässt sich in diesem Sinne weniger als Gegensatz zu den vorliegenden Untersuchungsergebnissen verstehen, vielmehr als eine dringliche Bestätigung derselben. Der Körper ist und bleibt zentrales Medium ästhetischer Bewusstwerdung, in welchem die divergierenden Kräfte einer Gesellschaft im Wandel aufeinandertreffen. Somit ist der Aussage Körners dezidiert zuzustimmen, wenn sie betont:

> *„Der Körper dient [...] als universelles Medium des kollektiven Unbewussten; als unmittelbarste Projektionsfläche der Phantasmen und Dystopien von Jetztzeit und Zukunft. Der Körper bündelt und kanalisiert die gemeinschaftlichen Phantasien davon, was ein Mensch sei und was ihn ausmache – und was nicht." (ebd., S. 58)*

Performancekunst veranschaulicht diese Überlegung in ihren zeitgenössischen Erscheinungsweisen facettenreich (vgl. Schütz 2019, S. 72). Kunstpädagogik sollte sich – so die Quintessenz der vorliegenden Untersuchung – unbedingt dazu positionieren und in der Auseinandersetzung mit den performativen Künsten selbst facettenreiche Gestaltungskonzepte und -strategien entwickeln, Kindern und Jugendlichen im Schulkontext mit den Imaginationen, Visionen und Utopien des Körpers zu konfrontieren,

> *„um uns zu fragen, welche Erkenntnisse, Paradoxien und Konsequenzen sich aus dem menschlichen Gebundensein an eine sterbliche Hülle ableiten lassen, und was davon als Potential und Motor einer veränderlichen, offenen, integrativen Gesellschaft genutzt werden kann" (Kröner 2020, S. 70).*

Vor allem in einer Zeit, in der institutionelle, habituelle und soziale Rahmungen pandemiebedingt zurückgedrängt werden, stellt sich die Frage nach Körper- und Leiblichkeit mit Nachdruck. Kunstbezogene Interaktion und Kommunikation im sozialen Geflecht von Gruppen und Gemeinschaften werden als Faktoren gelingender, sozialisatorischer und integrierender Aushandlungen neu konstituiert, mitunter durch den Wegfall von Kunstunterricht sogar ausgehebelt. Kunstpädagogische Praxis bewegt sich im Zuge dessen nicht nur an der Schwelle zum Digitalen, sondern wird unerwartet disruptiv darüber hinauskatapultiert (vgl. Kirschenmann 2020, S. 40 ff.). Die Legitimationsherausforderungen und Gestaltungsanforderungen zeitgenössischen Kunstunterrichts werden in diesem Sinne komplexer. Der Kunstpädagoge

Johannes Kirschenmann postuliert in seinem Text „Im Gefängnis mit dem Virus und den Masken. Ein Essay zur Kunstpädagogik in Zeiten der Pandemie" in Antwort auf diesen Anspruch Folgendes:

> *„Genau darum kann es im Kunstunterricht gehen: Unmittelbare Verankerungen lösen, das Ästhetische auch vom Ethischen her betrachten und in hermeneutischer Offenheit die Differenz des Risikos von Nichtwissen zulassen. [...] Auch unter dem pandemischen notwendigen Oktroi ist Kunstunterricht mehr denn je ein Ort der utopischen Entwürfe [...]." (ebd., S. 43 ff.)*

Die vorliegende Untersuchung versteht sich daran anknüpfend in der Betrachtung von Performancepraxis im Kunstunterricht als Beitrag dazu, Körper und Leib als wesentliche Konstituenten künstlerischen Gestaltens und Lernens in ihrer Ausgestaltung nicht nur zu erfassen, sondern sie als grundlegend produktive, rezeptive und reflexive Dimensionen kunstpädagogischer Praxis qualitativ empirisch zu untermauern.

8. Literaturverzeichnis

AEHLIG, VIVIEN (2019): Die Theatralität der Performance. Verhandlungen von „Theater" im US-amerikanischen Performancediskurs, Bielefeld: transcript.

AGOSTINI, EVI (2015): Zur produktiven Vieldeutigkeit der Dinge in der Erfahrung des Lernens, in: BRINKMANN, MALTE / KUBAC, RICHARD / RÖDEL, SEVERIN SALES (Hg.): Pädagogische Erfahrung. Theoretische und empirische Perspektiven, Wiesbaden: Springer, S. 143-158.

AGOSTINI, EVI (2016): Lernen im Spannungsfeld von Finden und Erfinden. Zur schöpferischen Genese von Sinn im Vollzug der Erfahrung, Paderborn: Ferdinand Schöningh.

AGOSTINI, EVI / ECKART, EVELYN / PETERLINI, HANS KARL / SCHRATZ, MICHAEL (2017): Responsives Forschungsgeschehen zwischen Phänomenologie und Pädagogik: „Lernseits" von Unterricht am Beispiel phänomenologischer Vignettenforschung, in: BRINKMANN, MALTE / BUCK, MARC FABIAN / RÖDEL, SEVERIN SALES (Hg.): Pädagogik – Phänomenologie: Verhältnisbestimmungen und Herausforderungen, Wiesbaden: Springer, S. 197-226.

AGOSTINI, EVI (2019): Leibliche Wahrnehmung zwischen (er-)kenntnisreicher Aisthesis und pädagogischem Ethos am Beispiel der Vignettenforschung, in: BRINKMANN, MALTE / TÜRSTIG, JOHANNES / WEBER-SPANKNEBEL, MARTIN [Hg.]: Leib – Leiblichkeit – Embodiment. Pädagogische Perspektiven auf eine Phänomenologie des Leibes, Wiesbaden: Springer, S. 301-322.

AGOSTINI, EVI / PETERLINI, HANS KARL / SCHRATZ, MICHAEL (2019): Pädagogik der Leiblichkeit? Phänomenologische und praxistheoretische Perspektiven auf leibliche Erfahrungsvollzüge in Schule und Unterricht, in: BRINKMANN, MALTE / TÜRSTIG, JOHANNES / WEBER-SPANKNEBEL, MARTIN (Hg.): Leib – Leiblichkeit – Embodiment. Pädagogische Perspektiven auf eine Phänomenologie des Leibes, Wiesbaden: Springer, S. 197-222.

ALKEMEYER, THOMAS (2011): Die Körperlichkeit des Lernens, der Bildung und der Subjektivierung, in: ERLER, INGOLF (Hg.): Wie Bourdieu in die Schule kommt. Analysen zu Ungleichheit und Herrschaft im Bildungswesen, Innsbruck: StudienVerlag, S. 55-68.

ALKEMEYER, THOMAS / KALTHOFF, HERBERT / RIEGER-LADICH, MARKUS (Hg.) (2015): Bildungspraxis. Körper – Räume – Objekte, Weilerswist: Velbrück.

Alkemeyer, Thomas (2018): Zwischen Routine und Kreativität. Der Körper als Subjekt der Praxis, in: Bublitz, Hannelore / Bose, Käthe von / Weber, Jutta (Hg): Körper, Materialitäten, Technologien, München: Wilhelm Fink Verlag, S. 57-79.

Alloa, Emmanuel / Depraz, Natalie (2012): Edmund Husserl – „Ein merkwürdig unvollkommenes konstituiertes Ding", in: Alloa, Emmanuel / Bedorf, Thomas / Grüny, Christian / Klass, Tobias Nikolaus (Hg.): Leiblichkeit. Geschichte und Aktualität eines Konzeptes, Tübingen: Mohr Siebeck, S. 7-22.

Althans, Birgit (2019): Digitalisierte Präsenzen – Körper oder Leib in situ?, in: Brinkmann, Malte / Türsting, Johannes / Weber-Spanknebel, Martin (Hg.): Leib – Leiblichkeit – Embodiment. Pädagogische Perspektiven auf eine Phänomenologie des Leibes, Wiesbaden: Springer, S. 323-341.

Bachmann-Medick, Doris ([5]2014): Cultural Turns: Neuorientierungen in den Kulturwissenschaften, Reinbek bei Hamburg: Rowohlt Taschenbuchverlag.

Bamman, Kai (2011): Body Modification. Tatoos, Piercings und andere Körperveränderungen als „unauslösliche" Einschreibungen in den Jugenkörper, in: Niekrenz, Yvonne / Witte, Matthias D. (Hg.): Jugend und Körper. Leibliche Erfahrungswelten, Weinheim/München: Juventa, S. 173-187.

Baur, Siegfried / Peterlini, Hans Karl (Hg.) (2016): An der Seite des Lernens. Erfahrungsprotokolle aus dem Unterricht an Südtiroler Schulen – Ein Forschungsbericht, Innsbruck/Wien: Studienverlag.

Baur, Siegfried / Schratz, Michael (2015): Phänomenologisch orientierte Vignettenforschung. Eine lernseitige Annäherung an Unterrichtsgeschehen, in: Brinkmann, Malte / Kubac, Richard / Rödel, Severin Sales (Hg.): Pädagogische Erfahrung. Theoretische und empirische Perspektiven, Wiesbaden: Springer, S. 143-158.

Beck, Gertrud /Scholz, Gerold (2012): Die Schule als Beobachtungsfeld, in: de Boer, Heike / Reh, Sabine (Hg.): Beobachtung in der Schule – Beobachten lernen, Wiesbaden: Springer, S. 85-117.

Becker, Gerold / Biermann, Christine / Bilstein, Johannes / Klein, Gabriele / Liebeau, Eckart (Hg.) (2002): Körper (Magazin: Schüler), Hannover: Friedrich Verlag.

Bedorf, Thomas (2015): Leibliche Praxis. Zum Körperbegriff der Praxistheorien, in: Alkemeyer, Thomas / Schürmann, Volker / Volbers, Jörg (Hg.): Praxis denken. Konzepte und Kritik, Wiesbaden: Springer, S. 129-150.

Bianchi, Poalo (2000): Kunst ohne Werk – aber mit Wirkung, in: Kunstforum International „Kunst ohne Werk – Ästhetik ohne Absicht" (Bd. 152), S. 66-81.

Blohm, Manfred / Mark, Elke (Hg.) (2015): Formen der Wissensgenerierung. Practices in Performance Art, Oberhausen: Athena.

de Boer, Heike / Reh, Sabine (Hg.) (2012): Beobachtung in der Schule – Beobachten lernen, Wiesbaden: Springer.

BÖHLER, ARNO / HERZOG, CHRISTIAN / PECHRIGGI, ALICE (Hg.) (2013): Korporale Performanz. Zur bedeutungsgenerierenden Dimension des Leibes, Bielefeld: transcript.

BÖHME, GERNOT (2003): Leibsein als Aufgabe. Leibphilosophie in pragmatischer Hinsicht, Zug: Graue Edition.

BÖNNINGHAUSEN, MARION / KAMPS, PHILIPP (2018): Wissen Formen. Performative Akte zwischen Bildung, Wissenschaft und Kunst. Erkundungen mit dem Theater der Versammlung, Bielefeld: transcript, S. 125-138.

BORCK, CHRISTINE (2016): Der Körper als Träger von Identität, in: MEYER, TORSTEN / DICK, JULIA / MOORMANN, PETER / ZIEGENBEIN, JULIA (Hg.): Where the magic happens. Bildung nach der Entgrenzung der Künste, München: kopaed, S. 95-104.

BOSCH, AIDA (2017): Dinge, Leiblichkeit und Weltzugang. Fragen zur Ästhetik und Aisthesis von Kinderheit und Jugend, in: SCHINKEL, SEBASTIAN / HERRMANN, INA (Hg.): Ästhetiken in Kindheit und Jugend. Sozialisation im Spannungsfeld von Kreativität, Konsum und Distinktion, S. 111-125.

BOURDIEU, PIERRE (1976): Entwurf einer Theorie der Praxis, auf der ethnologischen Grundlage der kabylischen Gesellschaft. Frankfurt a.M.: Suhrkamp.

BOURDIEU, PIERRE (1987): Sozialer Sinn. Kritik der theoretischen Vernunft. Frankfurt a. M.: Suhrkamp.

BOURDIEU, PIERRE ([7]1993): Sozialer Sinn. Kritik der theoretischen Vernunft, Frankfurt a.M.: Suhrkamp Taschenbuch Wissenschaft.

BRANDSTÄTTER, URSULA (2013): Ästhetische Erfahrung, in: KULTURELLE BILDUNG ONLINE: https://www.kubi-online.de/artikel/aesthetische-erfahrung, PDF-Format erzeugt 8 Seiten (letzter Zugriff am 04.06.2019).

BRAUN, TOM (2017): Zur Bedeutung unterschiedlicher Wissensformen für die Kulturelle Bildung. Eine Abschlussbetrachtung zur Jahrestagung 2017 der Wissensplattform Kulturelle Bildung Online, in: KULTURELLE BILDUNG ONLINE: https://www.kubi-online.de/artikel/zur-bedeutung-unter schiedlicher-wissensformen-kulturelle-bildung-abschlussbetrachtung-zur (letzter Zugriff am 04.06.2019).

BREIDENSTEIN, GEORG (2012): Ethnographisches Beobachten, in: DE BOER, HEIKE / REH, SABINE (Hg.): Beobachtung in der Schule – Beobachten lernen, Wiesbaden: Springer, S. 27-44.

BREIDENSTEIN, GEORG / MEIER, MICHAEL / ZABOROWSKI, KATRIN U. (2012): Die Ethnographie schulischer Leistungsbewertung – Ein Beispiel für qualitative Unterrichtsforschung, in: ACKERMANN, FRIEDHELM / LEY, THOMAS / MACHOLD, CLAUDIA / SCHRÖDTER, MARK (Hg.): Qualitatives Forschen in der Erziehungswissenschaft, Wiesbaden: Springer, S. 157-175.

BRENNE, ANDREAS (2013): Kunstunterricht in Schule und Kindergarten, in: KULTURELLE BILDUNG ONLINE: https://www.kubi-online.de/artikel/kunstunterricht-schule-kindergarten, als pdf generiert, 7 Seiten (letzter Zugriff am 04.06.2019).

BREUER (2019): Lernen als vorreflexiver Erfahrungsprozess: die ontologische Praxis der Sinnkonstitution von Leib und Welt, in: BRINKMANN, MALTE / TÜRSTING JOHANNES / WEBER-SPANKNEBEL, MARTIN (Hg.): Leib, Leiblichkeit, Embodiment. Pädagogische Perspektiven auf eine Phänomenologie des Leibes, Wiesbaden: Springer, S. 77-91.

BRINKMANN, MALTE (2011): Pädagogische Erfahrung – phänomenologische und ethnographische Forschungsperspektiven, in: BREINBAUER, INES MARIA / WEISS, GABRIELE (Hg.): Orte des Empirischen in der Bildungstheorie. Einsätze theoretischer Erziehungswissenschaft II, Würzburg: Könighausen & Neumann, S. 61-80.

BRINKMANN, MALTE (2014): Verstehen, Auslegen und Beschreiben zwischen Hermeneutik und Phänomenologie. Zum Verhältnis und zur Differenz hermeneutischer Rekonstruktion und phänomenologischer Deskription am Beispiel von Günther Bucks Hermeneutik der Erfahrung, in: SCHENK, SABRINA / PAULS TORBEN (Hg.): Aus Erfahrung lernen. Anschlüsse an Günther Bruck, Paderborn: Ferdinand von Schöningh, S. 199-222.

BRINKMANN, MALTE (2015a): Pädagogische Empirie. Phänomenologische und methodologische Bemerkungen zum Verhältnis von Theorie, Empirie und Praxis, in: Zeitschrift für Pädagogik 61, S. 527-545, einzusehen unter: https://www.pedocs.de/volltexte/2018/15376/pdf/ ZfPaed_2015_4_Brinkmann_Paedagogische_Empirie.pdf (letzter Zugriff: 13.07.2020).

BRINKMANN, MALTE (2015b): Phänomenologische Methodologie und Empirie in der Pädagogik. Ein systematischer Entwurf für die Rekonstruktion pädagogischer Erfahrungen, in: BRINKMANN, MALTE / KUBAC, RICHARD / RÖDEL, SEVERIN SALES (Hg.): Pädagogische Erfahrung. Theoretische und empirische Perspektiven, Wiesbaden: Springer, S. 33-59.

BRINKMANN, MALTE / RÖDEL, SEVERIN SALES (2016): Pädagogisch-phänomenologische Videographie. Zeigen, Aufmerken, Interattentionalität, einzusehen unter: https://www.researchgate.net/publication/306078168_Padagogisch-phanomenologische_Videographie_Zeigen_Aufmerken_Interattentionalitat (letzter Zugriff: 13.07.2019).

BRINKMANN, MALTE (2017a): Einleitung, in: DERS. (Hg.): Phänomenologische Erziehungswissenschaft von ihren Anfängen bis heute, Wiesbaden: Springer, S. 1-41.

BRINKMANN, MALTE (2017b): Verkörpertes Verstehen in pädagogischen Kontexten, einzusehen unter: https://www.researchgate.net/publication/319965122_Verkorpertes_Verstehen_in_ padagogischen _Kontexten (letzter Zugriff: 13.11.2020).

BRINKMANN, MALTE (2019a): Einleitung, in: DERS. (Hg.): Verkörperungen. (Post-) Phänomenologische Untersuchungen zwischen erziehungswissenschaftlicher Theorie und leiblichen Praxen in pädagogischen Feldern, Wiesbaden: Springer, S. 1-11.

BRINKMANN, MALTE / TÜRSTING JOHANNES / WEBER-SPANKNEBEL, MARTIN (2019b): Einleitung, in: DIES. (Hg.): Leib, Leiblichkeit, Embodiment. Pädagogische Perspektiven auf eine Phänomenologie des Leibes, Wiesbaden: Springer, S. 1-17.

BUCK, GÜNTHER (1989): Lernen und Erfahrung – Epagogik. Zum Begriff der didaktischen Induktion, Darmstadt: Wissenschaftliche Buchgesellschaft.

BÜTOW, BIRGIT / KAHL, RAMONA / STACH, ANNA (Hg.) (2013): Körper, Geschlecht, Affekt. Selbstinszenierungen und Bildungsprozesse in jugendlichen Sozialräumen, Wiesbaden: Springer.

BURRI, REGULA VALÉRIE / EVERT, KRISTIN / PETERS, SIBYLLE / PILKINGTON, ESTHER / ZIEMER, GESA (Hg.) (2014) Versammlung und Teilhabe: Urbane Öffentlichkeiten und performative Künste, Bielefeld: Transcript.

CORBIN, JULIET (2010): Grounded Theory, in: BOHNSACK, RALF / GEIMER, ALEXANDER / MEUSER, MICHAEL (Hg.): Hauptbegriffe Qualitativer Sozialforschung, Opladen/ Toronto: Barbara Budrich, S. 70-75.

CROSSLEY, NICK (2017): Phänomenologie, in: GUGUTZER, ROBERT / KLEIN, GABRIELE / MEUSER, MICHAEL (Hg.): Handbuch Körpersoziologie (Bd. 1: Grundbegriffe und theoretische Perspektiven), Wiesbaden: Springer, S. 315-333.

DEIMLING, JOHANNES (2019): Keine Ahnung zu haben, ist eine gute Voraussetzung um Kunst zu machen, in: LANGE, MARIE-LUISE (Hg.): Act.Move.Perform. Performance und Performativität in Kunst, Bildung und Forschung, Hannover: fabrico verlag, S. 26-35.

DUDEK, ANTJE / NEWID, MARIE (2017) (Hg.): Performance Art Education (Kunstpädagogische Knotenpunkte Bd. 3), Halle: Verlag der Kunsthochschule Burg Giebichenstein.

DUDEK, ANTJE (2017): Vom Handeln und Gestalten. Einleitende Überlegungen zu Performance Art Education, in: DUDEK, ANTJE / NEWID, MARIE (2017) (Hg.): Performance Art Education (Kunstpädagogische Knotenpunkte Bd. 3), Halle: Verlag der Kunsthochschule Burg Giebichenstein, S. 17-26.

EBERLEIN, UNDINE (Hg.) (2016): Zwischenleiblichkeit und bewegtes Verstehen. Incorporeity, Movement and Tacit Knowledge, Bielefeld: transcript.

ENGEL, BIRGIT / BÖHME, KATJA (Hg.) (2015): Didaktische Logiken des Unbestimmten. Immanente Qualitäten in erfahrungsoffenen Bildungsprozessen, München: kopaed.

Engel, Birgit / Loemke, Tobias / Böhme, Katja / Agostini, Evi / Bube, Agnes (Hg.) (2020): Im Wahrnehmen Beziehungs- und Erkenntnisräume öffnen. Ästhetische Wahrnehmung in Kunst, Bildung und Forschung, München: kopaed.

Ermert, Karl (2009): Was ist kulturelle Bildung, einzusehen unter: https://www.bpb.de/gesellschaft/bildung/kulturelle-bildung/59910/was-ist-kulturelle-bildung?p=all (letzter Zugriff: 13.07.2020).

Ethik-Kodex der Deutschen Gesellschaft für Erziehungswissenschaft, einzusehen unter: https://www.dgfe.de/fileadmin/OrdnerRedakteure/Satzung_etc/Ethikkodex_2016.pdf, Seiten 1-4 (letzter Zugriff: 13.07.2019).

Fallschessel, Helmut (2016): Von der Körperlichkeit sozialen Handelns zur leiblichen Intersubjektivität, in: Eberlein, Undine (Hg.): Zwischenleiblichkeit und bewegtes Verstehen – Intercorporeity, Movement and Tacit Knowledge, Bielefeld: transcript, S. 175-213.

Fink, Eugen (2004): Die intentionale Analyse und das Problem spekulativen Denkens, in: Schwarz, Franz-Anton (Hg.): Nähe und Distanz. Phänomenologische Vorträge und Aufsätze, Freiburg/München: Alber, S. 180-204.

Fischer-Lichte, Erika (1989): Grenzgänge und Tauschhandel. Auf dem Wege zu einer performativen Kultur, in: Fischer-Lichte, Erika / Kreuder, Friedemann / Pflug, Isabel (Hg.): Theater seit den 60er Jahren. Grenzgänge der Neo-Avantgarde, Tübingen und Basel: A. Francke, S. 1-20.

Fischer-Lichte, Erika (2001): Ästhetische Erfahrung: das Semiotische und das Performative, Tübingen/Basel: Francke.

Fischer-Lichte, Erika (2004): Ästhetik des Performativen, Frankfurt a.M.: Suhrkamp.

Fischer-Lichte, Erika ([2]2015): Performativität. Eine Einführung, Bielefeld: transcript.

Flick, Uwe ([6]2008): Design und Prozess qualitativer Forschung, in: Flick, Uwe / Kardoff, Ernst von, Steinke, Ines (Hg): Qualitative Forschung. Ein Handbuch, Reinbek bei Hamburg: Rowohlt Taschenbuchverlag, S. 252-264.

Flick, Uwe / Kardoff, Ernst von, / Steinke, Ines ([6]2008): Was ist qualitative Forschung. Einleitung und Überblick, in: dies. (Hg.): Qualitative Forschung. Ein Handbuch, Reinbek bei Hamburg: Rowohlt TaschenbuchVerlag, S. 13-29.

Flick, Uwe ([4]2010): Triangulation, in: Bohnsack, Ralf / Geimer, Alexander / Meuser, Michael (Hg.): Hauptbegriffe Qualitativer Sozialforschung, Opladen/Toronto: Barbara Budrich, S. 161-162.

Flick, Uwe (2014): Gütekriterien qualitativer Sozialforschung, in: Baur, Nina / Blasius, Jörg (Hg.): Handbuch Methoden der empirischen Sozialforschung, Wiesbaden: Springer, S. 411-423.

Flick, Uwe ([9]2019): Qualitative Sozialforschung. Eine Einführung, Reinbek bei Hamburg: Rowohlt Taschenbuchverlag.

FLUTER (2018) der Bundeszentrale für politische Bildung (Körper): Vorschau auf das Heft 66 (Körper), https://www.fluter.de/sites/default/files/50-52_vorschau_0.pdf (letzter Zugriff 06.11.2021).

FUCHS, THORSTEN (2011): Bildung und Biographie. Eine Reformulierung der bildungstheoretisch orientierten Biographieforschung. Bielefeld: transcript.

GEBAUER, GUNTER (2017): Performativität, in: GUGUTZER, ROBERT / KLEIN, GABRIELE / MEUSER, MICHAEL (Hg.): Handbuch Körpersoziologie (Bd. 1: Grundbegriffe und theoretische Perspektiven), Wiesbaden: Springer, S. 85-90.

GIBSON, JAMES J. (1982): Wahrnehmung und Umwelt. Der ökologische Ansatz in der visuellen Wahrnehmung, München/Wien: Urban & Schwarzenberg.

GÖPPEL, ROLF (2011): Erwachsen werden. Der pubertierende Körper aus bio-psychosozialer Perspektive, in: NIEKRENZ, YVONNE / WITTE, MATTHIAS D. (HG.): Jugend und Körper. Leibliche Erfahrungswelten, Weinheim/München: Juventa, S. 23-40.

GOLDBERG, ROSELEE (2011): Die Kunst der Performance, London: Thames & Hudson.

GÜNZEL, STEPHAN / WINDGÄTTER, CHRISTOF (2005): Leib / Raum: Das Unbewusste bei Maurice Merleau-Ponty, in: BUCHHOLZ, MICHAEL B. / GÖDDE, GÜNTER (Hg.): Das Unbewusste in aktuellen Diskursen, Gießen: Psychosozial Verlag, S. 585-616.

GUGUTZER, ROBERT (Hg.) (2006): body turn. Perspektiven der Soziologie des Körpers und des Sports, Bielefeld: transcript.

GUGUTZER, ROBERT (2008): Transdifferente Leiblichkeit: leibphänomenologische Überlegungen zu einer Soziologie der Transsubjektivität, in: KALSCHEUER, BRITTA / ALLOLIO-NÄCKE, LARS (Hg.): Kulturelle Differenzen begreifen: das Konzept der Transdifferenz aus interdisziplinärer Sicht, Frankfurt a. M.: Campus, S. 317-336.

GUGUTZER, ROBERT (2010): Soziologie am Leitfaden des Leibes: zur Neophänomenologie sozialen Handelns am Beispiel der Contact Improvisation, in: BÖHLE, FRITZ / WEIHRICH, MARGIT (Hg.): Die Körperlichkeit sozialen Handelns: soziale Ordnung jenseits von Normen und Institutionen, Bielefeld: transcript, S. 165-184.

GUGUTZER, ROBERT (2015): Leibliche Interaktion mit Dingen, Sachen und Halbdingen. Zur Entgrenzung des Sozialen (nicht nur) im Sport, in: GÖBEL, HANNA KATHARINA / PRINZ, SOPHIA (Hg.): Die Sinnlichkeit des Sozialen. Wahrnehmung und materielle Kultur, Bielefeld: transcript, S. 105-122.

GUGUTZER, ROBERT (2017): Leib und Körper als Erkenntnissubjekte, in: GUGUTZER, ROBERT / KLEIN, GABRIELE / MEUSER, MICHAEL (Hg.): Handbuch Körpersoziologie (Bd. 1 und 2), Wiesbaden: Springer, S. 381-394.

GUNKEL, KATJA (2017): Der Instagram-Effekt. Wie ikonische Kommunikation in den Social Media unsere visuelle Kultur prägt, Bielefeld: transcript.

GUNKEL, KATJA (2018): Der Instagram-Effekt. Wie ikonische Kommunikation in den Social Media unsere visuelle Kultur prägt, Bielefeld: transcript.

GÜNZEL, STEPHAN / WINDGÄTTER, CHRISTOF (2005): Leib / Raum: Das Unbewusste bei Maurice Merleau-Ponty, in: BUCHHOLZ, MICHAEL B. / GÖDDE, GÜNTER (Hg.): Das Unbewusste. Das Unbewusste in aktuellen Diskursen (Bd. 2), Gießen: Psychosozial-Verlag, S. 585-616.

HAAS, ELENA (2017): Performative künstlerische Forschung. Das Potenzial von subjektiver Begegnung im öffentlichen Raum, in: Zeitschrift Kunst Medien Bildung, einzusehen online: http://zkmb.de/performative-kuenstlerische-forschung-das-potenzial-von-subjektiver-begegnung-im-oeffentlichen-raum/ (letzter Zugriff: 13.11.2020).

HAGELSTEIN, MAUD (2015), Performance und Erfindung, in: BLOHM, MANFRED / MARK, ELKE (Hg.): Formen der Wissensgenerierung. Practices in Performance Art, Oberhausen: Athena, S. 79-83.

HALLMANN, KERSTIN (2017): Zwischen Performanz und Resonanz. Potenziale einer Kunstvermittlung als Praxis des Erscheinens, in: MASET, PIERANGELO / HALLMANN, KERSTIN: Formate der Kunstvermittlung. Kompetenz – Performanz – Resonanz, Bielefeld: transcript, S. 79-89.

HEIDEGGER, MARTIN (1994): Prolegomena zur Geschichte des Zeitbegriffs, hrsg. von JAEGER, PETER, Frankfurt a.M.: Vittorio Klostermann.

HEIL, CHRISTINE (2012): Beobachten, verschieben, provozieren. Feldzugänge in Ethnografie, Kunst und Schule, Hamburg: Repro Lüdke.

HEMPFER, KLAUS. W. / VOLBERS, JÖRG (Hg.) (2011): Theorien des Performativen. Sprache – Wissen – Praxis. Eine kritische Bestandsaufnahme, Bielefeld: transcript.

HERING, LINDA / SCHMIDT, ROBERT J. (2014): Einzelfallanalyse, in: BAUR, NINA / BLASIUS, JÖRG (Hg.): Handbuch Methoden der empirischen Sozialforschung, Wiesbaden: Springer, S. 529-541.

HILL, BURKHARD (2014): Fallverstehen – Praxisforschung – Handlungsforschung. Drei sozialwissenschaftlich begründete Zugänge zur Erforschung der Kulturellen Bildung, in: KULTURELLE BILDUNG ONLINE: https://www.kubi-online.de/artikel/fallverstehen-praxisforschung-handlungsforschung-drei-sozialwissenschaftlich-begruendete (letzter Zugriff am 23.06.2019).

HILLEBRANDT, FRANK (2009): Praxistheorie, in: KNEER, GEORG / SCHROER, MARKUS (Hg.): Handbuch Soziologische Theorien, Wiesbaden: Springer, S. 369-394.

HIRSCHAUER, STEFAN (2001): Ethnographisches Schreiben und die Schweigsamkeit des Sozialen. Zu einer Methodologie der Beschreibung, in: Zeitschrift für Soziologie (30/6), S. 429-451.

HIRSCHAUER, STEFAN (2008): Körper macht Wissen: für eine Somatisierung des Wissensbegriffs, in: REHBERG, KARL-SIEGBERT (Hg.): Die Natur der Gesellschaft: Verhandlungen des 33. Kongresses der Deutschen Gesellschaft für Soziologie in Kassel, Frankfurt a.M.: Campus, S. 974-984, einzusehen online unter: https://www.ssoar.info/ssoar/handle/document/18355 (letzter Zugriff: 13.11.2020).

HIRSCHAUER, STEFAN (2015): Praktiken und ihre Körper, in: HÖRNING, KARL H. / REUTER, JULIA (Hg.): Doing Culture: neue Positionen zum Verhältnis von Kultur und sozialer Praxis, Bielefeld: transcript, S. 73-92.

HIRSCHAUER, STEFAN (2016): Verhalten, Handeln, Interagieren, in: SCHÄFER, HILMAR (Hg.): Praxistheorie. Ein soziologisches Forschungsprogramm, Bielefeld: transcript, S. 45-67.

HIRSCHAUER, STEFAN (2017): Praxis und Praktiken, in: GUGUTZER, ROBERT / KLEIN, GABRIELE / MEUSER, MICHAEL (Hg.): Handbuch Körpersoziologie (Bd. 1: Grundbegriffe und theoretische Perspektiven), Wiesbaden: Springer, S. 91-96.

HITZLER, RONALD (2007): Phänomenologie, in: BUBER, RENATE / HOLZMÜLLER, HARTMUT H. (Hg.): Qualitative Marktforschung. Konzepte – Methoden – Analysen, Wiesbaden: Gabler Verlag, S. 81-92.

HITZLER, RONALD ([4]2010): Ethnografie, in: BOHNSACK, RALF / GEIMER, ALEXANDER / MEUSER, MICHAEL (Hg.): Hauptbegriffe Qualitativer Sozialforschung, Opladen/Toronto: Barbara Budrich, S. 48-51.

HOFFMANN, DAGMAR (2011): Mediatisierte Körper. Die Dominanz der Bilder und ihre Bedeutung für die Selbstakzeptanz des Körpers, in: NIEKRENZ, YVONNE / WITTE, MATTHIAS D. (HG.): Jugend und Körper. Leibliche Erfahrungswelten, Weinheim/München: Juventa, S. 191-207.

HOFFMANN, DAGMAR / KROTZ, FRIEDRICH / REISSMANN, WOLFGANG (Hg.) (2017): Mediatisierung und Mediensozialisation. Prozesse - Räume – Praktiken, Wiesbaden: Springer.

HOFFMANN, JENS / JONAS, JOAN (Hg.) (2005): Aktion, Hildesheim: Gerstenberg.

HOFFRATH, BRITTA (2017): Der maskierte Körper. Kosmetische Praktiken in der weiblichen Adoleszenz, in: SCHINKEL, SEBASTIAN / HERRMANN, INA (Hg.): Ästhetiken in Kindheit und Jugend. Sozialisation im Spannungsfeld von Kreativität, Konsum und Distinktion, S. 129-148.

HOFMAN, FABIAN (2015): Die sozialwissenschaftliche phänomenologische Analyse als Forschungsansatz in der Kulturellen Bildung, in: FINK, TOBIAS / HILL, BURKHARD / REINWAND-WEISS, VANESSA-ISABELLE (Hg.): Forsch! Innovative Forschungsmethoden für die Kulturelle Bildung, München: kopaed, S. 85-102.

Hübner-Funk, Sibylle (2003): Wie entkörperlicht ist die Jugend der Jugendsoziologie? Argumente für eine „somatische Wende" unserer Disziplin, in: Mansel, Jürgen / Griese, Hartmut / Scherr, Albert (Hg.): Theoriedefizite der Jugendforschung. Standortbestimmungen und Perspektiven, Weinheim/München: Juventa, S. 67-74.

Husserl, Edmund (1987): Die Philosophie als strenge Wissenschaft, wiederabgedruckt in: Husserliana (Bd. 25). Aufsätze und Vorträge (1911–1921), hrsg. von Nenon, Thomas und Sepp, Hans Rainer, Nijhoff: Dordrecht, S. 2–62.

Husserl, Edmund (1991): Ideen zu einer reinen Phänomenologie und phänomenologischen Philosophie (HUA IV), hrsg. von Marly Biemel.

Husserl, Edmund (1999): Erfahrung und Urteil. Untersuchungen zur Genealogie der Logik, hrsg. von Landgrebe, Ludwig, Hamburg: Felix Meiner.

Husserl, Edmund ([6]2011): Ideen zu einer reinen Phänomenologie und phänomenologischen Philosophie, Hamburg: Felix Meiner.

Idel, Till-Sebastian / Meseth, Wolfgang (2018): Wie Unterricht verstehen? Zur Methodologie qualitativer Unterrichtsforschung, in: Proske, Matthias / Rabenstein, Kerstin (Hg.): Kompendium Qualitative Unterrichtsforschung. Unterricht beobachten – beschreiben – rekonstruieren, Bad Heilbrunn: Julius Klinkhardt, S. 63-84.

Jappe, Elisabeth (1993): Performance – Ritual – Prozeß: Handbuch der Aktionskunst in Europa, München: Prestel.

Jörissen, Benjamin (2017): Subjektivation und „ästhetische Freiheit" in der post-digitalen Kultur, in: Braun, Tom / Fuchs, Max / Taube, Gerd (Hg.): Handbuch „Das starke Subjekt". Schlüsselbegriffe in Theorie und Praxis, München: kopaed, S. 187-200.

Kamps, Philipp (2018): Wahrnehmung – Ereignis – Materialität: ein phänomenologischer Zugang für die Theaterdidaktik, Bielefeld: transcript.

Kathke, Petra (2017): Materialität inszenieren. Ein Desiderat im Handlungsfeld künstlerischer Lehre, in: Autsch, Sabiene / Hornäk, Sandra (Hg.): Material und künstlerisches Handeln: Positionen und Perspektiven in der Gegenwartskunst, Bielefeld: transcript, S. 23-52.

Kelle, Udo / Kluge, Susann (Hg.) (2010): Vom Einzelfall zum Typus. Fallvergleich und Fallkonstruktion in der qualitativen Sozialforschung, Wiesbaden: Springer.

King, Vera (2011): Der Körper als Bühne adoleszenter Konflikte. Dimensionen der Vergeschlechtlichung, in: Niekrenz, Yvonne / Witte, Matthias D. (Hg.): Jugend und Körper. Leibliche Erfahrungswelten, Weinheim/München: Juventa, S. 79-93.

KIRSCHENMANN, JOHANNES (2020): Im Gefängnis mit dem Virus und den Masken. Ein Essay zur Kunstpädagogik in Zeiten der Pandemie in: BDK INFO, Zeitschrift des Fachverbandes für Kunstpädagogik Info In Bayern, 29. Ausgabe, September 2020, S. 40-45.

KLEIN, GABRIELE / STING, WOLFGANG (2005): Performance als soziale und ästhetische Praxis. Zur Einführung, in: KLEIN, GABRIELE / STING, WOLFGANG (Hg.): Performance: Positionen zur zeitgenössischen szenischen Kunst, Bielefeld: transcript, S. 7-24.

KLEIN, GABRIELE / GÖBERL, HANNA KATHARINA (2015): Performance und Praxis. Ein Dialog, in: DIES. (Hg.): Performance und Praxis: praxeologische Erkundungen in Tanz, Theater, Sport und Alltag, Bielefeld: transcript, S. 7-42.

KLEIN, GABRIELE (2017): Bewegung, in: GUGUTZER, ROBERT / KLEIN, GABRIELE / MEUSER, MICHAEL (Hg.): Handbuch Körpersoziologie (Bd. 1: Grundbegriffe und theoretische Perspektiven), Wiesbaden: Springer, S. 9-14.

KLEIN, KRISTIN (2019): Kunst und Medienbildung in der digital vernetzten Welt. Forschungsperspektiven im Anschluss an den Begriff der Postdigitalität, in: KLEIN, KRISTIN / NOLL, WILLY (Hg.): Postdigital Landscapes. Kunst und Medienbildung in der digital vernetzten Welt, Zeitschrift Kunst Medien Bildung, einzusehen unter: http://zkmb.de/kunst-und-medienbildung-in-der-digital-vernetzten-welt-forschungsperspektiven-im-anschluss-an-den-begriff-der-postdigitalitaet/; (letzter Zugriff: 09.10.2020).

KLEINER, BETTINA (2017): Eigensinnige Inszenierungen. Ästhetische Umdeutungspraktiken von lesbischen, schwulen, bisexuellen und Trans*Jugendlichen im schulischen Alltag, in: SCHINKEL, SEBASTIAN / HERRMANN, INA (Hg.): Ästhetiken in Kindheit und Jugend. Sozialisation im Spannungsfeld von Kreativität, Konsum und Distinktion, Bielefeld: transcript, S. 183-198.

KNOBLAUCH, HUBERT (2014): Ethnographie, in: BAUR, NINA / BLASIUS, JÖRG (Hg.): Handbuch Methoden der empirischen Sozialforschung, Wiesbaden: Springer, S. 521-528.

KNOBLAUCH, HUBERT (2016): Körper, Wissen und Kommunikation, in: Paragrana, Bd. 25/1, S. 49-60.

KRÖNER, MAGDALENA (2020): Digital Bodies. Virtuelle Körper, politisches Embodiment und alternative Körperphantasmen, in: Kunstforum International „Digital. Virtuell. Posthuman? Neue Körper in der Kunst“ (Bd. 265), S. 48-71.

KÜPPER, JOACHIM / MENKE, CHRISTOPH (Hg.) (2016): Dimensionen ästhetischer Erfahrung, Frankfurt a.M.: Suhrkamp.

LAMNEK, SIEGFRIED ([3]1995): Qualitative Sozialforschung (Bd. 2). Methoden und Techniken, Weinheim: Beltz.

LANDWEER, HILGE (2016): Gemeinsame Gefühle und Leibliche Resonanz, in: EBERLEIN, UNDINE (Hg.): Zwischenleiblichkeit und bewegtes Verstehen – Intercorporeity, Movement and Tacit Knowledge, Bielefeld: transcript, S. 137-174.

LANGE, MARIE-LUISE (Hg.) (2006): Performativität erfahren. Aktionskunst lehren und lernen, Berlin: Schibri-Verlag.

LANGE, MARIE-LUISE (2013a): I'm here – ästhetische Bildung als Präsenz, Ereignis, Kommunikation, Aufmerksamkeit und Teilhabe (Kunstpädagogische Positionen Bd. 28), einzusehen online: http://kunst.uni-koeln.de/kpp/hefte/heft-28/ (letzter Zugriff: 14.11.2020).

LANGE, MARIE-LUISE (2013b): Site-Specific-Performances. Performativ handelnde Körper im Dialog mit besonderen Orten, in: Kunst+Unterricht „Orte performativ erschließen" (Bd. 374/375), S.4-10.

LANGE, MARIE-LUISE (2015): Vom Flow künstlerischen Fragens, in: BLOHM, MANFRED / MARK, ELKE (Hg.): Formen der Wissensgenerierung. Practices in Performance Art, Oberhausen: ATHENA, S. 163-173.

LANGE, MARIE-LUISE (2017): Spielerisches In-Der-Welt-Sein, in: DUDEK, ANTJE / NEWID, MARIE (2017) (Hg.): Performance Art Education (Kunstpädagogische Knotenpunkte Bd. 3), Halle: Verlag der Burg Giebichenstein Kunsthochschule, S. 88-89.

LANGE, MARIE-LUISE (2018): Sich genussvoll riskieren, in: DIES. (Hg.): Act.Move.Perform. Performance und Performativität in Kunst, Bildung und Forschung, Hannover: fabrico verlag, S. 12-35.

LANGER, ANTJE (2008): Disziplinieren und entspannen. Körper in der Schule – eine diskursanalytische Ethnografie, Bielefeld: transcript.

LAMNEK, SIEGFRIED ([5]2010): Qualitative Sozialforschung. Lehrbuch, Weinheim/Basel: Beltz.

LEESE, ANNIKA (2020): Performance-Projekt mit dem Künstler BBB Johannes Deimling. Zweitägiger Workshop am Kurfürst-Salentin-Gymnasium in Andernach, in: BDK Mitteilungen. Fachzeitschrift des BDK Fachverband für Kunstpädagogik (3/2020), S. 21-24.

LEHMANN, HANS THIES ([3]2005): Postdramatisches Theater, Frankfurt a.M.: Verl. der Autoren.

LEIFELD, DENIS (2014) Performances zur Sprache bringen. Zur Aufführungsanalyse von Performern in Theater und Kunst, Bielefeld: transcript.

LIEBAU, ECKHART / JEBE, FRANK (2016): Gegenstände Kultureller Bildung. Der Blick auf die Phänomene und ästhetischen Erfahrungen, in: KULTURELLE BILDUNG ONLINE: https://www. kubi-online.de/artikel/gegenstaende-kultureller-bildung-blick-phaenomene-aesthetischen-erfahrungen, pdf erzeugt 10 S. (letzter Zugriff am 18.06.2019).

LIEBSCH, KATHARINA (2011): Selbstverletzendes Verhalten von Jugendlichen. Über die gesellschaftliche Bedeutung des Schmerzes im krisenhaften Umgang mit dem Körper in der Adoleszenz, in: NIEKRENZ, YVONNE / WITTE, MATTHIAS D. (Hg.): Jugend und Körper. Leibliche Erfahrungswelten, Weinheim/München: Juventa, S. 108-122.

LINDEMANN, GESA (2015): Leiblichkeit und Körper, in: GUGUTZER, ROBERT / KLEIN, GABRIELE / MEUSER, MICHAEL (Hg.): Handbuch Körpersoziologie (Bd. 1: Grundbegriffe und theoretische Perspektiven), Wiesbaden: Springer, S. 57-66.

LINDEMANN, GESA (2017): Leiblichkeit und Körper, in: GUGUTZER, ROBERT / KLEIN, GABRIELE / MEUSER, MICHAEL: Handbuch Körpersoziologie. Band 1: Grundbegriffe und theoretische Perspektiven, Wiesbaden: Springer, S. 57-66.

LIPPITZ, WILFRIED (1987): Phänomenologie als Methode? Zur Geschichte und Aktualität phänomenologischen Denkens in der Pädagogik, in: LIPPITZ, WILFRIED / MEYER-DRAWE, KÄTE (Hg.): Kind und Welt. Phänomenologische Studien zur Pädagogik, Frankfurt a.M.: Athenäum, S. 101-130.

LÜDERS, CHRISTIAN (^{4}2010a): Gütekriterien, in: BOHNSACK, RALF / GEIMER, ALEXANDER / MEUSER, MICHAEL (Hg.): Hauptbegriffe Qualitativer Sozialforschung, Opladen/Toronto: Barbara Budrich, S. 80-82.

LÜDERS, CHRISTIAN (^{4}2010b): Teilnehmende Beobachtung, in: BOHNSACK, RALF / GEIMER, ALEXANDER / MEUSER, MICHAEL (Hg.): Hauptbegriffe Qualitativer Sozialforschung, Opladen/Toronto: Barbara Budrich, S. 151-153.

MARK, ELKE (2015): sinnen, in: BLOHM, MANFRED / MARK, ELKE (Hg.): Formen der Wissensgenerierung. Practices in Performance Art, Oberhausen: Athena, S, 109-122.

MARK, ELKE (2017): FALLHÖHE. Zeitgenössische Performancepraxis und Wissensgenerierung in Performance Art, in: MEYER, TORSTEN, DICK, JULIA, MOORMANN, PETER, ZIEGENBEIN, JULIA (Hg.): where the magic happens. Bildung nach der Entgrenzung der Künste, Zeitschrift Kunst Medien Bildung, einzusehen online: http://zkmb.de/fallhoehe-zeitgenoessische-performancepraxis-und-wissensgenerierun-g-in-performance-art/ (letzter Zugriff: 13.11.2020).

MASET, PIERANGELO / HALLMANN, KERSTIN: Formate der Kunstvermittlung. Kompetenz – Performanz – Resonanz, Bielefeld: transcript.

MAYRING, PHILIPP (2016): Einführung in die qualitative Sozialforschung, Weinheim/Basel: Beltz.

MERLEAU-PONTY, MAURICE (1974): Phänomenologie der Wahrnehmung, Berlin: De Gruyter.

MERLEAU-PONTY, MAURICE (2003): Das Primat der Wahrnehmung, Frankfurt a.M.: Suhrkamp.

MERSCH, DIETER (2000): Körper zeigen, in: FISCHER-LICHTE, ERIKA / HORN, CHRISTIAN / WARSTAT, MATTHIAS (Hg.): Verkörperung, Tübingen/Basel: Francke, 75-91.

MERSCH, DIETER (2001): Aisthetik und Responsivität. Zum Verhältnis von medialer und amedialer Wahrnehmung, in: FISCHER-LICHTE, ERIKA / HORN, CHRISTIAN / WARSTAT, MATTHIAS / UMATHUM, SANDRA (Hg.): Wahrnehmung und Medialität, Tübingen/Basel: Francke, S. 273-300.

MERSCH, DIETER (2002): Ereignis und Aura. Untersuchungen zu einer Ästhetik des Performativen, Frankfurt a.M.: Suhrkamp.

MERSCH, DIETER (2005): Life-Acts. Die Kunst des Performativen und die Performativität der Künste, in: KLEIN, GABRIELE / STING, WOLFGANG (Hg.) (2005): Performance: Positionen zur zeitgenössischen szenischen Kunst, Bielefeld: transcript, S. 33-50.

MEUSER, MICHAEL (2015): Körper-Handeln. Überlegungen zur einer praxeologischen Soziologie des Körpers, in: GUGUTZER, ROBERT (Hg.) (2006): body turn. Perspektiven der Soziologie des Körpers und des Sports, Bielefeld: transcript, S. 95-116.

MEYER, TORSTEN (2009): Forschung in der Kunstpädagogik, in: MEYER, TORSTEN / SABISCH, ANDREA (Hg.): Kunst Pädagogik Forschung. Aktuelle Zugänge und Perspektiven, Bielefeld: transcript, S. 15-32.

MEYER, Torsten / ESCHMENT, JANE / NEUMANN, HANNAH / RODONO, AURORA (Hg.) (2020): Arts Education in Transition. Ästhetische Bildung im Kontext der Globalisierung, München: kopaed.

MEYER-DRAWE, Käte (1996): Vom anderen lernen. Phänomenologische Betrachtungen in der Pädagogik. Klaus Schaller zum siebzigsten Geburtstag, in: BORELLI, MICHELE / RUHLOFF, JÖRG (Hg.): Deutsche Gegenwartspädagogik, Baltmannsweiler: Schneider-Verlag Hohengehren, S. 85-100.

MEYER-DRAWE, KÄTE (2010a): Zur Erfahrung des Lernens. Eine phänomenologische Skizze, einzusehen online: https://www.researchgate.net/publication/274136599_Zur_Erfahrung_des_Lernens_Eine_Phanomenologische_Skizze (letzter Zugriff: 13.07.2020).

MEYER-DRAWE, KÄTE (2010b): Leib, Körper, in: BERMES, CHRISTIAN / DIERSE, ULRICH (Hg.): Schlüsselbegriffe der Philosophie des 20. Jahrhunderts, S. 207-219.

MEYER-DRAWE, KÄTE ([2]2012): Diskurse des Lernens, München: Wilhelm Fink.

MEYER-DRAWE, KÄTE / SCHWARZ, JOHANNA F. (2015): (Über-)Sehen, (Über-)Hören, Zuschreiben. Lernende im Licht und im Schatten der Aufmerksamkeit, in: BRINKMANN, MALTE / KUBAC, RICHARD / RÖDEL, SEVERIN SALES (Hg.): Pädagogische Erfahrung. Theoretische und empirische Perspektiven, Wiesbaden: Springer, S. 125-143.

MEYER-DRAWE, KÄTE (2020): Sich verausgaben. Ein Beitrag zu einer Theorie der ästhetischen Bildung, in: ENGEL, BIRGIT / LOEMKE, TOBIAS / BÖHME, KATJA / AGOSTINI, EVI BUBE, AGNES (Hg.): Im Wahrnehmen Beziehungs- und Erkenntnisräume öffnen. Ästhetische Wahrnehmung in Kunst, Bildung und Forschung, München: kopaed, S. 49-60.

MOHN, ELISABETH / BREIDENSTEIN, GEORG (2013): Arbeitswelten in der Grundschule: Praktiken der Individualisierung von Unterricht, Göttingen: Institut für Visuelle Ethnographie.

NIEKRENZ, YVONNE / WITTE, MATTHIAS D. (2011): Zur Bedeutung des Körpers in der Lebensphase Jugend, in: NIEKRENZ, YVONNE / WITTE, MATTHIAS D. (Hg.): Jugend und Körper. Leibliche Erfahrungswelten, Weinheim/München: Juventa, S. 7-22.

NOHL, ARND-MICHAEL / WULF, CHRISTOPH (2013): Die Materialität pädagogischer Prozesse zwischen Mensch und Ding, in: Zeitschrift für Erziehungswissenschaft „Mensch und Ding. Die Materialität pädagogischer Prozesse" (Bd. 25), S. 1-13.

NORTHWAY, RUTH (2002): Commentary, in: Nurse Researcher (10), S. 4-7.

NOHL, ARND-MICHAEL / WULF, CHRISTOPH (2013): Die Materialität pädagogischer Prozesse zwischen Mensch und Ding, in: Zeitschrift für Erziehungswissenschaft (16), S. 1-13.

O'REILLY, SALLY (2012): Body Art. Der Körper in der zeitgenössischen Kunst, München: Deutscher Kunstverlag.

ORLIKOWSKI, ANNA (2019): Leib als Ausdruck oder der performative Charakter der leiblichen Existenz, in: BRINKMANN, MALTE / TÜRSTING JOHANNES / WEBER-SPANKNEBEL, MARTIN (Hg.): Leib, Leiblichkeit, Embodiment. Pädagogische Perspektiven auf eine Phänomenologie des Leibes, Wiesbaden: Springer, S. 123-138.

PARTUSCH, KRISTIN (2013): Stadtspaziergänge mit Stolperfallen. Ortsbezogene Performance im „ganz normalen" Kunstunterricht, in: Kunst+Unterricht „Orte performativ erschließen" (Bd. 374/375:), S. 11-19.

PEEZ, GEORG/ CAMUKA, AHMET (2017): Smartphones und Tablets im Einsatz. Reflexionen zu mobilen digitalen Medien im Kunstunterricht, in: Kunst+Unterricht „Mit Smartphones und Tablets" (Bd. 415/416:), S. 4-15.

PEIRCE, CHARLES SANDERS (1976): Schriften zum Pragmatismus und Pragmatizismus. Frankfurt am Main: Suhrkamp.

PETERS, MARIA (2005): Performative Handlungen und biografische Spuren in Kunst und Pädagogik (Kunstpädagogische Positionen Bd.11), einzusehen unter: http://kunst.uni-koeln.de/kpp/hefte/heft-11/ (letzter Zugriff: 14.11.2020).

PETERS, MARIA / ADEN, MAIKE (2011): ‚Standard' – Möglichkeiten, Grenzen und die produktive Erweiterung kompetenzorientierter Standards in performativen Prozessen der Kunstpädagogik (Kunstpädagogische Positionen Bd. 22), einzusehen online: http://kunst.unikoeln.de/kpp /hefte/heft-22/ (letzter Zugriff: 14.11.2020).

PETERS, MARIA / INTHOFF, CHRISTINA (2015): Wahrnehmung und Sprache in performativen Versuchsanordnungen, in: ENGEL, BIRGIT / BÖHME, KATJA (Hg.): Didaktische Logiken des Unbestimmten. Immanente Qualitäten in erfahrungsoffenen Bildungsprozessen, München: kopaed, S. 130-149.

PETERS, MARIA (2016): Performative Verfahren im Kunstunterricht, in: Blohm, Manfred (Hg.): Kunstpädagogische Stichworte, Hannover: fabrico verlag, S. 119-122.

PETERS, MARIA (2018): Performative Ereignisformen in der Kunstpädagogik, in: LAGAAY, ALICE / SEITZ, ANNA (Hg.): Wissen Formen. Performative Akte zwischen Bildung, Wissenschaft und Kunst, Bielefeld: transcript, S. 67-74.

PILLE, THOMAS (2013): Das Referendariat: eine ethnographische Studie zu den Praktiken der Lehrerbildung, Bielefeld: transcript.

PROSKE, MATTHIAS / RABENSTEIN, KERSTIN (2018): Stand und Perspektiven qualitativ sinnverstehender Unterrichtsforschung. Eine Einführung in das Kompendium, in: DIES. (Hg.): Kompendium Qualitative Unterrichtsforschung. Unterricht beobachten – beschreiben – rekonstruieren, Bad Heilbrunn: Julius Klinkhardt, S. 7-24.

PRZYBORSKI, AGLAJA / WOHLRAB-SAHR, MONIKA (2014): Forschungsdesigns für die qualitative Sozialforschung, in: BAUR, NINA / BLASIUS, JÖRG (Hg.): Handbuch Methoden der empirischen Sozialforschung, Wiesbaden: Springer, S. 117-133.

REH, SABINE (2012): Beobachten und aufmerksames Wahrnehmen, in: DE BOER, HEIKE / REH, SABINE (Hg.) (2012): Beobachtung in der Schule – Beobachten lernen, Wiesbaden: Springer, S. 3-26.

REH, SABINE (2012): Beobachtungen aufschreiben 2012, in: DE BOER, HEIKE / REH, SABINE (Hg.): Beobachtung in der Schule – Beobachten lernen, Wiesbaden: Springer, S. 115-130.

REH, SABINE (2012): Mit der Videokamera beobachten, in: DE BOER, HEIKE / REH, SABINE (Hg.): Beobachtung in der Schule – Beobachten lernen, Wiesbaden: Springer, S. 151-171.

REISSMANN, WOLFGANG (2017): Ins Bildern kommen. Zur Vervielfältigung interpersonaler Bildkommunikation, in: SCHINKEL, SEBASTIAN / HERRMANN, INA (Hg.): Ästhetiken in Kindheit und Jugend. Sozialisation im Spannungsfeld von Kreativität, Konsum und Distinktion, Bielefeld: transcript, S. 251-267.

RITTELMEYER, CHRISTIAN (2012): Aisthetis: Zur Bedeutung von Körper-Resonanzen für die ästhetische Bildung, München: kopaed.

RÖDEL, SEVERIN SALES (2019): Geste, Stimmung und Bewegung im schulischen Lernen – empirische Einsatzpunkte in der Videoforschung, in: BRINKMANN, MALTE (Hg.): Verkörperungen. (Post-) Phänomenologische Untersuchungen zwischen erziehungswissenschaftlicher Theorie und leiblichen Praxen in pädagogischen Feldern, Wiesbaden: Springer, S. 35-58.

Röhl, Tobias (2016): Unterrichten. Praxistheoretische Dezentrierungen eines alltäglichen Geschehens, in: Schäfer, Hilmar (Hg.): Praxistheorie. Ein soziologisches Forschungsprogramm, Bielefeld: transcript, S. 323-344.

Rölli, Marc (2012): Philosophische Anthropologie im 19. Jahrhundert – Zwischen Leib und Körper, in: Alloa, Emmanuel / Bedorf, Thomas / Grüny, Christian / Klass, Tobias Nikolaus (Hg.): Leiblichkeit. Geschichte und Aktualität eines Konzeptes, Tübingen: Mohr Siebeck, S. 149-161.

Rust, Dorothea (2015): In der Widerständigkeit des/der Anderen, in: Blohm, Manfred / Mark, Elke (Hg.): Formen der Wissensgenerierung. Practices in Performance Art, Oberhausen: Athena, S. 123-128.

Sabisch, Andrea (2007): Inszenierung der Suche. Vom Sichtbarwerden ästhetischer Erfahrung im Tagebuch. Entwurf einer wissenschaftskritischen Grafieforschung, Bielefeld: transcript.

Sabisch, Andrea (2009): Aufzeichnung und ästhetische Erfahrung (Kunstpädagogische Positionen Bd. 20), einzusehen online: http://kunst.uni-koeln.de/kpp/hefte/heft-20/ (letzter Zugriff: 14.11.2020).

Sächsischer Lehrplan Gymnasium Kunst 2004 (Überarbeitung 2019), einzusehen online: https://www.schule.sachsen.de/lpdb/web/downloads/2349_lp_gy_kunst_2019_final.pdf?v2, letzter Zugriff: 10.07.2020.

Schäfer, Hilmar (2012): Einleitung, in: Schäfer, Hilmar (Hg.): Praxistheorie: ein soziologisches Forschungsprogramm, Bielefeld: transcript, S. 9-26.

Schatzki, Theodore R. (Hg.) (2005): The practice turn in contemporary theory, London: Routledge.

Schinkel, Sebastian / Herrmann, Ina (2017): Ästhetiken des Alltags im Aufwachsen, in: Dies. (Hg.): Ästhetiken in Kindheit und Jugend. Sozialisation im Spannungsfeld von Kreativität, Konsum und Distinktion, Bielefeld: transcript, S. 11-35.

Schittler, Susanne (2015): Performance, Spiel und Bildung. Exkursionen in Mögliches und Unbestimmtes, in: Blohm, Manfred / Mark, Elke (Hg.): Formen der Wissensgenerierung. Practices in Performance Art, Oberhausen: Athena, S. 141-156.

Schmidt, Robert (2017): Praxistheorie, in: Gugutzer, Robert / Klein, Gabriele / Meuser, Michael (Hg.): Handbuch Körpersoziologie (Bd. 1: Grundbegriffe und theoretische Perspektiven), Wiesbaden: Springer, S. 335-344.

Schmidt-Wetzel, Miriam (2016): Kollaboratives Handeln im Kunstunterricht. Eine qualitativ-empirische Untersuchung mit Praxisbeispielen, München: kopaed.

SCHMINCKE, IMKE (2011): Bin ich normal? Körpermanipulationen und Körperarbeit im Jugendalter, in: NIEKRENZ, YVONNE / WITTE, MATTHIAS D. (Hg.): Jugend und Körper. Leibliche Erfahrungswelten, Weinheim/München: Juventa, S. 143-154.

SCHMITZ, HERMANN (1992): Leib und Gefühl. Materialien zu einer philosophischen Therapeutik, Paderborn: Aisthesis.

SCHRATZ, MICHAEL / SCHWARZ, JOHANNA F. / WESTFALL-GREITER, TANJA (2012): Lernen als bildende Erfahrung. Vignetten in der Praxisforschung, Innsbruck/Wien: Studienverlag.

SCHUHMACHER-CHILLA, DORIS (HG.) (2000): Das Interesse am Körper. Strategien und Inszenierungen in Bildung, Kunst und Medien, Essen: Klartext.

SCHUHMACHER-CHILLA, DORIS (2013): Körper – Leiblichkeit, in: Kulturelle Bildung Online: https://www.kubi-online.de/artikel/koerper-leiblichkeit (letzter Zugriff: 14.11.2020).

Schultheis, Klaudia (1998): Leiblichkeit – Kultur – Erziehung. Zur Theorie der elementaren Erziehung: Weinheim: Beltz.

SCHUMANN, SIEGFRIED (2018): Quantitative und qualitative empirische Forschung. Ein Diskussionsbeitrag, Wiesbaden: Springer.

SCHULZ, MARC (2010): Gefrorene Momente des Geschehens, in: HEINZEL, FRIEDERIKE / THOLE, WERNER / CLOOS, PETER / KÖNGETER, STEFAN (Hg.): „Auf unsicherem Terrain". Ethnographische Forschung im Kontext des Bildungs- und Sozialwesens, Wiesbaden: Springer, S. 171-179.

SCHÜRMANN, EVA (2008): Sehen als Praxis. Ethisch-ästhetische Studien zum Verhältnis von Sicht und Einsicht, Frankfurt a.M.: Suhrkamp.

SCHÜTZ, HEINZ (2019): Performance: Derivate der Anwesenheit. Das Insistieren auf körperlicher Anwesenheit ist ein konstitutives Merkmal der klassischen Performance. Welche Bedeutung kommt ihm heute zu?, in: Kunstforum International „ACT! Die entfesselte Performance" (Bd. 264), S. 46-73.

SCHÜTZE, KONSTANZE (2020): Bildlichkeit nach dem Internet. Aktualisierung für eine Kunstvermittlung am Bild, München: kopaed.

SCHWARZ, JOHANNA F. (2016): „Kinder, warum redet ihr nicht mit euren Banknachbarn?" Lernseitige Betrachtungen zu individualisierten Lehr- und Lernformen, in: RABENSTEIN, KERSTIN / WISCHER, BEATE (Hg.): Individualisierung schulischen Lernens. Pathos oder Königsweg?, Seelze: Kallmeyer, S. 33-46.

SEITZ, HANNE (2015): Performative Praxis und Kunst: Ereignisse im Quadrat. Matrix für Performances an der Schnittstelle zum Tanztheater, in: Kulturelle Bildung Online: https://www.kubi-online.de/artikel/performative-praxis-kunst-ereignisse-quadrat-matrix-performances-schnittstelle-zum (letzter Zugriff: 14.11.2020).

SELLE, GERD (1988): Der Gebrauch der Sinne. Eine kunstpädagogische Praxis, Reinbek bei Hamburg: Rowohlt Taschenbuchverlag.

SONDERFORSCHUNGSBEREICH 447: Kulturen des Performativen. https://www.geisteswissenschaften.fu-berlin.de/v/sfb-kulturen-des-performativen/index.html (letzter Zugriff: 11.02.2022).

SEUMEL, INES (2015): Performative Kreativität: Anregen – Fördern – bewerten, München: kopaed.

SIMANOWSKI, ROBERTO (2008): Digitale Medien in der Erlebnisgesellschaft: Kultur, Kunst, Utopien, Reinbek bei Hamburg: Rowohlt Taschenbuchverlag.

STADELBACHER, STEPHANIE (2010): Die klassische Soziologie und der Körper. Handlungstheoretische Zugänge und ihr Verhältnis zur Körperlichkeit der Akteure, in: BÖHLE, FRITZ / WEIHRICH, MARGIT (Hg.): Die Körperlichkeit sozialen Handelns. Soziale Ordnungen jenseits von Normen und Institutionen, Bielefeld: transcript, S. 35-58.

STAUBER, BARBARA (2011): Androgynität und Gender-Switching in Jugendkulturen? Doing gender differently – Geschlechtsvariationen in jugendkulturellen Körperinszenierungen, in: NIEKRENZ, YVONNE / WITTE, MATTHIAS D. (HG.): Jugend und Körper. Leibliche Erfahrungswelten, Weinheim/München: Juventa, S. 223-235.

STERN, ANNA (2015): Zur Logik des Offenen – eine Annäherung an ortsspezifische Performance Kunst im kunstdidaktischen Setting, in: ENGEL, BIRGIT / BÖHME, KATJA (Hg.): Didaktische Logiken des Unbestimmten. München: kopaed, S. 150-163.

STERNAGEL, JÖRG (2012): Bernhard Waldenfels – Responsivität des Leibes, in: ALLOA, EMMANUEL / BEDORF, THOMAS / GRÜNY, CHRISTIAN / KLASS, TOBIAS NIKOLAUS (Hg.): Leiblichkeit. Geschichte und Aktualität eines Konzeptes, Tübingen: Mohr Siebeck, S. 116-129.

STRÜBING, JÖRG (2014): Grounded Theory und Theoretical Sampling, in: BAUR, NINA / BLASIUS, JÖRG (Hg.): Handbuch Methoden der empirischen Sozialforschung, Wiesbaden: Springer, S. 457-472.

THIERBACH, CORNELIA / PETSCHICK, GRIT (2014): Beobachtung, in: BAUR, NINA / BLASIUS, JÖRG (Hg.): Handbuch Methoden der empirischen Sozialforschung, Wiesbaden: Springer, S. 855-866.

TOULMIN, STEPHEN (1994): Die unerkannten Aufgaben der Moderne, Frankfurt a.M.: Suhrkamp.

TUMA, RENÉ / SCHNETTLER, BERNT (2014): Videographie, in: BAUR, NINA / BLASIUS, JÖRG (Hg.): Handbuch Methoden der empirischen Sozialforschung, Wiesbaden: Springer, S. 875-886.

VOLBERS, JÖRG (2014): Performative Kultur. Eine Einführung, Wiesbaden: Springer.

WALDENFELS, BERNHARD (1998): Phänomenologie in Frankreich, Frankfurt a. M.: Fink Verlag.

WALDENFELS, BERNHARD (2000): Das leibliche Selbst. Vorlesungen zur Phänomenologie des Leibes, Frankfurt a. M.: Suhrkamp.

WALDENFELS, BERNHARD (2002): Bruchlinien der Erfahrung. Phänomenologie – Psychoanalyse – Phänomenotechnik, Frankfurt a. M.: Suhrkamp.

WALDENFELS, BERNHARD ([2]2007): Antwortregister, Frankfurt a. M.: Suhrkamp.

WALDENFELS, BERNHARD (2010): Sinne und Künste im Wechselspiel. Modi ästhetischer Erfahrung, Frankfurt a. M.: Suhrkamp.

WEIHRICH, MARGIT (2017); Handeln, in: GUGUTZER, ROBERT / KLEIN, GABRIELE / MEUSER, MICHAEL (Hg.): Handbuch Körpersoziologie (Bd. 1: Grundbegriffe und theoretische Perspektiven), Wiesbaden: Springer, S. 33-37.

WESTPHAL, KRISTIN (2008): Lernen als Ereignis. Schultheater als performative Praxis. Zur Aufführungspraxis von Theater, in: WULF, CHRISTOPH / ZIRFAS, JÖRG (Hg.): Pädagogik des Performativen. Theorien, Methoden, Perspektiven, Weinheim: Beltz, S. 49-58.

WESTPHAL, KRISTIN / LIEBERT, WOLF-ANDREAS (Hg.) (2009): Gegenwärtigkeit und Fremdheit: Wissenschaft und Künste im Dialog, Weinheim: Beltz Juventa.

WESTPHAL, KRISTIN (2013): „Geschehen lassen“: Herausforderungen neuerer Produktions- und Rezeptionsweisen in den performativen Künsten, in: Paragrana „Art and Gesture“ (22/2), S. 201-212.

WESTPHAL, KRISTIN (2014a): Phänomenologie als Forschungsstil und seine Bedeutung für die kulturelle und ästhetische Bildung, in: KULTURELLE BILDUNG ONLINE: https://www.kubi-online.de /artikel/phaenomenologie-forschungsstil-seine-bedeutung-kulturelle-aesthetische-bildung, pdf erzeugt, 12 Seiten (letzter Zugriff am 14.06.2019).

WESTPHAL, KRISTIN / ZIRFAS, JÖRG (2014b): Kulturelle Bildung als Antwortgeschehen in phänomenologischer Perspektive, in: LIEBAU, ECKART / JÖRISSEN, BENJAMIN / KLEPACKI, LEOPOLD (Hg.): Forschung zur kulturellen Bildung. Grundlagenreflexionen und empirische Befunde, München: kopaed, S. 55-67.

WESTPHAL, KRISTIN / LIEBERT, WOLF-ANDREAS (Hg.) (2014c): Performances der Selbstermächtigung, Oberhausen: Athena Verlag.

WESTPHAL, KRISTIN (2015a): Neuere Verfahrensweisen in den Performancekünsten. Neue Formen der Selbst/Bildung, in: MEYER, TORSTEN (Hg.): Art Education: Ein Reader, München: kopaed, S. 354.

WESTPHAL, KRISTIN (2015b): Wirkweise des Ästhetischen – Ein Versuch, das Unbestimmte zu bestimmen: am Beispiel des Performancekollektivs ‚Showcase Beat Le Mot mit Animal Farm der Tiere‘, in: ENGEL, BIRGIT / BÖHME, KATJA (Hg.): Didaktische Logiken des Unbestimmten. Immanente Qualitäten in erfahrungsoffenen Bildungsprozessen, München: kopaed, S. 36-57.

WIRTH, UWE (Hg.) (2002): Performanz. Zwischen Sprachphilosophie und Kulturwissenschaften, Frankfurt a.M.: Suhrkamp Taschenbuch Wissenschaft.

WOLFF, STEPHAN (2008): Wege ins Feld und ihre Varianten, in: FLICK, UWE / KARDOFF, ERNST VON, STEINKE, INES (Hg): Qualitative Forschung. Ein Handbuch, Reinbek bei Hamburg: Rowohlt Taschenbuchverlag, S. 334-349.

WULF, CHRISTOPH (2005): Zur Genese des Sozialen. Mimesis, Performativität, Ritual, Bielefeld: transcript.

WULF, CHRISTOPH / ZIRFAS, JÖRG (2007): Performative Pädagogik und performative Bildungstheorien. Ein neuer Fokus erziehungswissenschaftlicher Forschung, in: Dies. (Hg.): Pädagogik des Performativen: Theorien, Methoden, Perspektiven, Weinheim/Basel: Beltz, S. 7-12.

WULF, CHRISTOPH / ZIRFAS, JÖRG (2011): Die Pädagogik des Performativen, in: FISCHER-LICHTE, ERIKA (Hg.): Performing the future: Die Zukunft der Performativitätsforschung, Paderborn/München: Fink, S. 203-215.

WULF, CHRISTOPH, ALTHAND, BIRGIT, AUDHELM, KATHRIN, KELLERMANN, INGRID / FERRIN, NINO / MATTIG, RUPRECHT / SCHINKEL, SEBASTIANM BLASCHKE, GERALD (Hg.) (2012): Die Geste in Erziehung, Bildung und Sozialisation: Ethnographische Feldstudien, Wiesbaden: Springer.

YIN, ROBERT K. (2009): Case study research. Thousand Oaks: Sage.

ZAHAVI, DAN (2007): Phänomenologie für Einsteiger, München: Wilhelm Fink.

ZIRFAS, JÖRG / KLEPACKI, LEOPOLD (2013): Die Performativität der Dinge. Pädagogische Reflexionen über Bildung und Design, in: Zeitschrift für Erziehungswissenschaft „Mensch und Ding. Die Materialität pädagogischer Prozesse" (Bd. 25), S. 44-57.